U0523067

远鸿的回望

戴冠青 ○ 著

海外暨港台华文写作的生命追求

九州出版社

图书在版编目(CIP)数据

远鸿的回望：海外暨港台华文写作的生命追求/戴冠青著. -- 北京：九州出版社，2023.4
ISBN 978-7-5225-1682-0

Ⅰ.①远… Ⅱ.①戴… Ⅲ.①汉语—写作—文集 Ⅳ.①H15-53

中国国家版本馆CIP数据核字(2023)第038951号

远鸿的回望：海外暨港台华文写作的生命追求

作　　者	戴冠青　著
责任编辑	毛俊宁
出版发行	九州出版社
地　　址	北京市西城区阜外大街甲35号(100037)
发行电话	(010)68992190/3/5/6
网　　址	www.jiuzhoupress.com
印　　刷	鑫艺佳利(天津)印刷有限公司
开　　本	710毫米×1000毫米　16开
印　　张	32.25
字　　数	420千字
版　　次	2023年6月第1版
印　　次	2023年6月第1次印刷
书　　号	ISBN 978-7-5225-1682-0
定　　价	78.00元

★版权所有　　侵权必究★

本书为 2020 年泉州市优秀传统文化

传承发展项目

目 录

第一编　东南亚华文写作：蕉风椰雨的家山回望 ························· 1

离散心境中的文化诉求：东南亚华文文学的审美象征与
中华情结 ·· 3

文化积淀与精神诉求：闽南文化对菲华文学的影响 ············ 19

奋斗与守望：泉籍菲律宾华文作家的人物创造 ··················· 36

陈扶助诗歌：海外华人生活的独特把握与诗意抒写 ············ 51

庄垂明诗歌：用诗意抒写生命的温度 ································· 61

石子诗歌：在审美发现中演绎诗意情怀 ····························· 69

王勇诗歌：以蕴藉的诗意传达在心灯中坚持 ······················ 76

林素玲书写：人物命运遭际中的人文诉求 ························· 84

陈明玉古体诗：家国忧思与师生深情 ································· 88

施子荣咏月诗：乡愁意象与故土情结 ································· 98

戴小华散文：情本体中的生命智慧 ··································· 104

朵拉微型小说：性别叙事及其生命追求 ··························· 123

朵拉小说：文本魅力中的叙事策略 ··································· 140

曾心小说：人文视野下的小人物书写……………………147
　　阿理散文：温暖世间的诗意抒写……………………………155

第二编　欧美华人写作：长天远水的心灵灯塔……………173

　　林湄《天望》：生命守望中的信仰重构………………………175
　　林湄《天外》：在欲望中挣扎的追求者形象…………………187
　　林湄和方丽娜：作为心灵灯塔的海外华文写作……………199
　　林湄访谈：文学的魅力与心灵的灯塔…………………………215
　　"多重边缘人"的女性叙事：北美新移民女作家的小说创作……229
　　精神虚构中的性别诉求：美华新移民女作家笔下的"情人"
　　　　形象………………………………………………………247
　　黎锦扬《花鼓歌》：空间塑造、文化碰撞与精神突围…………259
　　严歌苓《陆犯焉识》：历史审视中的女性形象…………………276
　　张翎《阵痛》：个人化叙事中的历史苦难与生命诉求………290
　　陈河《布偶》：艰难时世中的归侨形象及其人性把握………305
　　张翎小说：三重压抑下的女性形象及其悲剧意义……………317
　　吴玲瑶散文：在幽默书写中把握生活真谛……………………330
　　周芬娜散文：美食书写的生命情怀……………………………344

第三编　港台地区作家创作：香江宝岛的生命追求……………355

　　亦舒小说：女性生命书写中的叙事策略………………………357
　　古龙《楚留香传奇》：江湖女人花的男性想象…………………370
　　秦岭雪《明月无声》：温婉蕴藉的情感艺术空间………………389
　　李远荣《李光前传》：在历史发现中揭示精神…………………395

李安电影:爱情叙事中的人性昭示 …………………………………… 402

白先勇小说:个体存在的悲剧书写及其生命认知 …………………… 412

朱天心小说:后殖民语境下的"古都"书写 ……………………………… 433

苏伟贞小说:女性意识、生命关怀与人生把握 ………………………… 445

刘克襄生态写作:从自然书写到生态重构 …………………………… 457

余光中诗文:坚守一缕中华文化之魂 ………………………………… 474

席慕蓉诗歌:唯美意象、生命意绪与诗意境界 ………………………… 488

后　记 …………………………………………………………………… 506

第一编
东南亚华文写作：
蕉风椰雨的家山回望

伴随着海丝之路走向世界的东南亚华文文学作家运用自己的独特书写演绎了处在离散心境中的华侨华人对以闽南文化为代表的中华文化的执着守望与民族归属，体现出了东南亚华文文学的生命形态与情感诉求。正是在演绎文学之梦的欢娱中，他们冲破了异族文化的包围，在心理上坚守住了自己原本所属的中华文化，不仅深沉地传达出了执着的民族认同感和归属感，同时也把自己从失根之痛中拯救出来。

离散心境中的文化诉求：
东南亚华文文学的审美象征与中华情结

一、从闽南出发：
海丝之路视野中的东南亚华文写作

在唐朝中期以前，中国对外主通道是陆上丝绸之路，之后由于战乱及经济重心转移等原因，海上丝绸之路取代陆路成为中外贸易交流主通道。海丝之路从中国东南沿海，经过中南半岛，穿过印度洋，进入红海，抵达东非和欧洲，成为中国与外国贸易往来和文化交流的海上大通道，并推动了沿线各国的共同发展。在宋元时期，中国造船技术和航海技术的大幅提升以及指南针的航海运用，全面提升了商船远航能力。这一时期，中国同世界 60 多个国家有着直接的"海上丝路"商贸往来。①

---

① 林华东:《"海上丝路"的影响与启示》,《人民日报》2014 年 10 月 19 日,第 8 版。

唐宋之交，中国经济重心已开始转到南方，东南地区经济快速发展。宋朝有三大对外贸易主港，分别为广州、宁波、泉州。港口的地理便利因素对海外客商很重要，北边日本和朝鲜半岛客商希望宋朝主港口尽量靠北，而贸易量更大的阿拉伯世界和南海诸国则希望港口尽量靠南，两股方向的合力点便平衡在当时地处在南北海岸中点的泉州，正是这一南北两面辐射的地理优势使得泉州在设立市舶司（1087年）正式开港后，迅速先超越明州港（宁波），后追平广州并在南宋晚期反超。

泉州，西方称之"刺桐"（zaitun），在海上丝绸之路的高峰期（12—14世纪)，也是古代中国在中外贸易中居主导地位的时期，泉州作为东西洋间国际贸易网的东方支撑点，占有重要独特的历史地位，是当时世界性的经济文化中心。在《马可波罗游记》里，泉州港被誉为"东方第一大港"，深受《马可波罗游记》影响的哥伦布致力于寻找东方新航路，在意外发现美洲时还认为终于到了泉州。宋末至元代时，泉州海外交通贸易进入黄金时期。海上贸易东至日本，西达东南亚、波斯、阿拉伯、非洲。海舶蚁集，备受称赞"刺桐是世界上最大港口之一"。出口陶瓷、绸缎、茶叶、钢铁等，进口香料、胡椒、药材、珠贝等，泉州也因此成为中国第一大港，并与埃及的亚历山大港并称为"世界第一大港"。[①]

通过海上丝绸之路，中国的民族工艺和儒道思想文化也迅速传播到了"海上丝路"沿线国家和地区以及欧洲各地，对这些国家和地区的生活方式和审美取向产生了重要影响，甚至掀起了"中国热"。其

[①] 李绍潭、周斌：《海上丝绸之路的三大著名港口》，人民网文史频道2014年5月20日。https://www.ciis.org.cn/ydy/yjzx/slbl/202007/t20200716_4137.html

中，陶瓷工艺和茶道文化对世界有着很大影响。2007年，从始发泉州沉没于广东阳江的"南海一号"南宋沉船中打捞出来的大量泉州德化瓷器和安溪茶叶再次验证了当年泉州港的繁荣。虽然后来泉州港因明清海禁而衰落，但几百年的衰落意外使得当年泉州港的历史遗迹得到较好封存，因此，泉州也是目前唯一被联合国教科文组织承认的海上丝绸之路起点。

随着海上丝绸之路的开辟，作为海上丝绸之路起点的泉州以及漳州、厦门等周边地区的一大批闽南人也沿着海路漂洋过海下南洋甚至直奔欧美，在"海上丝路"沿线国家定居，有的经商贸易，有的开垦种植，筚路蓝缕，建家立业。其中多数定居在路程较近的东南亚各国，通过"侨批档案"（2013年列入"世界记忆名录"）就足以证明闽南华侨华裔艰辛的足迹。目前，在海外生存发展的闽南籍华人大约有2000万人。他们作为关心祖国富强的华侨华裔，也是新世纪我国联系海外、重塑"海上丝路"的一支重要力量。[①]

更值得我们关注的是，许多远离故国家园的东南亚华侨华人在劳作之余，拿起笔来，记录了他们在海外筚路蓝缕的奋斗历程，也书写了他们艰辛卓越的生命追求，形成了蔚为壮观的东南亚华文作家群。这些东南亚华人作家多数来自泉州的晋江、石狮、南安、惠安一带，深受闽南文化的影响和熏陶，至今许多华侨华人还保留着闽南地区的民间风俗习惯，具有一种积淀尤深的闽南情结。东南亚华人社会圈又大多运用闽南方言进行交流，而文学是以语言为唯一表达手段的，因此，闽南文化通过闽南语言在东南亚地区的广泛使用和交流，对东南

[①] 林华东：《"海上丝路"的影响与启示》，《人民日报》2014年10月19日，第8版。

亚华人作家的文学创作产生了相当重要的影响。当然，东南亚华文文学是一个整体性概念，不同国别的华文文学与闽南文化的关系肯定存在差异。菲律宾、马来西亚、新加坡的华文作家群体中闽南籍的居多，因此，其创作中所透露的闽南文化色彩就比较鲜明；泰国、印度尼西亚等东南亚国家中的华文作家籍贯比较复杂，广东人、闽南人以及其他省籍的人都有，也许闽南文化色彩就不那么鲜明。但因为早期到东南亚各国谋生的大多是闽南人，所以东南亚各国华人社会普遍用闽南语进行交流，即使之后来到东南亚的其他省籍人，也大多通过朋友交往、商业合作、联姻等形式融入了华人社会，而且因为交流沟通的需要也学会了闽南话。再加上东南亚许多华文作家与中国台湾文学界来往密切，经常在一起交流研讨，必然受到台湾闽南文化的影响。

总之，东南亚华文文学与闽南文化有着千丝万缕的关系，研究闽南文化与东南亚华文文学的关系，从"一带一路"的大视野中深入认识东南亚华文文学的特定背景和人文价值，把握东南亚华人与中国闽南一脉相承的文化渊源，把握旅居异域的东南亚华人华侨通过文学守望故国家乡的生命追求，充分发挥东南亚华文文学在海丝沿岸各国文化交流与文明对话中的独特价值和重要作用，对我国建设"新丝绸之路经济带"和"21世纪海上丝绸之路"这一跨越时空的战略构想具有独特的现实意义。

二、华夏子孙与家园印迹：
东南亚华人华侨与中华闽南文化的密切关系

丝路沿岸的东南亚华人华侨多数来自中华闽南地区，许多有代表性的作家都是闽南人，用闽南文化视角观照异域生活就成为其文学创作的重要特征。如新加坡作家周颖南、洛明、李龙等，马来西亚作家朵拉、黄锦树、张发、许文荣、杜忠全等，印尼作家林万里、阿理等，文莱作家孙德安、王昭英等，菲律宾华文作家施颖洲、邵建寅、吴新钿、云鹤、林忠民、杨美琼、陈琼华、施柳莺、莎士、林泥水、弄潮儿、明澈、江一涯、柯清淡、王勇等等。其中菲律宾华人作家最多，因为菲律宾人口七千万，华人华裔一百一十万人左右①，据菲华作家柯清淡先生估计，其中闽南人占了百分九十。菲律宾有代表性的华文作家很多来自闽南地区（或厦门、或漳州、或泉州，包括晋江、石狮、南安、惠安等地），深受闽南文化的影响和熏陶。其中大多来自泉州地区，"据1990年资料统计，有的地方其在海外的人口甚至超过了国内的人口，如晋江市石圳，本村人口3000多人，而海外祖籍石圳的华侨、华人达8000多人。早期到海外的中国人，大都是迫于生计，离乡背井漂洋过海谋生。他们离乡不离俗，虽侨居国外，仍执着地作为一个中国人在当地生活着，讲的是家乡方言，习的是家乡风俗，按祖国传统的价值观念待人处事。这种从家乡带去的风俗习惯，是中华民族传统文化的有机组成部分，在海外华侨及华人生活圈内具有较强的向心力和凝聚力，发挥着积极的社会作用，因而得到了他们的遵守和传承。"② 菲律宾首都马尼拉的唐人街叫作王彬街，便是以一位早期从福建晋江来菲开拓创业的华侨首领王彬的名字来命名的，街头的广场上还高高地耸立着王彬的青铜塑像以资纪念。菲律宾国父、惨遭西班牙殖民统治者杀害的民族英雄黎刹的祖籍也是晋江市的罗山镇。由此可

---

① 邵建寅：《东南亚华文文学大系·菲律宾卷总序》，转引自云鹤《晨梦子文集》，鹭江出版社2000年版，第3页。
② 陈桂炳：《泉州民间风俗》，中国文联出版社2001年版，第13页。

见菲律宾华人作家中绵远流长的闽南渊源。

　　语言的同一与民俗的沿袭也充分体现出东南亚华人华侨与中华闽南文化的密切关系。东南亚华人社会普遍采用闽南方言进行交流，保留着许多闽南地区特有的民间风俗，这使其文学创作透露出鲜明的闽南文化特色。菲律宾华人社会的交流语言就是闽南方言，整条王彬街的买卖消费活动几乎都是运用闽南话来进行的，只要你懂得闽南话，你可以很顺利地在这里完成任何一项商品交易。也许是语言环境的关系，一些籍贯不是闽南本不懂闽南语的菲华作家，入菲之后也学会了用闽南话进行交流，如籍贯是上海的女作家谢馨、籍贯是四川的女作家陈若莉、籍贯是广州的女作家晨梦子等都说得一口颇为纯正的闽南话。菲华女作家晨梦子甚至为华裔学生入学前不会听讲闽南话感到"心中悲哀莫名，感慨万千"，并且在她的一篇散文《说好闽南话》中力倡华裔子弟要学好闽南话："家庭既是孩子教育的第一个重要起步，那么家长何妨在家庭教育中训练孩子从小说闽南话，使孩子切切实实地打好说闽南话的基础？学校方面，我们暂时不可能要求像过去推行普通话运动，但至少可以寄望华校从今起上下同心热烈推行'闽南语运动'，奖励说闽南语的优良学生，也希望这种'闽南语运动'得到社会（华人）的支持"[①]。由此可见，在菲律宾的华人社会圈里，其交际语言与家庭用语大多以闽南话为主。语言是思维的外衣，语言也是文化的表征，从语言的使用与运用上可以看出使用者思考的走向和轨迹，也可以很鲜明地折射出地域文化的浸润与影响，"例如，现代菲律宾语中的 tahari（豆腐乳）、ate（姐姐）、miki（面干）、tauye（豆油）、hebi（虾皮）、pansit（扁食）、tinghoy（灯火）、susi（锁匙）等都源于

---

　　① 云鹤：《晨梦子文集》，鹭江出版社2000年版，第187页。

中国的闽南方言,是文化交流的结晶"①。闽南话通过文化交流,对菲律宾当地的现代语言词汇的形成甚至发音都产生了这么突出的影响,何况文学是以语言为自己的唯一表达手段的,闽南文化通过闽南语言在菲律宾的广泛使用和交流,不能不对菲华作家的文学创作产生相当重要的影响。

东南亚华人华侨与中华闽南文化的密切关系还表现在文化的传承与传统的坚守上。闽南文化积淀了中华传统文化的重要成分,对东南亚华人华侨的思想观念产生了深厚的浸润和影响,其文学创作因而表现出对中华传统文化的不懈追寻与执着坚守。随着闽南人漂泊海外创业谋生的增多,许多闽南风俗习惯也渐渐传播到了海外。据旅居海外多年的晋江内坑侨联的王鼎力先生介绍,"早年出国的大部分是青年男子,他们都有'叶落归根'的愿望,很崇尚'圆',盼望与亲人团圆,共享天伦之乐。因此,他们对从家乡带去的岁时习俗十分重视。如除夕,与家乡一样,俗称'年兜夜',要以'薄饼菜'(泉州亦叫'嫩饼菜')奉祭厝主、门宅诸神,长辈给孩子们分'过年钱',在各自大门外'烧火囤',合家老小围坐守岁。正月初一早,听见鸡叫头遍,即点头炷香、放鞭炮'开春'迎新。新年第一次饮食是吃面线、鸡蛋,若是'单身汉'(指家属在祖国的),那些有家属的邻居即会馈送来一大碗,以增进睦邻友好,表示祝福添寿。大体上与泉州的习俗没什么两样。其他如上元节的'游鼓仔灯'、'听香'、吃'上元圆',清明节的'扫墓',端午节的'煎饼补天'、'结粽',中秋节的赏月、吃月

---

① 唐世明:《对在二十一世纪的东南亚地区发展华文教育和华文教学的认知思维及一些建议》,载《第三届东南亚华文教学研讨会论文集》,菲律宾华文教育中心2000年版,第3页。

饼、'烧塔仔',等等,都与泉州差不多。此外,南音、舞狮、歌谣以及民间信仰中的'普渡'、'跳铜'等习俗,也都是从泉州传过去的"①。这种民俗文化的传承使海外华文文学带上了浓重的闽南文化的世俗色彩,对以表现现实生活为主、以坚持现实主义创作方法为主的菲华文学来说,尤为如此。翻开菲华作家作品,我们可以发现,表现民俗生活的内容占了绝大多数,其鲜明的世俗性特征触目可见。最具有特色的是,有相当多作品的题材都涉及闽南饮食文化的丰富内容,如若艾的《大排档》、莎士的《多少厨房旧事》、陈琼华的《一块月饼》、林婷婷的《甜粿·椪柑·红包》、和权的《虾》《蟹》、庄克昌的《鲈鱼味美忆乡关》《从'云吞'说到'鸭馄饨'》、晨梦子的《甜粿》《我爱粽子情》《家乡风味》《川流不息话饮食》等。从这些篇章中,可以看到菲华作家对世俗生活的关注,对"吃"的重视,从而也透露出了他们对故乡风味和闽南文化的深情向往。

三、离散心境与文化象征:
东南亚华文文学的艺术特征与闽南形象

东南亚华文文学作品具有非常鲜明的叙事特色,它们常常通过各种视角(移民的、本土的、异域的、疏离感的、亲密感的)表现了远离故土家园的华人作家的离散心境和生存感念,传达出与故国同胞对话交流的渴望和诉求。例如菲华作家陈扶助的散文就善于在生活细节的巧妙捕捉和娓娓动人的倾诉中透露出一种海外华人华侨独特而困惑的离散心境和生活况味,真实、深沉,让人感慨万分。他的《回家即

---

① 陈桂炳:《泉州民间风俗》中国文联出版社 2001 年版,第 13-14 页。

是离家日》一文叙写了一个很有韵味的生活细节：旅居千岛的"我"欲返回故乡看望年迈的父亲，在千岛出生的儿子却把这次出门当作"离家"做客，盼望他早日"回家"。父子两代人对"回家"的不同理解巧妙地演绎了定居海外并已在外成家立业的一代华人的独特心态，离乡多年的老华人希望儿子记住父亲的故乡——他的根，因此他不时带儿子返乡探亲，可是儿子已融入了当地社会，把异域当作了自己的家乡，这虽然很无奈，却很现实。不仅如此，在他回到故乡逗留的日子里，他居然也分外"想家"：想异域的碧瑶，想家里的妻和子，"如此心态，如此'乡愁'，不是太离经叛道了吗？可这也是现实"。对故国家乡，对海外家庭，都有一份难舍的情怀，在海外思念故乡，在故乡又想念海外，两边都有亲情，两边都有血缘，哪一边都无法割舍，只有长期旅居海外的华人华侨才有这种独特的"乡愁"和念想。作家就这样通过一个韵味悠长的生活细节的捕捉和独具眼光的发现，把常常为许多作家所忽略的海外华人华侨这种极其普遍的两难情境表现得如此真实动人，让人回味再三，显示出了陈先生对海外华人华侨生活与众不同的把握和揭示。更独特的是，在散文《四口三家两半球》中，作家写到了他的儿子又在新西兰建立了一个新家，他无法左右年轻一代的决定，也无法改变孩子的观念，但却又多了一份感慨和思念，因此在篇末，他充满感情地抒发道：

少时辞国漂洋，做客异乡，生我育我的家，曾经是游子心中永不熄灭的灯台。

成长之后，结婚生子，又是家外有家，异乡渐作故乡看。

于今桑榆垂暮，儿媳要筑新家，去则天远人殊，留则夕阳孤影，人生的变化能不感慨唏嘘？①

人到老年，渴望叶落归根，于是分外想念"故国林泉"，年轻一代却偏偏要去开辟新的天地，两难变成了三难，这种独特的心态独特的感情，在这儿被作家用充满诗意的语言表现得隽永蕴藉，情味绵长，让人感慨万分。

东南亚华文文学作品还常常通过其叙事话语传达了闽南故乡的节俗文化精神。如前所说，闽南民俗文化的传承使海外华文文学带上了浓重的闽南文化的世俗色彩，东南亚华文文学中的许多作品都表现了丰富的民俗生活内容，而且有相当多作品的题材都涉及闽南的饮食文化，这不仅可以把握到华文作家在无意识心理中所积淀的闽南人关注世俗生活的生命经验，也透露出华文作家那种独特的离散心境以及对故乡风味和闽南文化的深情向往。而且，表现闽南岁时节俗与华人生活的密切关系也是东南亚华文文学很常见的题材之一，如写春节舞狮的《瑞狮采青》（晨梦子），写端午节吃粽子赛龙舟"踩杆"和"捉鸭"等民俗活动的《端午感怀》（钟艺），写中秋节乡愁和切月饼的《中秋》《中秋月》（和权），写亡人节祭扫华人祖先坟墓的《义山》（施颖洲）等等。祖籍晋江的菲华女作家陈琼华的散文《敬鬼神》，通过农历中元七月（七月十五）敬鬼神的民俗节日，表达作家对先人的纪念和人世间的感悟，其中对祭礼仪式看似漫不经心的描写，却透出浓浓的闽南民俗文化的独特韵味。她的短篇小说《一块月饼》则借"老爸"的形象，演绎自己对闽南世俗生活方式的沉迷和怀念，特别是对闽南中秋节民俗文化的厚重内涵的深刻揭示，已经昭示了大多数菲

---

① 陈扶助：《陈扶助诗文选集》，香港拓文出版社2003年版，第217页。

华作家积淀深深的闽南情结和文化底蕴。

东南亚华文文学作品中的许多文学意象也独特地演绎出华文作家的离散心境,其中"野生植物"与"橘子"两个意象已经成为东南亚华文文学的文化象征。

云鹤的《野生植物》是这样写的:

> 有叶/却没有茎/有茎/却没有根/有根/却没有泥土/那是一种野生植物/名字叫/华侨

和权的《橘子的话》则这样抒发:

> 咱们只是一粒粒/酸酸的橘子/分不清/生长的土地/是故乡/还是异乡/想到祖先/移植海外以前/原是甜蜜的/而今已然一代酸过一代/只不知/子孙们/将更酸涩/到啥味道

这两首著名的诗通过"野生植物"和"橘子"的独特意象传达了诗人对漂泊海外的华人"有根却没有泥土"和那种"生长的土地是故乡还是异乡"的"酸涩味道"的痛心以及那百结千缠万般无奈的乡思乡恋,深沉地透露出他们融血化骨的闽南意识,其中所蕴含的浪迹异域、故土难归的深沉痛苦与无奈已经穿透了所有东南亚闽南乡亲的心胸。

东南亚华文文学的形象塑造也体现出其独特的离散心境和守望故国家园的生命追求。最有代表性的是寂寞的奋斗者形象,这是一种在异国他乡寻找生存之地的苦难华人形象。因为闽南人出国谋生已有悠久的历史,据有关族谱记载,唐代就有人漂洋过海居留异域,宋元时期随着泉州港对外贸易的发展,出国谋生、居留海外的渐渐增多。不过,早期虽然也有成功的商人越洋经商,但到了后来,特别是鸦片战争以后,则多是贫苦的劳动人民出于无奈,才到海外寻找生路的。"出外人"在海外筚路蓝缕,苦苦拼搏,有家不敢回,有苦无处诉,正像在晋江广为流传的歌谣《番客歌》中所唱的:"唱出番客只有歌,流落番邦'无投活'(即无可奈何),离父离母离'某'(妻)子,为着家穷才出外。亲像孤鸟插入群,做牛做马受拖磨。阮厝某子'一大拖'(即一大群),勤勤'趁'(即赚钱),不甘'开半瓜'(即花半分钱)"①。另一首闽南歌谣《厦门水路透(即通)番邦》也这样唱道:"厦门水路透番邦,番邦真正远。离父母,无投活,离某离子心头酸。铁打心肝也会软,目滓流落到天光"②。这些歌谣中所吟唱的这种闽南"出外人"的辛劳历程和痛苦心境也成为东南亚华文文学中的主要表现题材,如菲华女作家亚蓝的小说《英治吾妻》《齐人老康》、仞青的小说《出外人》《卖身契》等。仞青的小说《出外人》中的老华侨水牛忠,新婚三日就丢下新娘到菲律宾谋生,拼死拼活数十年直至年老多病,依然发财无望,思念亲人,却只能望洋兴叹,无钱回乡团聚。这种深入骨髓的悲伤,可以说是作者对拼搏在异邦的闽南"出外人"的痛苦心境的真实体验和形象概括。亚蓝的小说《英治吾妻》中的闽南侨眷英治年轻时丈夫就抛妻别子独闯南洋而长期独守空房,因路途遥远,音讯阻隔,直捱到两鬓斑白年老色衰时才得以去吕宋与丈夫相会,却反成了入侵他人家庭的第三者,受尽排斥最终抑郁而死。小说中,

---

① 陈桂炳:《泉州民间风俗》,中国文联出版社2001年版,第163页。
② 陈桂炳:《泉州民间风俗》,中国文联出版社2001年版,第165页。

作家把闽南"番客婶"和吕宋"番客"离散的内心痛苦和情感罹难表现得如泣如诉真切感人,典型地反映了菲律宾闽南华侨的真实处境和独特心态。

还有一种是无奈的望乡人形象,这是一种已融入他乡却倍感失落的华人守望者形象。随着漂泊海外创业谋生的闽南人逐渐增多,许多闽南的风俗习惯也逐渐传播到海外,得到许多海外闽南乡亲的遵循和传承,节俗仪式可以说是海外闽南人营造团圆气氛、表达亲情思念、排解离散心绪的一种独特方式,因此在东南亚华文文学中也有许多岁时节俗的书写,通过这种书写传达出了海外望乡人无奈的生命诉求。如陈琼华的短篇小说《一块月饼》,通过农历八月十五中秋节中菲混血儿麦克给华人老爸买中秋月饼的故事,形象地揭示了闽南中秋节俗对长期旅居海外的华人家庭的独特意义,不仅表现了菲律宾华人的混血儿后代对闽南文化的认同感,也深沉地抒发了一个老华人的沉重思乡之情。另一个祖籍晋江的菲华作家若艾的短篇小说《香火》,则通过穷苦华人吴祖泽给孩子们讲故事,让儿女受中文教育,每年春冬两次祭祖,让孩子熟悉宗亲会、"让孩子保存中国的香火、风俗习惯"等细节,蕴藉地传达了自己去乡的失落心境和望乡的无奈诉求。

东南亚华文文学中还有一种永远的闽南人形象,这是一种事业有成回归闽南文化的华人寻根者形象。闽南人虽然勇于走出家乡到海外谋生,然而因受儒家文化的影响,其思想观念仍是非常传统的。不管走得多远,他们都始终眷念着故国家园,崇尚"饮水思源""叶落归根",挣钱要寄回唐山,衣锦要懂得还乡。在泉州流行的一些民间风俗便有力地诠释了闽南文化的独特理念,如,"华侨出国前,须备办果盒香金,到公妈厅中去点燃三炷香,跪着向祖宗辞行,以示尊宗法祖,声言离乡背井到南洋谋生,乃生活所迫,伏祈祖宗鉴谅,并求祖宗神灵庇佑安全渡洋,在侨居地兴旺发达,日后一定回乡谢天敬祖,光耀门庭,俗称'拜公妈'"[①];"当出国华侨辞别家人,走出大门后,还要'三回头',看望故居,表示自己出国后,不会忘记家园亲人,争取早日归里与家人团圆。抵达侨居地后,要及时向家里和亲友寄信或钱,俗称'相探批'(即问候信,'批'为信的闽南方言),以告知家人及亲友平安到达,或答谢'送顺风'(闽南送亲人远行的习俗)之情"[②]。因此,对闽南家园的守望情怀和寻根意识可以说是东南亚华文文学的一个重要表现内容。祖籍晋江的菲华作家柯清淡久居菲国,数十年无缘返乡,促使他"心生内疚"背负上"断源"的沉重包袱,因此他作品中这种痛苦而矛盾的离散心境也表现得非常鲜明。他写"白发初生时情怯怯地返回家乡"时的渴望是"只想吃一顿/用咱们田间收成来的米粮/煮成的一锅'番薯粥'"(《抵乡》);他写定居异国"茫然不知何年何月才能再度还乡"而不断鞭打自己的灵魂:"恰走经那代表祖宗聚居处的祠堂的门口,便心生自疚地不敢正眼视之,也下意识地恐怕会从祠堂内跳出一位卅代前的先人来把我喝止、拖住……"[③]。由此可见,不管离散多久,许多东南亚华文文作家始终把自己看作闽南的子孙,闽南传统文化的深沉积淀使他们作品中的人物形象传达出一种"永远的闽南人"的生命追求。

---

① 陈桂炳:《泉州民间风俗》,中国文联出版社 2001 年版,第 163 页。
② 陈桂炳:《泉州民间风俗》,中国文联出版社 2001 年版,第 164 页。
③ 柯清淡:《互以拙作为例证》,载中国社会科学院文学研究所《走向 21 世纪的世界华文文学》,中国社会科学出版社 1998 年版,第 404 页。

四、文化诉求与中华情结：
东南亚华文文学的人文价值

马克思主义文学理论指出，文学的价值取向与证明意义就是"在对象世界里肯定自己"。通过上面的分析可以看出，东南亚华文文学作家大多是事业有成的华人华侨，一方面，他们有过一段艰难的创业历程，远离祖国和亲人，忍受过孤独和困窘的煎熬，终于获得了成功；另一方面，他们目前虽然有比较稳定的经济基础，但对故国家园的守望和牵挂又使他们的精神有一种失落之感和离散之感。因此文学不仅可以使他们借此追寻自己的生活足迹，在追寻中证明自己奋斗的价值和意义，而且也可以借此搭建起一个心灵对话的平台，向同胞和亲人传递自己的心声和诉求，从而在对象世界里对自己所属的华人华侨的存在价值予以自我肯定。

弗洛伊德指出，作家多是白日梦者，与做梦的作用一样，作家通过文学这种高级的形式来宣泄自己的不满足感。也许弗洛伊德的理论有些偏颇，但也颇能说明东南亚华文文学的特殊诉求。许多华文作家正是在漂移的世界里做文学白日梦的自救者，他们巧妙地通过文学宣泄出故土家园离散的不满足感和异乡难为故乡的困惑感，并从文化心理的坚守来表现出执着的民族认同感和归属感。东南亚华文文学作家身处在一个漂移的世界里，虽然有不少作家已融入了当地国家和社会，但文化背景的差异仍然使他们有一种"野生植物"般的无家可归之感和"橘子"般酸涩的离散之感，这种深重的孤独感又强化他们对故国家园的执着守望和牵挂，而文学恰恰成了他们排遣苦恼宣泄欲望传达诉求的一种途径。在演绎文学之梦的欢娱中，他们冲破了异族文化的包围，在心理上坚守住了自己原本所属的闽南文化，不仅深沉地传达出了执着的民族认同感和归属感，同时也把自己从失根之痛中拯救出来。

  总之，伴随着海丝之路走向世界的东南亚华文文学作家运用自己的独特书写演绎了处在离散心境中的华侨华人对以闽南文化为代表的中华文化的执着守望和民族归属感，体现出了东南亚华文文学的生命形态与情感诉求。因此，从"一带一路"的大视野中深入认识东南亚华文文学的特定背景和人文价值，把握东南亚华人与中国闽南一脉相承的文化渊源，把握旅居异域的东南亚华人华侨通过文学守望故国家乡的生命追求，充分发挥东南亚华文文学在海丝沿岸各国文化交流与文明对话中的独特价值和重要作用，对我国建设"新丝绸之路经济带"和"21世纪海上丝绸之路"这一跨越时空的战略构想具有独特的现实意义。

文化积淀与精神诉求：
闽南文化对菲华文学的影响

一

菲律宾华人多数来自福建闽南地区，具有一种积淀尤深的闽南情结。早在西班牙人统治的16世纪，即我国明代的万历年间，为适应中菲两国民间日益繁荣的商业贸易，西班牙殖民政府特地把马尼拉辟为对华贸易的商埠，华商由此成为西班牙人和菲律宾人商业贸易的重要对象。"也就在这个时候，中国东南沿海，尤其是福建省籍人开始大量渡海到菲谋生，参与了菲律宾的开发，对菲律宾经济发展和社会建设作出了极为重要的贡献"①。其中所指的"福建省籍人"其实大多是闽南人。菲律宾人口七千万，华人华裔一百一十万人左右②，据菲华作家柯清淡先生估计，其中闽南人占了百分九十。菲律宾有代表性的华文

---

① 陈贤茂：《海外华文文学史》（第三卷），鹭江出版社1999年版，第1页。
② 邵建寅：《东南亚华文文学大系·菲律宾卷总序》，载云鹤编：《晨梦子文集》，鹭江出版社2000年版，第3页。

作家如施颖洲、林健民、潘葵村、邵建寅、吴新钿、施约翰、施柳莺、庄克昌、林骝、王礼溥、黄春安、芥子、林泉、云鹤、和权、莎士、秋笛、陈琼华、月曲了、林泥水、平凡、明澈、若艾、柯清淡、江一涯、施文志、庄垂明、王勇、钟艺、田菁等都来自闽南地区（或厦门、或漳州、或泉州，包括晋江、石狮、南安、惠安等地），深受闽南文化的影响和熏陶。

因为上述原因，菲律宾华人社会普遍采用闽南方言进行交流，整条王彬街的买卖消费活动几乎都是运用闽南话来进行的，只要你懂得闽南话，你可以很顺利地在这里完成任何一项商品交易。也许是语言环境的关系，一些籍贯不是闽南本不懂闽南语的菲华作家，入菲之后也学会了用闽南话进行交流，如籍贯是上海的女作家谢馨、籍贯是四川的女作家陈若莉、籍贯是广州的女作家晨梦子等都说得一口颇为纯正的闽南话。菲律宾晋江同乡总会的张建华先生在第三届东南亚华文教学研讨会上谈到华语的教学内容时认为，菲律宾长期存在着教闽南话还是教普通话之争，"这有其历史原因，菲华社会的成员过去多数是从闽南地区来的，闽南话在菲华社会是广泛使用的社交语言，也是华人家庭的家庭用语，因此，许多家长为了让孩子不要忘记自己的家乡，坚持让学校教闽南话，这在其他国家的华校中是少见的"[①]。当然，张先生从教育面向未来、面向世界的目的出发，还是提倡菲律宾华校的华语教学一定要教普通话。但他又说："鉴于菲律宾目前的情况，为了迁就一下社会和家长的要求，舒缓一下学校的压力，在闽南话向普通话教学的过渡阶段，可以采取或开设闽南话会话课，或在低年级教一

[①] 张建华：《多语环境中的华语教学》，载《第三届东南亚华文教学研讨会论文集》，菲律宾华文教育中心 2000 年版，第 189 页。

些简单的闽南话的生活用语的办法"①。菲律宾侨中学院的杨美美女士曾对侨中总校小学五年级学生的家庭用语和交际语言进行调查,调查结果是学生的主要交际语言除了菲语,其次就是闽南话了。其中有10名被调查的中国血统的新移民学生,"他们的家庭用语是闽南话,到学校与同学交流也是以闽南话为主"。另有30名本地出生的中国血统学生,也有"三分之一在家与父母兄弟姐妹讲闽南话"②。语言是思维的外衣,语言也是文化的表征,从语言的使用与运用上可以看出使用者思考的走向和轨迹,也可以很鲜明地折射出地域文化的浸润与影响。闽南话通过文化交流,对菲律宾当地的现代语言词汇的形成甚至发音都产生了那么突出的影响,何况文学是以语言为自己的唯一表达手段的,闽南文化通过闽南语言在菲律宾的广泛使用和交流,不能不对菲华作家的文学创作产生相当重要的影响。

闽南地处福建东南沿海,改革开放之前交通极其不发达,因此一直以来远离中国的政治、经济、文化中心,再加上很少进行大工业建设,所以闽南地区长期处于一种比较保守的传统农业社会形态中。这种社会形态使闽南文化具有较少受到现代大工业文化所冲击的中国儒家传统文化的鲜明特征,如恋家、思乡、眷念故国亲人、重视民族感情、乐善好施、仁爱宽厚,以及"达则兼济天下,穷则独善其身"、"文章合为时而著,歌诗合为事而作"、文章是"经国之大业,不朽之盛事"等等。来自闽南的菲律宾华侨就是在这种闽南文化的浸润和影响下,念念不忘自己的民族之根,不管离开了多少岁月,一俟形势允

---

① 张建华:《多语环境中的华语教学》,载《第三届东南亚华文教学研讨会论文集》,菲律宾华文教育中心2000年版,第190页。
② 杨美美:《菲律宾华裔儿童第二语言教学的探索》,载《第三届东南亚华文教学研讨会论文集》,菲律宾华文教育中心2000年版,第178—179页。

许,就纷纷归国回乡寻根探亲,投资办厂置业,捐建福利事业;以及事业成功之后,便著书立说,修身养性,济世留名。正像菲华作家柯清淡在他的散文《三代人》中所写到的:"第一代华人是移民族群,在中国的时空里长大,有深厚的民族感情,保持着故土的风俗习惯、宗教信仰,讲地道的民族方言。当地方言不流畅,交际有困难,衣食住行生活方式还是中国南方农村的习俗,喜欢家乡饭,白粥,地瓜粥,地瓜汤,过中国节日,心里想的全是故土的事。寄钱给家乡的亲人,捐钱给乡里基建建设,铺路造桥,盖教学楼,修建祠堂,投资中小工业。"① 菲华作家恰恰大多是柯文所指的这第一代闽南"移民族群",因而深深植根于一代又一代闽南人思想观念意识中的闽南传统文化,就不能不在其文学创作中鲜明地体现出来。在"第十届世界华文文学国际研讨会"上,柯清淡在他递交的论文中谈到菲华文学的特点时也这样写道:"(1)表现中华传统文化及儒家精神——生活于异国土地上的少数族群要保持本身文化传统是件难事,但菲华文学却一向表现出中华传统文化及儒家精神。因此,'中华情结'是菲华文学的一个特征,很多优美不朽的篇章,都以它为永恒的主题和旋律,包括若干在中国文坛上获奖的创作,这也表现出海外中华文化薪传者,尽管在沙文式的'盎格鲁-撒克逊'文化势力范围下,仍能捍卫自身的民族文化本位价值观去对同化及并吞进行抗拒。(2)具浓厚的地方色彩——在菲华文学创作中,人们会看到它的语言、风格和韵味,有异于其他地区,而使'菲华文学'成为一个具独立性的海外文坛的因素之一。"②

从上面的论述可以看出,菲律宾华文作家与中国闽南文化有着千

---

① 柯清淡:《三代人》,《世界日报》2000年12月20日第4版。
② 柯清淡:《菲华文学活动的特点及其环境因素》,第十届世界华文文学国际研讨会论文,1999年于华侨大学。

丝万缕的联系，也就是说，不管菲华作家意识到与否，闽南情结已经毋庸置疑地根植在他们的精神深处，成为他们的集体无意识，这就不能不使菲华文学打上了闽南文化的鲜明烙印。了解这一点，也许有助于我们更加正确全面地认识菲华文学的特定背景和人文价值。

二

由于菲华文学与中国闽南文化的深厚关系，其许多作家作品，在生动形象地表达他们在居住国的生活和独特感受时，却不知不觉地在民间风俗的描绘、现实生活的叙写，或内容题材的选择、语言风格的运用上，顽强地透露出闽南文化的独特精神指向和意识特征。

闽南文化一个最重要的精神指征就是它的传统性，怀旧、恋根、思乡、爱家、敬畏祖宗、崇尚团圆、铭记源本、眷念亲情、相信缘分等永远是闽南文化的深沉内蕴和价值观念。因此，对于闽南家园的怀旧意念和寻根意识，可以说是菲华文学的重要表现主题。闽南人虽然敢于走出家乡到海外谋生，然而其本质上的思想观念却是非常传统的。不管走得多远，他们都始终眷念着故国家园，崇尚"饮水思源""叶落归根"，挣钱要寄回唐山，衣锦要懂得还乡。流行在泉州的一些民间风俗便有力地诠释了闽南文化的独特内涵。如，"华侨出国前，须备办果盒香金，到公妈厅中去点燃三炷香，跪着向祖宗辞行，以示尊宗法祖，声言离乡背井到南洋谋生，乃生活所迫，伏祁祖宗鉴谅，并求祖宗神灵庇佑安全渡洋，在侨居地兴旺发达，日后一定回乡谢天敬祖，光耀门庭，俗称'拜公妈'"[①]。"家人在为出国亲人准备行装时，须有一小

[①] 陈桂炳：《泉州民间风俗》，中国文联出版社2001年版，第163页。

包家乡泥土、一小瓶井水、几支针及线若干，寓有饮水思源、不忘故土之意，而井水在到达侨居地后，即渗入当地豆腐中煮食，据说因此可服当地水土。至于带去针线，其意在于有了针线引路，可使出国亲人不忘归路，热爱祖国家园，早日荣归"①。"当出国华侨辞别家人，走出大门后，还要'三回头'，看望故居，表示自己出国后，不会忘记家园亲人，争取早日归里与家人团圆。抵达侨居地后，要及时向家里和亲友寄信或钱，俗称'相探批'（即问候信，'批'为信的闽南方言），以告知家人及亲友平安到达，或答谢'送顺风'（闽南送亲人远行的习俗）之情"②。刘登翰先生曾从中国传统文化的角度对菲华文学中所蕴含的乡恋情结做过有力揭示，他说："……在中国的传统文化中，极为重视'家'和'乡'的观念。家是血统，乡是血统所依附的土地。"③ 由于上文所说的闽南地域长期处于较为保守的社会状态，闽南文化便积淀了中国传统文化的厚重内涵，从某种意义上来说，闽南文化可以说是中国传统文化的一个缩影。正因为这种悠久深厚的闽南文化已经根深蒂固地植入了闽南人的灵魂深处，成为闽南人的集体无意识，也就不能不在闽南籍的菲华作家作品中顽强地表现出来。

菲华作家柯清淡久居菲国，数十年无缘返乡，促使他"心生内疚"背负上"断源"的沉重包袱。但他终于从文学中找到精神补偿的缺口。因此读他的作品，我们可以发现，不管是诗、散文，还是小说，字里行间所贯注的几乎都是这种从"代表祖宗聚居处"的闽南"祠堂（即

---

① 陈桂炳：《泉州民间风俗》，中国文联出版社 2001 年版，第 163 页。
② 陈桂炳：《泉州民间风俗》，中国文联出版社 2001 年版，第 164 页。
③ 刘登翰：《精神漂泊与文化寻根——菲华诗歌阅读札记》，载中国社会科学院文学研究所编：《走向 21 世纪的世界华文文学》，中国社会科学出版社 1998 年版，第 401 页。

上文所说的'公妈厅')口"走出海外,又"注定在这'盎格鲁-撒克逊的英语文化'所主辖的国土上终其一生的华夏遗民"①那百结千缠万般无奈的乡思乡恋。他写35年前随母亲刚到菲岛时看到当地的"五月花节"游行队伍,马上想到了家乡的"弦管"队伍,即"家乡人叫作'割香'的另一种游行,……"(《五月花节》)他写"白发初生时情怯怯地返回家乡"时的渴望,"我这少小离乡的'番客'/只想吃一顿/用咱们田间收成来的米粮/煮成的一锅'番薯粥'/"(《抵乡》)当他返乡5天后又得出境回到侨居32年的菲律宾,是这样来表达他痛苦而矛盾的心境:"我的心儿/掉落在家园的'番薯'沟里/我的灵魂/困留于童伴的眼神中/……/再挥别乡土的我/走经祠堂口/茫然摸着渐稀的斑发/突然迷信地许下愿/若是有所谓的'转世'/'来生'也要活在此地/尽管这乡野小村/是如此简陋、卑微……"(《许愿》)他给五个孩子起的中文名字是:"轩辕、桑梓、龙种、向华、醒狮"(《五月花节》)。他甚至因为"身穿洋服"定居异国"茫然不知何年何月才能再度还乡"而不断地鞭打自己的灵魂:"恰走经那代表祖宗聚居处的祠堂的门口,便心生自疚地不敢正眼视之,也下意识地恐怕会从祠堂内跳出一位卅代前的先人来把我喝止、拖住……""我还在写毕《许愿》后,精神上如释一重负,仿佛已完成了一项'忏悔'和'赎罪'的自我鞭罚"②。这种"下意识"的闽南情结在其他菲华作家作品里也有突出的演绎,如若艾的《香火》,通过穷苦华人吴祖泽在风雨天给孩子们讲故事,向让德堂吴氏宗亲会申请助学金让儿女受中文教育,每

---

① 柯清淡:《互以拙作为例证》,载中国社会科学院文学研究所编:《走向21世纪的世界华文文学》,中国社会科学出版社1998年版,第404页。
② 柯清淡:《互以拙作为例证》,载中国社会科学院文学研究所编:《走向21世纪的世界华文文学》,中国社会科学出版社1998年版,第404页。

年春冬两次祭祖、免费招待宴食及抽奖摇彩让孩子熟悉宗亲会等让人感伤的细节，来表达华人"想让孩子保存中国的香火、风俗习惯"，"让孩子靠近中国的血根"的刻骨的根意识。而云鹤的《野生植物》则借"有根却没有泥土"的"野生植物"意象，喊出了漂泊海外浪迹异域的华人深入骨髓的"切根"之痛。写得尤为感伤的是陈琼华的小说《龙子》。这篇不长的小说委婉动人地叙写了客居菲地已四十年的闽南人陈中俊的"想家情结"：为儿子安顿不讲"咱人话"（闽南话）而恼怒，为女儿丽莎"尽量在他面前说闽南话"而欢心；不管是在梦中，或是在乡下见到牛、见到乡野，或是在家中见到"垫在玻璃底的'二十四孝图'"，他都会"情不自禁地想起自己的故国和亲人"，"回忆起父亲在榕树下伫候的影子"，"忘不掉曾经养育他长大的老窝"；然而由于事业未成无颜回乡，他只能终日坐立不安愁肠百结。我以为，这其中所蕴含的深沉痛苦和无奈已经穿透了所有菲籍闽南乡亲的心胸，因此这一形象便具有相当典型的艺术力量。

另一方面，我们知道，闽南人出国谋生已有悠久的历史，据有关族谱记载，唐代就有人漂洋过海居留异域，宋元时期随着泉州港对外贸易的发展，出国谋生、居留海外的渐渐增多。不过，早期虽然也有成功的商人越洋经商，但到了后来，特别是鸦片战争以后，则多是贫苦的劳动人民出于无奈，才到海外寻找生路的。"出外人"在海外筚路蓝缕，苦苦拼搏，有家不敢回，有苦无处诉，正像在晋江广为流传的歌谣《番客歌》中所唱的："唱出番客只有歌，流落番邦'无投活'（即无可奈何），离父离母离'某'（妻）子，为着家穷才出外。亲像孤鸟插入群，做牛做马受拖磨。阮厝某子'一大拖'（即一大群），勤勤'趁'（即赚钱），不甘'开半瓜'（即花半分钱）。"①另一首闽南歌谣《厦门水路透（即通）番邦》也这样唱道："厦门水路透番邦，番邦真正远。离父母，无投活，离某离子心头酸。铁打心肝也会软，目滓流落到天光。"②这些歌谣中所吟唱的这种闽南"出外人"的辛劳历程和痛苦心境也成为菲华文学中的主要表现题材，如女作家亚蓝的小说《英治吾妻》《齐人老康》、忉青的小说《出外人》《卖身契》等。忉青的小说《出外人》中的老华侨水牛忠，新婚三日就丢下新娘到菲律宾谋生，拼死拼活过去了30年，如今年老多病，发财无望，思念亲人，却只能望洋兴叹，无钱回乡团聚。这种深入骨髓的悲伤，可以说是作者对拼搏在异邦的闽南"出外人"的痛苦心境的真实体验和形象概括。

菲华女作家亚蓝的小说，则通过到菲律宾创业的闽南人与家乡亲人剪不断、理还乱的亲情关系来诠释这种"出外人"的独特境遇和悲苦心态。如前所说，被迫离乡背井、漂洋过海到东南亚闯生路的闽南沿海许多农民，由于创业坎坷，谋生艰难，再加上路途遥远，音讯阻隔，长期的两地生活无法沟通，致使一些家庭发生裂变、重组，造成人生悲剧；一些人则有家不能回，长期异邦飘零，两地相思，过着孤苦伶仃的凄凉生活。亚蓝的《英治吾妻》描写的是一位年轻时抛妻别子独闯南洋的闽南人培叔，因长期在异邦为番客，家乡音讯阻隔，便另娶番婆成家。而家乡的糟糠之妻英治则长期独守空房，苦苦等待，过着守活寡的日子，直等到两鬓斑白，年老色衰，才挨到去吕宋与丈夫相会，然而反被当成入侵他人家庭的第三者，不仅难以接纳，而且受尽排斥，最终还是被迫回到香港，抑郁而死。小说中，作家把闽南

---

① 陈桂炳：《泉州民间风俗》，中国文联出版社2001年版，第163页。
② 陈桂炳：《泉州民间风俗》，中国文联出版社2001年版，第165页。

"番客婶"和吕宋"番客"的内心痛苦和情感罹难表现得如泣如诉真切感人,典型地反映了菲律宾闽南华侨的真实处境和独特心态,具有很强的现实性。在闽南泉州,也曾流传着一些展示华侨眷属凄苦内心世界的歌谣,如《送君出门去》:"雨仔雨毛毛,送君去出门。送到吕宋街,目滓(即眼泪)流挨挨,举起为君遮雨伞,俯落为君穿草鞋,不知我君此去几时回?"①《十五月娘》:"十五月娘(即月亮)圆又光,我君过番离家门。枕头被席冷霜霜,虽然爱困畏上床。嘴干舌又渴,井水且润喉。日头卜(要)落山,鸟只都歇岫,思念我君在外头,心里乱糟糟。望卜(要)君返来,此身才着留,一日过一日,啥时君来到?"② 这些悲怆动人的歌谣,不正唱出了亚蓝所表现的闽南"番客婶"英治们的辛酸和无奈?

其实,表现海外华侨故国情深和侨乡儿女盼归心切的题材在现代闽南作家作品里同样也得到充分的反映,例如,闽南散文家黄明定的散文集《石狮恋》中有不少篇什都运用倒叙或追忆的方式,叙写了回国探亲的老华侨当年"泣别爹娘妻儿,捏着一撮贫瘠的故乡黄土",到他邦异国去寻找生路的苦难历程,以及后来由于种种原因,侨胞们有家不能归,与妻儿两地苦相思的哀伤岁月,如《茉莉花香》《围炉》《故乡的歌》《姑嫂塔的灯火》《月夜里》等。特别是《魂归故里》一文,描写年过花甲的菲律宾女华侨为客死他乡的亡夫招魂归乡,通过乘车时替亡夫多买一张车票、吃饭时替亡夫多要一份饭菜、到旅店住宿时则要求安排夫妻房等独特的细节,曲尽其致地表现了融血化骨积淀深深的叶落归根之情。由此可见,叙写海外侨胞与祖国故土亲人绵

---

① 陈桂炳:《泉州民间风俗》,中国文联出版社2001年版,第165页。
② 陈桂炳:《泉州民间风俗》,中国文联出版社2001年版,第165页。

远深厚的独特感情和寻根意识,可以说是菲闽两地的共同主题,因而也极其鲜明地传达出闽南人的共同精神指征。

三

闽南文化另一个重要的精神指征是它的世俗性。闽南金三角背山靠海地势平缓,山清水秀气候温和,因而造就了闽南人冲淡平和,重视世俗生活,富有海洋文明色彩的文化性格,他们既崇尚拼搏进取又注重修身养性,既褒扬勤俭持家又讲究生活享受,既鼓励精明能干又倡导难得糊涂,总之,他们既注意去创造生活又懂得享受生活,或者说他们创造生活就是为了享受生活,又或者说他们正因为懂得生活才会去创造生活,闽南人就是这样,很现实也很世俗。现在尚流传在泉州一带的一些民俗谚语如"爱拼才会赢""赚钱有数,身命(身体)也要顾""有赚就有了(亏本),会开(开支)就会赚""拳头、烧酒、曲"等都很巧妙地诠释了闽南文化的世俗特征:一方面积极用"拳头"用自己的双手去拼搏挣钱开创事业,另一方面也不忘提醒自己喝喝小酒听听南曲享受享受生活。这种文化特征不仅使闽南人十分注重"吃"(闽南的风味小吃特别多)和"住"(一有了钱就要买房盖楼置业),而且还十分注重过节(闽南人的民俗节日特别繁复,几乎是逢节必过,特别注重除夕、春节、元宵节、清明节、中秋节等)。因为岁时节日民俗,是一种极其复杂的社会文化现象,闽南人往往通过过节,来营造团圆的气氛,表达对故友亲人的思念,消解生活的沉重压力。正像苏联文艺理论家巴赫金的狂欢节诗学理论所揭示的:狂欢节可以"把人们的思想从现实的压抑中解放出来,用狂欢化的享乐哲学来重新审视世界"①。

随着闽南人漂泊海外创业谋生的增多,这些闽南风俗习惯也渐渐传播到了海外。据旅居海外多年的晋江内坑侨联的王鼎力先生介绍,"早年出国的大部分是青年男子,他们都有'叶落归根'的愿望,很崇尚'圆',盼望与亲人团圆,共享天伦之乐。因此,他们对从家乡带去的岁时习俗十分重视。如除夕,与家乡一样,俗称'年兜夜',要以'薄饼菜'(泉州亦叫'嫩饼菜')奉祭厝主、门宅诸神,长辈给孩子们分'过年钱',在各自大门外'烧火囤',合家老小围坐守岁。正月初一早,听见鸡叫头遍,即点头炷香、放鞭炮'开春'迎新。新年第一次饮食是吃面线、鸡蛋,若是'单身汉'(指家属在祖国的),那些有家属的邻居即会馈送来一大碗,以增进睦邻友好,表示祝福添寿。大体上与泉州的习俗没什么两样。其他如上元节的'游鼓仔灯'、'听香'、吃'上元圆',清明节的'扫墓',端午节的'煎饼补天'、'结粽',中秋节的赏月、吃月饼、'烧塔仔',等等,都与泉州差不多。此外,南音、舞狮、歌谣以及民间信仰中的'普渡'、'跳铜'等习俗,也都是从泉州传过去的"②。有些海外华侨、华人在传承闽南风俗的基础上,还结合在居住地的社会生活和处世经验,编造了不少脍炙人口的谚语。被誉为"泉南乡土专家"的菲律宾老华侨许龙宣先生(祖籍晋江),在其编著的《分类注释闽南谚语选》一书中,即选录有数十条"菲岛侨胞流行的谚语":

---

① 朱立元:《当代西方文艺理论》,华东师范大学出版社1997年版,第266页。
② 陈桂炳:《泉州民间风俗》,中国文联出版社2001年版,第13—14页。

吕宋街路，易干易湿。（喻贫富难持久不变）

吕宋好舅山。（华侨重视裙带关系，对老婆的兄弟特别照顾。）

吕宋钱，唐山福。（老一辈华侨的传统观念：富贵不归故乡，如衣锦夜行。）

吕宋银满脚头于，卜取着工夫。（劝人要努力争取，勿想不劳而获。）

阿己，阿己，趁钱籴米。（"阿己"系西班牙语，意即话语虽不太懂，却敢赚食。）

君子落泊，扁担科罗。（喻人应能屈能伸。以前华侨很多做挑贩苦工。）

VERY GOOD，菜头炖肉骨。（喻好上加好。）[1]

从这些谚语中，可以很清楚地看到闽南文化在菲律宾华人社会的传承，其中所透露出的闽南人重拼搏、重享受、重现实、善适应的精神指向和价值观念显而易见。这种民俗文化的传承使海外华文文学带上了浓重的闽南文化的世俗色彩，对以表现现实生活为主、以坚持现实主义创作方法为主的菲华文学来说，尤为如此。

翻开菲华作家作品，可以发现，表现世俗生活内容的占了绝大多数，其鲜明的世俗性特征触目可见。最具有特色的是，有相当多作品的题材都涉及闽南饮食文化的丰富内容，如若艾的《大排档》、莎士的《多少厨房旧事》、晨梦子的《甜粿》《我爱粽子情》《家乡风味》《川流不息话饮食》等。从这些篇章中，可以看到菲华作家对世俗生活的关注，对"吃"的重视，从而也透露出了他们对故乡风味和闽南文化

---

[1] 陈桂炳：《泉州民间风俗》，中国文联出版社2001年版，第20页。

的深情向往。特别是若艾的散文《大排档》中有这么一段描述："食物的有——豆花、豆腐、豆芽、大面、面线、米粉、冬粉，至于烹调的东西，专有的名词，菲律宾友人也拗得很顺口。……至于小吃的工艺，无论是'打'的鱼丸，'搦'的面线，'摔'的大面，'唧'的米粉，蒸的烧包，炒的米粉，都叫人家佩服得五体投地。"那精彩的语言、独特的工艺、各具特色的做法，真是异彩纷呈，让人叹为观止。如果对闽南食文化没有亲身体验了然于心，想来是不可能写出这么老到的文句。无独有偶，女作家莎士在她的散文《多少厨房旧事》中也有一段颇具底蕴的回忆：

在厨房对面是磨坊。里面放着一个大石磨。逢年过节的时候，祖母要花费好几天的工夫在磨房里指挥男工推着石磨上的磨柄绕着石磨打圈子。她用着一把勺子把已浸隔夜的米和着清水倒进石磨中央的洞口，磨出来白白黏黏的胶状物，然后送进厨房里拌和着佐料蒸成各种的甜粿或咸粿。有时候却又是把用热火炒成浅褐色的米磨成粉，再拌和着糖浆揉到均匀后放到蒸笼里蒸成甜糕。农历五月是包粽子的节令。在连着饭厅的走廊上放着高高的木架，上面横搁着几根长竹竿。把用粽叶包着糯米和其他配料蒸熟的粽子一串串挂着，数一数就有几百个之多。逢到老祖母过生日，煮几大锅别具风味的漳州卤面飨客，也够得大人们忙上好几天。至于冬笋上市煮薄饼、做糯米菜包，元宵用花生或麻粒研碎做馅包上元圆，冬至"补冬"吃补品，腊月腌各种腊味，以及于除夕夜在圆桌下放着一盆炉火，桌上摆满了二十四道精美佳肴，一家人喜气洋洋，团圆围炉，大快朵颐的情景，如今回想起来，更予人无限的怀念与向往。

这一段描写已经不止于给我们提供一份闽南食品的菜单，而是细腻具体到闽南食品的制作原料、制作过程，不同节令的不同食品、不同吃法，摆放食品的环境、用具，以及吃的环境、吃的气氛、吃的规矩……总之，对闽南食文化诠释到如此淋漓尽致的地步，没有那一份对闽南文化的牵挂和憧憬，也是做不到的。值得注意的是，在这一段看似轰轰烈烈的描述之中，我们不难读出渗透于字里行间的那一缕繁华已去往事难再的淡淡忧伤和感慨，让我们怦然心动。

表现闽南岁时节俗与旅居菲律宾的华人生活的密切关系也是菲华文学很常见的题材之一。如写春节舞狮的《瑞狮采青》（晨梦子）、写端午节吃粽子赛龙舟"踩杆"和"捉鸭"等民俗活动的《端午感怀》（钟艺）、写中秋节乡愁和切月饼的《中秋》《中秋月》（和权）、写亡人节祭扫华人祖先坟墓的《义山》（施颖洲）等。特别值得一提的是陈琼华的散文《敬鬼神》和短篇小说《一块月饼》。《敬鬼神》一文通过农历中元七月（七月十五）敬鬼神的民俗节日，表达作家对先人的纪念和人世间的感悟，其中对祭礼仪式看似漫不经心的描写，却透出浓浓的闽南民俗文化的独特韵味。《一块月饼》对闽南民俗文化的厚重内涵则有更形象的演绎和更深刻的揭示：农历八月十五中秋节，中菲混血儿麦克到唐人街糕饼店给思乡心切的华人老爸买中秋月饼，为了澄清自己的"臭番"（品行不良的土人）形象，也为了弄懂月饼的质量和价格，只好用很生硬的闽南话与华人店员交流。虽然"人家恶眼错认他是'臭番''贼仔'，不过他还是洋洋自得地认为刚才一口的'咱人话'有够好，第一次为自己是'出世仔'而会讲'咱人话'感到自豪。他踏出糕饼店,走出王彬街,离开飘着饼香的中国城,像是上了一堂中国民俗文化课"。而且虽然经济状况不好,他还是特意给老爸买了一个"很贵"的"有咸蛋和瓜子馅的月饼",让老人家高高兴兴地"带领着一群'番仔'围桌'赌中秋'","使椰林深处宁静的茅屋充满一种很中国的中秋节气氛"。在这样一个短短的故事里,女作家把菲律宾华人的混血儿后代对中华闽南文化的认同感和那一脉血浓于水的亲情表现得丝丝入扣感人至深。同时我们也可以看到,这个富有民俗韵味的中秋节,把一个染上沉重思乡病的老人"从现实的压抑中解放出来",得到一种精神的满足和补偿。小说中还有这样一段描写:

老爸每当思乡病发,就迢迢地跑到久违的马尼拉华人区重温一下"咱人"的生活方式,看中国电影;若巧逢路边搭起戏台演"高甲戏",更是废寝忘餐看到忘我的境界;饿了上馆子吃番薯粥佐咸鱼、菜脯、芋咸、脆瓜;返回时买些中药、蜜饯、肉松、皮蛋、豆干、豆腐、大陆罐头……满载而归。回家后几天老人家笑口常开,哼唱南音北调,麦克听不懂那如杀鸡般的吊嗓子唱些什么,还是拍手助兴。最绝的是老爸一高兴起来就非要一家人用筷子吃饭不可,而且桌上不许摆 Bagoon(虾酱)……

借"老爸"的形象,演绎自己对闽南世俗生活方式的沉迷和怀念,可以说这一段动人的文字已经昭示了大多数菲华作家积淀尤深的闽南情结和文化底蕴,其中所透露的精神指征已在不言之中。

其实,闽南文化的世俗性特征渗透到了菲华文学的方方面面,哪怕是像"诗"这样雅致的体裁,有许多篇章也是刻意从世俗生活细节或日常事物入手去抒情写意。最典型的例子是女诗人谢馨的诗。收入她的诗集《波斯猫》中的诗，抒写的几乎都是像"柳眉""蓝眼膏""嘴唇""香水""项链""结婚戒指""指甲""纽扣""纸手帕""丝绵被""床""椅子""窗帘""电梯""栏杆""卷心菜""手抓饭""松花皮蛋"等这样俗而又俗的市井事物，并通过这些事物曲尽其妙地表达出她对生活的独特感悟。如《纸的手帕》："不能在左下角/绣上你的、我的/名字。不能/紧紧地扭成/一个同心结/不能包扎/受创的伤口。风起时/系不住我紊乱的发。雨来时/比我的泪更易崩溃/不能折叠起来/放在最贴身的口袋里——我的/心跳会击碎它。我的/汗水会侵蚀它。不能把它/藏在最秘密的地方，许多年后/拿出来，在烛光下/抚触它，对着它/想起你笑的样子，想起/我轻轻用它擦拭/不小心留在/你鬓边的唇印，想起/临别依依/你对我说的/话"一个日常用物，被诗人写得情意绵绵如泣如诉，十分动人。像这样把如此平凡的世俗事物变成充满诗情画意富有张力耐人咀嚼的意象，谢馨似乎是做得最突出的一个。不过，只要深入考察，可以发现，借凡俗之物写典雅之诗抒精致之情，其实是许多菲华诗歌共同的美学特征。

通过上面的分析已经可以看出，由于菲华作家与中国闽南源远流长血浓于水的特殊关系，菲华文学必然要传达出闽南文化的深沉底蕴，其中所蕴含的闽南文化的传统性、世俗性等精神指征与价值观念，对我们深入认识菲华文学与中华民族文化的血肉联系及其在世界华文文学中的特殊意义都将有丰富的启迪作用。

奋斗与守望：
泉籍菲律宾华文作家的人物创造

东南亚华侨华人多数来自福建闽南地区，菲律宾一百五十万左右①的华侨华人中，闽南人约占百分九十，而且主要来自泉州地区的晋江、石狮、南安、惠安等地，"据1990年资料统计，有的地方其在海外的人口甚至超过了国内的人口，如晋江市石圳，本村人口3000多人，而海外祖籍石圳的华侨、华人达8000多人"②。菲律宾首都马尼拉的唐人街名为王彬街，便是以一位早期从福建晋江来菲开拓创业的华侨首领王彬的名字来命名的。菲律宾国父、惨遭西班牙殖民统治者杀害的民族英雄黎刹的祖籍地也是晋江市的罗山镇。由此可见菲律宾华人绵远流长的泉州渊源。菲律宾有代表性的华文作家也多数来自泉州地区，深受泉州文化的影响，如施颖洲、潘葵村、施约翰、庄克昌、陈琼华（小华）、林泥水、吴彦进（明澈）、黄碧兰（亚蓝）、吴涌泉（若艾）、黄珍玲（黄梅）、林启祥（仞青）、施柳莺（小四）、黄秀琪（董君

---

① 满秀芳：《菲律宾华人华侨概况》，中国侨网 http://www.chinaqw.com/news/2006/0630/68/34585.shtml

② 陈桂炳：《泉州民间风俗》，中国文联出版社2001年版，第13页。

君)、庄良友、张灿昭（张昭）、蓝廷骏（云鹤）、刘美英（秋笛）、林婷婷、林惠秀（枚念）等。异域创业的艰辛、远离故土亲人的痛苦和对母体文化的守望，使他们的华文书写呈现出一种独特的情感诉求和文化传达，这一特点特别体现在泉籍菲律宾华文小说中。通过考察我们可以发现，泉籍菲律宾华文作家在小说中创造了众多性格鲜明的人物形象，通过他们在异域的奋斗经历，生动地传达出泉籍菲律宾华人华侨独特的情感追求和文化情结。许多人物形象其实是泉籍菲律宾华文作家的化身，是华人华侨在异域生活的真实写照，形象生动地传达了他们与故国家园割不断理还乱的深厚感情，具有重要的审美价值。

一

泉籍菲律宾华文小说书写的大多是侨民们在异域的艰难奋斗史，反映了他们在异国他乡的挣扎、拼搏与无奈。当中不乏成功者，事业有成，拥有了一定的财富和地位，但饮水思源，依然眷念故国家园；也有失败者，事业无成，艰难困窘，但对中华文化仍然有一种发自心底的守望，在后悔中煎熬着；还有一些在异域他乡挣扎的迷失者，没有生活的目标，对未来感到迷惘，只能本着中华民族固有的勤奋精神在异地坚持着。概括起来，这些小说主要表现了以下三类形象：痛苦的失败者、无奈的望乡人和执着的寻根者。

（一）痛苦的失败者

这类痛苦的失败者形象主要表现为早期在菲律宾拼搏的华侨华人因为生活的艰困、文化的迷失和事业的失败所承受的种种痛苦，特别是婚姻的失败，更使他们感受到了在异国他乡无法安置自己身心的苦楚和无奈，由此透露出华侨华人在异域生活的重重困境。早期许多华人华侨因为生活所迫，背井离乡，迁徙到了菲律宾这个千岛之国。为了谋生，他们努力奋斗，开垦新的家园，但因国籍、肤色、语言的不同而备受讥笑、蔑视和伤害的屈辱。面对暴徒欺凌、掠夺甚至残杀而无力自卫的痛苦，政治上、经济上的不平等待遇，特别是当年菲律宾实行"排华"政策所造成的种种苦难，他们敢怒不敢言，因此也更加深了民族之间的敌意和隔阂。这些艰难困顿不仅导致了他们事业的失败，甚至使他们对中华文化失去信心，觉得什么都比不上拥有一本菲籍身份证。这类形象有一个共同的特征：他们奋斗过，但太多的困难使他们无法成功，精神上的空虚，文化上的流失又使他们惶恐不安，不禁对自己的努力和身份产生了怀疑，感觉没有合法的身份，很多努力注定是白费的，很多事情注定是失败的，虽然站在了他国的土地上，但随时都有回到原点的可能，这就使他们常常处在一种无所归依的失落和痛苦之中。如张灿昭在《水莲族的故事》中把穷困潦倒一生后默默死去的"游客仔"江文斌比作"漂浮于巴石河的这些水莲族，无枝可依，只能拖生于这片水流"①。仞青（林启祥）的小说《出外人》中新婚三日就丢下新娘到菲律宾谋生的老华侨水牛忠，含辛茹苦奋斗了三十年仍然事业无成，而今年老多病，虽苦苦思念家乡亲人，却无钱回乡，只能望洋兴叹。小说中，作者把闽南"出外人"创业失败，家山难回的痛苦和悲伤表现得如此沉重，让人唏嘘不已。亚蓝（黄碧兰）小说《英治吾妻》中的培叔也是一个奋斗的失败者，来到菲地后不管怎么苦干都无济于事，被欺负的命运始终无法改变。直到娶了菲女为

---

① 施颖洲：《菲华文艺》，菲华文艺协会1992年版，第168页。

妻，得到她的救助后才稍微有所好转。可是苦苦等待团聚的结发妻子的到来打破了他的平静生活，为了维持现状，他只好继续冷落甚至再一次抛弃了发妻。其实他骨子里是痛苦万分的，特别是发妻死后他的内心更加愧疚，却只能让儿子厚葬发妻好好生活。类似的作品还有小华（陈琼华）的《龙子》，若艾（吴涌泉）的《香火》等，都写到了华人家庭因为异族文化的冲突而导致的痛苦和无奈。这种痛苦常常是矛盾万分的，一方面他们渴望融入当地生活，谋取自己的一片安身立命之地；另一方面，他们又对血浓于水的中华文化有一种执着的守望，不愿意轻易切去自己的民族之根，这就使他们倍加痛苦和无奈。正像仞青（林启祥）在小说中借"出外人"之口所说的："我们是过着，是过着生地狱吗？自己的亲人，活着就是死去……活着还不如死去。活着还会化鬼来找你，活着……他们不认识你，你也不认识他们呀"？"哎，眼睛看见了，就是没有真实回唐山，死也甘愿啊"[①]！在菲华小说中，这种失败者的痛苦被表现得十分真实感人，具有一种穿透心胸的情感力量。

（二）无奈的望乡人

一些早期的华人华侨虽然已经融入了当地生活，但他们又无法完全认同异族的文化观念和价值取向；而故国家园的远离，又让他们深深感受到了民族文化精神的缺失，得不到居住国认同与赞许的疏离感与漂泊感，守望而不得的无奈，正是这类人物形象的基本特征。正像泉籍菲律宾华文诗人云鹤的著名诗作《野生植物》中所描绘的"野生植物"意象："有叶/却没有茎/有茎/却没有根/有根/却没有泥土/那是

[①] 施颖洲：《菲华文艺》，菲华文艺协会1992年版，第100页。

一种野生植物/名字叫/华侨"①。特别是当原有的母体文化与居住国的客体文化之间产生冲突时，这种无奈尤其深重，他们觉得自己仍然置身于社会"边缘"，是文化身份模糊的"他者"。如张灿昭的《水莲族的故事》不仅书写了未获得居留权的华人生活的痛苦，也书写了那些已取得正式居留权，入了菲籍的华人的迷失，虽然"已经是落地生根，开花结果，不再是逐水漂流的水莲"，但精神的失落和生命的无奈又让他们在江文斌死后触景伤情，缅怀往昔，"说来说去，咱们都是给那个鬼身份坑害了"。由此可见，从"落叶归根"到"落地生根"，也弥合不了文化冲突和迷失在华人心底所刻下的伤痕。小华《龙子》中那个忘不了"曾经养育他长大的老窝"、忘不了"父亲在榕树下伫立的身影"的华人陈中俊的形象也很鲜明，他为儿子不讲闽南话而恼怒，为女儿"尽量在他面前讲闽南话"而欢心，并且经常梦到自己回到家乡，见到牛，见到乡野，但是事业未成无颜回乡，只能终日惆怅不已。类似的人物形象还有若艾（吴涌泉）《香火》中的吴祖泽等。这种精神上与文化上的迷失，让他们把遥远的故乡当作一种可望而不可即的精神寄托，因此，即使是奋斗有成者，乡愁也是如影随形。总之，对故土文化发自内心的守望，可以说是菲华小说通过这类望乡人形象来确证华人本质力量的无奈之举。

（三）执着的寻根者

菲律宾华文小说中的人物形象，更多的还是那种执着的寻根者形象。这一类人物形象大多是早期因生活艰困而漂洋过海远徙菲地谋生

---

① 云鹤（蓝廷骏）：《云鹤的诗100首》，菲律宾华裔青年联合会2003年版，第109页。

者，在菲地奋斗经年，如今事业有成，但因为少年时曾在国内受过中华传统文化教育，认为自己的根始终在中国，终有一天要"落叶归根"，因为"第一代华人是移民族群，在中国的时空里长大，有深厚的民族感情，保持着故土的风俗习惯、宗教信仰，讲地道的民族方言"①，所以都念念不忘故国家园，渴望回归故里，寻找自己的民族之根，回报那片曾经养育过他们的土地和亲人。正像刘登翰先生所说的："在中国传统的文化中，极为重视'家'和'乡'的观念。家是血统，乡是血统所依附的土地"②。根深蒂固的乡土情结深深地影响了中国人的生存观念，故中国古语"父母在，不远游"，也从一个侧面反映了中国人对家园和土地的眷念，这就造成了华人在海外的孤儿心态或边缘心态，由此也使其产生了执着的文化寻根意识。对他们而言，故土不仅仅是一种地域上的归属，还是一种文化归属。也正因为如此，他们的乡愁也变得更为厚重和悠远。菲华作家林忠民在《失根的兰花》一文中写道："对祖国山河的向往，乃是将景物、情怀、史记、思想当作不可分割的一体。昔日海外华人看似是失根的兰花却并非无根。万千兰种，从失本土膏壤，却根着五千年文化的内涵，充满生机。"③ 早年华侨大都怀着淘金梦来到南洋的，但是最后除了要应付生计，还要抵抗当地土著的民族主义情绪。当他们事业有成时，却面临着精神上无所归属的困境，成了"有家归不得的异乡客"。因此许多作家借文中主人公渴望回归故土的形象，蕴藉地表达了海外华人的寻根意识。特别是年龄

---

① 柯清淡：《三代人》，《世界日报》2000年12月20日，第4版。
② 刘登翰：《精神漂泊与文化寻根——菲华诗歌阅读札记》，载中国社会科学院文学研究所编《走向21世纪的世界华文文学》，中国社会科学出版社1998年版，第401页。
③ 施颖洲：《菲华文艺》，菲华文艺协会1992年版，第241页。

越老，离开故土越久，这种寻根的愿望越强烈，也越执着。如小华（陈琼华）《还乡客》中的华人尾华已经在菲岛创下一份不小的家业，但仍孜孜不忘当年出生的摇篮血地，并通过回乡探母执意去寻找自己的民族之根。司马文森的《归来》则以一位老华侨当年舍妻别子南下菲岛打工十三年，最后决意"带着几件简单的行李和全部的积蓄，回到祖国"的经历，生动地表现了菲律宾华侨"叶落归根"的独特追求。有些作家还借主人公热爱中国文化的独特形象，真实地传达出海外华人对华夏文化的崇敬之情。如若艾《香火》中的华人吴祖泽不惜借钱让三个孩子读中文，因为"你们的父亲是中国人，一定要读中文，将来我们要到中国去了"，中国的长江、黄河和中国人乐于助人的美德都让他引以为豪，认为自己的身份依旧是"寄居他乡"的中国人，最终仍要"落叶归根"回归故土。仞青的《出外人》则写出了海外华人思念母亲、妻子、孩子的真切心情，并且发出了"我们为什么要出外？我们的祖先出外过，我们也出外了，而以后我们的孩子又步入我们的足迹而来。难道除了如此，我们就没有别的道路可走"①的质疑，由此对海外华人的命运遭际进行了独特的反思。虽然也有不同角度的反思，如诗人痖弦认为"世界村"已经出现，根与家的观念已改变，移民家庭不再是过渡的家庭，更不是变态的家庭；回乡不回乡已不重要，只要我们心中有乡，我们仍然爱着自己的民族，我们绝不是失根的兰花②。但仍有相当多的华人仍然执着于对民族文化之根的追寻和眷念，如李惠秀就呼吁："别让下一代做了失根的兰花，更不能让自己做了夹

---

① 施颖洲：《菲华文艺》，菲华文艺协会1992年版，第168页。
② 张香华：《菲华女作家卷：茉莉花串》，远流出版事业股份有限公司1988年版，第45页。

缝中的罪人"①。由此可见,这种渴望回归中华民族文化的寻根意识已经成为大多数长期移居海外的华侨华人与生俱来的生命追求,因为具有五千年璀璨文明的中华民族文化的巨大感召力和先天性对母体文化如树叶对根的依恋,使这种"叶落归根"的观念在菲律宾华侨华人的潜意识中十分根深蒂固,所以他们一旦事业有成,都希望重新归属在他们漂泊海外时长期给予心理慰藉和精神支撑的故国家园,由此我们不难把握泉籍菲律宾华文作家人物创造中浓厚的故土情结。

二

早期泉籍菲律宾华文作家大多因生活所逼,背井离乡远赴异国他乡创业谋生,也许各人出外的途径不同,发展的情况迥异,但以自己对华文文学的热爱来守望故土家园和中华文化却是他们的共同之处。其笔下所创造的人物形象,表现了他们在异国他乡艰苦奋斗的生命历程和心理经验,也传达出他们守望故土家园和中华文化的独特情感诉求。

(一) 回归民族文化的情感诉求

泉籍菲律宾华文作家身处的是一个漂移的世界,虽然不少作家已融入当地社会,取得菲国国籍,但是"他们离乡不离俗,虽侨居国外,仍执着地作为一个中国人在当地生活着,讲的是家乡方言,习的是家乡风俗,按祖国的传统观念待人处世。这种从家乡带去的风俗习惯,是中华民族传统文化的有机组成部分,在海外华人及华人生活圈具有

---

① 施颖洲:《菲华文艺》,菲华文艺协会1992年版,第248页。

较强的向心力和凝聚力,发挥着积极的社会作用,因而得到他们的遵守与传承"①。两地文化背景的差异仍然使他们有一种深重的离散之感,而且随着去国越久,年岁日长,这种孤独感越发深重,他们也越发眷念当初的"摇篮血地"和自己所从属的民族文化之根,这又进一步强化了他们对故国家园的执着守望和牵挂。然而水天相隔,家山难回,他们一方面要应付生计,一方面还要对付当地民族主义情绪的重重阻挠,再加上中国改革开放前的社会动乱,他们回归的愿望和诉求只能寄托于文字书写和他们笔下的人物,可以说,菲华小说大多已成了他们排遣苦恼宣泄欲望传达诉求的一种独特途径。因此我们可以看到,这些小说中的人物在异国他乡生活,难免要经历他族与本土文化、他族与本土价值观念之间的抉择,他们矛盾过,挣扎过,但他们最终还是选择了对中华文化的坚守。这种坚守的方式之一就是对家乡方言闽南语的坚持,菲华女作家林玛莉(晨梦子)曾在散文《说好闽南话》中力倡华裔子弟要学好闽南话:"家庭既是孩子教育的第一个重要起步,那么家长何妨在家庭教育中训练孩子从小说闽南话,使孩子切切实实地打好说闽南话的基础?学校方面,我们暂时不可能要求像过去推行普通话运动,但至少可以寄望华校从今起上下同心热烈推行'闽南语运动',奖励说闽南语的优良学生,也希望这种'闽南语运动'得到社会(华人)的支持"②。这种独特的坚持在泉籍菲律宾华文作家的人物创造中也有生动的表现,如上述小华《龙子》中的主人公陈中俊坚持要求自己的两个孩子学讲闽南话,偏爱会讲闽南话的女儿,恼怒不讲闽南话的儿子。语言是民族文化的独特符号,从语言的使用与运

---

① 陈桂炳:《泉州民间风俗》,中国文联出版社2001年版,第3页。
② 云鹤:《晨梦子文集》,鹭江出版社2000年版,第187页。

用上可以看出使用者的文化取向。小华的书写正透露出作家对自己所属的民族文化的坚守和渴望回归的情愫。黄梅（黄珍玲）则从另一个角度表现皈依中华民族文化的愿望。她在小说《齐人老康》中塑造了一个与华人雇员老康生活了二十年的菲律宾女子玛利娅的形象。因为老康来菲之前在中国老家已有妻子，所以玛利娅虽是六个孩子的母亲，却一直没有名分。但她仍然融入华人家庭，遵从华人习俗，不辞劳苦地操持家务养育儿女，和老康一起度过许多难关。在作者笔下，玛利娅已经认同了华人文化，是一个已经"华化"了的"他者"。作者还借老康之友的口赞扬她的贤惠，实际上是言说了"自我"，由此传达了中华民族文化强大的感召力和影响力，从另一个角度表现了作家对民族文化的坚守和回归的情感诉求。

（二）家国情怀的独特书写

不管在异国他乡拼搏多久，不管遇到多大的苦难和挫折，华人华侨的家国情怀始终不变，正如泉籍菲律宾华文作家柯清淡在散文《五月花节》里所写的。这种深入骨髓的家国情怀也是泉籍菲律宾华文文学中最感人至深的地方。

在泉籍菲律宾华文作家的小说书写中，这种家国情怀首先表现在创造了一群吃苦耐劳、开拓创新、"爱拼会赢"的闽南汉子形象。当前华侨华人经济已经成为东南亚国家民族经济的重要一翼，这与华侨华人群体几代人的艰苦奋斗努力拼搏是分不开的，其中就包括了来自泉州侨乡的闽南人。这种在异国他乡艰苦奋斗创业创汇让家乡亲人过上好日子的闽南人形象在泉籍菲律宾华文小说中也有很精彩的演绎。亚蓝小说《那属于海的》中那个"风里来雨里去"为了生活无休止打拼的老蔡，就是一个刚强坚韧的铮铮铁汉。这篇小说不仅叙写了菲华社会下层华人艰苦奋斗的创业史，也生动地表现了以老蔡为代表的闽南华侨特有的刚强坚韧和"爱拼才会赢"的性格特征。无论如何艰难困苦受累受挫，老蔡从不退缩低头，几十年风雨拼搏他终于拥有自己的渔场。即使后来病魔袭来半身瘫痪，他仍然继续支撑病体和女儿一起经营渔场。"只要我想站着，没有人能把我推倒"①是他的人生准则，也是众多华人在异域拼搏的人生写照。其次表现在创造了一系列抗日救国的旅菲爱国华侨形象。少年时漂泊到菲律宾当童工的泉籍作家司马文森的长篇小说《南洋淘金记》是以菲律宾 1928 年至 1931 年的动荡社会为背景的，塑造了何章平等一群闽南青年来菲谋生过程中积极投入国内抗日战争的动人形象，表现了旅菲华侨抗日爱国的高尚情操，感人至深。杜埃的长篇小说《风雨太平洋》也是热情洋溢地描绘了菲律宾华人华侨从物质和精神上尽其所能地支持中国抗战的动人故事，其中还塑造了华侨青年吴青和菲籍少女玛丽亚在华侨抗日武装"华支"中并肩作战，共同抗击日本法西斯保家卫国的生动形象，许多场面十分感人。总之，不管他们拼搏的结果是成功抑或失败，他们奋斗、创业以及保家卫国的艰苦卓绝历程已经展现了华侨华人大气磅礴充满正能量的生命追求和感人至深的家国情怀。

（三）传统文化的深刻反思

泉籍菲律宾华文作家不仅书写了他们守望故土家园和中华文化的情感诉求，也通过他们笔下的人物创造对中华传统文化的陋习和局限性进行了清醒的审视和形象的批判。这是泉籍菲律宾华文作家表现得

---

① 施颖洲：《菲华文艺》，菲华文艺协会 1992 年版，第 146 页。

最独特最有深度的亮点之一。林泥水的《夫人妈》通过一对夫妇的形象，对传统文化中遗存千百年的封建迷信和愚昧无知进行了讽刺和批判。小说中，科明、尹娇夫妇对儿子小福生病就医的意见相左，科明坚持上医院，妻子则受封建陋习影响相信"夫人妈"的香灰，幸得堂弟帮忙，揭穿了夫人妈的把戏。这种充满嘲讽色彩的书写颇具社会意义。施柳莺的《段坊》通过一个与人相好却被听信谗言的儿子所杀的寡妇雪兰的悲剧形象，反思了民族文化中压抑人性扼杀女性的封建伦理道德，其批判意义更加深刻。董君君的《肚脐眼的橘树》则真实地呈现了贫困重压下亲情的脆弱，揭示了家庭不和谐的根源所在。泉籍菲律宾华文小说还叙写了华人华侨两代人在对待中华文化上的"代沟"现象，表现了泉籍作家对华人后裔如何传承民族文化的独特反思。林泥水的《墙》和小华的《龙子》是颇具代表性的两篇小说。《墙》中的父子是典型的菲律宾两代华人，父亲对传统文化充满了眷恋，向往昔日纯朴的生活方式和充满人情味的人际关系；儿子则自由散漫，向往西方生活方式。《龙子》中望子成龙的陈中俊以继承中华传统文化为己任，希望儿子也能弘扬中华文化，但儿子却不以为然，这使父亲很无奈也很失望。两篇小说在文化"代沟"这一现实问题的开掘上，既揭示了文化冲突不可避免地延伸到华人家庭内部的严峻现实，更表现出华侨华人对民族文化在天长日久的异族文化冲击下逐渐失去美丽光环的无奈，由此反思中菲两地文化融合的必然和必要。

  泉籍作家之所以能对传统文化做出如此清醒的审视和反思，我想一方面是来自于他们超越民族与地域文化的胸怀与视野。一旦他们走出国门走进另一个包含欧洲、美国和菲律宾本土文化在内的多重文化氛围中，不管他们如何坚持和守望自己所固有的民族文化，也不能不因异族文化的冲击而深受影响和启发，从而开阔了眼界，再反观本民族传统文化，就会有更清醒的认知和把握。另一方面，则因为他们对自己赖以为根的民族传统文化的爱之热切，尤其是当他们远离故土家园之后，那种无法避免的孤儿心态使他们对母体文化的依附感和归属感变得更加强烈，那种唯恐失去根基无所归依的恐惧感也与日俱增，这些都促使他们希望自己的民族文化变得更加美好，希望自己的民族文化能扬长避短，弘扬优秀的传统文化精神，去除丑陋、落后和愚昧的负面部分，由此增强自己的民族自信心和自豪感，更有力量与异族文化抗衡。也许，这就是泉籍作家在其小说书写中能对传统文化做出如此审视和反思的原因所在。

三

泉籍菲律宾华文小说中的人物创造给中华文学带来了独特的审美形象。因为其独特的"文化属性与文化言说语境"①，这些人物形象有别于国内文学形象。特别是远离母体文化的海外华人在异域不由自主产生的孤儿心态或边缘心态，导致其笔下的人物形象往往比国内文学更执着于传达对母体文化的情感诉求，表现中华文化对其人生遭际的重要影响。许多作品以异域奋斗者失败的痛苦、望乡的无奈和寻根的执着，表现了海外华人华侨在异域奋斗时的挣扎、痛苦与无奈，向我们展示了一部菲华社会中下层华人的艰难创业史和奋斗史。特别是菲华小说中的人物形象所表现出来的生存的痛感也给我们独特的审美体

---

① 骆明：《我们能共同为东南亚华文文学的发展做些什么》，《文学评论》2000年第1期。

验。尽管华人漂洋过海的动机是各种各样的，但择业谋生、养家糊口仍是最主要的原因。泉州石狮籍菲律宾归侨作家白刃在长篇小说《南洋流浪儿》中，生动地书写了一个菲律宾华人阿宋从生活底层——杂货店学徒做起的艰难奋斗经历。阿宋为了学习经商本领，到叔父开的杂货店当学徒，与店员们同吃同住同劳动，从早晨6时开门到晚上9时闭店，营业时间长达15个小时。学徒的生涯也是辛酸的，扫地、做饭、推磨、搬货、送货、卖点小零碎，直至倒尿壶便桶，从早忙到晚。可以说，这部作品不仅塑造了一个异域奋斗者的独特艺术形象，同时也反映了二十世纪三十年代许多菲律宾华侨中小商家在异域艰难开拓进取的真实面貌，由此也可以看出华侨华人对居住国的经济建设和发展所做出的贡献，具有独特的历史价值和审美意义。同时，长期在异乡漂泊的海外华人，在情感上的无所归属，尤其是文化上的无所皈依又使他们将故土文化作为生命之根与情感之托，这种建立在异域生存思考基础上的情感诉求和文化选择更具震撼人心的力量，让我们深切体会到异域奋斗者独特的人生经验以及他们对中华文化的独特追求。

菲律宾华文小说中的人物形象还传达出了海外华人在坚守中华文化时所做出的独特努力。海外华人长期身处异国，难免会受到异国文化观念、道德操守的冲击，但其内心潜在的中华文化意识和渗透血脉的原乡情结又强烈地表现出对母体文化的无限眷恋。所以在泉籍菲律宾华文小说中，一方面表现了菲律宾华人对菲华两族文化交融的渴望，如上述林泥水的短篇小说《墙》，取材于菲华两族人民杂居地区的社会生活，描写华族老人陈先生和当地菲族领袖帛洛长期互敬互爱和睦相处所结成的亲密友情，从而冲破了现代利己主义在两族人民之间筑起的"墙"；另一方面，也深沉地传达了菲律宾华人对中华文化的执着坚守,如上文所揭示的痛苦的失败者、无奈的望乡人和执着的寻根者这三类菲律宾华人的艺术形象。除此之外,有的小说还巧妙地传达出已"落地生根"的华人依然坚持守护母体文化的独特情愫,如亚蓝的《风雨牛车坊》中的华人罗明虽然娶了菲女为妻,但却十分注意向她灌输华人的民族文化,使这个地道的菲律宾女人也中国化了,那一口字正腔圆的闽南话,讲起来比谁都标准,甚至操办起"唐山"的风俗习惯也相当纯熟和顶真。由此可见,不管是以何种方式在菲地奋斗,也不管奋斗的结果如何,是否事业有成,是否"叶落归根"或者"落地生根",泉籍菲律宾华文小说中这些丰富多彩的人物形象,不仅给我们带来了新鲜的审美经验,而且也让我们感受到了菲律宾华人华侨独特的情感诉求和他们为守望中华民族文化所做出的不懈努力,由此彰显出了菲华文学的独特魅力。

  总之,泉籍菲律宾华文小说中的人物形象来源于菲律宾华文作家在海外异域的人生体验和情感经验,传达出了他们对生活的独特理解和独特诉求,并以其独特的"文化属性与文化言说语境",给我们带来了新的审美经验,也给中华文学的人物画廊增添了新的艺术形象。不管这些人物形象具有多大的影响力和震撼力,他们毕竟在中华文学的星空中留下了独异的光亮,具有独特的审美价值,值得我们关注和思考。

陈扶助诗歌：
海外华人生活的独特把握和诗意抒写

菲律宾华文诗人陈扶助笔名楚复生、陈仲子、小英等。1934年出生于晋江农村，15岁随父赴菲律宾谋生，28岁在菲律宾修完师范专科中文专业后任教于菲华侨校十余年。陈扶助幼承家学渊源，有较深厚的古典文学积淀，年轻时就开始文学创作，常常有诗文作品散见于国内外报纸杂志。如果从1960年出版诗集《北斗》算起，他的创作历程已达50余年。2003年结集出版的《陈扶助诗文选集》，可以说是一个老作家数十年文学创作生涯的阶段性总结。

陈扶助可以说是个才子作家，各种文体他几乎都能拿得起放得下，对每一种文章的文体规律都把握得相当到位，尤其是诗歌和散文，《陈扶助诗文选集》这本自选集就鲜明地体现了这一特色。该书内容丰富，体裁多样，集中囊括了我们常见的各种体裁样式的作品，正像暨南大学潘亚暾教授在序中所说的："如今结集出版《陈扶助诗文选集》，集一生之所作，仅十几万言，包罗新诗、散文、杂文、随笔、时政评论、小说、小小说、传统诗词乃至文论等等，堪称十八般武艺样样精通"①。

但是陈扶助写得最多的还是诗歌。他出版的第一本结集也是诗集，直到时过50余年的今天，他依然诗心不改，诗泉长流，保持着旺盛的创作热情，写下了大量诗作。作为一个长年旅居在外，在菲律宾、新西兰、澳大利亚和中国等地都留下其人生旅痕的华文作家，陈扶助具有丰富的生活阅历和深厚的人生体验，这使他视野开阔，眼界宽广。而这正是他能够产生丰赡的艺术思考的基础所在，他的许多生命传达和人生感悟，都来源于这种独特的生活积累，如《小青年怎么啦？》《英国的良知》《娼妓合法化之后》等篇章。而作为一个孜孜不倦坚持写作50余年的老诗人，陈扶助又善于把生活阅历和人生体验化为一种独特的艺术发现和审美感悟，寄予诗，赋予词，并通过其情感个性鲜明的艺术演绎生动地传达给读者，其中《傻鱼》《淡淡斜阳》《御街行·过香江怀台澎》《心室》《无题》《终站》《网里网外》《我心戚戚》《望归》《父亲节》《七绝五首》等诗作，至今读来依然那么脍炙人口，具有独特的审美魅力。

一

陈扶助诗歌最鲜明最独特的审美特征就是现实感时代感很强。他的诗作很少吟咏风花雪月，也很少缠绵于儿女情长，而是以其强烈的人文关怀和社会责任感介入现实生活，评点时事，激扬文字，传达自己对现实生活的独特关注和审美感悟，可以说他是一个相当有正义感和社会良知的海外华文诗人。我们可以发现，他有许多诗作的灵感来

---

① 陈扶助：《陈扶助诗文选集》（序），香港拓文出版社2003年版，第3页。

自生活中真实发生过或报章上刊载的新闻事件,特别是最近新写的一系列诗作,如《我心戚戚》一诗是有感于伊朗的连头姊妹命丧于分体手术失败而写;《娼妓合法化之后》是有感于2003年新西兰国会批准了娼妓合法案而发;《英国的良知》则是为纪念2003年7月18日割腕自杀的英国国防部高级武器专家David Kelly博士而作;等等。诗人常常在对新闻事件的简洁勾勒中动人地抒写出自己的人生感悟和艺术发现,并通过其独特的情感把握鲜明地传达出自己对世俗生命的人文关怀。在《我心戚戚》一诗中,诗人首先用一段"前言"揭示了自己的创作初衷:"伊朗的拉丹拉蕾姊妹,生成头部相连,在世折腾了29年。近日在新加坡试行分割手术,因失血过多双双丧命。余哀其不幸,为诗志之。"然后诗人满腔悲愤地倾诉道:

连脑不是谁的罪咎/却剥夺了无辜姊妹/毕生的自由/最后又在心存侥幸的/手术刀下完成了实验/耗尽血、斫丧了生机。

二十九度春秋/漫长的不情愿的结合/间中肯定有过执拗/有过龃龉和排斥/但始终动静一致、相濡以沫。

她们并肩滑出了子宫/同日收敛归葬/如磁吸铁,至死方休/比绑椿式的旧中国婚姻/更残酷,也更宿命!

绝望与期盼/辘轳般上下升降/二十九载的折腾/盼不到天国福音/找不到扁鹊华佗。

这结局太悲太苦/问牧世诸天神圣/我心戚戚/君心又如何?

在这首诗中,诗人通过连体姊妹的不幸悲剧,激情澎湃地抒发了自己的同情与悲伤。字里行间,洋溢着一个老诗人关注现世人生的悲悯意识和情牵无辜姊妹的人文精神,其中所显露出来的情之真意之切可以说声如裂帛力透纸背,让人产生了强烈的情感共鸣。

不仅如此,诗人还常常在这种现实感很强的诗作中传达出自己对不正常的社会现实的谴责和抨击,表现出一个老诗人强烈的正义感和社会良知。如《娼妓合法化之后》一诗:"听说以前警察和娼妓/经常玩猫捉老鼠的游戏/现在耗子公然在阳光下作业/而且数量倍增。"诗人激愤地借诗的语言对新西兰国会批准娼妓合法案一事进行了有力的讽刺和谴责,情感态度极其鲜明。而在《英国的良知》一诗中,诗人写道:"一个知悉机密/但不掌握权力的专家/他的话不可能是保证/也不必视同承诺/却是黑白分明的真理!"以铿锵的诗语对因了解内幕而"激于义愤",并"发现自身正陷入弄虚作假的漩涡"中而愤然割腕自杀的英国国防部高级武器专家 David Kelly 博士给予深沉的哀悼和正义的声援,并对点燃战火"播下仇恨和覆灭的种子"的战争贩子予以强烈的抗议和鞭笞。诗作激情澎湃,感人至深,一个具有正义感和社会良知的诗人形象栩栩如生,跃然纸上。

二

在诗歌创作中,陈扶助不仅敢于直面现实,淋漓尽致地抒发自己的政治主张和人文关怀,而且在抒写自己的人生阅历时还常常融入独特的生命体验,传达出独特的情感把握,充满主体性的情感特征十分鲜明。

体验不仅是一种经历,更是一种生命的投入,一种心灵的对接,一种思想的碰撞,一种诗意的回味。德国阐释学大师伽达默尔认为:

"如果某个东西不仅被经历过，而且它的经历存在还获得一种使自身具有继续存在意义的特征，那么这东西就属于体验，以这种方式成为体验的东西，在艺术表现里就完全获得一种新的存在状态。"① 在陈扶助的许多诗作中，我们都可以看到熔铸着诗人生命体验和灵魂探险的闪亮结晶。例如在《哭吧！先生们》一诗中，诗人深沉地写道：

> 如果哭泣不是为了矫情/如果嚎啕真是/最痛最悲的发泄/男性的压力可比磐石/有时要刀丛拼命/有时要牛马般操劳/怎么也不像北宋诗人/李清照所描摹的/深闺怨、妆台泪。
>
> 想想：当山洪暴泻时/若不开闸放水/就有决堤裂坝的危险/为什么须眉群体/有那么多触目惊心/血溅肉飞的暴力/为什么？逻辑学会告诉你/因为有太多逞强斗狠/忍住泪不敢哭泣的大男人。

在这首诗中，诗人写出了男人的辛劳、痛苦和压抑，并真诚地传达出自己的价值取向：哭泣并不是大男人的矫情，也许它可以避免太多逞强斗狠的暴力，于是他大声呼唤：哭吧，先生们！而在《情债》中，诗人则把怀念已逝祖母的殷殷之情化作一种奇谲的想象："总希望'佛说轮回'真有其事/祖母又转世来到我家/我乐意做牛做马/以结草衔环的精诚/任凭她鞭笞、吆喝和驱驰"。只因为小时候太冥顽，对祖母的宠爱骄横无礼，所以"我欠负太多/应该偿还/我收受太多，必须付出"！在这些诗作中，我们可以深切地感受到，如果诗人没有那么一种深入骨髓的生命经历和心理体验，就没有这种殷切的呼唤和真诚的

---

① 〔德〕伽达默尔：《真理与方法》（上卷），洪汉鼎译，上海译文出版社1999年版，第78页。

内疚，当然也就没有这种独特的艺术表现。

　　陈扶助的诗作还善于在生活细节的巧妙捕捉和娓娓动人的倾诉中透露出一种海外华人华侨的独特心态和生活况味，真实、深沉，而又让人感慨万分。例如《淡淡斜阳》一诗抒写了一个很有韵味的生活细节：老伴随"孩子们去我们从前/创练的天地里创练"，"我"只好"每天挂越洋电话/问老伴昨晚睡得香不香/能适应北半球的酷暑吗"？因为，"渐渐地/我有被架出戏棚的感觉/我不再参与台上的表演/也不是台下比画评点的观众/在陌生的边缘/我依然很在意/挂越洋电话/发传真书札/以证明自己的存在"。当年在越洋创业的时候，自己也曾经是人生舞台上一名风风火火的角色。如今孩子们已长大成人顶替自己出外闯荡，而自己年岁已高退守在家时却发现已被边缘化了，失落了当年的风光和精彩，只有通过电话书信才能证明自己的存在。这虽然很无奈，却很真实，有一种独特的感伤让人怦然心动，久久回味。诗人曾经在他的一篇散文《四口三家两半球》中也写到了这种海外华人华侨独特心态的另一种无奈：他的儿子又在新西兰建立了一个新家，他无法左右年轻一代的决定，也无法改变孩子的观念，但却又多了一份牵挂和念想，因此在篇末，他充满感情地抒发道：

　　　　少时辞国漂洋，做客异乡，生我育我的家，曾经是游子心中永不熄灭的灯台。
　　　　成长之后，结婚生子，又是家外有家，异乡渐作故乡看。
　　　　于今桑榆垂暮，儿媳要筑新家，去则天远人殊，留则夕阳孤影，人生的变化能不感慨唏嘘？[①]

---

　　① 陈扶助：《陈扶助诗文选集》，香港拓文出版社2003年版，第217页。

人到老年，渴望叶落归根，于是分外想念"故国林泉"，年轻一代却偏偏要去开辟新的天地，两难变成了三难，这种独特的心态独特的感情，在这儿被诗人用充满诗意的语言表现得十分隽永蕴藉，情味绵长，非常耐人咀嚼。在这些篇章中，我们都可以看到，对故国家乡，对海外家庭，诗人都有一份难舍的情怀，在海外思念故乡，在故乡又想念海外，两边都有亲情，两边都有血缘，哪一边都无法割舍，只有长期旅居海外的华人华侨才会有这种深入骨髓的边缘感，只有曾经拼搏过的华人华侨才会有这种孤独而又无奈的生命体验。诗人就这样通过一个韵味悠长的生活细节的捕捉和独具眼光的发现，把常常为许多作家所忽略的海外华人华侨这种极其普遍的两难心境表现得真实感人，让人回味再三，显示出了陈扶助对海外华人华侨生活与众不同的把握和揭示。

三

在琐碎的日常生活中抒写独特的艺术发现也是陈扶助诗歌的重要特色。艺术发现是诗人对所积累的生活具有某种感觉和体验的基础上凭着自己对生活的内在审视和审美判断而得到独特认知的心理行为。这种心理行为是诗人能从平凡的生活中觉察到与众不同的值得传达和揭示的审美价值和思想价值的关键所在。它需要一种敏锐的艺术眼光，也需要一种独特的审美判断力。有了这种眼光和判断力，他才能在常人熟视无睹的事物中发现生命的闪光点，才能进入文学创造的过程。陈扶助的诗歌创作也是如此。例如在被网住的鱼儿身上，诗人发现了

"浅薄和无奈"将会扼杀一个生物的生命（《傻鱼》）；在邻居之间争夺晾衣架晒衣物的丑陋行为中，诗人发现人与人之间关系的冷漠就像"冬季的雨雪霉了衣物/也霉了感情"（《丑陋》）；在有限的生活空间中，诗人发现，"随着岁月的累积"，自己的心室"除了书籍"已经全是亲人的"风采声音"（《心室》）。

艺术发现不是一种天赋，它与诗人对生活的积极关注和潜心思考有关。如果诗人对"浅薄和无奈"无动于衷，对邻里之间的冷漠麻木不仁，对亲人的存在漠不关心，也就没有他的艺术创造和独特揭示。艺术发现还与生命体验密切联系。诗人正是在和亲人经年累月的相濡以沫中发现自己的心几乎被亲情占满了，"已找不到自己的隐私"。在这里，诗人的发现其实已经融入了自己的生命体验。艺术发现还体现出诗人的审美取向和情感判断。在《父亲节》一诗中，诗人通过一个小女孩在九岁那年的父亲节送给老爸一张手绘贺卡的天真与六年后的父亲节老爸请求女孩再绘一张而不得的冷然这一对比，悲愤地喊出了："溺爱真的很辛苦/历尽了忤逆和折磨/坟茔在望而悬念如枷"。如果说《心室》一诗的审美取向是捕捉美好，其情感判断是一种追忆与珍惜；而在《父亲节》一诗中，诗人的审美取向是正视丑陋，他的情感判断是批判性的。尽管二者的审美取向和情感判断不同，但我们都不难看出诗人对美满亲情和谐人际健康生态的独特诉求和真诚希冀，其情感把握充满了善良与美好，而且因其独特的艺术发现和诗意表现，给人带来了隽永的审美启迪。

四

想象的奇谲可以说是陈扶助诗歌在艺术表现上的一个鲜明特征，

这使其艺术传达充满了张力,具有一种独特的艺术力量。众所周知,没有想象就没有诗。郭沫若曾经在《凤凰涅槃》中把对新世界的向往想象成凤凰衔香木而自焚从而获得新生,字里行间扑面而来的热情和浪漫感染了几乎一个世纪。舒婷则在《祖国啊,我亲爱的祖国》中把负载着沉重历史的祖国想象成"破旧的老水车""额上熏黑的矿灯",那份关注苦难祖国的热切情感才会那么充满诗意,充满艺术力量。陈扶助的想象则透出一种奇谲的魅力。如前所说的《情债》一诗,诗人奇谲地把怀念已逝祖母的殷殷之情想象成了一种轮回转世,希望小时冥顽的自己转世做牛做马报答祖母。在《隔不断的爱》中,诗人则把因杀害亲生女儿而被枪毙的珍妮菲想象成在阴间和已长大成人的女儿相遇,女儿居然"飘过来拥抱着她/泪眼盈盈地喊叫着/妈妈,我爱您/我想念您/我等您好久啦!亲爱的妈妈"。亲情与残忍的对立,自私与宽容的交锋,形成了独特的艺术张力,它以一种穿透灵魂的冲击给人带来惊心动魄的震撼,这一艺术表现确实独具匠心。

值得注意的是,在艺术表现上,陈扶助还十分讲究诗歌的结构、韵律以及节奏等艺术规律的把握,这使他的许多诗作具有一种典雅的艺术魅力。例如在现代诗《望归》中,诗人用凝练的诗语跳脱的诗行中发出了盼望他回归故里的呼唤。在短短的诗章中能传达出这样厚重的历史内容已属不易,而诗末两句:"江山已改旧时颜,稻粱蔬果碧连天,伫望王孙归,王孙胡不归"[①]?更是在诗意盎然的呼唤中抒发出诗人的意之真情之切,而且诗语充满了典雅的韵味,让人怦然心动深受感染。而他的传统诗词则大多严格遵循诗词格律,"戴着镣铐跳舞"(闻一多语),也"舞"出了一派动人的新意。如1997年获得回归颂中

---

① 陈扶助:《陈扶助诗文选集》,香港拓文出版社2003年版,第3页。

| 远鸿的回望 |

华诗词大赛佳作奖的《御街行·过香江怀台澎》一词：

汉家儿女瀛寰客，骨肉情，长相忆。几回归棹绕香江，受尽港英呵斥。前朝耻辱，国门烙印，游子双眸湿。

萧墙变起台澎急，蚌鹬争，渔人益。金权黑道舞翩跹，哪管金瓯裂坼。邓公妙算，长缨万尺，毋使蛟龙逸。①

整首词合辙押韵，句子长短有序，节奏急促有力，艺术地表达了诗人衷心拥护香港回归、热切盼望祖国统一的深沉感情，不仅是一个借古典形式演绎现代生活的成功作品，而且也体现出诗人深厚的古典文学修养。

总之，陈扶助穷其50年之创作春秋，给我们贡献了丰富多样独具匠心的诗歌作品。这些诗作以其独特的诗意传达和鲜明的情感把握，抒写出他对社会人生的热切关注和深沉的人文关怀，表现出一个老诗人强烈的正义感和社会良知；并以其对海外华人华侨生活与众不同的艺术发现和审美表现，在带给我们独特的审美享受的同时，也丰富了我们的眼光和胸怀。

---

① 陈扶助：《陈扶助诗文选集》，香港拓文出版社2003年版，第166页。

庄垂明诗歌：
用诗意抒写生命的温度

菲华诗人庄垂明的诗歌魅力不在于激情澎湃、气势磅礴，而在于情感表达的真诚细腻，他仿佛能把自己真挚的内心淋漓尽致地倾诉出来，诚恳，热忱，朴实，让人时时感受到暖暖的生命温度。

俗世生活的诗意把握

庄垂明的诗歌吟咏的几乎都是俗世生活中的日常事物，如瞭望台、试题、花树、牙齿、拐杖、照片、鸟屎、鸡屎、矮树等，但他却用审美的眼光去观照，用诗意的内心去把握，使这些世俗事物充满了美感，甚至连"鸟屎""鸡屎"，在他的诗歌中也具有了生命的诗意，真实而动人。台湾著名诗人萧萧说过，庄垂明是一个"用生命写诗的人"；菲华文坛名家施颖洲也说，"庄垂明的才华每时每刻都能溢出来"。我想这不是没有原因的，正因为庄垂明有一颗热爱生活的敏感细腻的诗心，时时刻刻用自己的生命去拥抱生活拥抱诗歌，与日常事物融合，与自然交流，与花草对话，所以他才能如此富有才气地把俗世生活和诗意巧妙地交织成一首首素朴简洁却耐人寻味的诗歌。如《花树》：

花树若是不开花
不妨每天抽些时间
坐下来跟它谈话
花树听了话
自然就会开花

开什么颜色的花
全看你讲什么样的话

花树成了一个可以对话、交流、沟通的对象，成了你的倾听者，花树因你而变，为你而开。有给，有予。看似写的是花树，又分明感受得到诗人对爱的理解，爱，就是给予，就是交流，就是相互的沟通。若诗人不热爱生活，不热爱亲人，他就没有如此诗意的发现，也决然写不出这么充满生命暖意的句子。

有人说："人生是一场修行"，走走停停，念念想想，错过了一站，也许就错过了终点。但诗人却用诗意抓住人生中的每一场际会，不管是与花草，还是与亲人，他都能用心去感悟，去抒写生命的真谛，他的诗歌就不是一种无关痛痒的无病呻吟，而是一种修行，一种顿悟，让我们每一个伤过、痛过、乐过的生命充满了温暖。

其实，不仅仅是《花树》，在《牙齿》《远与近》《拐杖》《照片》《鸟屎》《矮树》等诗篇中，诗人都能够用一颗柔软的诗心，用一种审美的眼光,生发出独特的感悟和隽永的生命启迪,给我们带来回味无穷的审美享受。

生命痛感的真诚抒写

人生在世,生命中难免会碰到许多痛苦,亲人去世,故乡难回,天灾人祸,总会给生命带来许多痛感,让人伤心流泪。作为最接地气的诗人,庄垂明的诗歌自然也抒写了许多生命的痛感。这些痛感是那么真实质感,但在他的诗意把握中,其笔下的痛感同样让人感受到生命坚忍的温暖。如《牙齿》:

> 记得祖母曾说:
> "牙齿脱离
> 要恭敬站立
> 上颚的掷在床铺下
> 下颚的掷在衣橱上
> 这样,会长出新牙
> 总会整齐"
>
> 现在……
> 世事犹如恶拳挥来
> 打的我口中时有断牙
> 想起祖母早已亡故
> 牙也不会再生

管他整齐不整齐

连着鲜血吞下去

诗的第一段巧妙地通过小孩换牙的日常细节，抒写了祖母对孙辈的爱，充满童趣，充满温馨，充满了遥远的家乡的味道。第二段则笔锋一转，诗风霎时变得凝重，伴随着生命的成长，生命也会不时遭到险恶世事的撞击，断牙时有发生，但"想起祖母早已亡故/牙也不会再生"，所有的一切，都得靠自己独自去面对和承担："连着鲜血吞下去"。诗人就那么朴素地富有韵味地抒写了生命的痛感和面对痛感时那丝隐忍的坚强。时光东逝，不再回转，从天真无邪的童年到浸满了痛苦无奈的成年，从祖母呵护的温馨到独自面对的坚忍，短短的几行诗句已经概括出了人生的过程，也揭示出了生命成长的真谛，那就是，所有在生活中被撞碎了的牙齿，你都得和着血咽下，这样你才会变得坚强和健壮。

台湾著名诗人萧萧说过："在众多以奇技淫巧为尚，众多奔向科幻、机件，自娱而娱人的诗作里，庄垂明不为所动，仍然以最简明的语言诉说生命中深沉的悲情，我们可以感知一种不得不说的痛，他的诗都是有感而发，不以文造情。"诗人就这样通过自己的独特感悟，带我们在俗世琐事中发现生命的诗意，虽痛苦却让人感动，虽凝重却使人温暖，因为他真诚地告诉你要如何面对生命的成长！

生活哲理的诗意传达

庄垂明绝对是一个生活的有心人，他笔下的文字所呈现的都是他所经历过的平凡生活，但这些平凡的生活经过他诗意的萃取和提炼，却拥有了一种不平凡的韵味和哲理的力量，蕴藉，隽永，耐人寻味。如《远与近》：

> 栖在枝头上的鸟儿
> 从来不仰望天空
> 只俯视着大地
>
> 猜其原因，不外是
> 金阳离他们很远
> 青虫离他们近

鸟儿需要俯视大地，因为青虫很近；鸟儿不需要仰望天空，因为太阳太远。俯与仰之间折射出了不同的生活态度。诗人是不是在告诉我们，鸟儿尚且懂得珍视身边的事物，人却往往自视太高却对身边人有所忽略？或者是在隐隐透露，人不能囿于自己的小圈子，而忘了关注远处的阳光和远方的梦想？又或者是告诫我们，琐碎的现实生活总是消磨了我们的仰望？梦想是照进生活的阳光，是不是太多的人选择了面包，放弃了追逐自己的世界？诗歌是象征的，多义的，不管诗人要告诉我们的是什么，这么一首短短的小诗，已经以它独特的蕴藉的哲理韵味让我们反复咀嚼，回味再三。

也许庄垂明的文字看上去是如此平淡无奇，但我们分明感觉到了一种智慧的力量。不管是他的成名作《瞭望台上》，还是后来的《牙齿》《远与近》《试题》《拐杖》，看上去都是如此的素净朴实，读下去却让人觉得那么鲜活。因为他呈现的不是孤单单的文字，而是一种非常具体的、深沉的人生经验。正是这种充满智慧的人生经验的传达，使他的诗句令人怦然心动。

家国情怀的深沉诉说

对故国家园的守望和诉求，也是庄垂明诗歌的一个主要题材。诗人在诗中一次次地遥望家乡，一次次地诉说远离家国的惆怅和无奈，和着泪水的诗句，在濡软了我们心胸的同时也温润了我们的生命。先看他最早的诗作《瞭望台上》：

指向前面
向导说："那就是边界
不可逾越"

站在落马洲的瞭望台上
我偷问苍鹰
凉风、鸣虫
什么叫作边界
他们都说：
"不懂"

庄垂明扎根在异国土壤，却心系故土，一直在寻求自己的归属，他希望没有边界的束缚，他渴望来去自由，像"苍鹰、凉风、鸣虫"

一样自由地在天地间穿行。然而，虽然他执着地"站在落马洲的瞭望台上"眺望故乡，但"边界不可逾越"，因为他不是"苍鹰、凉风"和"鸣虫"，空余满腹的怅惘和迷茫。诗作情感表达深沉而感人，让人感慨万分。

再看《泪中山河》：

> 持着照相机
> 国籍混杂的游客们
> 竞先拍摄着
> 故土边区
> 缥缈的云雾
>
> 而我肃立坡上
> 手中什么也没有
> 我用眼睛拍照
> 用泪水冲洗
> 眼里的山河

在诗中，我们仿佛看见一个男人满含泪水地远眺祖国河山。故土就在远方，日思夜想，魂牵梦萦，却可望而不可即，只能默默含泪遥望，这是怎样的惆怅与无奈！

而《山的那边》则是这样表达的：

> 设想边区的田野上

此时突然出现一个
骑牛吹笛的牧童
用他呜咽不绝的笛声
把阻断我视线的群山引走
你说：极目远眺的我
是否会在苍茫尽处
看到我的家乡？

　　这首诗的抒情主人公依然在极目远眺那遥不可及的故乡，但情感更加炽热，更加急切，他希望牧童"呜咽不绝的笛声"能吹走群山，因为它们"阻断了我的视线"。看似诗人无意中的联想，却透着诗人浓得化不开的乡思和乡愁，让人不胜唏嘘。

　　菲律宾华文女诗人谢馨说过："庄垂明最为人称颂的是他几首去国怀乡的诗作，在这个纷争动荡的时代，一定引起了无数读者的感受和共鸣。"

　　庄垂明祖籍福建晋江，他的母亲是泉州历史上最后一个状元吴鲁的孙女，出身于书香世家的他虽然久居马尼拉，却始终忘不了落马洲那一边的原乡，并用自己充满艺术张力的诗句把家国情怀演绎得独特而动人。

　　作为菲律宾华文诗坛一位执着的诗人，庄垂明留给我们的诗作并不多，但他以朴素而独特的想象、真实而感人的情感传达，诉说了一代华侨诗人在俗世生活中诗意盎然的生命追求和精神向往，在带给我们心灵感动的同时也温暖了我们的生命。

石子诗歌：
在审美发现中演绎诗意情怀

菲律宾华文女诗人石子说自己是一个非常平凡的女性："平时就喜欢种种花，骑骑脚踏车，上市场挑菜挑水果，是一个十分平常的邻家妇女。"但恰恰就是在这种平凡的居家生活中，她成了一个引人注目的女诗人。连年来，她的精短诗章在海内外报刊上频频发表，获得了许多好评。她是如何在这种波澜不惊的平凡生活中发现诗意，并打造出自己蕴藉隽永的浪漫情怀呢？这正是值得我们探讨的独特之处。

石子的诗观中有这样一段话："也许是身边的一些事物/也许是人生旅程上遇到的一些人物/也许是身边的伴侣，或孩子们/也许是脑海里的一些矛与盾/一些点滴的冲击，加上一份写下的愿力/使我成了创作者，更成了读者/然后再继续，再继续/深情地走入，走入人生这册诗集里//"从石子的诗观可以看出，虽然她的诗情来自她的平凡生活，但是如果没有一种独特的审美眼光，没有一种雅致的诗意情怀，她是不可能在"上市场挑菜挑水果"的世俗琐事中发现美和诗歌，也不可能如此深情地打造自己的诗意人生。

审美发现是诗人已经有了一定的生活积累，并对积累的生活具有某种感觉和体验的基础上凭着自己对生活的内在审视和审美判断而得到独特认知的心理行为。这种心理行为是诗人能从平凡的生活中觉察到与众不同的值得传达和揭示的审美价值和思想价值的关键所在。它需要一种敏锐的艺术眼光，也需要一种独特的审美判断力。有了这种眼光和判断力，她才能在常人熟视无睹的事物中发现生命的闪光点，才能进入艺术创造的过程。石子也是如此。她的许多短诗常常写于日常生活之中，这些琐琐碎碎的生活细节，一旦进入诗人的视野，就会被诗人的艺术眼光所笼罩，于是被许多常人所忽视的景物就闪现出了人生的哲理和诗意。如《午后》："三四石阶的高度/刚好超越了/前面那一条大马路//午后/微倾的太阳/是盈杯的美酒/我对命运说：这美酒啊！/已不是葡萄/无须再等待//小酌　干尽/皆随意"在这首诗中，诗人似乎是在一种很随意的生活状态中，却独特地捕捉到了石阶的高度和阳光的美好，并由此发现了，人生只要有一定的高度，就能超越俗常；人只有善于把握命运，人生就是一杯美酒。由此可见，诗作虽然很短，但却韵味绵长，发人深思。在石子的诗歌中，像这样有独特发现的诗作还很多，如在《有些眼泪》中，她发现了"有些眼泪/像珠"，很快就会消失；"有些眼泪/是钻"越切割越闪亮，那种生活的哲理充满了韵味。在《盘子与月亮》中，她发现"打开水龙头/旋洗着/盘子"已经洗去了许多时光，"床前的明月光"也"远了"，但"那一段和月亮做伴的日子"却始终"随着水继续地流着"，那种乡思乡愁，演绎得蕴藉而隽永。从这里可以看出，女诗人有一种特别敏感的诗人心态，正像巴尔扎克所说的："在真正是思想家的诗人或作家身上出现一种不可解释的、非常的、连科学也难以明辨的精神现象。这是一种透视力,它帮助他们在任何可能出现的情况中测知真相;或者说得更确切些,是一种难以明言的、将他们送到他们应去或想去的地方的力量"①。正因为诗人这种独特的艺术敏感性,使她善于用诗意的眼光去观照她所面对的事物,于是许多平凡如许的事物便成为她笔下的诗。不仅如此,诗人还非常用心去感受生活,并努力以独特的艺术视角去观照生活,所以她的许多艺术发现,哪怕只是寥寥数语的揭示,仍然具有一种发人深思的艺术力量。

石子的诗作在演绎自己的诗意情怀时还善于以其独特的艺术表现巧妙地传达出与众不同的创作个性和审美认知。我们很容易就可以看出来,她的诗作中绝大多数是咏物诗。她抒情的着力点常常是一些非常细小的事物,如眼泪、盘子、台阶、蝶、鱼,等等。但是正像人们常常说的:"一枝一叶总关情"。石子以其敏锐的艺术感觉和充沛的诗情,似乎在不经意间,就从这些平凡而细小的事物中透视出了隽永的人生哲理,让人回味再三。如《上桌的》:

> 上桌的/是一尾深海里的鱼//可喜,只有一个平凡的/名字//有谁?/在意/曾经/在那深深的水域里/悠——游//有谁?/发现/这样的分离/其实是一种——献祭//在蔚蓝的海域和/文明的野蛮肚皮之间/要怎样——联系//是一根深深下垂的钓丝吗?//向曾经/那个——"老人与海"//而今/有太多太多的鱼//但是,那——老人?/但是,那——海?//

一尾平淡无奇的已煮熟上桌的鱼,经过女诗人的艺术表现,诗化

---

① 王秋荣:《巴尔扎克论文学》,中国社会科学出版社1986年版,第95页。

成了一种严峻的生命献祭，在这种诗化的揭示中，她蕴藉地谴责了"文明的野蛮肚皮"对自然生命的吞噬，字里行间充满了诗人对鱼儿与"蔚蓝的海域"，其实就是生命与自然分离的焦虑。那种充满生态意识的审美观照，那种独具匠心的艺术把握，让一个司空见惯的生活现象，演绎出了丰富的精神内蕴和饱满的艺术张力，给读者带来一种独特的审美启迪，十分耐人寻味。特别是最后两句追问，是质疑？是呼唤？诗人并没有直接昭示，而是巧妙地留下了丰富的想象空间，召唤接受者自己去做出审美判断，从而得到审美再创造的愉悦和启迪。

石子的诗中还有很多这种于微小处见精神的表现，如，从墙上的"铁丝网"传达出诗人对严酷的墙外世界的拒绝（《铁丝网》）；从"翩翩的彩蝶"和"毛毛虫"她看到了丑陋向美丽蜕变的艰难过程（《蝶》）；"文字"可以记录历史，但却"拼凑不出"从容的人生（《文字的告白》）；像"雨似的下着"的落叶正把"短短的一生""拉长"，"再造来年"的春花和秋实（《归零》）。由此我们还可以发现，这种对细小事物充满艺术感觉力的捕捉和抒写，无一不传达出女诗人对生活的热爱和热情，她巧妙地借这些小东西吟咏生命感悟，演绎审美认知，体现出诗人对人生的独特把握和对生命的独特思考，在带给我们艺术熏陶的同时也丰富了我们的精神世界。

石子的诗还有一种象征主义的色彩，我不知道她是否受到象征主义诗歌的影响，但她的诗确实具有鲜明的象征主义特色。

法国象征主义的先驱——波特莱尔在诗歌创作中曾提出"对应"论的创作主张，美国象征主义诗人庞德也认为其诗歌中所创造的种种意象，并非客观的景物而是心灵的"对应物"，英国象征主义诗人艾略特则把此称作"客观的关联物"。后期象征主义诗人莫雷阿斯进一步发展了象征主义的理论主张，他在《象征主义宣言》中宣称：

> 象征主义诗歌是说教、夸张、虚假感情和客观摹写的敌人，它要使意念具有触摸得到的形貌；不过，创造这种形貌并非写诗的目的，其目的在于表达意念，而形貌则处于从属地位。……故而，自然景物、人的活动，种种具体的现象都不会原封不动地出现在象征主义艺术中，它们仅仅是些可以感知意念之间奥秘的相似性。①

从这段话可以看出象征主义的主要美学追求：诗人创作，就是要选择和安排好适合表达某种意念的象征性字眼，让"感知的外表"与"原始意念"之间达到某种"相似性"。

由此，我相信石子也许受到象征主义的影响，出现在石子诗中的许多自然景物，已不是"原封不动"的客观景物，而是诗人的心灵的"对应物"。我们可以在诗中找到一系列丰富的客观景物，如"午后的太阳""铁丝网""眼泪""文字""磨刀石""竹筒""盘子""蝶""风屋""煮熟的鱼""落叶""中秋月"等。可以发现，这些客观景物几乎全离不开女人的生活特色，全来自与女人息息相关的家居生活，即诗人在诗观中标示的"邻家妇女"的日常生活。由此可见，这些景物已是诗人的心灵"对应物"，是诗人生命情结的象征。它们营构成了丰富多彩而又积淀着独特感情的意象，含蓄而独特地诠释着演绎着诗人对生存方式的理解和把握。例如在《游戏》一诗中，我们可以读出

---

① 黄晋凯、张秉真：《象征主义·意象派》，中国人民大学出版社1989年版，第45页。

这样的诗句："满满的竹筒/已被剖开了/孩子 已走了//到底——去了哪里？/去买那竹筒买不起的梦//听说/很久很久以前/有一个人/住在竹筒里/他说：你看/整个星空都是钱币！//太阳却在外面着急/我怎么进去！//"住在竹筒中的人，只能在广袤的星空中看到钱币；太阳想照亮竹筒中的黑暗，无奈阳光穿不透狭窄的空间；只有未谙世事的孩子，才敢于剖开竹筒去寻找自己的梦。也许这就是生命的悖论、游戏和选择。我认为，诗人的这种表达，是独特、隽永而又沉甸甸的，因为她所要传达给读者的，已不是对某一个景物（感知外表）单纯的抒发和讴歌，而是对人们所具有的那种生存方式或者说那种生命形式（原始意念）的独特理解和思考，体现出一种形而上的哲理意义。

翻开石子诗作，像这样比较深邃的思考随处可以读出。有时，她通过抒写"新伤旧痛/时光和事件交错地/多角度切割/它/就熠熠地发着光"来诠释生命需要历练才能发光的必然过程（《有些眼泪》）；有时，她借"总是看见/你/立在苔深的林地//等我/"这一"树"的独特意象咏叹千年的恩爱来自每一天的经营："千年十日又有何分别"（《千年十日》）；有时，她感叹别离"是风""是雨"，但又大气地昭示只有别离才能见证牵挂和永恒："别 是那焦距，凝住了 那一刹那/离 是那手指，推你 向永恒//"（《凝住了的那一刹那》）。在这样抒写中，我们可以发现，"眼泪""树""天地""太阳""月亮""山河谷地"等一系列富有象征意味的意象，已经深沉、隽永而独具魅力地把诗人的生命情结生存意念传达给了读者，让读者在蕴藉的诗意中领悟到了生命的凝重和生存的哲理。

也许石子的诗歌并非那种一唱三叹的振聋发聩之作，但诗人在她那一首首精致动人的小诗中，以敏锐的审美感觉和蕴藉的艺术表现，以独特的审美想象和隽永的诗意情怀,使沉重的生活变得空灵,使世俗的生命充满诗意,让我们懂得诗意地栖居,由此丰富了我们的精神也丰富了她自己。我想,这就是石子诗歌带给我们的启迪,也是其诗歌之所以能够打动我们的地方。

王勇诗歌：
以蕴藉的诗意传达在心灯中坚持

一

菲律宾华文诗人王勇在他的一首诗《心灯》中写道："在黑暗里张望/总有许多/醒来的理由/犹如铜像/喜欢在风中/坚持自己的形象/至于观众/已无关紧要/重要的是　在黑暗中/点　一盏灯/照亮心的每一个角落/太阳醒来/而灯光依然　亮不亮/都已无所谓/只因　那是自己的/坚　持"①

作为诗歌，诗人没有说他坚持的是什么；作为读者，我们又分明读出了他所坚持的东西。正因为此，我把《心灯》当作《王勇诗选》的点题之作。

这本原定于2003年出版却延至2009年2月才问世的《王勇诗选》，收入了王勇自1983年至1996年创作的85首诗作。诗前有流沙

---

① 王勇：《王勇诗选》，菲律宾博览国际传播公司2009年版，第53页。

河、洛夫、罗门、余光中4位著名诗人的题词,还有台湾地区著名诗人罗门先生、台湾"中央大学"文学院院长李瑞腾教授和菲律宾国立大学文学院院长未希溜·亚玛溜教授的序,序言中对王勇诗歌的现代性、现实性和诗歌艺术给予很高的评价,可以看出方家们对这本诗选的积极关注和重视。

尽管诗选中仅收入85首诗,但题材却很丰富,有咏史诗、恋情诗、赠友诗、吟物诗等,但更多的是乡愁诗,抒写诗人对故国家园的忆念和愁思。我们可以感觉到,这些诗作无一例外地深情演绎着一个海外华人真切的生命体验和独特的情感把握。我觉得最有代表性的是他的《听说》一诗:

我还小
那些破碎的事
入耳也就忘了
听说你很想家却未曾回过家
听说你很想我们却不曾相见
忘了
是为了将来记得更完整

在咱乡会的大厦我看见了您
慈祥的微笑遥远且亲近
高高地挂在粉白的墙壁上
不可及　唤您只在心里
当爸爸还在奶奶肚里

| 远鸿的回望 |

  您　就漂洋

  过海了

  您的子孙

  我也离开了不忍离开

  您所梦忆的家乡

  只能成为夜里的一阵幽香

  可真忍心狠心

  呼喊您不应

  欲觅您不遇

  我是迫切渴望阳光

  却未能一见的影子

  遂留在时光隧道里

  痛苦地想要独立[①]

  这是一首穿透了时空、穿透了历史也穿透了华人心胸的诗。在这首诗中，诗人通过一个相当独特的视角，与"在咱乡会的大厦"中"高高地挂在粉白的墙壁上"的从未谋面的爷爷对视与对话，在无声的对话中深沉地抒写了一个华人家庭三代人深入骨髓的家思和乡愁。爷爷漂洋过海的时候"爸爸还在奶奶肚里"，但从此沧海茫茫天各一方，"听说你很想家却未曾回过家/听说你很想我们却不曾相见"，这种有家不能回、长期异邦飘零两地相思的痛苦其实是许多在外拼搏的老一辈华人共同的情感特征。当"我"这第三代人也"离开了不忍离开/您所

---

  ① 王勇：《王勇诗选》，菲律宾博览国际传播公司2009年版，第38页。

梦忆的家乡"千里迢迢跨海越洋投奔爷爷时，爷爷已经成为粉墙上的照片"慈祥的微笑遥远且亲近"。阴阳两隔，子孙欲孝而亲不在，长年的苦苦守望终难换来一聚，一句"可真忍心狠心/呼喊您不应/欲觅您不遇"道出了年轻一代华人华侨心中永远的痛！不仅如此，诗人还进一步抒写出了年轻华人的另一层痛苦，那就是他们无法避免的离散之痛，当初爷爷所"所梦忆的家乡"同样只能成为"我""夜里的一阵幽香"。就这样，诗人通过一个韵味悠长的生活细节的捕捉和独具眼光的发现，把常常为许多作家所忽略的海外华人华侨这种横贯祖孙三代的多重痛苦演绎得十分真切独特，让人怦然心动，感慨万分。可以说，这首极具艺术张力的诗，同样也穿透了家乡读者共鸣的心胸！

像这样独特的乡愁演绎，在《王勇诗选》中还有很多，如《网》中的无奈："在异国的码头/你装满乡愁的眼里/一半是过去的辛酸/一半是未来的彷徨"，无奈的是"出外人"的辛酸和困惑；《海螺》中的追问："为什么今天/海螺不上岸/难道说/此岸/也没有它们的家"，追问的是漂泊者的无助和迷茫；《回家的小径》中的苦吟："伸手　我抓向空茫/抓来的却是一掌/泪水　沿着掌纹/流成回家的/小径"，苦吟的是有家难回的感伤和悲怆；《爸爸的草鞋》中的守望："如今，爸爸的草鞋/静静地靠在海外//可是我知道/这双草鞋里/藏了好大好大一片土地"，守望的是难舍的故土和祖地；《家书》中的呼唤："且将漂泊的脸/捂住唐突的管道/喊血液　回去"，呼唤的是回归的急切和执着……在这些诗中，诗人用一个个独具匠心的意象和动人心扉的抒写把海外华人的离散心态和感情特征表现得一唱三叹，隽永蕴藉，给人带来沉沉的人生思考和独特的审美启迪。

二

台湾"中央大学"文学院院长李瑞腾教授在题为《现实的深度和广度如何计算》的序言中写道:"诗之为艺,回归到写作的本质上,乃是易感的心灵与客观环境的对应。诗人处在特定的时空,在自我与他者之间,他如何掌握那种关系?如何表达那种感觉?一个诗人之所以写诗的种种问题,说穿了,不过如此。"① 由此可见,《王勇诗选》中这种独特的乡愁演绎,与诗人对在异邦拼搏的闽南海外华人的痛苦心境的真实体验和独特把握是分不开的。王勇祖籍福建晋江,二十世纪七十年代末定居菲律宾马尼拉。也许离散的心境带给他太多的感伤和无奈,也许上辈人的奋斗让他感悟到太深的艰辛和痛楚,这种"易感的心灵与客观环境的对应"使当时才十余岁的他找到了诗歌这一情感演绎的平台,如今,"他已成为菲华社会重要诗人之一"②。

其实,菲律宾华文诗坛许多有建树的诗人如陈明玉、云鹤、和权、弄潮儿、江一涯、柯清淡、庄垂明、陈扶助、施子荣等的祖籍地和王勇一样几乎都在闽南晋江、石狮等地。我们知道,闽南人出国谋生已有悠久的历史,据有关族谱记载,唐代就有人漂洋过海居留异域,宋元时期随着泉州港对外贸易的发展,出国谋生、居留海外的渐渐增多。不过,早期虽然也有成功的商人越洋经商,但到了后来,特别是鸦片战争以后,则多是贫苦的劳动人民出于无奈,才到海外寻找生路的。

---

① 李瑞腾:《现实的深度和广度如何计算》,载《王勇诗选》,菲律宾博览国际传播公司2009年版,第26页。
② 〔菲〕未希溜·亚玛溜:《一位菲华诗人的愁思和欢乐——序〈王勇诗选〉》,载《王勇诗选》,菲律宾博览国际传播公司2009年版,第34页。

漂泊海外的华人在异域筚路蓝缕，苦苦拼搏，然而水天两隔，家山难望，这种离散心境便成为许多菲华诗歌的独特情感诉求。如云鹤的《野生植物》："有叶／却没有茎／有茎／却没有根／有根／却没有泥土／那是一种野生植物／名字叫／华侨"，和权的《橘子的话》："咱们只是一粒粒／酸酸的橘子／分不清／生长的土地／是故乡／还是异乡／想到祖先／移植海外以前／原是甜蜜的／而今已然一代酸过一代／只不知／子孙们／将更酸涩／到啥味道"。这两首诗中的"野生植物"和"橘子"的意象形象地传达了诗人对漂泊海外的华人"有根却没有泥土"的痛心和那种"生长的土地是故乡还是异乡"的"酸涩味道"以及那百结千缠万般无奈的乡思乡恋，深沉地透露出他们融血化骨的乡愁意识。

也许作为一个二十世纪七十年代末才移居菲国的新侨，王勇对上一辈人那种浪迹异域、家山难归的深沉痛苦的感受不一定像他们那么深，但故乡的土地给他留下太多的记忆和牵挂，这就使他的歌咏更多一些剪不断、理还乱的故土情结。他曾在《另一种风筝》这首诗中写道："一个小小的／结　紧紧系着你／从晋江的日出／到岷湾的日落／风的翅膀／云的圈套／都不能牵走你／只因　有那么个小小的／结　自从前／一直牵系到未来"。哪怕已定居菲律宾马尼拉近30年，这种深沉的故土情结始终萦绕心中难以割舍，甚至化为"一条细而韧的生命线""永不分离"（《结》）。而漂洋过海却见不到亲人、回归故里又无以告慰祖宗的独特心痛，也带给他不同于前辈诗人的情感体验，《不敢惊动您》这首诗就蕴藉地传达出了诗人这种深切的生命感悟："每次归来，我都会去探您／那里没有路，只有您不语的友人／踏着迷惘的脚步／轻轻，我不敢惊动您／／不知穿过多少小巷／不知经过多少村落／不敢惊动您可还是把您惊动了／／河流泣着荒野的孤寂／山坡回答着我每步足音／拨开迎风草我有点失态/来探您但我们素未谋面/很早,您就在地下深思//站在您跟前/我没有流泪没有下跪/仿佛一棵树/沉默在您寒冷的身旁/泥土下没有光线/我用无数双手摸索//只想,只想紧紧握住您//雨珠悄悄敲醒了我/我凝视的前方旷野遥遥/为何您选择这个方向/据说风水很好/摊开手,我掌中的生命线/恰恰迎向/海/外//"。诗歌委婉细腻,把一个海外游子的无奈心态传达得凄美动人。虽然诗人说,"我没有流泪没有下跪",但在这种"不语"中,我们分明读出了一种从生命深处透出的忧伤和辛酸。

三

在这里,我们还发现王勇诗歌的一个鲜明特色,那就是他在艺术传达上总是很委婉,很蕴藉。在他的诗选中,很少看到那种激情澎湃的宣泄和直抒胸臆的咏叹,哪怕是抒写痛苦感伤的乡愁,给人的感觉似乎也是一种淡淡的忧伤,只有当你用心去体会时,你才能读出那种"淡淡忧伤"之下的沉重来。在他的其他题材的诗作中,这种特点表现得更加明显,特别是恋情诗,写得十分委婉蕴藉,有些早期戴望舒的味道,如《巷里的足音》一诗:"那天晚上,看你关上门后/我走过这条/黑黑的窄巷,想你/想我们如何并肩/站在宽阔的大街上/问候阳光//很温很柔地走过这一条小巷/我叠起每一下清晰的足音//"。这首诗把恋人们分别后的绵绵思念写得深切而动人,那富有韵味的意境、精致温馨的诗语、别具匠心的心理传达都让读者浮想联翩,回味悠长。从整体风格来看,王勇的诗歌确实以婉约见长,清新、优雅、余音袅袅,具有一种隽永的艺术力量。

总之，东南亚华文文学作家身处在一个漂移的世界里，虽然有不少作家已融入了当地国家和社会，但文化背景的差异仍然使他们有一种深重的离散之感，这种深重的孤独感又强化他们对故国家园的执着守望和牵挂，而诗歌恰恰成了他们排遣苦恼宣泄欲望传达诉求的一种独特途径。由此我们明白了，王勇"在黑暗中点亮的"那一盏能"照亮心的每一个角落/太阳醒来/而灯光依然　亮不亮/都已无所谓/只因那是自己的/坚持"的"心灯"，原来是一盏诗歌之灯、生命之灯、族根之灯，正是在演绎诗歌之梦的欢娱中，他冲破了异族文化的包围，在心理上坚守住了自己原本所属的故国文化，不仅深沉地传达出了执着的民族认同感和归属感，同时也给我们带来了独特的情感共鸣和丰富的审美享受。

林素玲书写：
人物命运遭际中的人文诉求

我是 2001 年正月在菲律宾出席一个菲华诗人的诗集首发典礼上第一次见到林素玲女士的，好像当时她是那个典礼的司仪。印象中，这是个年轻美丽的女子，面容清秀，个子高挑，穿着一条颜色淡雅的碎花连衣裙，显得亭亭玉立。虽然和大多数菲律宾华人一样，普通话带着些许闽南语口音，但她在主持仪式时那落落大方的仪态，以及庄重中蕴含亲切，严肃中透着活泼的风姿，都给我留下了美好印象。

后来又见过几次面，在菲律宾华文文学的研讨会上，或是在两年一次的东南亚华文文学研讨会上，虽然都没有机会深谈，但这么多年过去，林素玲给我的印象始终那么气韵雅致，岁月似乎没有在她身上留下什么痕迹。

在这些很粗浅的接触中，我知道她和她的诗人先生王勇一样，都是菲律宾华文文学活动中的热心人，她不仅积极参加各种文学活动，包括在中国的文学研讨活动，为推动中菲的文化交流热情工作，而且自己的创作也很活跃。这一次读到林素玲文集《笑拈茉莉》，我一点也不意外。意外的是，没想到她还是个多面手，微型小说、短篇小说、闪小诗、游记散文、论文，形式纷呈，文体多样，虽然体例有些驳杂，却使这本文集显得丰富多彩。

令人赞赏的是，女作家的文体意识挺强，虽然她几乎什么文体都写，但她对每一种文体的特点都把握得很到位，绝不会混到一起。例如在文集中，既有微型小说，也有短篇小说，但写法却不一样。她的微型小说一般都在千字以内，而且非常注意结构的起承转合，人物单纯，情节单一，但意蕴深刻，特别是结尾总会给人一种出人意料的审美惊喜。如《破解密码》一文，写一个希望靠自力更生过简单生活的年轻单身汉 Ricky 正在破解"一个可以让他成为亿万富翁的密码。虽然他并不贪，但是他不甘心亿万的家产落在别人的手上。况且，他开始有个梦想，要用这笔钱创建孤儿院"。而在另一个繁华的城市里，和他形同路人的同父异母的弟弟 John 也在电脑上破解密码，希望独占父亲留下来的家产。但不管兄弟俩尝试了多少次，自己的生日、兄弟的生日、父亲后来的女人的生日……都不对。直到最后，兄弟俩分别输入了两人生日的组合，才终于破解了密码。但小说并没有到此为止，而是笔锋一转，巧妙地给读者留下了一个意味深长的结尾：

"不对！" Ricky 回到座位，再看了看银行的答复……

"你们"，揉一揉眼睛，"没看错，是你们"，"为什么会是'你们'？"

从小自认很有天分的 John，终于明白，这么简单的密码怎没立即猜到呢？

"自己是怎么想出来的？R2615J，R2615J，R2615J……它代表什么？"①

整篇小说给人一种曲径通幽最后才豁然顿悟的审美感觉。其他几篇微型小说也都有这样的感觉，由此可以看出女作家在微型小说创作上的独具匠心，这也使得她的微型小说作品十分耐人咀嚼。

虽然这部文集只收入一篇短篇小说《打开美善之门》，但我们却可以明显看到女作家在把握短篇小说艺术结构时与微型小说的区别。小说写一个陷入斗鸡赌钱恶习导致家境衰落、人格畸变的中年人小杜在罹患癌症后心理的变化。小说构思颇为精巧，女作家通过丰富细致的心理描写和充满想象力的细胞之间的战斗过程，独特地串连起相对复杂的人物关系和人物的命运变化，动人地表现了主人公从满怀仇恨怀疑社会拒绝亲人的关爱和护士的开导到慢慢地醒悟，认识到自己心灵的缺陷从而理解了周围人们的爱心和善意的心理过程。比较复杂的人物关系，比较曲折的人物命运，丰富的叙写，细腻的演绎，这些都可以看出女作家在把握短篇小说这一体裁时与微型小说不同的用心所在。

不仅如此，更重要的是，我在林素玲文集中还看到了女作家对菲华社会生活的独特把握及其鲜明的情感取向。不管是什么文体，女作家总是把关注的目光更多地投向菲华社会中的普通人物，小公司的职员、住在养老院里的教师、为路灯换灯泡的孤儿、领养弃儿的少妇、迷失于斗鸡的中年人，等等。在生动地演绎这些普通人物的命运遭际和情感追求的同时，我们不难捕捉到女作家的价值取向，那就是对友爱、善良、宽容、惜福等人世间美好品德和大度胸怀的推崇和弘扬，

---

① 林素玲：《笑拈茉莉》，菲律宾博览国际传播有限公司2010年版，第36页。

这是与中国的传统文化精神一脉相承的，由此也可以看出女作家在融合中国传统文化与西方人道主义时所努力传达出的一种人文关怀精神。就这一点来说，我认为林素玲的作品在丰富的菲华文学写作中还是值得特别关注的。

这本文集的最后一部分是一组游记散文，这组游记大多发表在菲律宾《世界日报》的"琉璃人间"专栏上，所表现的题材与前面那些作品有所不同，叙写的基本是作家回中国游览或接待中国参访团时的感受。但在这些娓娓动人的叙写中，我们看到了女作家对祖国命运的深切关注，她从北京奥运会的举办看到了中国在地震灾难中的崛起，从亚细安华文文艺营的活动中感觉到了华文作家在华文文学发展中的责任，在参与接待中国四川地震灾区中学生访菲团的过程中表达了对故国家园和地震灾区的祝福和关切，在参观上海世博会时传达出对中国繁荣进步的赞叹和城市和谐理念的弘扬。在这些充满感情的文字中，一个热爱中国文化、关注中国发展的菲华女作家的鲜明形象就这样深深地留在了我的脑海中，让我倍加感动。

为此，我愿意借这些文字把一个善良美好的女作家和她动人的文字介绍给广大读者，愿这位女作家充满人文关怀的情感诉求会成为我们独特的精神力量。

陈明玉古体诗：
家国忧思与师生深情

旅菲华侨诗人陈明玉先生（1901—1967），晋江金井溜江村人，晚年号紫霞山人。年少时即离别故土，远赴菲律宾创业谋生。在经商之余，他写诗作词，抒发情怀，吟咏性灵，几不间断。翻开他印制精美的诗词结集《陈明玉吟稿》，顿时感到一种沉甸甸的分量。全书近两百首诗作囊括了五言律诗、七言律诗、七言绝句、古风等数种诗体；诗作题材也相当丰富多样，有写景诗，如《游碧瑶》《秋心》《春雪马蹄寒》《杏雨》《中秋月》《残花》《霜桥晓月》等；有咏物诗，如《盆松》《红豆》《钱》《燕子》《寒暑表》《盆鱼》《暮燕》《琼花》《墨梅》《纸鸢》《热水瓶》等；有纪事诗，如《四十初度十五韵》《舞场纪实》《小青扮演茶花女予在返菲途中未及参观补赋》《回力球场纪实》《慰彬儿字谜落选》等；更多的是与亲人朋友的唱和诗，这些诗占了所有诗作的一半以上。这不仅可以看出陈明玉先生对中国古典诗词不同诗体的熟练把握和诗人涵永深厚的古典文学修养与功底；也可以看出陈明玉先生的诗歌创作十分活跃，拥有大量诗友，体现出他善于以诗会友、豪爽重友的诗人本色。但不管是什么题材的诗作，字里行间所涌动的那种对诗意人生的追求、对故国家园的守望、对亲情友情的呵护，让我每一次阅读都会怦然心动，感慨万分，回味不已。然而，最让我印象深刻的是他传达家国忧思和师生深情的诗作，我在这些诗作里感受到了诗人心系家国守望家国呵护亲情珍爱师情的一腔深情，至真至诚，感人至深！

一

陈明玉先生是个商人，长年在异域他乡经商谋生，可以遥想商务是何其艰辛何其繁杂；而整天与俗而又俗的金钱货物打交道，又可以想象到其胸中的诗情画意该受到多么巨大的挑战；再加上他青年时期所处的是"祖国的贫弱特别是日军侵华国家涂炭"[①]的艰难时世，这又不能不给他正当涌动澎湃的诗情带来强大的冲击。但是陈先生热爱生活，豪爽侠义，兴趣广泛，多才多艺，"先生耽于翰墨，虽商非富。英俊潇洒，倜傥不羁。爱体育，善射击，人称神射，每归家，则邻居皆喜，夜可安眠，盖盗贼闻名，无敢试火者。好游泳，尝同余泳于溜江海滨，往返数里而兴犹未尽"[②]。陈先生尤其具有深厚的中国古典诗词修炼和涵养，"酷爱格律诗，在国内，曾师从同乡陈君谅秀才，在菲岛又师承闽海诗家汪照陆举人，经多年之精心评点，诗作甚多，著有《二如真影室诗存》，其诗清矫拔群，韵锵流畅，才思横溢，情真而辞丽。尚性灵，主张诗中有我。时有嘎嘎独造，惊人之笔。汪老对其评

---

① 陈明玉：《陈明玉吟稿》，菲律宾博览堂2010年版，第5页。
② 陈明玉：《陈明玉吟稿》，菲律宾博览堂2010年版，第6—7页。

价甚高,有'天南作手''海外诗坛独标赤帜'之誉。是菲岛骚坛一代才人"①。这就使他形成了一种独特的审美心胸,能在风云变幻中静观风景,能在灰暗现实中守望光明,能在世俗生活中捕捉风雅,因此哪怕他所处的环境是多么的纷纭复杂,他都能用审美的眼光去观照现实人生,用诗意的心胸去打造生命价值,在营构自己优雅的精神家园的同时也给人们打开了一个个美妙典雅的审美空间,让我们惊喜非常而流连忘返。

对故国家园的忧思和守望是陈明玉先生诗作抒写的突出内容,也许这正是旅居在异域他乡的华侨诗人寄托家国之情排遣乡愁之苦的独特形式。在《吟稿》中,我们可以看到,陈明玉先生的这种抒发常常沉浸在对农时节日的抒写之中。如《己亥客中七夕》:"侨乡十里星双宿,一样人天感别愁。"又如《客中端午》:"彩绳绿箬儿时事,一度思量一涕零。"又如《客中重阳》:"江楼隔雨谁高咏?引得征人尽望乡。"端午、七夕、重阳等都是中国传统的岁时节日,我曾经在《闽南民俗文化对菲华文学的影响》一文中指出,闽南人十分注重过节,几乎是逢节必过,特别是除夕、春节、元宵节、清明节、中秋节等。因为岁时节日民俗,是一种极其复杂的社会文化现象,闽南人往往通过过节,来营造团圆的气氛,表达对故友亲人的思念,消解生活的沉重压力。正像苏联文艺理论家巴赫金狂欢节诗学理论所揭示的:狂欢节可以"把人们的思想从现实的压抑中解放出来,用狂欢化的享乐哲学来重新审视世界"②。从闽南晋江客居菲岛的陈明玉先生和所有的华侨华人一样注重中国传统的岁时节日,他的乡愁和忧思也因此得到了宣

---

① 陈明玉:《陈明玉吟稿》,菲律宾博览堂2010年版,第7页。
② 朱立元:《当代西方文艺理论》,华东师范大学出版社1997年版,第266页。

泄和排遣，这种宣泄和排遣曲折蕴藉地通过诗情画意幽怨缠绵地传达出来，就别有一种动人心扉的悲怆之美，深沉而凝重。

最感人肺腑的是那首《望中原》：

> 群情如海气如虹，银汉秋高劫火红。
> 扬子江云愁暗淡，昆仑山色忧珑葱。
> 成城众志横胸臆，退虏旌旗在眼中。
> 我亦九夷属陋俗，巍巍大责一肩同。

可以看出陈明玉先生这首诗是写在国难当头、日寇的铁蹄践踏在祖国大好河山上的危难时刻。诗中，远在菲岛的先生不仅表达出对愁云惨雾的故国家园的深深忧思和殷殷关注，更喷涌着一股同仇敌忾抗敌御侮的豪情壮气和国民责任感，既感人至深又催人奋起。正像王蒙先生在《序》中所揭示的："身为异客，心系故园，天赋诗才，笔耕不辍，'万劫湖山羁旅泪，一篇珠玉性灵词'，赤子心思乡泪书生志尽抒纸上。……海外华人对自己文化之根的热恋，对于自己精神上的故园的呵护，给我留下了难以忘怀的印象。读陈先生的诗稿，我又一次体味到中华民族文化所具有的无形的却又是强大无比的凝聚力，也为陈先生的'中国心'而感动不已"①。

作为菲律宾华文诗坛一位具有深厚"中国心"的诗人，陈明玉以他如火的激情、对家国的深沉忧思、昂扬的情感传达，抒写了一代华侨诗人在祖国危难时刻的生命追求和责任担当，"成城众志横胸臆，退虏旌旗在眼中。我亦九夷属陋俗，巍巍大责一肩同"，这一串掷地有声

---

① 陈明玉：《陈明玉吟稿》，菲律宾博览堂2010年版，第5页。

的诗句，在带给我们心灵感动的同时也温暖了我们的生命。

二

如前所说，陈明玉先生诗作中有一半以上是与亲人朋友的唱和诗，这些诗作不仅看出了陈明玉先生善于以诗会友、豪爽洒脱的诗人本色，更可以看出诗人对亲情友情特别是师生情谊的珍重。正是在这种温情脉脉的诗意传达中，诗人独特地演绎了自己呵护亲情守望友情珍爱师情的一腔深情，让读者深受感动，久久回味。

这些唱和诗形式多样，五律、七律、七绝、古风都有，而且所吟咏的人物和题材也相当丰富，但无一例外都温婉地传达出诗人对亲情友情师情的精心呵护。他为吟友生日喜（《次柯子默吟弟五十书怀元韵》），为朋友的母亲长寿乐（《李协和吟兄令堂杨太夫人九秩吉旦》），为吟友丧女哭（《虚白吟兄丧女当哭》），为送别老师惆怅（《寄照陆师即以送别》），为词友珠婚庆贺（《杨佛心词友贤伉俪珠婚纪念》），等等。总之，大到菲律宾华侨商报二十周年庆典和南熏吟社百期诗刊纪念，小到儿子字谜落选或师生合影，他都能化为词，融入诗，或祝贺，或抒怀，或慰藉，或遣兴，字里行间，透露的是诗人对亲人的脉脉深情，涌动的是诗人对朋友的默默牵挂，那份情义，可以说是可歌可泣，感人至深。其中抒写得最多的是诗人与汪照陆老师的亦师亦友之情，计20首之多。陈明玉"儿时即聪慧过人，就学私塾，扎下古文根基。……酷爱格律诗，在国内，曾师从同乡陈君谅秀才"[①]，但陈明玉年轻时即南渡菲岛经商，因此"在菲岛又师承闽海诗家汪照

[①] 陈明玉：《陈明玉吟稿》，菲律宾博览堂2010年版，第7页。

陆举人，经多年之精心评点"，不仅"诗作甚多，著有《二如真影室诗存》"，而且"其诗清矫拔群，韵锵流畅，才思横溢，情真而辞丽。尚性灵，主张诗中有我。时有嘎嘎独造，惊人之笔。汪老对其评价甚高，有'天南作手'、'海外诗坛独标赤帜'之誉。是菲岛骚坛一代才人"①。

正因为陈明玉年轻时就师从汪照陆学诗，又在老师的指点下诗艺大进，成为"菲岛骚坛一代才人"，所以这些师生唱和诗中抒写得最多的是诗人对老师的感恩之情和崇敬之意。如《寄照陆师即以送别》二首："归期缓缓让春先，无限飞花落马前。云梦一朝吞八九，李桃万里化三千。退闲夏日长秋日，乘兴南阡又比阡。知否桃花潭水外，有人相约展蛮笺。""闭门晴雨不须虞，误用聪明亦下愚。上小楼要风月伴，消长日仗酒诗娱。自从师去开三径，更有谁来举一隅。獭祭让人夸典雅，不惊人语不如无。"在这两首诗中，我们可以看到诗人以非常真切的语言，抒写送别老师的依依不舍之情。在第一首末尾，诗人巧妙地化李白《送汪伦》诗句，蕴藉地传达出自己与老师亦师亦友相约赋诗的感人情怀。在第二首中，我们不仅感受到诗人对老师诗才"独举一隅"的推崇之情，也看到了诗人鲜明的诗歌美学主张，那就是要作"惊人之语"，"不惊人语不如无"，而不作像"獭祭"那样堆砌词语的诗。在《小诗梓成诗以志喜》一诗中，诗人更是由衷地抒写了老师对自己诗艺长进的独特扶持："文章不厌自吹毛，著作千秋有贬褒。俗语曾经师改雅，微名幸负友提高。学书腕底惭归赵，问字腰肢敢效陶。一卷诗成人一世，吟情销尽秃霜毫。"这首诗温婉地回顾了自己学诗学书过程中老师和友人对自己的帮助和提携，字里行间充溢着一种发自

---

① 陈明玉：《陈明玉吟稿》，菲律宾博览堂 2010 年版，第 7 页。

内心的恳切,由此我们不难把握到老师对诗人的深远影响以及诗人对老师的爱戴之情。

在这些诗作中,通过师生唱和透露出华侨华人共有的家国之思和守望之情也是其中一个很鲜明的情感特征。如五律《在和照陆师寄赠元韵》:"海外双星夜,怀人独倚楼。二三千里路,五十九春秋。风雨宵宵梦,云山片片愁。此心随去雁,长日绕南洲。"路途遥遥,年华已逝,可是故园难归,愁心片片,只能心随雁去,长日守望。诗人通过蕴藉的诗情画意幽怨缠绵地传达出旅居在异域他乡的华侨诗人的家国之情乡愁之苦,别有一种动人心扉的悲怆之美,寄托深远,余音袅袅。另一首七律《和照陆师自那呀寄赠元韵》诗中也深沉地表达了同样的情感:"且将郢曲和阳春,百尺楼台旧主人。从人秋来多恨事,自违师侯少嘉宾。愁看王粲楼前月,懒扫陈蕃榻上尘。一语叮咛唯郑重,暮年况是客中身。"一句"一语叮咛唯郑重,暮年况是客中身"可以说道尽了师生两人共同的"独在异乡为异客"的离散之愁别家之恨!在这里我们不难发现,情感的相通心灵的感应是两人超越了师生之情成为亦师亦友的知己的一个重要原因,难怪汪照陆会充满感情地在诗后即兴评点道:"应亦衔感百拜以谢次韵,非三生知己脉脉关情,不能道只字"①。在另四首也是抒写送别老师的不舍深情的七绝《送到照陆师讲学那呀》后,汪照陆也同样情不自禁地评点道:"情厚故挚而能超,才高故韵锵而独响"②。由此不仅可以看到老师对诗人诗才的充分认可和褒扬,也可见出师生两人的友谊之深情感之厚。

在这些师友诗中,写得最感人的是在汪照陆老师去世后,诗人悼

---

① 陈明玉:《陈明玉吟稿》,菲律宾博览堂2010年版,第78页。
② 陈明玉:《陈明玉吟稿》,菲律宾博览堂2010年版,第104页。

念、追忆先师之情的诗歌。如《与汪先师合影题词》二首:"风紧雨如丝,书灯暗降帷。遥天牵远水,死别继生离。一息怜才虑,千秋创体诗。珠玑遗墨迹,读罢展双眉。""寿尽菊花先,音容两渺绵。门墙高九仞,桃李化三千。瓣热双心印,画阁一角天。偶然开卷页,如拜佛生年"。诗人深切地回忆了老师的千秋诗才,珠玑墨迹,可是物是人非,斯人已去,"寿尽菊花先,音容两渺绵",怎不让人痛彻心扉!只能在"偶然开卷页"之时,才能感受到先师"如佛再生"般的存在。整首诗睹物思人,愁肠百结,师生之间的生离死别之情感人至深。在先师谢世一周年之时,诗人为先师整理遗稿影拓件的工作即将完成时不禁悲欣交集,在《汪师谢世周年遗稿影筚有日悲喜之余诗以当哭》二诗中进一步抒写了自己对老师的追念之情:"秋回蓬颗草离离,北望骚坛哭我师。彩笔未销才子气,新声惯赋女郎词。仙人小劫成长别,吟友多情少挽诗。不尽桃潭千尺意,去年今日夜来时。""双塔歆危尚宛然,归真已趁菊花先。钧霄鼓乐横天际,华国文章坠劫年。病榻有诗缄寄我,验方无药挽回天。老来第一开怀处,手校遗书入简篇。"在第一首诗中,诗人再一次抒写出自己对老师逝去的痛心,再一次缅怀老师的才气和诗声,末两句也再一次借李白诗意境,动人地传达出与亦师亦友的老师永别时的沉痛。第二首诗则诚挚地表示,虽然老师已经离去,华章也已不再,但自己老来最开心的是,能够定校出老师的遗书,完成老师的遗愿。在这里,师生间亲密无间用心传承的如海深情被演绎得十分真挚动人,让人心酸不已。在这些哀悼汪照陆老师的诗中,写得最情真意切动人心魄的当推《哭汪夫子照陆》两首,其中之一为:

> 悔将韵语落言诠，隔海长生谶憬然。
> 月会三三人厄运，韶华七七佛生年。
> 伫看诗卷留天地，不许吟才让鬼仙。
> 一瓣香心万万古，风骚无际月无边。

诗中，诗人忏悔当年遥祝老师长生的诗语竟成谶语，再一次真挚地追忆了老师的杰出诗才，沉痛地抒发了自己的无边思念和不尽惋惜。整首诗以忏悔自责开篇，以表白心迹结题，师生之间的深厚感情，回肠荡气，催人泪下。

更感人的是，当惊悉 25 年前在国内学诗时的老师陈君谅去世时，远在三千里外的异国他乡的诗人依然以弟子身份在诗中表达了自己深深的哀恸之情："故国春风旧降帷，巍然父执作经师。无双福慧耽翰墨，一半风骚在酒棋。方喜高齐邻小筑，早知死别会生离。可堪烟雨逢寒食，杜宇声声助涕夷"。"隔岁伤春唱渭城，怆闻消息旅魂惊。三千里外人仙感，廿五年前弟子情。一别谁知成永诀，重逢宁信待来生。桃源深处遥相忆，异地心丧泣落英"。（《哭陈君谅师》两首）诗中的那份真情，那份悲伤，真的是百转千回，感天动地！

"一瓣香心万万古，风骚无际月无边"。陈明玉原籍晋江，年少时离别故土远赴菲律宾创业谋生。在经商之余，他写诗作词，抒发情怀，吟咏性灵，成为海内外颇负盛名的华文诗人。精美的古典诗词凝聚了陈明玉和老师的深情厚谊，陈明玉则通过古典诗词这一平台动人地演绎了一个晋江汉子有情有义的审美取向。可以说，把师生之间的深情厚谊写到这份上，把尊师重道的传统美德这么真诚这么艺术地表现出来，在古今中外的诗作中还很少见到。也许，这就是《陈明玉吟稿》

中最令人感动的地方，也是诗人陈明玉前辈留给我们最宝贵的精神财富。

我想，正因为陈明玉先生善于用其独特的审美心胸去建构那一个个真诚的情感空间，当他以丰赡的诗篇赢得了后人的追忆和缅怀的同时，也打造出了自己隽永的诗意人生和沉沉的生命价值，并因此在读者心中刻下了一个鲜明的大写的诗人形象。

施子荣咏月诗：
乡愁意象与故土情结

读菲华诗人施子荣的诗词，可以看到他很少直抒胸臆的倾诉和宣泄，但你分明能感受到其字里行间所蕴含所潜藏的那种浓浓的情思和长长的韵味，并且为之而感动，而迷恋，而获得隽永的美感。造成这一美感魅力的原因，我想应该是施子荣诗词中那一个个独具韵味的意象，其中最多的是月亮意象。正是通过这一个个浸透了情感的意象，诗人巧妙地营造出一个隽永动人的诗意空间，意味深长地把他对故国家园的脉脉深情娓娓动人地传达给读者。

菲华诗人施子荣（1917—1992），原名施成柱，祖籍晋江。自幼对中华传统诗词有着执着的爱好和勤奋的研习，"虽早年少缘庠塾，然酷爱国学，尤好吟咏。学诗之初，效魏晋之风骨，步唐宋之雅韵，执着苦砺，志在有成"[①]。加之在故乡和菲岛两地曾受教于多位诗词名家如

[①] 施子荣：《施子荣诗词选辑》（跋），中国华侨出版社2012年版，第223页。

李寿萱、李淡、汪照六等,"故十五岁既能诗,且出语惊人"①。及至营商创业有成后,"从此生活安定,得有余暇从事遨游吟咏"②,作品十分丰赡,计有千余首之多。

施子荣诗词意境丰美,造语精工,格调清逸,韵味悠长。纵观《施子荣诗稿》中的诗词,可以发现其诗以七律居多,其词以慢词为主。题材也十分广泛,咏人吟物,感时怀古,遣兴逸致,志庆奉和,均得到了尽情表现与抒写。吟咏的对象大至古战场民族英雄,小至垃圾桶臭豆腐,皆能入心入诗,铿锵有声,让人叹为观止。由此可见诗人广博的生活阅历、热情的生活态度和用心打造诗意生活的审美价值取向。

最吸引我的是施子荣诗词中那一个个别有韵味的意象。施子荣诗词创造了许多意蕴丰沛的独特意象,池鱼归雁,风花雪月,都以其独具匠心的传达给人留下隽永的回味,其中尤以月亮意象最为丰富。在《施子荣诗稿》中,仅直接以月亮为题的诗词就有20余首之多,如《醉月》《新月》《月蚀》《迎月》《赏月》《追月》《钓月》《望月》《明月》《西楼赏月》《春宵坐月》《江楼待月》《市楼迎月》《小斋观月》《元宵对月》《秋月感怀》《明月几时有》《月夜登楼有感》《一轮皎月照神州》等。而与月亮相关的诗词还有很多,如咏中秋诗也有20余首。由此不难看出诗人对月亮的喜爱以及他倾注其中的浓浓深情。

清冷幽寂,可以说是施子荣月亮意象一个最鲜明的审美特征。翻开施子荣诗稿,可以发现诗人的咏月诗大多都凝聚着一种清冷的意绪,

---

① 施子荣:《施子荣诗词选辑》(陈推之序),中国华侨出版社2012年版,第1页。
② 施子荣:《施子荣诗词选辑》(自序),中国华侨出版社2012年版,第6页。

如:"万里清光映碧浔,海天似镜沉寂寂"(《醉月》)、"银钩屈曲知春冷,玉兔弯弓耐夜寒"(《新月》)、"举目风尘关塞冷,放怀湖海雨风频"(《月夜登楼有感》)、"纵眼明蟾玉样清,芦花萧瑟感秋晴"(《赏月》)、"秋风飒飒襟怀冷,坐待蟾光满海城"(《江楼待月》)、"蟾吐清光香桂蕊,星摇疏影落江波。年年此夕空虚掷,辜负灵心可奈何"(《追月》),等等。夜空寂寂,蟾光清莹,银钩春冷,玉兔秋寒,这些动人的诗句,带给我们的尽是一种冰清玉洁、高寒寂寥的审美感觉。特别是在中秋月圆时节,读到这些诗句,胸中顿生高远明净之感,平日里那颗在滚滚红尘中漂浮的心儿也一下子沉寂于诗歌的意境之中,与诗人一起默默守望秋意中的高天,清风中的明月,回味其中所蕴蓄的百转千回的脉脉情结。

更有两首咏月诗,通篇的意境就是一个词:"冷寂"。现援引如下:
其一《望月》:

凉宵漏尽感千端,万里清辉望玉盘。露重霜繁银汉渺,波光水艳镜湖宽。

三生缘牒凭谁注,九转回肠藉曲弹。为问人间如此夜,嫦娥可耐五更寒。

在清凉的月夜,沐浴着万里清辉,痴痴地凝望着玉盘样的一轮明月,手中漫弹着忧伤的曲子,不知谁能听懂我的九转回肠?只能借问月中的嫦娥,夜深了,你在天上冷不冷啊?

其二《寒宵坐月》:

匡床如水水如冰，坐对寒窗感不胜。风透银屏催夜漏，月斜窗格伴昏灯。

秦楼凤去行踪渺，越海鸿来别绪增。我与梅花同寂寞，回肠九转百思凝。

月色如水夜冷如冰，独坐寒窗望月，只觉窗内昏灯寂寂，窗外月光渺渺。夜风透过银屏袭来，让我不胜寒冷凄清。一腔离情别绪陡增，我如同窗外的梅花一样寂寞，纵有九转回肠，只能化作窗前的凝思。

可以说，这两首诗的意境真的非常美，不管是《望月》还是《寒宵坐月》，我都看到了一个心有千千结的人儿在清冷的月光下孤寂的身影，缠绵悱恻，动人心扉，有一种秦观或李清照的婉约之风，由此也可以看出诗人在艺术风格上的追求和用心。

但是，为什么施子荣的月亮意象都有这么一种清冷幽寂的审美特征呢？诚然，也许是咏月时的节候使然。因为诗人的咏月诗大多写于"西风冷，叶落千山；秋草白，黄花灿烂"的中秋时节或者之后，这时气候已经转凉，一年也即将过去，在这个时节咏月，不免触景生情，悲秋惜岁或感叹年华易逝的意绪油然而生自在情理之中。

但我认为，如果认识仅限于此，那还未能真正把握到施子荣咏月诗的深沉意蕴。其子施养炳、施梓云、施祥云曾在《跋》中认为，其父之诗是"爱国忧时、思乡之情怀溢于纸上，诚'域外唐音'也。先严吟作诗词，好学之外，无非借以寄抒情怀，聊慰远寂，调释张弛，非为宣扬"[①]。而施子荣也在自序中说自己选辑诗集"非敢附庸风雅。

---

① 施子荣：《施子荣诗词选辑·跋》，中国华侨出版社2012年版，第223页。

无非借此稍遂追慕中华文化之心，留示后辈知先世失学奋志之苦况"①。由此可见，施子荣咏月诗那清冷的意象和幽寂的意境其实与其作为一个远离故乡久居异国的老华人的独特心境是极其吻合的。施子荣10岁即远涉重洋到菲律宾当学徒，13岁又返回故里就读乡塾，两年后又重渡菲岛经商。自此在菲岛拼搏奋斗，"为生计终日奔波"，后"余与友人合创协丰公司，刻苦经营，迄已四十五载，尚称顺遂"②。常年在外奔波创业，艰辛劳累自不必说，对故国家园可望而不可即更是一种深沉的心痛，在沉郁悲凉难以排遣之际只好发于诗寄于词，正像诗词名家郑鸿善在该诗集的序言中所说的："华侨拓荒去国，梯山航海行役艰辛，漫长岁月难免离群生怨、怀旧思亲，郁勃蕴积发为歌讴。及自缠绵悱恻，聊抒胸臆，信口成章，焉计文采高下乎"③。和杜甫、李白、苏东坡等许多文人墨客一样，月亮恰成了"独在异乡为异客，每逢佳节倍思亲"的华侨诗人抒情感怀的独特意象，正如他在《中秋赏月》一诗中所感叹的："一篇梅曲词频诵，万仞云梯月可探。我本天涯新墨客，竟忘萍梗滞东南"。月亮尚可探得，漂泊天涯的墨客却把血脉之根遗忘在故土而不可得，那种切根之痛真的是深入肺腑感人至深，难怪诗人的咏月诗中的情感传达总是九曲回肠，心绪难平。

由此我们不难把握到诗人写于中秋或元宵这些中华民族传统的团圆节前后的咏月诗为何如此清冷幽寂，其实月亮在这里已经成了一种

---

① 施子荣：《施子荣诗词选辑》（自序），中国华侨出版社2012年版，第6页。
② 施子荣：《施子荣诗词选辑》（自序），中国华侨出版社2012年版，第6页。
③ 施子荣：《施子荣诗词选辑》（郑鸿善序），中国华侨出版社2012年版，第3页。

象征。法国象征主义诗歌的先驱波特莱尔在诗歌创作中曾提出"对应"论的创作主张,美国象征主义诗人庞德也认为其诗歌中所创造的种种意象,并非客观的景物而是心灵的"对应物",英国象征主义诗人艾略特则把此称作"客观的关联物"①。可见,出现在施子荣诗中的月亮已不是纯粹的自然景物,而是诗人心灵的客观"对应物",是诗人生命情结的象征。它们营构成了独具韵味而又积淀着丰富情感的意象,含蓄而独特地诠释着演绎着诗人对生存方式的理解和把握。也就是说,诗人正是借此象征,蕴藉地抒发了一个客居异乡倍感孤独的闽南乡亲沉郁经年浓得化不开的离情别绪,深沉地传达出了一个终生追慕中华文化却无奈身处文化边缘的华侨诗人对故国家园的独特思念和执着守望。

"鲲岛漫游新阁宇,炎洲尚恋旧山河。浮生到处随蟾影,莫叹良辰客里过。"如此,我们已经可以解读出施子荣诗词月亮意象的母题,这就是有意营构隽永动人的诗意空间来固守自己胸中那一方深沉的感情天地,意味深长而又别具匠心地传达出他对故土家园的不了情结。也许,这才是施子荣咏月诗的深沉意蕴所在。

---

① 汪洪章:《西方文论与比较诗学研究文集》,复旦大学出版社 2012 年版,第 40 页。

戴小华散文：
情本体中的生命智慧

马华女作家戴小华曾任马来西亚华人文化协会总会长、马来西亚华文作家协会会长及海外华文女作家协会会长。著述丰赡，至今已出版个人专著25本，编著65本，作品涉及小说、散文、戏剧、报告文学、杂文、评论等体裁，是马来西亚富有影响的华文作家。主要作品有《沙城》《深情看世界》《永结无情游》《火浴》《爱是需要学习的》《风起云涌》《点石成金》《忽如归》《因为有情：戴小华散文精选集》《戴小华中国行》等。曾荣获马来西亚卓越女性奖、文化特殊贡献奖、马中文化交流贡献奖等。2008年6月，戴小华还被马来西亚最高元首册封为"为国服务荣誉勋衔"。2021年6月荣获马华文坛最具影响力的"马来西亚华文文学奖"。

《因为有情：戴小华散文精选集》是戴小华新近出版的一本散文集，收入散文作品84篇，"记录了我内心深处曾经烙印的铭心记忆，和伫留某地所引发的心灵感动"①。散文集抒写了作者生命中难以忘怀的人情物事,阐发了她对爱情、亲情和世情的独特感悟,也叙写了与作者有深厚感情的马来西亚和祖国等地的桑梓之情。散文集还收入了许多作者以一个地球人的视角,在五大洲的奇山异水和历史遗迹间跋涉喟叹的游记美文。这些散文是戴小华饱含深情的心灵书写,正如她自己所说:"我创作,不是因为我有才华才写,而是我的情感受到了某种强烈的撞击和敲打,让我不能不写,似乎不写出来,身心就无法得到安顿"②。可见,这本散文精选集是戴小华半生间体验各地山水人文风情、探求人间世态与生存经验的生命历程和深厚情感的生动呈现。

经过考察,可以发现,在《因为有情》中,戴小华以游与访的外在行动轨迹,以富有情感的真切眼光和朴素情怀去探寻生命的内在意义并思考爱的伟大力量,在情本体下的双声话语表达中,铺展开关于精神生态和生命哲学的人生智慧,在个体的"小我"书写中,彰显出作者对生命"大我"与"无我"的独特思考。

一、情本体中的生命追求

"情"与"爱"是戴小华散文的文眼所在,也是贯穿戴小华整部散文的核心本体。在她笔下,万事万物总关情,她说:"只要有情,世界就不会绝望。"③也许"情"本来就是散文的基本质素,但戴小华不

---

① 戴小华:《因为有情:戴小华散文精选集》(后记),作家出版社 2019 年版,第 352 页。
② 戴小华:《因为有情:戴小华散文精选集》(后记),作家出版社 2019 年版,第 352 页。
③ 戴小华:《因为有情:戴小华散文精选集》,作家出版社 2019 年版,第 86 页。

仅如此，她的情感传达融入了独到的生命智慧和艺术思考，有鲜明的形象，有精辟的语言，正如著名散文家秦牧指出的："在一篇小小的散文中，要有新意，有情感，有鲜明的形象，有精辟的语言，耐人看，耐人想，这就煞费作者的一番心思了。"[①] 戴小华散文就是如此，自然风物有情，情中有故土情结；生活日常有情，情中有生命律动；家国眼界有情，情中有人文思考。她不仅是"情本体论"的坚定实践者，并且她的情感充沛、饱满、热烈、多元、深刻，情与爱的"凝光点"照耀着作品的每一个细节，在一篇又一篇的散文中皴染、厚重着人类最普遍又深沉的社会心理，让读者产生情感上的振动与共鸣。由此，我们可以深入体会和把握戴小华"情"的生命哲学。

自然风物有情，情中有故土情结。这是戴小华散文情感书写的一个突出特征。散文集中最出彩的是她的个性化游记散文。她说："从小我就深深地迷恋于大自然的美，所以，经常躺在草地上，看天上变幻多端的云，听草丛里昆虫的低语，闻飘散在风中的花香。然而，我仍不满足于所拥有的自然，渴望能跳出被局限住的空间，借着旅行，感受自己平常生活中所看不到的东西，体验日常生活中所体验不到的经历。"[②] 二十世纪末，她成为马华作家访华旅行的第一人，嗣后又频频赴华观光讲学，得以饱览祖国壮丽河山、旖旎风情，这些经历催生了她关于中国行的系列散文，如《戈壁明珠》《千年之恋——莫高窟》《拥抱多元文化的泉州》《大理之魅》等。同时，随着时日演进，她的足迹和视野不断扩展，笔触也从国内延伸到了东南亚、西欧、南非等世界各地，又写出了《黑天鹅故乡——澳洲珀斯》《曼谷的两种风情》

[①] 窦锦平：《试论秦牧散文的艺术构思》，《齐鲁学刊》1981年第6期。
[②] 戴小华：《向大地寻求》（代序），载戴小华：《永结无情游》，东方出版中心2000年版，第9页。

《此水只应天上有——尼亚加拉瀑布》《骄傲的巴黎》《知识与花园之城——剑桥札记》等系列游记散文。在这些散文中，她不仅用"简洁明快"① 的文字描述了各地名山大川、小桥流水、亭台楼阁、田园风光、历史文化、习俗人情的丰富多彩，而且以审美间性的视角和心理投入自己独特的情感体验，与自然风物进行物我交互的双向交流。如《诗情画意的太平湖》一文："远处是山色空蒙，青黛含翠；眼前是碧波激滟，林木盎然。岸上绿影迎风飘送，摇摇曳曳投影在澄清的湖面上，碧绿的湖面则荡漾着漪涟，像被激动的波心。这时，湖旁数十株参天古树，再也忍不住，凌跨马路，情不自禁地将整个身子倾了过去，将手臂伸向湖心，像对着它爱慕的恋人似的想要倾诉，想要拥抱。玉树对碧水说：我不会另结新欢，你是我最早的也是最后的情人。碧水对玉树低诉：我将永远守候着你，不弃不离"②。这些充满诗情画意的描述不仅浸润着作者饱满的情感，而且她还借玉树与碧水之间的互相倾诉传达自己对居住国马来亚的深厚情感，玉树碧水已不仅仅是自然景物，分明是作者情感的隐喻和寄托，正如辛弃疾所说的："我见青山多妩媚，料青山见我应如是"。对自己的祖居国，她也是这样倾诉的，在《盘古选择的这片土地——沧州》中，她首先深情地写道："沧州原是灵秀之地……这片土地上除了流传着有关盘古那脍炙人口的故事外，还有许多历史瑰宝；像石金刚那鬼斧神工的流畅线条，登瀛桥那别致精巧的石雕艺术，铁狮子那历尽千年沧桑的雄伟豪放……"③ 文末则热

---

① 谢冕：《因为有情 更因为有爱——戴小华散文读感》，载戴小华：《因为有情：戴小华散文精选集》，作家出版社2019年版，第1页。
② 戴小华：《因为有情：戴小华散文精选集》，作家出版社2019年版，第133页。
③ 戴小华：《因为有情：戴小华散文精选集》，作家出版社2019年版，第166—167页。

忧地呼唤:"然而,即便有那么一天,铁狮子那种勇敢和坚毅的形象,……在不知不觉中,已经渗入了沧州人的肌肤,潜进了沧州人的血,注入了沧州人的精神,于是,世世代代沧州的儿女,正是以渤海之浩气,燕赵之雄风,终于将昔日《水浒传》中荒凉之地,发展成一个资源丰富,充满着一片蓬勃气象的新型都市。"① 可见,对河北沧州这个她的祖辈故乡,她是如此的情深义重,即使自祖辈早已远离故乡,她依然殷殷期望它会发展得更好,其中的故土情结可触可摸,感人至深。福建泉州永春县是戴小华先生的故乡,她在书写泉州时,同样充满了深情和向往:"一直渴望探访泉州,一方面是在台湾读书时,许多同学的父母都是从那里前来的,另一方面是在南洋的亲戚都是泉州市永春县人,再加上每逢佳节我都能吃到他们烹煮的家乡美食:润饼(薄饼)、面线糊、鱿鱼羹、石花膏、土笋冻、姜母鸭等,五花八门,闻名遐迩。因而心里一直希望有一天能到实地亲尝佳肴。"② 终于有了泉州之行后,她又写道:"尽管时间短促,但始料未及的是,不仅满足了我的口腹之欲,而且每一处历史的积淀和文化的精髓都给我留下了深刻的印象,让我的精神和心灵得到洗涤。……尤其是泉州海外交通博物馆内所展示的内容,让我看后激荡不已!"③我们可以看到,在这篇题为《拥抱多元文化的泉州》的散文中,戴小华写得更多的是泉州作为古代"海上丝绸之路的起点"的由来,泉州与世界的交往和贸易的历史,泉州的多元文化和多元宗教。也许通过这些抒写,她正在寻找自己作为

---

① 戴小华:《因为有情:戴小华散文精选集》,作家出版社 2019 年版,第 172 页。
② 戴小华:《因为有情:戴小华散文精选集》,作家出版社 2019 年版,第 205 页。
③ 戴小华:《因为有情:戴小华散文精选集》,作家出版社 2019 年版,第 205 页。

一个马来西亚华人,在漫长的移民历史中与他们的祖籍地泉州的内在联系。不仅如此,在文中她还情不自禁地感叹道:"为何这么多来自阿拉伯半岛的人选择在泉州安身立命,托体于这里的山河?我想,除了得益于泉州自身的地理位置,也因为这个城市是宽容的热情的"[1]。对一个城市精神这么精到的发现和把握,这已经不止于作家的一种热情,更是积淀深厚的故土情结的自然流露和生动体现!

其实,在许多书写历史文化遗迹的篇章中,作者都不止于静态的描摹,也不仅是沉浸式地去体验和感受,而是常常有自己的独特发现,并以"此在"的现实眼光去揭示自己的体悟表达不一样的情感,从而给读者以启示。如在《惊识大宝森节》中,作者对当地所谓"邪僻的迷信仪式"提出自己的看法:"如能以一种较为开朗的胸襟,较为形而下的角度,去欣赏它,接近它,了解它,或许我们也会被这些虔诚的信徒所流露出来的真情所感动。"[2] 让我们把握到了作者包容宽广的人文情怀。在《寻找失落的伊班族》一文中,她借司机峇力斯的口说:"看到族人仍然落后,只觉得心痛。我们要保留的传统是伊班族那种优良的人类本质和精神面貌,而不是他们的穿着和生活方式。"[3] 在这里,作者则以沉痛的心情,审视的眼光,期待故土能得到进步和发展。可以说,戴小华的游记散文书写的已不仅仅是一种行走的风景,更蕴蓄着她浓厚的故土情结和寻根意识,是一种生命智慧的独特呈现,正像她自己所说的:"所写的绝不只是'游记',而是我生命中一段刻骨铭

---

[1] 戴小华:《因为有情:戴小华散文精选集》,作家出版社2019年版,第207页。

[2] 戴小华:《因为有情:戴小华散文精选集》,作家出版社2019年版,第100页。

[3] 戴小华:《因为有情:戴小华散文精选集》,作家出版社2019年版,第105页。

心的'历程'。这段历程是用了40年的生命才获得的"①。

　　生活日常有情，情中有生命律动。这也是戴小华散文情感书写的一个突出特征。在辑一"往日情怀"中，戴小华书写了她与许多人物交往的日常，其中有文化名人，也有普通小人物，但无一例外的是，她都投入了自己的真情实感，其中的生命律动可触可摸，十分感人。首篇《小玉》以朴素自然的文字，叙写了作者与母亲回到落后的河北农村探亲见到大舅儿子小玉的一段经历，年幼的小玉因父亲在动乱年代被斗死而性情大变，多年来一直落寞地守着父亲留下来的简陋房屋孤独度日。但在这些看似波澜不惊的叙述中，无论是最初作者与小玉看似平常的对话与静默的互动合影，还是第二天小玉一改邋遢形象重拾生活信心，远道奔忙赶来给作者送白煮蛋，都隐含着一种动人心弦的情深义重，让人泪目。其实，作者所传达的已不仅仅是一种血浓于水的亲情，更是人与人之间彼此关心爱护的生命律动。这种生命律动让人与人之间发自内心的情感交互虽默默无言，却感人至深。作者把该篇散文放在首篇，正表达了她试图奠定人类普遍情感基调的用心，极易引起读者的共鸣。

　　在这些写人的篇章中，作者透露出了她敏感多情的心理特征，"她平心静气，娓娓道来，却是直达人心"②！在《阿春嫂》中，她同情怜悯其貌不扬身世苦难的老保姆阿春嫂，为她只有付出不求享受的忠诚善良而感动落泪；在《我不是要流泪的》中，她敏感地看到了那个抽水烟筒卖媳妇嫁衣的苦难老人的眼泪，最后那句"我不是要流泪的，

---

① 戴小华：《戴小华中国行》（后记），马来西亚白屋书坊1991年版，第150页。

② 谢冕：《因为有情 更因为有爱——戴小华散文读感》，载戴小华：《因为有情：戴小华散文精选集》，作家出版社2019年版，第1页。

大概是给烟呛着了……"的无奈之语让人揪心动容;而《精卫的礼赞》篇,其实写的是一位历经重重苦难却依然对生活充满信心"不亢不卑""不失稳定地前进着"的天津画家秦征,反思自己"惯于生活的逸懒","也清楚地看见车窗上映着自己流泪的侧影",之间的情感交互和生命律动十分感人。在辑一的篇章中,还收入了好几位已逝文化名人的悼念文,其中有夏衍、余光中、李敖、陈映真、曾敏之、金庸,等等。在这些悼念文中,作者不仅仅在追忆他们的文化成就,敬仰他们的人文情怀,更主要的是书写与他们认识与交往时的心灵碰撞。如在《悼夏衍》中,她写道:"与他虽只有那么一次短暂的接触,却仍留下深刻的印象,尤其是他那口浓重的浙江口音,当时虽听得吃力,但一忆及他颤抖着身子,不厌其烦地为我说明,我的心就会激动不已。"①在《李敖:我将归来开放》中,她则写道:"虽然,我并不完全赞同他,但也不得不佩服他在遭到许多灾难后,仍能低眉自许、横眉冷对、细嚼黄连不皱眉的保持自我,特立独行。"② 可见,这完全是一种文化人之间心心相印息息相通的生命交汇和互相理解,文风亲切,情感真挚,让人怦然心动。

在辑三"因为有情"中,作者揭示的更多是她在日常生活中所感悟到的生命智慧,颇发人深省。在《既然爱,何不温柔些》中,作者从家人的语言伤害谈到公共领域的文化伤害,呼吁:"当表现爱时,何不温柔些"③!在《婚姻》中,作者认为当爱变质了,如果没有勇气去

---

① 戴小华:《因为有情:戴小华散文精选集》,作家出版社 2019 年版,第 26 页。
② 戴小华:《因为有情:戴小华散文精选集》,作家出版社 2019 年版,第 30 页。
③ 戴小华:《因为有情:戴小华散文精选集》,作家出版社 2019 年版,第 76 页。

追求新的人生,"既不负责任,又没有道德","是人的堕落"①。在《懒得离婚》中,作者则从"懒得离婚"的疲软心态看到了"活得不认真"的社会心理症结,更看到了公司员工混日子的低效率,解体重组才是"社会进步的一种表现"。可以说,这些发现和感悟,已经具有了一种振聋发聩的力量,文章虽然简短,引发思考的也大多是家长里短,却让人感受到了作者独具魅力的生命智慧,有一种情感的共鸣直抵人心。正如谢冕所说的:"她以自己的文章塑造了作为智慧型作家的形象"②。

家国视野有情,情中有人文思考。这更是戴小华散文情感书写的突出特征。戴小华散文不仅书写了日常生活的"小情",更传达出了一种家国情怀的"大爱","小华的这种大爱,源于她的大视野和大胸襟,由此产生大悲悯和大关怀"③。这是一种"小情"和"大爱"交互中的生命情怀和人文视野,让人敬佩和感动。在《我的中国梦》《理想不死——追忆陈映真》《走进十月的阳光》等篇章中,她或直接或间接地表达了对祖国的深切爱恋。当她在疑惑自己是哪里人,家在哪里?渴望有"一个让自己能安心地去爱与被爱的家"时,阅读和写作,特别是多次的中国行让她终于理解了"家"的概念,"对我而言,它不只是地域的、情感的,更是精神的。终于,我找到了我梦中的家园——中

---

① 戴小华:《因为有情:戴小华散文精选集》,作家出版社 2019 年版,第 68 页。

② 谢冕:《因为有情 更因为有爱——戴小华散文读感》,载戴小华:《因为有情:戴小华散文精选集》,作家出版社 2019 年版,第 1 页。

③ 谢冕:《因为有情 更因为有爱——戴小华散文读感》,载戴小华:《因为有情:戴小华散文精选集》,作家出版社 2019 年版,第 2 页。

华文化"①。当她为"年少时期的文学启蒙者之一"陈映真的去世而难过时，回想起他与自己的大弟为"两岸和平统一，民族不再分裂"而做出的努力，不由得借陈映真的话说："我们这一代人没有走完的山路，终究将要由下一代人继续走下去，哪怕前路是崇山峻岭与茫茫大海。"② 当她在天安门观礼台观赏中华人民共和国五十华诞的热烈庆典时，感受到的是："中国的人民从来没有像今天这样欢乐祥和、激情壮怀；中国的人民也从来没有像今天这样意气风发，精神振奋，对中国的前程充满信心"，思考的是新中国充满希望的发展历程，表达的是难以遏制的爱国情愫："我忽然感到脸上一阵热，没想到，眼中竟涌出了泪水"③。这些书写，都充满激情地传达出作家深厚的家国情怀和发自内心的人文思考，让人感同心受。

如前所说，戴小华的家国情怀是一种"大爱"，谢冕指出："戴小华由家而国，由国而世界，以至全人类，她的思路有多广阔，她的心胸有多博大，这就是我所觉察到的戴小华的大美和大爱"④。正因为是这样一种"大爱"，所以戴小华家国情怀是世界性的，是不同种族、不同宗教、不同国家之间相互理解，彼此欣赏的。在《家在吉隆坡》里，她审视自己的第二故乡——马来西亚的兴衰发展，以前瞻性的大胸怀响应着"新马来西亚人的观念"，认为开创一个属于大家共同的未来历

---

① 戴小华：《因为有情：戴小华散文精选集》，作家出版社 2019 年版，第 94 页。
② 戴小华：《因为有情：戴小华散文精选集》，作家出版社 2019 年版，第 34 页。
③ 戴小华：《因为有情：戴小华散文精选集》，作家出版社 2019 年版，第 334—337 页。
④ 谢冕：《因为有情 更因为有爱——戴小华散文读感》，载戴小华：《因为有情：戴小华散文精选集》，作家出版社 2019 年版，第 3 页。

史,要摒弃血统上的种族差异,大家共同努力。在《走进热带丛林的沉思》中,她在体验马来西亚公园的原始繁密的热带森林时,竟不自觉地想到了她的出生地中国"美丽的宝岛"的生态、文化等社会危机,以家国一体的认知心理去呼吁人类爱护山川,关心生态。她还在《红海写意》中由古埃及人的建筑及发明的纸草画艺术引起感慨而追问:"究竟文明衰败的根源,在于敌人还是自己本身"①?在《尼罗河之歌》中对在尼罗河建设阿斯旺水坝导致文明古迹被淹当地居民被迁移而感叹,"要发展?还是保持原貌?难免产生矛盾,即使再不愿意,有时也必须牺牲一样"②。在《南非纪行》中感慨南非巨大的贫富差距,白人统治造成的"班图斯坦"建制导致部落间的纷争和冲突,"带给黑人的是无与伦比的历史伤痕"③。戴小华的情没有局限在世间悲欢离合的小情小爱里,更多的是"风物长宜放眼量"的大度,她以一种华夏文明的包容心理和瞭望远方的世界性眼光去辩证地、多元地、有情怀地去温柔而严肃地看待家国关系。戴小华说:"我对我的精神家园——中华文化始终怀有梦想。因为她是博大精深的,是中庸和谐的,所以,在人类千姿百态不同的文明中,她应有能力跨越各种障碍担负起促进不同种族、不同宗教、不同国家间相互理解,以及懂得欣赏、享受、喜悦彼此文化上的差异并能成为引领人类政治清明,经济发展,社会和谐,文化昌盛的重要罗盘。"④ 因为懂得,所以慈悲。因为懂得,所以

---

① 戴小华:《因为有情:戴小华散文精选集》,作家出版社 2019 年版,第 331 页。

② 戴小华:《因为有情:戴小华散文精选集》,作家出版社 2019 年版,第 335 页。

③ 戴小华:《因为有情:戴小华散文精选集》,作家出版社 2019 年版,第 351 页。

④ 戴小华:《因为有情:戴小华散文精选集》,作家出版社 2019 年版,第 94 页。

有情。她正是以这样一种博大深远的家国情怀在思考"人类命运共同体"的未来。也正是这种具有"大美与大爱"的人文思考和理性反思,使戴小华的情感抒写具有比较深远的意蕴和生命力,体现了她对自然、对社会、对人类命运的独特探索与把握;也使她的家国书写,超越了主体的日常经验和客体的物理状态,具有一种揭示生活本质、启迪读者心灵的艺术力量。

二、民族性与世界性交融的双声话语

这里阐发的"双声话语",不是女权主义理论家所谓的男女双声话语,而是指戴小华散文叙述视角与叙述话语的"双声",即中国的民族话语心理与世界性的话语心理。戴小华具有在三种空间和时间里生活过的特殊身份,这使其形成了海外华文文学中常见的叙事话语的二重性:一方面是根深蒂固的民族情结,另一方面则是世界性的文化视野。她曾说:"在思想上,中国大陆是我的祖先,台湾地区是我的父母,马来西亚是我的丈夫。对祖先,我有着深远的怀念;对父母,我有浓厚的亲情;对丈夫,我有着坚定的忠贞。"① 这也意味着,戴小华不仅具有炎黄子孙的思维方式和情感特征,也具有海外移民的世界性话语视角,这两种话语心理的双声表达相互融合,可以说是戴小华散文叙事上的主要审美特征。

戴小华散文在行文时常常流露出"中国"的心理经验,鲜明地反映了她的中国思维特征和文化积淀。她曾在接受王红旗的访谈时说:"尽管世界上的华人分处各地,但基于血缘上的渊源及文化上的感情,

---

① 戴小华:《深情看世界》,河北教育出版社1996年版,第18—19页。

即使身在异乡，语言和文字却使他们与故土的根源，藕断仍丝连。于是，我明白'血缘'和'文化'不是一种可以任你随意抛弃和忘记的东西。因而，对于我来说，'家园'它并不界定于地域和国家，而是精神上的，也就是中华文化。"① 在《我不是要流泪的》篇中，写到在云南孤山见到一位老人时，"他的脸上显出一丝茫然空洞和呆滞落寞的神情，满布在他脸上的皱纹，竟使我联想到黄土高原的裂变，和他曾历经的风雨沧桑"②。在戴小华的心理经验中，老人沧桑的脸与风雨裂变的黄土高原两个意象代表了过去中国西部的沧桑岁月，二者的勾连透露出作者内心深处对故国乡土的深情关注。在《此水只应天上有——尼亚加拉瀑布》篇中，作者写到在美国与加拿大边界观赏美得让人震撼畏惧的尼亚加拉瀑布时不禁想到了李白诗句"疑是银河落九天"的意境。在《自长安到交河的丝路之旅》篇中，作者写到"西出阳关"时，则想到了王维的"劝君更尽一杯酒，西出阳关无故人"的诗句。这些联想和描述，都呈现出了鲜明的"中国化"的审美传统和美感经验，也透露了作者根深蒂固的中国情感特征和较为深厚的中国审美文化积淀。更让人感动的是，戴小华散文中的这颗"中国心"无处不在，哪怕遇到困难和不顺，都没有改变她对"母国"的热爱。在《天鹅颈下的珍珠——哈尔滨》篇中，作者写到因航班取消导致哈尔滨行程被耽误而懊恼时，她对问她旅程印象的人说："如果相同的情形发生在别的国家，肯定地，我不会再去；可到这里，有种感觉很奇妙，后来，才明白，那是因我生就带着传自母亲对中国的情感和血脉。……我还

---

① 王红旗：《灵魂在场》，现代出版社2019年版，第118页。
② 戴小华：《因为有情：戴小华散文精选集》，作家出版社2019年版，第17页。

想再来"①。虽旅程不顺,但她没有埋怨,没有排斥,给出的是一种"偏袒式"的答复,透露的是一种潜藏于心的"原乡情结"②。可以说,这种"原乡情结"几乎弥漫在戴小华散文的大多数篇章中,余光中曾在《爱护我们的母语》演讲中说,"我一直觉得我们的中华文化像一个很大的圆形,圆心无所不在,圆周无处可寻,而这个圆的半径就是中文了"③。华文作家们虽和"原乡"隔山跨海,但他们只要坚持华文写作,其笔下必然流露出受过中华文化精神熏陶的结晶和意绪,让人为之怦然心动。

世界性的叙事视角也是戴小华散文书写的一个审美特征。这一审美特征不仅体现在她对异域风情了然于心熟稔笔下,如在《骄傲的巴黎》中一连串地罗列了凯旋门、埃菲尔铁塔、蓬皮杜中心、卢浮宫金字塔、巴士底狱歌剧院、巴黎圣母院和法国大革命、新古典主义、自然主义、左拉、凡·高以及巴黎美酒、香水、时装等富有巴黎特征的风景名胜和文化事件;更体现在她对异域风情的独特联想和深沉思考,使其游记具有一种比较深厚的历史文化内涵。如在《曼谷的两种风情》篇中,作者写到曼谷郊区的斗鸡表演非常残忍,"用嘴和刀""又砍又刺""又咬又抓",直至一只红鸡被咬得遍体鳞伤而倒下,完全是一场"生死战",而观众则漫不经心地看着它们同类相残,更残忍的是红鸡的主人,"他竟是在它的脖子上狠踩一脚,好让它更快地流尽最后一滴

---

① 戴小华:《因为有情:戴小华散文精选集》,作家出版社 2019 年版,第 159 页。

② 黄万华:《从原乡的追寻——从一种形象看 20 世纪华文文学史》,《人文杂志》2000 年第 4 期。

③ 余光中:《中华文化是个圆,圆的半径是中文》,《新传奇》2017 年第 51 期。

血"时,作者感到"心中文明的假象全都剥落碎灭了","我想起了台湾的'二二八'事变,以及我国的'五一三'事件,心中迅即愤怒了起来。当时,那些故意挑起事端的有心人,不也是一边押着赌注,一边观望着那些同类们正在彼此血肉相残吗"①?由斗鸡的异域风情联想到文明破碎家国罹难,这样的追问,这样的批判,可以说已经有一种力透纸背的深刻了。更重要的是,这一审美特征还体现在她能以一种新的世界视野对故国家园的风景名胜进行深入审视和反思。在《江南有梦吗》篇中,作者在游玩了有"江南园林甲天下,苏州园林冠江南"美誉的苏州园林后,却不像一般国民一样的赞不绝口,而是直白地叙写出了自己的失望,认为它不利于"走向世界,拥抱自然","并非因它不美,而是它太精雕细琢、刻意堆砌,我就不喜欢这种巧思,这种心机,总觉得局促、烦琐。即使水流在那儿,也显得委委屈屈,尽是在石缝沟壑中曲曲折折,让人看了就不顺畅";不如无锡的太湖浩浩荡荡,洋洋洒洒,让人胸怀壮阔,心旷神怡。最后由景联想到人,感叹人若为了蝇头小利而掷出一生"太惨太累",并追问"不知是人控制了存在,还是存在淹没了人"②?整篇叙写层层递进,思考步步深入,体现出作者别具匠心的审美视野,具有发人深省的批判力量。戴小华在散文集《因为有情:戴小华散文精选集》的后记中说:"我以一个地球人的视角,在奇山异水间跋涉喟叹,在历史遗迹前驻足默想;或展现一幅幅瑰丽绚烂的自然奇景,或探求各民族性格及文明的发祥衰落,

---

① 戴小华:《因为有情:戴小华散文精选集》,作家出版社2019年版,第264页。

② 戴小华:《因为有情:戴小华散文精选集》,作家出版社2019年版,第200页。

赋予笔下的游记以历史文化内涵。"① 也许正是这种"地球人的视角",或者说是世界性的视角,让我们把握到其散文审美审视的力度和深度,具有一种独特的思想力量。

其实,戴小华散文那种炎黄子孙的情感特征与海外移民的话语心理常常是双声表达相互融合的,并不能截然分开。在叙写中国的历史往事时她总会联想到海外华人的生命经验,而在叙写海外游历的感触时则常常透露出民族文化的情感特征。如《自长安到交河的丝路之旅》篇中,她在写到两千多年之前张骞和班超受命"西出阳关","开辟了中外交流通道,并成功将东西方之间最后的珠帘掀开"和许多艺术的殉道者用鲜血和生命捍卫莫高窟,"使它重放光华"时,马上感叹道:"这些,使我想到许多移居海外的华人,为了保留自己的语言和文化,不也是在奋斗不懈吗?"② 这种海外华人的生命经验几乎是不由自主地融入了中国西部丝路之旅的叙写中,十分真实自然。在《永结无情游——姆鲁山洞纪行》篇中,她写到在马来西亚砂拉越州参观姆鲁山洞后和朋友们挥手分别时,"不禁想起了李白写的《月下独酌》这首诗:'醒时同交欢,醉后各分散。永结无情游,相期邈云汉'"③。李白诗句的脱口而出也仿佛是这篇马来西亚砂拉越州游记水到渠成的结尾。上述作者在观赏尼亚加拉瀑布时不禁想到李白诗句"疑是银河落九天"的意境也是如此。像这样的叙写和表达在戴小华散文中不时可见,由

---

① 戴小华:《因为有情:戴小华散文精选集》,作家出版社 2019 年版,第 353 页。
② 戴小华:《因为有情:戴小华散文精选集》,作家出版社 2019 年版,第 219 页。
③ 戴小华:《因为有情:戴小华散文精选集》,作家出版社 2019 年版,第 112 页。

此不难把握到其散文情本质下话语双声表达的鲜明特征。

三、人文情怀中的生命智慧

在外出游历的生命历程中，戴小华始终以深情的目光追寻着体味着各地的风土人情，也以其"朴素、自然、真诚"①的文字传达她对这个生命历程的独特把握，并以大爱的力量彰显出自己独特的生命追求。谢冕在《因为有情》的序中认为："小华的这种爱，不单是一般人拥有的情感，是一种大爱。小华的这种大爱，源于她的大视野和大胸襟，由此产生出大悲悯和大关怀"②。正是这种对人类大爱的生命追求，使戴小华的散文书写不仅具有一种情感力量，更具有一种丰盈生命的精神力量。德国哲学家雅斯贝尔斯曾经说过："人就是精神，而人之为人的处境，就是一种精神的处境。"③可以说一个人的精神生态直接决定了一个人的生命追求，而她的生命追求则影响着她的情感传达和文字表达。戴小华散文中所流露出的"大视野和大胸襟"就来自于她的精神境界和生命情怀。

香港作家董桥说："散文须学、须识、须情，合之乃得 Alfred North Whitehead（阿弗烈·诺斯·怀海德，英国数学家、哲学家）所谓'深远如哲学之天地，高华如艺术之境界'。"④"学、识、情"的有机结合

---

① 谢冕：《因为有情 更因为有爱——戴小华散文读感》，载戴小华：《因为有情：戴小华散文精选集》，作家出版社 2019 年版，第 1 页。

② 谢冕：《因为有情 更因为有爱——戴小华散文读感》，载戴小华：《因为有情：戴小华散文精选集》，作家出版社 2019 年版，第 2 页。

③〔德〕雅斯贝尔斯：《当代的精神处境》，黄藿译，生活·读书·新知三联书店 1992 年版，第 3 页。

④ 董桥：《这一代的事》（自序），牛津大学出版社，2010 年，第 Vii 页。

是戴小华散文具有"大视野和大胸襟"的精神格局的主要原因。"读万卷书，行万里路"一直是戴小华生命中的向往和追求。王景山教授曾指出："她的读万卷书，充实了她的行万里路；而她的行万里路，又充实了她的读万卷书。"[1] 据中国作家网报道，"戴小华在台湾的大学就读于新闻系时，就不满足于'经常关在书房'，'整天沉浸在书中'，以致'自己的头脑实际上已成为别人思想的运动场'，而是从小就向往一个'比教科书更宽阔渊博的知识的世界'，以便'亲历其境，以自己的思想能力，去洞察真相，做番比较'"[2]。所以哪怕是后来过上生儿育女、相夫教子的优渥生活，她也从来没有停止学习的脚步，先后在马来西亚大学进修英文和英国剑桥大学学习莎士比亚及同时代的戏剧。在大学期间，她曾任电视节目主持人；后来，还在台湾中华航空公司做了一年空中小姐；而现在她还一直是推动马来西亚和中国文化交流的使者，是知名华裔女作家，还是一位国际社会外交家、华文社团的卓越领导人。可以说，戴小华一直在读书和行走中不断充实她的生命世界，而她所参与或策划的这些社会活动，不仅扩大了她的学识视野，锻炼了她的领导能力，也提升了她的精神格局。因此在她笔下，无论是吐鲁番胡杨树的"前世今生和后世"，还是泉州的多元文化内涵；无论是日本的喜寿、米寿、白寿的来历，还是曼谷的"剃度"与斗鸡风情；以及神话王国尼泊尔的历史与建筑，土耳其境内的废墟、古墓与城堡等，其中的情感流露、审美审视和历史反思，都可以看到作者浸

---

[1] 王景山：《戴小华的生活、创作轨迹》，第七届世界华文文学国际学术研讨会论文，1994年11月于云南玉溪。

[2] 中国作家网：《走近华文作家戴小华——访谈》，http：//www. chinawriter. com. cn/n1/2017/0310/c405057-29137927. html？from=singlemessage&isappinstalled=0　2017年3月10日22：16。

润着"学、识、情"的生命智慧和充满悲悯的人文情怀。

另一方面,戴小华也一直在寻找属于自己的独特诉说方式,希望自己游历世界各地的情感经验和审美智慧能够与读者分享,她在其游记集《深情看世界》自序中说:"我也一直怀着实验的兴趣与勇气,尝试寻找出属于自己的独特的诉说方式"①。因此在她的文字中我们可以看到,不管是往日情怀的抒写,还是对人间世情的感悟;不管是桑梓之情的倾诉,还是寰宇风情的感叹,都不仅仅是怎一个"情"字了得的温婉柔弱,而是显出了一种情感冲击力的大气,她对生命伤痛的悲悯,对文明陨落的叹息,对种族和谐文化昌盛的呼唤,都体现出其独特的生命智慧和审美观照力,正像谢冕所说的:"她平心静气,娓娓道来,却是直达人心!她的文字如她的为人,敏捷、干练、果断,而且大气磅礴。她以自己的文章塑造了作为智慧型作家的形象"②。

总之,戴小华散文用"情"考察世界各地的风土人情,以"爱"感受人与人之间的温暖相处,以"智慧"审视生命存在的本质,并以自然真诚的语言呼唤人在大地上的诗意栖居,这不仅给读者带来丰富的情感熏陶,也以其卓尔不群的人文精神和生命智慧带给读者独特的思想启迪。

---

① 戴小华:《深情看世界》(自序),河北教育出版社1996年版,第10页。
② 谢冕:《因为有情 更因为有爱——戴小华散文读感》,载戴小华:《因为有情:戴小华散文精选集》,作家出版社2019年版,第1页。

朵拉微型小说：
性别叙事及其生命追求

朵拉，原名林月丝，祖籍泉州惠安，是马来西亚颇负盛名的华文女作家。她多才多艺，在绘画、书法、园艺等方面都有突出的成就。朵拉对华文文学创作充满了热情，创作独树一帜，尤其是微型小说创作，在海外华文文坛享有赞誉。

朵拉微型小说创作的内容题材并不宽广，以爱情、婚姻和家庭中的两性关系为主要书写对象，注重女性视角，表现女性在恋爱、婚姻与家庭中的弱势处境与情感状态。创作成果丰富，已有多部中短篇小说集、散文集、微型小说集问世，在当代海外华文文学中具有独特影响。上海文艺出版社2008年出版的《朵拉微型小说自选集》是朵拉的一部微型小说作品集。该书是朵拉从历年创作的众多微型小说作品中精选百篇成集的精华之作，书写的对象仍然以两性关系为主。因此，从女性主义文学的角度来考察该集中两性关系书写中的女性生命诉求，将有助于我们对朵拉及其微型小说创作的理解与把握。

一、"微笑的女性主义"立场

朵拉的微型小说具有鲜明的女性主义写作的特点,她曾在《和自己说话》中提道:"试图找一种主义来研究,起码是一种自我成长的方法,最终选择了女性主义"①。但与大多西方女性主义创作不同的是,她在作品中所传达的女性诉求少了一种女权主义的激越和偏执,却多了一份"微笑女性主义"②的特征。

"微笑的女性主义",又称"微笑的中国女性主义",是由荒林主编,九州出版社出版的一套《中国女性主义学术论丛》中提出的理论:"'微笑的女性主义'是指既标举女性主义的旗帜对男性展开批判,又向男士们露出蒙娜丽莎的微笑,表现出对男性'关怀'的一面,是一种'双性同体'理论影响下的双性视野和两性对话。它提倡女性的权利,以争取女权为重点,但也强调两性之间的和谐"③。

朵拉微型小说中的两性关系书写恰恰体现出这样一种"微笑的女性主义"立场。她通过描写女性的情感际遇来透视女性的情感状态,凸显了两性关系中女性的弱势地位,呼唤女性走向独立,传达出潜在的女性诉求和对男权社会的深沉批判。但正如袁勇麟所说的,她对男权社会的反抗是一种"安静的反抗",对女性生存处境和生命体验的探

---

① 朵拉:《和自己说话》,载《朵拉微型小说自选集》,上海文艺出版社2008年版,第248—249页。
② 荒林:《女性主义学术文化沙龙:成长中的中国女性主义——关于性别的一次对话》,载《中国女性主义4》,广西师范大学出版社2005年版,夏季号。
③ 张赟:《从"对抗"到"和解":女性主义在当代文学中的发展与演变》,《辽宁大学学报》(哲学社会科学版)2010年第6期。

索和追问,也是一种"深邃的情感诉求"①。

朵拉的女性主义立场是"微笑"的,她的作品没有西方女权主义作家狂风暴雨般的激进与疾呼,而是"微笑"般地传达出女性的生命诉求和对男权社会的反抗。一方面,朵拉在小说中提倡女权,同情女性的弱势处境,由衷赞赏维护自我的独立女性,对盲目依附男子而不能自拔的女性则持揶揄和调侃的态度。其中不乏觉醒独立的女子,她们曾在爱情中陷入困惑,但最终还是能摆脱男权的压抑,找到自我。如在《自由的红鞋》中,女主人公曾因男友说红色不好看而不敢穿自己喜欢的红色,但在找回自信之后,她无所顾忌地买了钟爱的红色高跟鞋,并因此而拒绝了一个不喜欢红色的男人的求婚。该小说表面上是因为一双红色鞋子而拒绝了男友,实则是主人公为维护独立的自我而毅然放弃了一段妥协的爱情。"你不喜欢并不代表它不美丽"②,文中还引用林语堂的话说,"一个人的头脑,只有在他的脚趾自由时,方有真正做思想的可能"③。在《病人》中,主人公爱敏因为爱情完全失去了自我,她明知赵吉有太太,却仍然甘当第三者,甚至为了他几次轻生,一而再再而三地自欺欺人。小说的悲剧结局透露出了作家对这种自作多情的愚女子的揶揄和调侃。这些小说都独特地传达出朵拉对维护独立自我的女性的由衷欣赏,为那些依附男性而迷失自我的女性而深深叹息,从而呼唤女性自我意识的觉醒。另一方面,朵拉也在作

---

① 袁勇麟:《朵拉研究二题》,《吉林师范大学学报》(人文社会科学版)2010年第4期。
② 朵拉:《自由的红鞋》,载《朵拉微型小说自选集》,上海文艺出版社2008年版,第71—73页。
③ 朵拉:《自由的红鞋》,载《朵拉微型小说自选集》,上海文艺出版社2008年版,第71—73页。

品中为女性鸣不平,进而批判亵渎爱情和自私丑陋的男性。在《绿叶子》中,曾幸美的同居男友庄为淳,一边和她同居,一边却和一个家庭条件优越的女人谈婚论嫁,小说结尾以曾幸美对他不屑一顾洒脱离开的方式,表现出作家对这种亵渎爱情游戏情感的男性的嘲讽和抨击。在《原谅》中,志明的母亲含辛茹苦把他养大,而他却对母亲守寡几十年,五十几岁再改嫁这件事情一直耿耿于怀,在他心里,母亲"失节事大"对不起父亲。直到母亲在母亲节这一天突然去世,他才意识到自己早已经原谅了母亲。在这篇作品中,朵拉揭示了在现代男性思想中仍然根深蒂固的传统自私的男性中心观念,更悲哀的是,传统的贞洁观念被"新"时代的儿子强加在母亲的身上,由此深沉地传达出了朵拉为女性鸣不平、对自私丑陋的男性思想独特批判的用心所在。

但朵拉并非完全否定男性,甚至还有所"关怀"。作品中,她没有全盘否定男性的爱情,认为世间也不乏真情的男子,一些作品中还表现出她对处于婆媳矛盾夹缝中不能脱身的男子的同情。在《有一颗心》中,男主人公朱文强一直保留着初恋女友送给他的画着一颗心的纸,他相信她在画这颗心时怀有真情,因为这个,他原谅了她的背板,在她被抛弃走投无路时重新接纳她并与她结婚。在这里,作家展现了一个男人的深情,告诉我们世间也不乏真情的男子,在《失踪》中,作家又表现出对处于婆媳矛盾夹缝中不能脱身的男子的同情。"马英成在家时,家里天天是吵架声,不是马太太生气,就是马老太太在发脾气","他不晓得要站在谁的背后好,听妈妈告状时,他觉得妈妈对,听太太倾诉时,他又认为太太也没有错"[①]。家中妻子和母亲常为琐碎

---

① 朵拉:《失踪》,载《朵拉微型小说自选集》,上海文艺出版社2008年版,第149—150页。

小事而无休止争吵，处在夹缝中的马英成无法忍受出门躲避，却被马太太与马老太太误以为他遭绑架，婆媳因而尽释前嫌同声同气商量要拿钱解救马英成。然而钱付了，马英成却没有出现，正准备报警时马英成自己回来了。婆媳突然明白被骗子坑了，又相互埋怨争吵起来。作品中，一个处在夹缝中无奈又痛苦的男人形象跃然纸上，栩栩如生，蕴藉地透露出了朵拉对某些男性的同情和关怀。可以看出，朵拉对两性关系的认识是一种相对理性的认识，作品中所体现的女性主义"不仅仅是一种追求两性关系中男女权利平等或机会平等的思想，它是一种对女性和性别进行全方位思考的认识"①。关怀、同情女性的遭遇和处境，但又不全盘否定男性的情感，不忽略男性的感受。可见，其创作不只是单方面注重女性自身权力、地位的提高，也顾及恋爱、婚姻与家庭中两性关系的和谐发展。

二、对男权社会的"安静反抗"

与"微笑的女性主义"立场相对应的，朵拉在批判男权的同时，并不否定女性自身的缺失。因此，她笔下女性对男权社会的反抗，也是一种以相对平静理性的方式所进行的"安静的反抗"："我的文学创作，尤其是小说，其实是对男权社会和女性自甘矮化的一种安静的反抗"②。反抗而不是静默忍受，安静又不同于激烈争战，可见，朵拉在作品中的反抗更多的是一种温情脉脉的对女性情感际遇的同情、关怀和指引。

---

① 鲍红：《微笑的中国女性主义》，《出版参考》2004 年第 31 期。
② 朵拉：《不妥协的灵魂》，载《朵拉微型小说自选集》，上海文艺出版社 2008 年版，第 247 页。

首先，朵拉在表现两性关系时，写了很多婚外恋，但她评判婚外恋的态度，不是采用现成的道德标准，而是把握这种关系中有没有爱情的内涵。她笔下的婚外恋很多都像机缘巧合的玩笑，背叛妻子的男子最后总会发现自己也被背叛了。对于这种没有爱情内涵，相互背叛的婚姻，朵拉并不否定女性自身的缺失，她在批判男性的同时也批判女性。如《礼物》中，骆为民为自己和莎莉偷情出轨而感到愧对妻子文娟，因此他每次约会都会在12点之前回家，并送文娟一份礼物作为弥补。这一天虽然莎莉没有赴约，骆为民出于惯性还是给文娟买了份礼物，提早回了家。出乎意料的是妻子并不在家，将近12点的时候，文娟异于往常浓妆艳抹地回来，并给他递了一个礼物。故事到此戛然而止，各自的背叛都浮出水面，彼此心知肚明，互赠礼物交换歉意，却只有真心才能交换真情，嘲讽批判之情溢于言表。朵拉不是简单化地以道德批判来臧否情感，也同情、怜悯那些彼此之间有真情挚感，却迫于社会舆论与道德压力而压抑封存自己情感的男女。如在《时代的歌》中，何西莉从张中和送给她的录音带里读懂了他的心意，而此时张中和是与她的好朋友李明媚在一起，而她也有一个做医生的男朋友。"横刀夺爱是不可赦免的罪过，恋爱中途换了对象则是超出世俗的道德规范，忠心耿耿是爱情的必备的条件和资格"[①]，因而他们只能拥有一份绝望的爱情。小说中，作家把更多的同情投入在道德规范和舆论束缚的压抑下不能真情相爱的两人身上，为他们在时代氛围里的爱情悲歌而叹息。

其次，朵拉还善于通过特定场景刺激女性，让内心处在自我挣扎

---

① 朵拉：《时代的歌》，载《朵拉微型小说自选集》，上海文艺出版社2008年版，第95页。

中的女子幡然醒悟，从而达到"自救"的目的。在《暗处的眼睛》中，沉迷于丈夫曾经的疼惜和关爱，又困惑于两人疏离淡漠的情感现状的女主人公，感觉到有一双躲在暗处的眼睛在望着她，那双暗处的眼睛让她开始正视自己，正视她和郑理和的感情，并重新思考两人关系，最终醒悟，两人平静分开。当女主人公再次走过餐厅时，她发现了新装的镜子，原来那双躲在暗处的眼睛就是她自己审视自己的眼睛。朵拉通过一面镜子的独特构思，让女主人公经历了从沉迷、困惑到思考、挣扎最后幡然醒悟的自我蜕变历程，一步步指引女性正视自我，反思自我，由此达到维护自我、坚持自我的用心所在。

其三，与一些一味针砭男性、全盘颠覆男性的女权主义者不同的是，朵拉不主张盲目地以两性对峙来实现女性独立。在作品中，她对男性的批判是平静的理性的，在平静的不动声色的叙述中透出反抗的力量。如在《手术》中，女主人公叶米雅自从认识了唐立达以后，原本不胖的她愈发瘦弱了，她为他堕胎，不爱惜自己的身体，患了盲肠炎。即便每次手术唐立达都不曾来看过她一眼，她仍然迷恋着他而不能自拔，纵使身边有同样爱她的杨恩里。读者在痛恨自私无情的唐立达的同时，也对叶米雅这样作茧自缚的愚女子感到无奈和悲伤。作者没有直接批判男性的自私，也没有呼喊女性独立的口号，但平静的叙述下却暗藏感情褒贬，由此巧妙地启迪女性应该自觉、自醒、自尊、自强。

可见，朵拉不是一味把矛头指向男性，而是对两性关系进行全方位的解剖，她针砭男权主义的同时也承认女性自身的缺失；嘲讽批判相互背叛的男女，也同情怜悯彼此相爱却迫于道德舆论无法相守的情人。对女性在男权社会中自甘矮化的现象，朵拉也给予有力的谴责。

但朵拉的谴责显得平静而理性,她以对爱情内涵的揭示替代既成的道德标准来评判两性关系,也不主张盲目的两性对峙,而是在看似不动声色的故事讲述中一步一步地指引女性正视自我,由此得到启迪而醒悟自救。

三、唤醒女性寻找自身价值

朵拉还常常通过表现两性关系中的男女不平等现象,透析女性苦闷压抑的情感状态,唤醒女性寻找自身价值,走向独立。"以男女两性的情爱为内容的微型小说,讲述的是男女两性之间发生的故事,但是它们并不停留在对故事的讲述与生活表层的描绘上。而是透过五光十色的生活现象,深入到人物的心灵世界"①。正如朵拉自己说的:"反映女性在男权社会中所受的压抑和苦闷、彷徨和挣扎,试图从而唤醒女性,排除歧视,寻求自身的价值。"②

一方面,朵拉通过书写女性在婚姻、爱情与自我之间挣扎的苦闷、彷徨的情感状态,揭示了男权压抑下不平等的两性关系,呼唤女性自我意识的觉醒。如《眼镜》中,女主人公顾丹红从眼镜店出来,看到丈夫李文富搂着一个短裙女人,在丈夫情感出轨的事实面前,她还不敢相信甚至自欺欺人,认为是新配的眼镜不适应,眼花看错了。当她再次看到李文富和短裙女人亲密地朝着她的方向走来时,她却像自己做了错事般退进了一家店铺。短裙女人的笑声像针一样刺进她的心,她却不敢当面对峙,去捍卫自己的权利,反而忍辱吞声自我妥协,自

---

① 易立君:《论朵拉微型小说的哲理意蕴》,《云梦学刊》2010年第5期。
② 朵拉:《十九场爱情演出之外》,转引自胡尹强《论朵拉小说的创作》,《浙江师范大学学报》(哲学社会科学版)1996年第3期。

欺欺人地返回眼镜店抱怨眼镜没做好，要更换一副。作品中，朵拉把女性失去自我的苦闷、彷徨和焦虑心理写得细腻动人，巧妙地揭示了男权压抑下以家庭、丈夫为中心的女性，因与社会脱节经济无法独立而在婚姻危机前无力反抗的悲哀。由此告诫女性要走出家庭，增强自我独立的能力，才能摆脱对男性的依赖，捍卫自己的正当权利。而在《宠物》中，女主人公一而再地对男友妥协，几乎沦为男友的宠物，在恋爱中完全处于被动地位，甚至连养一只猫都要受男友干涉。然而这些让步并没有让男友感激回报，男友与她仍然越来越疏离。作者在这里揭示了女性失去自我的弱势姿态，警告女性不要像宠物一样受制于男性，不能自甘矮化失去自我，只有自尊自立，才能真正掌握自己的情感人生。

另一方面，朵拉也对在爱情、婚姻中坚持自我、寻求自身价值的女性进行了肯定和正面的表现。如《自由的红鞋》中，"我"因为一双红鞋激发了潜在的自我主体意识，不愿意为了一个男人而放弃自我，从而拒绝了男友的求婚。《绿叶子》中，曾幸美识破了庄为淳游戏感情、自私虚伪的面目后决然离开，扔掉了不开花的绿叶子和无结果的爱情。

可以看出，在朵拉的作品中，并没有对漠视女性的男性进行激烈批判，也没有直接标榜女性独立的姿态，她只是以蕴藉的故事表现女性在男权社会中所遭受的压抑与苦闷，书写女性不幸的情感际遇，启迪女性觉醒自救，寻找自身价值。她对男权社会的反抗和女性独立的呼唤是不动声色的，是平静而理性的，是追求两性和谐发展的。

四、探索女性独立的出路

朵拉关于两性关系的小说创作,并不止于对男权社会的反抗和女性独立的呼唤,更值得注意的是,她还有意识地引导读者去思考女性的生存处境及其生命体验,进而探索女性独立的出路。

首先,朵拉描写了一些备受男权压抑而不自觉的女子,展示女性苦闷的生命体验,揭示女性独立的主观障碍,引领女性思考自身处境,由自省而自立。如《洗头》中,女主人公江天美听蔡振全说过别的女人,"好好的黑头发为什么要染得变成外国人呢"[①]? 于是江天美为他留了乌黑长发,为他天天洗头。然而当蔡振全娶了一个短发、染色并且一星期只洗一次头的女人时,她又为他剪了头发,染了颜色,一个星期只洗一次头。这里读者看到的是一个在爱情生活中,不断将男权内化并进行自我塑造的女性。她的行为完全以他的喜好而定,用他的审美标准塑造自己,不自觉地将自己置于男权抑制之下而麻木不仁。当她遭到抛弃时,却只能被动忍受,甚至为了他再次改变自己的形象。作者试图在这里指出,当男权思想充斥这个社会时,如果女性不是起来反抗而是沉默忍受,甚至将这种男权审美标准进行自我内化,以此塑造自己以迎合男性窥视的欲望,真的是一种深重的悲哀。正如有学者所言:"西方女性主义文学批评曾把男作家创作的女性形象比喻为女性的一面镜子,女性站在这面镜子面前感到镜子里的'她'并非自身,而镜子却'强迫'她承认那就是其自身,由此女性感到一种失语的焦

[①] 朵拉:《洗头》,载《朵拉微型小说自选集》,上海文艺出版社2008年版,第84页。

虑，这种焦虑来自男权社会将女性逐出文化的传统因素，来自女性在男作家笔下往往扮演着被'欣赏'、被窥视的角色这一原因。女性文学的崛起在于它要为女性提供一面真实的镜子，一面能促使女性自身文化定位的镜子，这是女性自尊自信的恢复"①。可以说，朵拉正是借此来唤醒女性自省，在弱势处境中树立主体意识，找回自我价值，恢复自尊自信。

其次，朵拉还描写了男权社会中被男权同化的女性个体之间冷漠隔离的状态，以至于无法团结起来形成合力，这也是女性难以实现独立的另一个主观障碍。由此引领女性深入思考同性的处境，唤醒其由分立走向团结。如在《温柔的阳光》中，失去女儿的刘秀月每天黄昏到公园看孩子们玩游戏，却引来妈妈们提防排挤的眼光和非议：

"真奇怪，一个女人，什么也不必做。"

"是呀，不必忙家事也不必去办公，每天就坐在这里浪费时间。"

"也许是人家的小老婆吧？"

"不像哪，样子又不年轻也不美貌，哪有资格？"②

男权社会中男性对女性的苛刻要求反而成为她们对同性评价的标准，同性之间冷漠无情，充满怨念，甚至以男人找小老婆的丑陋行径和恶劣标准来嘲讽比自己可怜的同性，迎合男性的目光。而且，当刘

---

① 岳玉杰：《小黑、朵拉创作论——东南亚华文夫妇作家的一个取样分析》，《华侨大学学报》（哲学社会科学版）1995 年第 3 期。

② 朵拉：《温柔的阳光》，载《朵拉微型小说自选集》，上海文艺出版社 2008 年版，第 202 页。

秀月看到一个小女孩在游戏中摔倒了，赶紧奔过去把她扶起来，妈妈们却不分青红皂白地责怪她；她触景生情想起自己的孩子而失声痛哭，不仅没人关心询问，反而惹来一阵非议。作家通过这种看似极端的描写，尖锐地指出男权思想的同化使一些女性丧失了应有的自尊和主体意识，她们反而包容男性的所作所为，对女性却更加苛责。而一些女性也因为这种同化导致相互之间的自私冷漠，对同性缺乏应有的同情。女性不仅没有团结起来抵制男权，反而站在男权的立场对抗其他女性，这样沉痛的现象是多么值得反思啊！法国思想家西蒙娜·德·波伏娃指出："女人并不是生就的，而宁可说是逐渐形成的。在生理、心理或经济上，没有任何命运能决定人类女性在社会的表现形象。决定这种介于男性与阉人之间的、所谓具有女性气质的人的，是整个文明。只有另一个人的干预，才能把一个人树为他者。"[①] 在封建时代漫长的男权文化影响下，女性几乎已沦为男权视野中被"观看"的"他者"，女性自身主体意识的缺失，对以男性话语为中心的男权社会的屈服和迎合，女性之间的不团结甚至相互敌视，无疑也是女性弱势地位长期存在的原因。可见，女性主体意识的觉醒，女性之间的团结互助也是实现女性独立的重要出路。

再者，朵拉笔下那些追求独立的女性在爱情中所面临的尴尬境遇，也引发人们对女性追求独立的现实生存处境的忧思。在《电话响起》中，独立又有才干的女强人李采薇，在冷酷无情的社会周旋了数年之后，深知女性不用依靠谁依然能独立活下去，却因为一个误打电话失去了一段爱情：她与张正生确定恋爱关系后，突然接到一通陌生女人

---

① 〔法〕西蒙娜·德·波伏娃：《第二性》，陶铁柱译，中国书籍出版社2004年版，第251页。

哭诉的电话，便认定张正生背叛了她，毅然与张正生划清了界限。朵拉通过李采薇这一形象告诉我们，一些女性已经意识到她们的弱势地位，但又不甘弱势，因而更加防范可能影响她们独立的因素，一旦出现危险信号，便立刻穿上防卫的铠甲。因此当陌生女人再打来电话道歉时，李采薇没有给她解释的机会，"不管是什么原因都好，都不可能影响她的决定"①。可以说，这些追求独立的女性在强大的男权社会中，内心更加敏感和脆弱，她们以逃避的方式捍卫自己的独立自主，其实依然是不敢也没有力量去与男权社会做斗争的弱者。在这里，作者其实是在引领我们进一步思考独立女性应该如何面对男权社会的强大而依然能坚定地走下去。

因此，我们可以发现，朵拉要引人思考的，已经不仅仅是女性为什么要独立的问题，而是对女性争取独立的困境，包括女性主观障碍和男权客观环境的深思。"属于自己的精神家园，有人觉得重要，有人不。至今有此现象，是一种悲哀。而男性到今天，依然具有传统式的男性主宰女性的愿望，又是另一种悲哀"②。而女性要真正实现独立自主，就必须克服主观障碍，团结起来，增强自信，合力与客观的男权环境抗衡。

五、两性和谐发展的女性诉求

朵拉曾这样写道："有个画家说过'一幅画，是画者的渴望与灵

---

① 朵拉：《电话响起》，载《朵拉微型小说自选集》，上海文艺出版社2008年版，第227页。

② 朵拉：《不妥协的灵魂》，载《朵拉微型小说自选集》，上海文艺出版社2008年版，第247页。

魂',对于作家亦如是。每一篇文学作品,其实也都是作者的渴望和灵魂。艺术创作终其一生,始终不停书写的,是心底的追求和缺憾。书写成为一种追寻和完成的手段。"①可以说,朵拉坚持对女性追求自尊、自信、自强、自立的书写,正是传达其"心底的追求和缺憾"。在她看来,"女性的社会定位依靠女性自己努力去争取和实现。今天大马的华人社会,男尊女卑仍旧非常普遍,女性的这份努力追求往往受到打击、嘲笑和轻忽。像这样一个社会要求不管任何一种东西,女性得付出比一般男性更高更大的代价"②。她也曾经在《镂空的石头》里描绘她的祖籍地惠安:"走在惠安乡下的小路上,遇到数个年纪小小的惠安女。我以华语提问:'你们今年念几年级?'她们完全不明白我说什么。我诧异。伴我同行的惠安亲戚说:'她们不懂普通话'。为什么?因为没有机会念书。为什么?因为她们是女的"③。在这个时代,依然存有男尊女卑的心态,因为经济情况女孩通常不能享受和男性同等的教育权利。亲戚理直气壮的却又现实的回答,让朵拉"心紧缩成一团,里边收藏着深沉的悲哀和凄伤"④。而这些纯朴的惠安小女孩从小就对不公平的待遇逆来顺受,教育的缺失和男权环境的压抑几乎剥夺了她们主体意识的萌芽和生长。"年幼纯朴的惠安女,困厄的环境使得她们对未知的将来似乎丝毫不放心上。她们羞涩地对我瞻望,稚气的脸上漾起亲切的微笑。风吹了起来,是冷的,遍地无声的夕阳下,我竟感到刺

---

① 朵拉:《不妥协的灵魂》,载《朵拉微型小说自选集》,上海文艺出版社 2008 年版,第 247 页。
② 朵拉:《不妥协的灵魂》,载《朵拉微型小说自选集》,上海文艺出版社 2008 年版,第 247 页。
③ 朵拉:《镂空的石头》,华语文学网,http://www.myhuayu.com/books/reader/41015, 2014-6-25, 10:39:51。
④ 朵拉:《镂空的石头》,华语文学网,http://www.myhuayu.com/books/reader/41015, 2014-6-25, 10:39:51。

骨的寒冷"①。这些身临其境的遭遇和残酷的现实一次次出现在朵拉的视野中,坚定了朵拉对女性追求的书写,也使得这种书写具有了现实意义。正如评论家刘海涛所说:"朵拉的艺术个性中最惹人眼目的是她始终如一、顽强执着地表现一种现代女性的自我独立意识,真心实意地维护女性独立的人格尊严和生活阵营"②。

但是,朵拉书写的独特之处在于她不仅同情女性的弱势处境,为女性鸣不平,而且还用一种审视的目光,既剖析女性的弱势处境,也审视女性自甘矮化和缺失主体意识的现状。同时,她既批判一些男性亵渎爱情的自私丑陋,也不全盘否定男性,肯定一些男性怀有真情挚感,同情处于婆媳矛盾夹缝中不能脱身的男性。她以一种不激进也不妥协的立场传达她的女性诉求,希望在两性和谐发展中实现女性独立。

朵拉的书写与她的家庭、婚姻、性格特征以及创作经验有关。她的华文写作来自于家庭的影响,她出生于一个深受中国文化浸润的闽南人家庭,这让她从小就受到中国文学的熏陶。她曾在《和自己说话》中写到这种影响,"对文学产生兴趣,更多是源自家庭背景",她的父亲非常注重华文和书法,她祖父、叔叔、姑姑都酷爱以南音和武侠小说为代表的中国传统文化,"南音唱词中很多词汇还保留了古代河洛语的元素。跟着祖父的唱片旋转,就那样听着听着长大,根本听不懂,但不知为何,南音对我却有不可遏制的吸引力"③。正如有学者所言:

---

① 朵拉:《镂空的石头》,华语文学网,http://www.myhuayu.com/books/reader/41015,2014-6-25,10:39:51。
② 刘海涛:《华文情结与人性美德的艺术表达手法——当代东南亚文学研究6题(4)》,载"产学研成果-小小说的刘海涛-新浪博客http://blog.sina.com.cn/s/blog_89295d63010151ob.html 2015年6月16日。
③ 朵拉:《南音之夜》,《文汇报》2011年8月3日。

"东南亚华文女作家的创作也包含较多的传统文化意蕴,在她们的作品中,无论是对'乡土中国'的抒写,还是对所在国世态人生的刻画,抑或是对女性在家庭、社会中角色地位的思考,都可见到世代相传的华族文化的基因"[1]。而且从朵拉作品可以看出,她的创作深受中国传统中庸和谐思想的影响。她一直表明自己是一个研究女性主义的作家,而非女权主义。女权与女性虽然只有一字之差,却意味着思维方式的不同:"以两性和谐发展意识替代两性对抗的意识"[2]。因此朵拉的写作不是单纯去颠覆男性话语,而是"聚焦于两性关系的问题,既探讨男性也探讨女性,谋求两性的和谐发展。批判男性试图解构男权中心,同时又关怀男性,不激化两性的冲突和对抗,是以公正平和的姿态出现在国人面前"[3] 的"微笑的女性主义"写作。

朵拉"微笑的女性主义"写作也与她的性格有关。在日常交往中可以看出,朵拉性格温婉淡定,谦和质朴,似乎看不出她的女权主义倾向。"朵拉长发飘飘,身材苗条,喜欢穿绣花的民族服装,给人的感觉温婉而优雅,有一种由内而外的亲切感……朵拉总是特别温婉平静,记忆中,我参加过的一些东南亚华文文学研讨会,几乎都有研究者研究朵拉的作品。但我看到的都是她静静地坐在台下认真地听着发言,微笑着,不当主持人也不上台发言,谦和而质朴,从容而淡定"[4]。此外,朵拉有一个幸福的家庭和美满的婚姻,她与丈夫小黑两人同为作家,志趣相投琴瑟和鸣,这也让她对男性有一个相对客观的认识,不

---

[1] 陈丽虹:《海外华文女作家及其文本的理论透视》,《文学评论》1997年第6期。
[2] 陈骏涛:《中国女性主义:成长之旅》,《职大学报》2006年第1期。
[3] 荒林:《中国女性主义4》,广西师范大学出版社2005年版,夏季号。
[4] 戴冠青:《温婉优雅的智慧女性》,载《朵拉微型小说自选集》,上海文艺出版社2008年版,第238—240页。

至于过于偏颇和激烈。

  朵拉丰富的生活阅历和长期的创作经验，也让她意识到都市生活的现实性和两性关系的复杂性不是那么容易改变女性的弱势地位，创作上过激的呼喊和批判也并不能有效地指引女性走向真正的独立，反而容易引起男权社会更强烈的对抗和抵制，甚至走向两性关系不平等的另一个极端。因此朵拉追求的女性独立，还是两性和谐发展中的女性独立，她并不全盘否定男性，与我之前认为的一样："正如没有女性的社会是残缺的一样，没有男性的社会也是不正常的，因此让男性或父亲缺席的表现，其实也是一种错位"[①]；"女性的性别魅力，应该是在男女双性互动而又和谐的社会中才能显其生动与光彩"[②]。由此我们看到，朵拉的创作少了一种摇旗呐喊的义愤，多了一份平心静气的审视和指引。她为女性的不平痛心，希望女性独立，但又警醒女性不要像宠物似的受制于男性，指引女性反思自身的弱点。因此她的作品一方面表现了对男权社会的抗争，另一方面也书写了女性所应有的自审，同时更强调两性关系的和谐。她是以微笑反抗的方式传达着女性的生命诉求，追求在两性关系的和谐发展中实现女性独立。可以说，在这方面，朵拉小说的表现是更为理性和客观的。

---

① 戴冠青：《对女性写作的一种梳理与审视》，《文艺争鸣》2007年第10期。
② 戴冠青：《对女性写作的一种梳理与审视》，《文艺争鸣》2007年第10期。

朵拉小说：
文本魅力中的叙事策略

叙事就是"讲故事"，也就是用话语讲述一个虚构的生活事件（包括人物、情节和环境）的过程，通过生活事件的发生、发展、高潮和结局，来塑造文学形象，演绎作家的艺术发现和生命思考。由此可见，叙事是一个事件推演的过程，或者说是一个情节发展的过程，通过情节发展来表现人物性格，揭示人物命运。但叙事更是一种策略，一种机巧，是作家独特风格和艺术才能的体现。同样一个故事，有的作家会演绎得起伏跌宕，峰回路转，扣人心弦；有的作家则可能讲得轻灵淡定，波澜不惊，充满张力。这就是叙事策略上的机巧和才能所在。

马来西亚女作家朵拉的小说创作就充分表现出其叙事策略上的机智和聪明，并由此给读者带来了文本审美的独特魅力。

确实，读朵拉的情感小说，是一种很愉快的享受。仿佛在把玩一个精致的小工艺品，轻松俏皮，但越把玩越感觉到它的分量，让你不忍释手。又仿佛在咀嚼一枚青橄榄，不经意间，那味儿就出来了，让你齿舌生津却又有一种别样的苦涩。也许，那是情爱的味儿。但我总在想,那又是怎样一种味儿,如此淡定,又耐人咀嚼?

《脱色爱情》:在轻盈灵动的叙事中咀嚼爱情

朵拉的《脱色爱情》讲述了 50 个爱情故事,每一个故事都十分简短,这也许与她的爱情故事大多发表在《世界日报》那有限的版面上有关。但能在有限的版地上把爱情故事写得轻松而又耐人咀嚼,则是朵拉的聪明和机巧。朵拉叙事从不拐弯抹角,她常常一开篇就把情节的突变推到你的面前,例如这样一些开头:"她在婚礼前半个月失踪了。"(《剩余的色彩》)"这一段日子,胡孟强时常要想起杨晓敏,尤其是听说她已经回来以后。"(《走样的空白》)"他看到她的时候,已经来不及后退。"(《重逢》)这样的开头也许让你感到突然,但读下去你马上又会觉得也许讲故事本来就应该这样省事。在小说《暗处的眼睛》中,她照样不做任何交代就进入情节的核心:"恍惚间,她感觉到有一双眼睛在望着自己"。接下来就是女主人公一直在寻找和思考这双藏在暗处的眼睛到底是谁的,而夫妻间情感演变乃至分手的细节就在这种寻找中简洁而灵动地跳出来了。当她发现这双眼睛原来就是自己正视自己的眼睛时,这个故事也就平静地结束了。但它给你的感觉绝对不是平静的。它告诉你,如果爱情已经消失,分手也许是一种明智的选择。这就是"正视"。瞧,我们的女作家把这一涵永的哲思,演绎得多么轻灵。

朵拉小说的结尾是别有韵味的。乍看起来,有些类似于欧·亨利的结尾,但它给你的感觉又绝不是欧·亨利那种出人意料之外的惊奇。它似乎是一种水到渠成,但似乎又不是那么简单。你会感到,这种冷静的不动声色的结尾其实总在昭示着一种淡淡的若有若无的但又顽强地想参透你的生活的哲理，十分耐人咀嚼和回味。例如在《别人的梦》中，去爬山的杜西冷回想有一天睡午觉时梦见一个未来的男人，这个男人却不是她的男朋友费宝亮，她因此一直郁郁寡欢神思恍惚。然而在爬上山时突然听到一个男人正搂着他的情侣说，"我是你的未来"。于是，"忽然杜西冷明白了，她微微地叹了一口气，原来那个午觉的下午，她在无意间，走进了别人的梦"。小说到此戛然而止。读完小说的你，也许也会不由自主地叹了一口气，因为这种无意间的错位，其实常常发生在我们的生活中，特别是爱情生活中；而且偏偏有一些人感觉不到爱的错位，才导演了那么多人生的悲欢离合。就这样，朵拉用她那似乎是漫不经心的结尾，给我们留下了一种独具韵味的思考。

其实，朵拉的小说最有特点的还是她叙事的风格，很灵动，很轻盈，有时甚至有些俏皮。例如《心碎》一文，讲述的是一个暗恋的故事：余正明爱上了女同事陈素茵，陈素茵却在等另一个男人的电话等得心焦。于是，"看见陈素茵的焦急期盼，余正明觉得自己的心快碎了"。这时，朵拉用极简省又妙趣横生的笔调，写出了余正明为陈素茵的心焦而心焦的憨态：急着替陈素茵去接电话，接不到她的电话好像是"他的错一般"，竟"向陈素茵道歉"，并"在心里暗暗地代她祈祷，盼着电话快点响"。当陈素茵终于开心地接到了电话后，朵拉笔锋一转，又巧妙地画出了余正明轮到为自己心碎的窘样：

  陈素茵的笑容丝毫没有传染性，余正明一脸沉重地看着她雀跃似地拎着皮包，脚步轻快地离开了办公室。

  神采飞扬的陈素茵让余正明看在眼里，也一样觉得自己的心快碎了。

轻松、俏皮、充满调侃,朵拉就这样灵动地勾勒出了一个为情所困的独特形象。读这样的故事,你一点也不会跟着心碎,不会感到沉重。你甚至会觉得这个人物很可爱,很真实,你不能不喜欢他,说不定还会为女主人公的不解风情而遗憾。

也许朵拉的魅力就在这里,通过轻轻灵灵的叙述,让你随随意意地阅读,然后轻轻松松就给了你一些有所感悟的惊喜。因此,朵拉很少铺叙,很少渲染,很少大段大段的描写,更罕有不厌其烦的交代。她不想让你在阅读时太累着。我们可以看到,她的小说自然段都很短,常常是一句话或是两句话就是一段。而且段与段之间的意思转换往往是跳跃性的。她相信读者是聪明的。这一特色使我觉得朵拉的小说更多了一份随笔的灵气,她在这有限的空间里,居然把常人的爱情故事,演绎得如此轻舞飞扬,动人心扉!

《森林火焰》:在曲径通幽的叙事中撕裂温情

朵拉的另一部小说集《森林火焰》的意蕴则有些沉甸甸的。这部小说集讲述了6个情感故事,这些故事都比较长,虽然从其叙事中依然可以看出一种轻盈灵动的特色,但与《脱色爱情》不同的是,这些故事的开头已经不再直接进入情节的核心,女作家开始"别有用心"地制造一个曲径通幽的艺术效果。她先把读者带入一个情节的迷宫,并不断地设置一个又一个扣人心弦的景象诱惑你,让你不由自主地跟着绕过一条又一条的曲径,最后才进入事实的中心或者结果。而正是在这种寻踪渐进的诱惑中,读者收获了沿途的"奇花异草",自以为将要进入"洞天福地"之中,没想到却来到了悬崖边上,让读者大吃一惊。

例如《森林火焰》,这篇一万多字的小说一开头给我们展示了一个优裕的温馨的家庭,虽然没有热烈的爱情,但却相安无事地生活着。然而情节越往下推演,新的景象就越来越暴露出来,其实男女主人公都在不动声色地寻求着自己的所爱,男主人公把妻子的一个女朋友当作了他的初恋情人,开始偷偷地和她幽会,自以为做得神不知鬼不觉,既能享受到偷情的快乐,又能保住家庭的安定。没想到一段时间后情人和妻子都宣称她们怀了他的孩子,而他却是一个在数年前就作了绝育手术的男人。这个小说结尾确实足以让我们大吃一惊,在这种惊奇的阅读中,女作家还给我们营构了反复咀嚼和回味的丰富空间,让我们浮想联翩,获得了审美的刺激和愉悦,并在这种独特的审美中感受到作家深藏不露却锋利无比的批判力量。

其实在这6个故事中,朵拉在主线上常常采用这样的叙事策略,但每一个故事都有所变化而且充满韵味。在《追寻青鸟》中,纯情少女苏衣敏执着地希望寻觅到一份纯洁无瑕的永远的爱情,然而她的男朋友唐平杰却移情别恋于槟城首富的女儿叶丹薇,于是她发现"所有的她身边的爱情故事,都免不了有疮孔和溃痕,甚至包括她自己的"。情节最后,我们以为懦弱的苏衣敏只能舔着失败的伤口独自伤心时,叶丹薇却约会苏衣敏,对这个没有骨气的男人表示了厌恶和唾弃。在《失落天堂》中,结婚不久辞职在家当主妇的黎安宁发现"落在现实里头的家庭主妇的生活,并不是她想象中的那么美好与理想",她终日忙于琐琐碎碎的家务,仿佛成了丈夫的佣人,日子过得平淡无奇。于是她开始向往外面的世界，羡慕别人的家庭，崇拜成功的女人，并试图逃出家去。小说最后，朵拉照样笔锋一转，出其不意地告诉我们，原来黎安宁所崇拜的那个成功女人卓西也是靠傍大款、傍有钱的丑男人才成功的。于是黎安宁最终还是选择了回家。其他如《夜间飞蛾》《沉思的向日葵》《空箱故事》的叙事结构也是如此。在这里，我们可以把这些故事的情节结构简化成这么四个基本发展过程：

（1）女主人公平静地生活着；（事件发生初始的平衡状态）

（2）女主人公爱上了一个男人或者对自己的丈夫感到了失望；（生活的平衡状态被破坏）

（3）那个男人背叛了她或者女主人公逃离了家庭；（进入新的生活环境——这是一个不适应不平衡的环境，新环境与人物原先生活状态的冲突，使人物的性格特征得到了充分的表现和展示，也把事件的发展推向高潮。在这个过程中，人物形象不断地走向鲜明和丰满。）

（4）男人得到了报应或者女主人公回家。（获得了新的或积极或消极的生活平衡）

由此可见，女作家的叙事策略就是把人物打出他常规的生活状态，让他进入一个非常规的不平衡的生活轨道去表演，由此突显出人物被常规所遮蔽的深层情感特征。在这里，她通过无爱——有爱——爱的失落——折腾——醒悟这一系列生活事件的推演过程，毫不留情地撕裂了温情脉脉的爱情面纱，深刻地传达出了她对深陷于利益驱动的现代物质社会中的人性本质与内涵的思考和把握，独特地揭示了男权社会中女人不幸命运的根源所在，这就是男人的虚伪和丑陋。也许这种揭示体现出一种女权主义的眼光和视角，不一定具有普遍意义，但她对人性弱点的把握却是十分独特和别具匠心的，不能不让人反思和回味。

就这样,在这种曲径通幽、娓娓道来的情节演绎中,朵拉让读者感受到阅读的刺激,并在刺激中被巧妙地带入文本的深层结构,去领悟作家的情感把握和价值取向。

总之,优秀作家的才能常常体现在其叙事策略的与众不同。同样是讲故事,陈旧呆板的叙事可能让读者产生审美疲劳而止步于故事之前,独特的叙事则能鬼使神差地把读者引入一个新奇的艺术迷宫之中,甚至流连忘返,乐不思蜀。这就是叙事策略的神奇魅力。朵拉小说这种轻盈灵动与曲径通幽的叙事策略,在文本中形成了一种独特的召唤结构,它不断地召唤读者的审美期待,一次又一次地给读者造成新的悬念,但唤起它是为了打破它,使读者获得新的视阈,这样才能不断地吸引读者往下读,去探究和把握潜于文本之中的深沉内蕴。由此可见,这种蕴含着审美召唤的叙事策略,造就了其小说文本的独特魅力,它不仅激活了读者的艺术想象,也给读者创造了审美启迪的丰富空间。

曾心小说：
人文视野下的小人物书写

泰国华文作家曾心的小说世界里几乎都是一些平凡得在我们的现实生活中随处可见的小人物，如寂寞孤单的老人李太太和李伯（《寂寞病》《钥匙》）、卖地捐款给学校的病人张亚牛（《三愣》）、自愿捐赠遗体的玛妮老师（《捐躯》）、有中国情结的洋媳妇李密（《蓝眼睛》）、被儿子遗弃的老店主陈五（《老泪》）、富有正义感的小摊贩老板粿条伯（《社会的眼睛》）、坚持学华文的老学生"胖妈妈"和她的华文老师李文静（《种子》）、先是虐待婆婆后又被儿子虐待的李嫂（《伏线》）、对丈夫没有信任感而安插"盯线"的妻子（《盯线》）、因经济危机破产而四处躲债的小业主顺通和通财（《躲债》）、被老板抛弃的不幸女人娘田（《流血》），等等。这些小人物基本上都生活在泰国华人社会的底层，他们有男的也有女的，有老的也有少的，有正义的也有丑陋的，有哭的也有笑的，一个个活灵活现地在曾心的小说世界里扮演着鲜明动人的角色，由此构成了一幅泰华社会的独特生活画卷，在让我们深入认识泰华社会现实的同时，也给我们提供了新的丰富的审美经验。

一

纵观曾心笔下的小人物书写，我们不难发现其鲜明的形象特征。

一、在动荡时世中苦苦挣扎的悲剧形象。

如上所说，曾心笔下的小人物大多生活在泰华社会的底层，是一群在社会底层苦苦挣扎的小人物群像，因此他们在面对20世纪九十年代后期在泰国爆发的严重经济危机时十分焦虑却又无能为力，字里行间弥漫着一种无奈而又无助的感伤情绪。例如《躲债》一文，缝衣厂小老板顺通向布行主人通财赊布制作成衣批发到外府商店零售，然而经济危机导致批发款无法收回，资金周转不灵，成衣厂终于倒闭。而成衣厂的倒闭又导致通财布行的赊账无法清还。无奈之下，两人只好分头躲债逃路，这又导致了家里老婆出走孩子生病无钱医治的悲剧。尽管两人最终惺惺相惜互相扶持，但那种小生意人在经济危机面前猝不及防终遭灭顶之灾的痛苦不能不让人心痛不已。在《窟》中，一位在经济危机中产业倒闭的老人为了支付两个孩子出国学习的费用变卖了两处房产却得不到国外孩子的慰藉终致孤寂而死，"死到连一个窟也无"！也许作者是想借此批判受到西方教育的孩子对父母的不孝，但我们不难看到经济危机给下层老百姓带来的深重影响。在《家庭内部》一文中，这种影响就更直接了。泰国的经济危机使王经理的女儿失业两年，又遭遇三次失恋，导致性格变得古怪，最后居然离家出走到寺庙当尼姑。上述小人物都是因为经济危机的直接或间接的影响导致了悲惨的结局，或逃难，或死去，或出家。生意人尚且如此，一般民众的痛苦就更不用说了。《断臂》中就写了一个在经济危机中失业的工人，"为了养活一家五口人，在走投无路的情况下，当了乞丐"。为了讨到钱只好把手臂藏在衣服中装作断臂来博取同情，却在与劫匪搏斗中被砍去一只手臂成了真正的断臂人，字里行间所透露的那种沉痛真的是深入骨髓令人唏嘘。可见，曾心笔下在社会底层生活的小人物是多么艰难和无奈，每一次经济动荡都可能使他们陷入灭顶之灾。由此我们不仅深入体察到了泰国社会动荡不安的真实面貌，也捕捉到了作家对下层小人物深沉的关注和关切之情。

二、在平凡世界中活出光彩的善良形象。

在曾心小说中，我们也看到了其笔下小人物的善良、实诚和正义感，很多是一些既平凡又可爱富有人格光彩值得敬重的人物形象。例如《头一遭》中那个从南征北战的老革命到下海经商成为富翁并慷慨资助泰国兄嫂的汉平；《三愣》中那个干瘦佝偻浑身是病为诊费讨价还价却卖地皮捐资助学的张亚牛；《如意的选择》中那个义务拉车助人为乐的未来女婿；《社会的眼睛》中那个机智地告知丢车人偷车贼地址的"率直与诚实"的粿条伯；《好好先生传》那个"一生坦荡荡，凡事都能看得破，看得透彻""既能宽恕自己，又能宽恕别人"的李好先生；《断臂》中那个装断臂乞讨却能见义勇为与劫匪搏斗的失业工人；《老店主》中那个诚实守信不但如实退回顾客多给的钱财，而且因受冤枉被人担保出来后还坚持要还清担保金的老店主；《复明》中那个因长相丑陋而自卑，又因赞助过盲人大学生而得到爱情，却毅然签字让盲妻手术，并在妻子复明后给她留下巨款自己悄然离开的好人刘三等。应该说，这一类形象在曾心的小说世界中占了绝大多数，可见作家本人对小人物善良品格的认可、喜爱和褒扬之情，甚至在好几篇作品中作家还情不可抑地进入小说中直接宣示自己的澎湃激情。如《捐躯》中，作家动情地描写了一位热爱学生扶盲人过马路为拯救溺水学生而死的玛妮老师，而且生前就留下遗嘱把遗体捐献给医院作为学生人体解剖课使用。从生到死，她的一生都在做好事，这个让人心动的善良形象使作家也情不自禁地跳出来抒发道："在这名缰利锁的世尘，还有这么一些在生命的天平上富有重量的人们。我默默地向他们合十敬拜"！在《老店主》中，当作者接过老店主找回的上次自己误给的钱时，他真切地写道：

不知怎的，接过这钱，我的手有点颤抖，也许是心灵的颤抖。四百五十铢，本是区区的钱，却叫我大半辈子苦苦寻找"诚实人在哪里？"有了较清晰的答案：在底层。

在这里，我们不难发现作家用心去书写底层小人物善良品格的情感态度，也把握到了作家对美好形象意在弘扬的鲜明的价值取向。

三、在晚景寂寞中艰难度日的凄凉形象。

曾心小说世界中还有一类分量颇重的小人物形象，这类形象大多是一些老年人，他们中有儿女留洋丈夫去世只能依赖与医生聊天来排遣晚年寂寞的李太太（《寂寞病》）；有财产被儿女瓜分，到头来自己落得个人单影只度日艰难而终日痛苦伤心的李伯（《钥匙》）；有儿子接管生意后限制了自己的用钱自由终致精神崩溃老泪横流的老店主陈五(《老泪》);有年轻时虐待婆婆,年老时被儿子虐待而深受打击"想以一绳子,了却人间一切烦恼"的李嫂(《伏线》);有儿们只知道伸手要钱却忘记他的生日让他倍感痛心的老父亲李佳坤(《生日》);还有指望留美回国开会的儿子拿钱修房救急却没有得到回应而深受挫伤导致双双生病昏倒的陈育才老两口(《老两口》),以及呆呆地守望老妻坟墓的老伍(《品茗谈天》),孤单寂寞死了三天才被发现的无名老人(《窟》),等等,都是属于这一类型的人物形象。虽然这些老人身份地位不同,晚景凄凉的原因也不同,但有一点相同的是,长大成人的子女都不关心他们,甚至不赡养他们,这是导致这些泰华老人晚年孤单寂寞终致精神崩溃甚至走向死亡的最重要原因。而这些子女却从小得到父母无微不至的关心和照顾,甚至变卖房产送他们到国外留学,但是儿女受到西方教育的影响,已经背离了赡养孝敬父母的传统美德,正像《老两口》中的陈育才老人在送别儿子后的喃喃自语:"孩子呀!你可知道,过去给你的,总是一切先给你。家里没有的,你有;你有的,家里没有。样样都想到你,样样都寄给你。心里只有你!可现在你一成家立业,翅膀硬了,就飞了。你……你说说,你心中还有你的父母吗?你说说,你……,这样做,对得起生你养你的父母吗"?在这里,作者借老人之口喊出了对不孝子女的怨愤和谴责,可以说是句句含泪声声泣血啊!但我们也分明读出了作家对泰华社会传统文化式微道德沦丧的悲叹和无奈。可以说作家通过这些泰华老人的凄凉形象不仅有力地批判了下一代年轻人背弃传统美德的不良行为,同时也热切地呼唤泰华社会传统美德的回归,其中所透露的人文关怀精神十分感人。

四、在华文情结中守望故国的赤子形象。

曾心小说世界中还有一类十分独特的人物形象,这就是具有浓浓的华文情结热衷于学习华语教授华语甚至为了华文教育的薪火相传而执着工作无私奉献的赤子形象。在这里,我们可以看到,不管是《蓝眼睛》中那个热衷于中国文化、研究中国历史、唱中国歌、有着"一颗执着的中国心"的洋媳妇李密,还是《李嫂》中那个六十多岁还坚持到华文夜校学中文、学普通话,并定下家规在家都得讲汉语的摆水果摊的李嫂;还有《互考》中通过对万里长城具体长度的互考来认知中国文化的林海伯一家三代,《种子》中坚持学华文的老学生"胖妈妈"和她的华文老师李文静母女,以及《三愣》中卖地捐款资助华校办学的张亚牛,等等,都折射出了泰国华人华侨对祖籍国文化和语言的热爱和守望,对民族之根的追寻和确证,以及那种强烈与执着的民族归属感;同时也独特而又动人地揭示出了作家心中那个百转千回的民族文化情结。

二

曾心之所以在他的小说世界里更多地把其对泰华社会关注关切的人文眼光投向这么一大批平凡的小人物,我想这与他独特的人生经历和具有医生和中国高校中文专业毕业生的双重身份是分不开的。

曾心原名曾时新,生于泰国曼谷,祖籍中国广东普宁。年轻时就读于厦门大学中文系,毕业后又去深造中医,成为泰国一个悬壶济世的知名医生。作为一个在祖籍国受过中国传统文化的系统教育又远离祖籍国的泰国华人，对中华民族文化不仅具有比较深厚的积淀，而且也难免会有一种独特的向往和归属感。正是这种向往和归属感，使他在用笔捕捉泰华社会的风物人情时便不由自主地去表现那些具有浓浓的华文情结热衷于中华文化甚至为了华文教育的薪火相传而执着工作无私奉献的赤子形象。从某种意义上来说，这一类形象其实正是作家自己那种故国情怀赤子情结的生动演绎。

作为一个具有悬壶济世的医生身份的作家，曾心几乎每天都要与各种各样的病人打交道，这就使他有机会走进社会底层，对底层民众的生活起居喜怒哀乐也比别的华文作家多了一层了解。在他的小说中，我们可以发现，有不少篇章的叙事者都是以医生的身份出现的，如《三愣》《寂寞病》《品茗谈天》等，在一些叙事者不是医生的小说中，如《捐躯》《巷口拐弯处》《三个指头》等，其中的主要人物也是医生。这一方面是因为他自己就是医生，对医生的生活工作比较熟悉，所以他所表现的对象有不少是病人，包括如《三愣》中的张亚牛那样身体有病的病人和《寂寞病》中的李太太那样精神有病的病人。另一方面则是艺术处理的需要。因为运用医生这一特殊的身份进行叙事有助于表现社会底层各色人等，尤其是泰国经济危机影响下小人物的真实生活状态，也有助于作家去发现小人物的善良品格、优秀美德，去深入揭示现代泰华社会的各种病状是如何严峻地影响着无助而且无奈的小人物的生存和发展。再一方面，从医生到作家，这一转换过程本身就传达了作家希冀从拯救肉体到拯救精神的理想和愿望，正像他在《钥匙》一文的结尾中所说的："我不能帮助李伯解决物质境界的钥匙，只能送给一把打开精神境界的钥匙"。其中所透露的对下层民众的人文关怀精神深沉而厚重，具有一种打动人心的艺术力量。

总之，泰华作家曾心在他的小说世界中，通过其用心刻画的一个个鲜明而生动的小人物形象，不仅为我们打开了一扇认识泰华社会真实现状的独特窗口，也让我们深切领略到了作家独特而博大的人文胸怀和美学视野。

阿理散文：
温暖世间的诗意抒写

印尼华文文学有过辉煌时期，在二十世纪五十至六十年代中期得到了蓬勃发展。然而1966年苏哈托政权上台后，侨社、华校被封，华人文化被禁。这种严禁华文的情况一直延续到1998年5月。但印华文学也不是完全的空白，因为政策的关系，苏哈托政府为了让不会看印尼文的中老年华人能知道政府推行的法令条例，自1966年起，允许官办的《印度尼西亚日报》以一半华文、一半印尼文的形式刊行。当时，五六十年代驰骋在文坛上的老作家们已一个个封笔归隐，而只念到小学、初中的年轻投稿人却开始登场了。二十世纪九十年代，在经过30多年严禁华文、华语运用的情况下，一群印华文学工作者在前景不明朗中看到了危机中的契机，在黄启堂、李愁莫，以及银行家黄正泉等几位华文文坛前辈的召集下，成立了印尼华文写作者协会，这可以说是印华作协的前身。从1998年至今，华文文化的复苏呈现出一片欣欣向荣的景象，印尼华文报刊从原有一家发展到十家，副刊园地也增多了，已经停笔的老作家们东山再起。让人肃然起敬的是，虽然长时间身处压抑的文化氛围，仍有许许多多印华文学工作者对华文文学不离不弃，多年来坚持默默笔耕，发展壮大印华文学。阿理，即是其中之一。

阿理，原名韩理光（笔名阿理、韦韦），是当代印尼优秀的华文作家，出生于印度尼西亚棉兰市，祖籍海南文昌。阿理从事文学创作数十年，在美国加拿大《世界日报》、马来西亚《南洋商报》、泰国曼谷《中华日报》、澳洲悉尼《樱桃小溪季刊》及新加坡的《星岛日报》《锡山》、中国泉州的《刺桐》、中国香港的《香港文学》等海内外华文报纸期刊上发表了散文、随笔、散文诗等许多文学作品。2009年出版了散文集《迟来的春天》。阿理的散文作品，用笔简洁，想象丰赡，感悟独特，充满了诗情画意又隐含深刻道理，动人地表现出作家对生活的热爱和创作的激情，给读者带来审美的熏陶和人生哲理的启迪，也使她成为海内外独特的华文女性作家。

散文一般篇幅短小，不拘一格，题材多样，书写灵活，即可以叙事咏物，也便于抒情写意，是处在生计繁忙中的海外华人最常运用的一种体裁。在阿理的散文作品中，可以发现，其中对个体生命的独特把握、对日常生活的诗意描写、对身边人物的细腻情怀、对家国思念的清新描述等都体现出一种动人的美感。这美感来自于阿理敏锐的审美眼光和独特思考，也与作家独具匠心的审美表达有关。也许她关注的并非重大的历史事件和尖锐的社会矛盾，大多是个人琐细的日常生活和生命体验，但她以乐观豁达的生活态度、敏锐细致的生活观察力、真诚感人的关爱意识和诗意情怀，去书写自己胸中那一方美好达观的感情天地，意味深长而又别具匠心地传达出她对生活的独特思考和审美把握，在短小的篇幅中给读者展示了一个东南亚国家华人生活的独特侧面和华侨华人的精神风采,也传达出了作家对中华文化和华文文学的热爱之情。

一、充满诗意的生命把握与审美书写

阿理的散文作品洋溢着诗意,其中有对美好事物的独特捕捉,对风土人情的抒怀写意,对身边人物的细腻情怀,目之所及,足之所至,皆能引发情思,萌生想象,进入思考,由此勾勒出了一幅幅多彩的人生画图,带给我们一种动人的心慧启迪和情操熏陶,呈现出比较鲜明的美学特征。

对自然生命的独特把握,是阿理散文一个突出的审美特征。阿理散文中触目可见的是大自然中的美丽色彩和美好事物:紫色的 jacaranda 树、幽静的公园、清澈的溪流、朦胧的月夜、千姿百态的花儿,这些自然生命如诗如画充满诗意。可以看出,阿理在把握这些自然生命时总是保持着快乐的基调,通过不同视角来昭示其独特的生命内涵或历史积淀。有的视角甚至很细小,如树木换新衣、jacaranda 树的紫色花,都能引发她独特的想象和感悟:"春末初夏的雪梨,又是另一番景色。树木们穿了一身嫩绿的新衣,开心地在和微风轻声的合唱,有的树,还绽放着各种颜色的花。我现才知道原来夹竹桃可以这么浪漫的开得一'身'都是花"①;"叫人惊艳的 jacaranda 树,它紫色的花,密密麻麻的开了一树树。它们在满山遍地绿色青色的树丛中,非常抢眼,就像在学校广场,一大群穿了绿制服的男生之中,穿着紫薄纱舞衣的女孩,艳丽无比。有时一整条街两边都是一排排的'紫衣女孩',

---

① 阿理:《迟来的春天》,印尼宇宙出版社 2009 年版,第 87 页。

还有那树下铺满的落花,就像是她们解下的紫围巾。见到那景色,真让人连呼吸都忘掉了"①。像这样充满快乐气息的文字在阿理散文中随处可见。可以看出,阿理偏爱表达快乐的情感,不喜欢哀愁和凄切。当她带着快乐的心情去观照她的审美对象时,她所捕捉到的个体生命便染上了快乐的色彩,因此她的草儿会唱歌,叶儿会跳舞,花儿会在草间互相祝福谈心,让读者也感受到了美好的生命快乐。也许正因为阿理对那极具灵性的大自然情有独钟并产生"性格上的投合",她才会在散文中情真意切地撷取这一个个至真至纯的动人意象,给俗世中的人们带来净化的启迪和美好的陶冶!当然,阿理不仅仅展示自然生命的快乐,她也传达了她对自然生命的独特把握,如在《jacaranda》一文结尾处作者写道:"其实,世上的每个人或多或少,间接直接的都对社会有贡献。只是人少了树的谦虚,多了一张嘴,就算立了多大的功多么能干,一自我宣传炫耀,那会让人感觉,怎么说,就像吃到最后一颗蛀虫的花生"②。通过一棵 jacaranda 树,揭示出了一种韵味涵永的谦虚和贡献精神,让人浮想和回味。虽然是理性的阐发,但诗心蕴于其间。这是一种以思想为肌理,以诗心为灵魂的结构方式,让文章既不失风骨,又充满灵气和意味,微妙地透露出作者审视生活的独特眼光。由此可见,阿理书写的是自然事物,揭示的却是某种生活哲理,正是这种充满感情的生命把握,意味深长地传达了她对个体生命的独特思考。

阿理散文对自然生命的把握还体现在对人生自然规律的独特观照中。可以发现,她在散文中也常常书写到生命的自然规律不可违抗,

---

① 阿理:《迟来的春天》,印尼宇宙出版社 2009 年版,第 87 页。
② 阿理:《迟来的春天》,印尼宇宙出版社 2009 年版,第 88 页。

但其中却透露出一种乐观向上的积极情愫。在《啰嗦》中，她说："听到朋友们在唠唠叨叨老伴，我真佩服另一方的修养。我很想让我家那一位有机会去听听。因为那天，才多讲了一遍的话，他居然说我怎么这么啰嗦，哈！比起那些朋友啰嗦的程度，我算是很小儿科了"①。在饶有趣味的调侃中，作家的乐观心态清晰可见。在《老与不老》中她又写道："其实到现时已渐渐对'年轻'的标准放宽了，学会了欣赏每个年纪的美丽。包容了有年轻就会有年老，也已接受了这是不可更改的自然规律。唯一想要的，最重要的一点，是一直有活到老学到老的精神，那就能让心境永保持年轻不老！"② 在《离乡的糖纸》中，她还试图从子女的言语中唤回童真的乐趣，留住青春的步伐。总之，顺其自然，积极生活，让心境永保年轻，那就会活得快乐，这就是阿理散文对人生规律的审美观照和积极把握。

由此，我们可以看出阿理散文对自然生命的独特把握，其实是通过其笔下美丽快乐纯真的自然生命与严峻的现实世界抗衡。她以自己积极乐观的心态和温和善良的性格，捕捉了一个个美好动人的自然生命，在严峻的世俗现实中营构美丽纯真的快乐世界，执着地固守着胸中那一方真诚达观的情感天地，意味深长而又别具匠心地传达出她对生活的独特思考和审美把握。

对日常生活的诗意书写，也是阿理散文的审美特征。 如前所说，阿理散文关注的并非重大的历史事件和尖锐的社会矛盾，大多是个人琐细的日常生活和生命体验，如家里停电、乘巴士上课、老同学聚会、去菜市场买菜诸如此类，但她以乐观豁达的生活态度、敏锐细致的生

---

① 阿理：《永不消失的爱》，马来西亚漫延出版社2013年版，第107页。
② 阿理：《迟来的春天》，印尼宇宙出版社2009年版，第177页。

活观察力、真诚感人的关爱意识和诗意情怀，把这些浮沉于社会鱼龙变幻中的世俗生活书写得诗意而灵动，充满了美好的情感。在《菜市场》中，可以看到她的悲悯情怀；在《我爱旅行》中，可以欣赏到优美河山中的旷怡心境；在《日里苏丹皇宫》中，可以感受到她大气的情感；在《写作的大收获》中，可以看到她对华文文学写作的无限热爱；在《书》中，还可以闻到飘拂过她流年岁月的淡淡书香。在这些篇章中，阿理用那枝生动而清灵的笔，让我们在世俗生活中体验到了美好的感情和诗意的力量。

亲情和友情的书写是阿理散文的重要内容，她把亲情友情融入日常生活的诗意描写中，感情真挚自然，让人心动。如在《我的保险生涯》中，她书写的是充满挑战的保险经纪生活，透露的却是她对亲情不舍的深刻体悟之情。《人在雪梨》一文，由二十篇日记组成。文章描述她到雪梨看望子女的生活，虽然大多是日常生活琐事，但她以幽默的笔触，充满趣味的童心，让她的生活感悟充满了积极乐观的趣味。如第十五篇日记中写道："老实说，自己到这年纪，人生成绩表上还是一片空白，是好沮丧的。但如今想通了，就算今生没有成就，只要自己不放弃，学得一点就一点。享受学习的过程，至少懂得欣赏什么是美，什么是好的书画文章。好吧，既然天生我如此，该自有我这小才之用吧"[①]。不计得失，自得其乐，其中不难把握到作者潇洒自如的人生态度和自信自强的性格特征。

阿理散文也有一些对国家灾难独特感悟的书写，这些书写依然充满了对美好的期许。如在《千岛之国，您怎能不哭!》一文中，她写道："大灾难降临，暂时止住多年来人类的互相残杀，震醒了一些日渐

---

① 阿理：《迟来的春天》，印尼宇宙出版社2009年版，第35页。

麻木的人心，无情的天灾也拆掉了人们心里自围又带刺的'篱笆'，更激发了全人类的互助精神。想来唯有这种大爱，才能让人类坚强地一次次面对人生及大自然严峻的考验，让哭泣后的印度尼西亚再恢复她的美丽"①！面对地震灾难造成的遍地疮痍作者仍不失对未来的信心，流露出来更多的是对未来的美好祝愿，感情真挚，书写积极向上，具有独特的激励作用。

在一些日常生活的书写中，我们还可以看到阿理散文独特的思想力量。如《今日无电》一文："没电，家中也静悄悄。开了窗，刚下过雨，风儿把门前竹叶们变成无数的小扇，它们很努力地把凉风与七里香的香味一块送进我的房里来。闻着闻着，小小的欢悦渐渐在心中荡开。……没电，对我已是诸多不便，但对大小工厂的影响及损失可惨了。人类对电的这种依赖及所产生的问题，科学家和年轻人交给你们了"②！可以看出，阿理的思考是凝重的，但她却表现得俏皮有趣，有一种别样的轻松和诙谐，使人在轻松愉快的阅读中品味和咀嚼人生的酸甜苦辣。

总之，关注日常生活，诗意地抒写日常感受是阿理散文的一个主要审美取向。这种审美取向，丰富地传达出了阿理作为女儿、母亲、妻子、外婆、朋友、学生、过客等不同角色的生命经验；也细腻地表现出了一个女作家独特的审美发现和生命思考。

阿理散文还常常体现出一个女作家温暖的人文情怀。阿理散文中常出现一些身边人物的形象，其中有亲人，如父亲、母亲、儿女、代恩；有作家和艺术家，如陈耀南教授、留美的音乐博士W、作者的书

---

① 阿理：《迟来的春天》，印尼宇宙出版社2009年版，第195页。
② 阿理：《迟来的春天》，印尼宇宙出版社2009年版，第198页。

法老师梁小萍;有普通的劳动者,如"好汉"、卖印尼饭的老夫妇;有外国友人,如阿湘;还有一些过客,如巴士上让座的小伙子、取款机前的抢匪等等。但不管其散文书写了什么样的人物,都无一例外地透露出作家细腻的人文情怀。她始终以关爱的眼光注视着生活在她周围的人们,其中有感恩,有牵挂,有思念,更多的是温温润润、点点滴滴的友情和亲情,因此她的散文就让人感觉到了一种人生的温度。

如,她常常通过书写亲人的故事来表达自己的牵挂之情。在《教书的妈妈》《文章与妈妈》等篇章中出现的是母亲的形象。母亲在华校教了一辈子书,当华校被禁止后,又去做华文家教;她支持女儿以华文写作,并精心保存了女儿的所有作品。字里行间充满了真情实感,阿理对母亲的爱戴之心也可触可摸,读之令人动容,让人泪目。散文理论家林非认为,真情是散文的"生命线":"不仅狭义散文必须以情动人,就是对广义散文也应该提出这样的要求,因为这对于散文家来说,无疑是在很大程度上决定自己作品能否存在和流传下去的生命线"[①]。又如《人不可貌相》《上网的妈妈》中所写的事情均是作者的亲身经历,一是问路,一是上网。但不管是指路的洋小伙子,还是网络聊天室里叫小杰的陌生男生,阿理都能擦出情感的火花,充满了慈母之情。友情是阿理散文的一个关键词,正是作者对友情的珍惜,所以她的散文才充满了真情实感,如《阿湘》一文中所说的:"深人所见者亦深,浅人所见者亦浅",让读者感同身受。

阿理还善于在日常小事中发现美,发现善良的人物和美好的行为。如《乘巴士》中的一个细节:"有一回,巴士已到站,大家已鱼贯上车,还在好几米外飞奔的我,心想这下又要旧戏重演了,但又不甘心

---

① 林非:《林非论散文》,江西高校出版社2000年版,第100页。

就这么放弃，还是继续跑。没想到当一位快上车的年轻洋人看到了，他停下来，让别人都上车，一边告诉司机后面有人，等到我赶到，还让我先他而上，我匆匆地说了声谢谢，走到后座坐下。而后上车的他没了空位，远远地站在前边"①。在这样看似平静的叙述中，我们分明能感受到作家心中的感激之情在奔涌，作者对友善之人和友善之行的赞美，如平静海面下汹涌的波涛，确实很感人。由此我们不仅看到了东南亚华人生活的一个侧面，也看到了在海外生活的广大华人与当地民众和谐相处的另一个侧面。

阿理这种温暖的人文情怀还表现在对孩子毫不掩饰的关切和怜悯之情。在《"好汉"与他们的孩子》一文中，作者写道，她生活的地方有些所谓的"好汉"逢年过节就到各家去讨钱，有一次家里房子装修就招来了"好汉"讨钱，这种无理取闹的行为一般人都很讨厌，但看到他们对自己孩子亲切的表情后她产生了这样的心理活动："谁也不能选择自己有怎样的父母。命运环境造成了世上每个人独特的人生路。那可爱的孩子们，又会有怎样的未来呢"②？尽管父母是那些在街头闹事的无赖、耍赖的所谓"好汉"，但她却为"那可爱的孩子们"着想，为他们的将来担忧，字里行间流露出的悲悯情怀和人道精神，让人感慨万分。可以说，没有那一份对底层人物的关怀，没有那一缕对人间真情的渴望，如何能对人们熟视无睹乃至习以为常的现象有如此独特的焦虑和叩问？

扑面而来的家国情怀，也是阿里散文的重要审美特征。可以发现，阿理散文集里涌动的是一种浓浓的中华之情。集中所收文章，有相当

---

① 阿理：《迟来的春天》，印尼宇宙出版社2009年版，第94页。
② 阿理：《迟来的春天》，印尼宇宙出版社2009年版，第231页。

多篇幅就直接抒写了作者的家国情怀。如《听陈教授说杜诗》一文，写一位华文教授陈耀南退休后到澳洲养老，仍不忘传授"中国语文的特色与技巧"，而她的世界通过跟随教授学习，又多开了一扇窗！从中可以触摸到阿理以及广大印尼华人与中华文化一脉相承的血肉之情，读来非常亲切。在《藏在春节的回忆》中她又写道："一见冬眠数十年舞狮重现街头，我们这一代的印尼华人，心中的感触是巨大的。除了跳出儿时在老家对面陈家大宅看舞狮吃菜的记忆，咚咚的鼓声更让沉淀的往事在心中翻腾。再见舞狮，又何止就是'舞狮'这么简单"[1]？而在《写我心情》一文则表达了对"父老乡亲及故乡"那魂牵梦绕的思念。可见，她对祖籍国和故乡充满了深深的眷恋之情，并以真诚的语言，把这种眷恋传达得清新动人。

  阿理散文中还充溢着一种博爱的情愫。一般而言，爱自己的亲人是比较好理解的，但将爱扩大，不断地传达出去，则最能显示一个人情感的厚度和深度。在《从国歌说起》一文中，她叙写聆听印尼国歌、中国国歌和澳洲国歌时的不同心情，并编了一首《地球歌》来表达自己的家国思念和对世界大家庭的感受与理解。在《从大城市回来的人》一文中，作者则写道："对那些已住在先进国家的人们，他们是该会惜福感恩，而不需再对还住在这儿，也根本没法移民的人们来抱怨！就算住在棉兰，也享有很多在这儿的好处，对它的缺点，不是没看到，但想想自己身为市民，又曾为这城市作了什么，所以不敢夸夸其谈，大发牢骚！再来我觉得像W，有宽广的心胸，有一对好眼睛的人，不论到世界上哪个角落，总是会看到和享有不少开心和美好的事物"[2]。

---

 [1] 阿理：《夏天的梦》，印尼枫叶出版社2013年版，第55页。
 [2] 阿理：《迟来的春天》，印尼宇宙出版社2009年版，第200页。

可以看到，对于她出生和成长的印尼棉兰，作家始终怀着"惜福感恩"之情，感恩这里让她"享有很多的好处"，并反躬自问"想想自己身为市民，又曾为这城市作了什么"，言语间，一个善良、大度、热爱生活的女作家形象十分鲜活，那个"有宽广的心胸，有一对好眼睛的人"分明就是女作家自己啊！正如作者所说的："这也是一种修养啊！"

综上所述，阿理散文无论是对自然生命的独特把握，对日常生活的诗意书写，还是对人文情怀和家国情愫的动人传达，都体现出作者独特的审美发现和对生活的情感把握，在她看似平淡的书写中，我们不仅感受到了亲切自然赏心悦目的审美熏陶，也深切感受到了生活暖暖的温度。

二、乐观豁达的生活态度与悲悯情怀

明代诗人谢榛《四溟诗话》云："赋诗要有英雄气象：人不敢道，我则道之；人不肯为，我则为之；厉鬼不能夺其正，利剑不能折其刚。"其实赋文也是如此。阿理散文作品对生活的独特发现和情感把握，也是来自于阿理乐观豁达的生活态度、敏锐的生活观察力和悲悯的关爱情怀。

乐观豁达的生活态度。人生世态，纷纷扰扰，宛若唱戏，又如棋局。多少人身处其中，随波逐流；多少人冷眼旁观，见怪不怪。阿理作为一个家庭主妇，自然不能免俗。因此她要关心"住家的地板"，要操心"孩子上学"，会碰见"街头闹事"，也会为"生病"而烦恼。但阿理在这些琐琐细细的生活杂事中发现了生活的情趣，激发出了写作的热情，展现了乐观豁达的生活态度，因此在《啰嗦》中，她会向老伴调侃自己的啰嗦；在《离乡的糖纸》中，她会从子女言语中唤回童真的乐趣；正如马华作家朵拉在《迟来的春天》序中对阿理的评述："这个身为人妻人母的主妇作家与众不同之处，是在照顾孩子和家庭之余，努力追寻自我，为满足自己对文学和艺术的喜好，学习成为她的日常功课，收获是精神和心灵的丰富，这让她的文章淡淡写来之中有深深的体悟"①。可以说，来自阿理身上的创作力量主要有两方面：一是她出生于书香之家。她父亲是校长，作为校长的女儿，她所生长的环境较好，藏书多，使她从小就对文学着迷。父亲的言传身教不仅给予她智慧，也带给她善良和豁达的价值观，因此在阿理眼中，万事万物都有美好的地方。二是她不断追寻自我的努力。即使她已身为人妻人母，在照顾孩子和家庭之余，仍然热爱文学艺术，积极学习，收获精神和心灵的丰富。这两种力量的强韧，使她得以不断提升自己，保持不懈的创作热情；也让她能不断捕捉到生活中的美好，并化作笔下的诗意文字奉献给读者。

敏锐细致的生活观察力。这可以说是形成阿理散文独特美学特征的最根本的原因。与一般家庭主妇不同，阿理善于在琐琐碎碎的生活中发现美，发现诗意，发现生活的真谛，这得益于她敏锐细腻的生活观察力，而这观察力则来自她在艰难的印华学习环境下坚持华文阅读所形成的人文素养有关。阿理的好友代恩在阿理第一本散文集《迟来的春天》的序中说："阿理身份环境不断在变，但始终没有改变的是她对文学的热爱和写作的热忱。阿理从小就喜欢阅读，在那中文被禁的年代，从没间断地偷偷阅读来之不易的书"②。阿理自己也曾在《人在

---

① 阿理：《迟来的春天》，印尼宇宙出版社2009年版，第11页。
② 阿理：《迟来的春天》，印尼宇宙出版社2009年版，第1页。

雪梨》一文中讲述了自己的创作过程："在严禁华文三十多年的地方长大，文化水平低，更没有文学素养，在澳洲棉兰来来去去，觉得我学东西的情况就如煮一壶老煮不开的水！学不了几个星期，又回印度尼西亚。再回来时，不是生疏就是走样了。难道我这一生中真的煮不沸一壶水？泡不了一杯好茶？不过不想这些，且来享受学习的过程吧！"[1]正是这种坚持不懈的学习培养了她审视生活的耐心和细腻的观察力，而对文学的热爱和追求尤为自己的文学创作创造了条件，也使她在艰难的华文环境中写出了美好的散文作品。

悲悯的关爱情怀。这也是形成阿理散文美学特征的一个重要原因。朵拉曾在《另一个春天》中写的："阿理躺在温暖的被窝里，想起了在这种天气上夜班的人们；也想起那些在天寒地冻的国度里，无家可归的街头流浪人；明白了安徒生在'卖火柴的小女孩'中描述饥寒交加的小女孩对点燃一支火柴的渴求。其实就算明白了，她觉得以自己的能力，也并不能改变很多事情；不过当自己知道比起很多人来得幸运这一点，就会重新思考自己的人生，学会珍惜当下，珍惜所拥有的一切"[2]。朵拉指出，也许阿理的生活条件比较优渥，但她始终拥有一种悲悯情怀，不仅"珍惜当下，珍惜所拥有的一切"，而且关心他人，关心那些生活痛苦的人们，也许她无力解除他们的痛苦，但她可以用自己充满温暖的书写，传达出对这些不幸人们的关爱和牵挂之情，希望引起世人的重视。除此之外，在阿理的散文中，我们还看到充盈其间的对家人朋友的热爱之情，这里有父子之爱、师生之爱、朋友之爱，也有一个普通人对伟人的热爱，她把这种关爱、思念、友情和亲情委

---

[1] 阿理：《迟来的春天》，印尼宇宙出版社2009年版，第4页。
[2] 阿理：《迟来的春天》，印尼宇宙出版社2009年版，第37页。

婉细腻地、点点滴滴地倾注在字里行间，让我们不难触摸到其温润的仁义之心和悲悯情怀，也让我们把握到了一个华文女作家一以贯之的人文关怀精神。总之，作家以一颗温暖的爱心，深切地关爱从她生活中经过的每一个人，并把这种爱温婉地传达出来与我们共享。她的传达是诗意的，她的爱则是真切的动人心扉的。

三、生活诗意的熏陶与审美智慧的启迪

苏轼在《答谢民师推官书》中，说作文"大略如行云流水，初无定质。但常行于所当行，常止于不可不止。文理自然，姿态横生"。这里的"行云流水""姿态横生"其实是告诉我们，行文不仅要自然随性，而且也要给读者提供新的审美经验。阿理的散文创作用诗意的语言书写日常生活的情趣，赋予生活以诗意美感；以细腻动人的描摹传达人文景致的精神气象，质朴而生动地表现出作者对生活的热爱和思忖，不仅让人得到生活智慧的启迪，也让人把握到印华作家的生命追求，给读者带来新的审美经验。

生活诗意的独特熏陶。原香港大学中文系陈耀南教授曾用"世事洞明，人情练达""镜湖般和平澄澈，珠玉般晶莹温润"来形容阿理的散文，确实如此。阿理的散文连篇名都诗意盎然，如《藏在舌蕾的记忆》《追月》《窗前的四季树》《女人墟》等等。这些篇名有如从美好的内心开放出来的精神之花，让人一读即能感受到作家的内心图景。阿理的书写也颇有韵味，她善于把自己对生活的感受与理解融入笔下，以幽默笔触和童真趣味，把日常生活书写得诗情画意。表达虽自然纯朴，却颇有蕴涵，正如朵拉所言："阿理原是一个家庭主妇，孩子长大

后，有了自己的空间，开始学习写作，想把生活中平凡但美丽的小点滴化为文字，与大家分享。占领散文中心的，是她内心的真挚感受，是一个家庭主妇对这些所见所闻的深刻感悟"①。阿理的语言也有一种优雅之美，诗性饱满，理想斐然，有时还有梦幻般的陶醉，从中可见作者从骨子里散发出的雅致，给人带来诗意的熏陶。如《jacaranda》一文中的抒写："叫人惊艳的jacaranda树，它紫色的花，密密麻麻的开了一树树，非常抢眼，就像在学校广场，一大群穿了绿制服的男生之中，穿着紫薄纱舞衣的女孩，艳丽无比。有时一整条街两边都是一排排的'紫衣女孩'，还有那树下铺满的落花，就像是她们解下的紫围巾。见到那景色，真让人连呼吸都忘掉了"②。这段描写有色彩有形象有感觉，充满了童真般的美好，让人赏心悦目，是一个心中有梦、有爱、有美、有趣的人放飞的希望，也是一个热爱生活并且善于感觉生活美的作家带给我们的"镜湖般和平澄澈，珠玉般晶莹温润"诗意熏陶。正如宗白华所说："人类这种最高的精神活动，艺术境界与哲理境界，是诞生于一个最自由最充沛的深心的自我。这充沛的自我，真力弥满，万象在旁，掉臂游行，超脱自在，需要空间，供他活动"③。可以说，阿理散文一方面充满积极乐观的现代意识，另一方面又颇有中国古典文学的温润雅致，她的抒写以一种独特的诗意魅力，抚慰和滋润功利世界中的焦躁心灵，成为照亮无数平凡生命的一束光芒。

温暖世间的生命追求。著名作家柯灵说："散文是一切文学样式中最自由活泼，最没有拘束的。它可以是匕首和投枪，可以是轻妙的世

---

① 阿理：《迟来的春天》，印尼宇宙出版社2009年版，第11页。
② 阿理：《迟来的春天》，印尼宇宙出版社2009年版，第87页。
③ 宗白华：《美学散步》，上海人民出版社1981年版，第136页。

态风俗画,也可以是给人愉快和休息的小夜曲。"① 阿理的散文也许就是这种"给人愉快"的小夜曲,她的笔下书写的大多是一些家庭生活小事,但我们可以从中看到她对人事的处置自如,看到她对朋友的热诚真心,看到她对世间万物的感恩和珍惜。诚如朵拉所言:"在阿理眼中,万事万物没有不美好的。下笔的时候,一切的美好都被细细地描绘在文章里。她的文章看起来非常简单,写的只是生活,她的生活也真是非常简单,就是做一个平常的主妇,作家与众不同之处,是在照顾孩子和家庭之余收获了精神和心灵的丰富,这让她的文章于淡淡写来之中有深深的生命体悟"②。许多生命体悟看起来轻柔温和,却蕴涵着积极乐观的精神之美和生命的勃勃生机,贻人以悦,助人以益,启人以思,也感人至深。如《谢谢您》一文所抒写的:"不要在我墓前哭泣/我不在那里/我没沉睡不醒/化为千风/我已化身为千缕微风/翱翔在无限宽广的天空里/秋天,化为阳光照射在大地……/晨曦升起时/化为飞鸟轻声唤醒你/夜幕低垂时/幻化为星辰温柔的守护着你……"③ 温馨澄澈,宽容平和,字里行间洋溢着让人动容的暖心和爱意,情感真挚感人,给人带来十分温暖的美好感受。阿理散文中也有一些看起来似乎是悲摧的人物形象,他们或挣扎于世俗生活的苦海里,或漂泊在他乡异国的街头上,或浮游于时世的浪潮中,或沉溺于过去的记忆里,以不同的生活姿态和生存方式,在世俗生活的人生舞台上演绎着他们庸碌的人生戏剧。但阿理仍然可以发现他们生活中的亮点,书写出这些人物身上发生的轻松有趣的故事,传达人物的某种精气神,并阐发

---

① 吴晓棠:《试论文学创作中的审美经验表达》,《伊犁师范学院学报》(社会科学版)2007年第4期。
② 阿理:《迟来的春天》,印尼宇宙出版社2009年版,第11页。
③ 阿理:《迟来的春天》,印尼宇宙出版社2009年版,第236页。

出警醒世人把握现实的积极向上的社会意义，让人不难把握到作者温暖的人文情怀和生命追求。

生活智慧的审美启迪。澳门学者迎建提及阿理的散文，认为看阿理的文章就像看到她的人那样，明洁无华，真诚纯朴，没有绮丽的词汇，没有复杂的结构，而是透过她孩子般清澈的心，去述说一个让人恍然大悟的情节，让人从日常生活中被忽视忽略掉的人和事中得到新的阐述，新的理解，新的角度。正如宗白华所说："晋人艺术境界造诣的高，不仅是基于他们的意趣超越，深入玄境，尊重个性，生机活泼，更主要的还是他们的'一往情深'！无论对于自然，对探求哲理，对于友谊，都有可述"①。因此，不管是书写海外华侨的故国情深，还是出国留学儿女的盼归心切；不管是描绘独特的风土人情，还是表现深厚的跨国友谊，阿理的散文不仅有一种赏心悦目的美感，而且还透露出其独特的审美理想和生活智慧。如《从国歌说起》一文，阿理从国歌的角度生发出了"地球歌"的思考，认为我们都是地球人，也必须拥有一首地球人共同的歌。可以看出，"地球歌"是阿理唱给地球人的一首真挚动人的优美乐章，它不仅传达出了作者对地球这一人类共同家园的热爱，也别具匠心地昭示出她维护世界民族大团结的独特期许，其博爱之心温暖感人，文中所蕴涵的思想智慧深沉隽永，让人怦然心动，深受启迪。可以看出，在印尼恶劣的华文环境中，阿理却能泰然处之，努力用自己的审美智慧打造生活的美好花园，培养出乐观、开朗、诗意、博爱的种子，播撒到每个读者的心灵中，让读者在产生情感共鸣的同时也得到审美智慧的启迪。

也许有人会认为阿理是那种不食人间烟火、生活优渥、在闲暇时

---

① 宗白华：《艺境》，北京大学出版社1998年版，第169页。

| 远鸿的回望 |

光太多时写些心情文字的人，其实并非如此。阿理并不是那种不知人间险恶人性复杂的宁馨儿，而是她深知在黑暗中只要努力点燃一丝光，就足以照亮心灵的一个角落，让读者心里多点对今天的珍惜，对明日的希冀，对生活的热爱，这就足以证明她作品的温度了。由此，我们可以把握到阿理散文的美学价值，那就是，在琐细的日常书写中点燃平凡生命的美好光亮，给人带来生活诗意的熏陶；在生命体悟的揭示中弘扬积极乐观的精神之美，让人把握到其温暖博爱的生命追求；在感人的生命传达中蕴涵独特的思想灵光，让人得到生活智慧的审美启迪。也因此，她那一篇篇温润澄澈的心灵文字，才能如此独具魅力地闪烁出虽不热烈却真挚动人的智慧之光，轻轻地叩动了人心，也柔柔地温暖了世间。

第二编
欧美华人写作：
长天远水的心灵灯塔

欧美华文作家将写作看作"可以看到光明与希望"的心灵灯塔，因为它照亮了生命，也照亮了这个世界。这也是许多海外华文作家共同的生命追求。他们把写作当作思考人生之道的方式，通过写作寻找灵魂栖息之地，在写作中审视人性困惑与迷茫，以写作传达独特的人文关怀；可以说，对当下人类生存境遇与精神归属的独特审视与人文关怀，始终是他们写作的初心所在。他们的写作得到了读者共鸣，他们的追求也激励这个纷繁复杂的多元世界里人们对光明与希望的向往和守护。

林湄《天望》：
生命守望中的信仰重构

林湄，福建福清人，现在定居荷兰。主要从事文学创作，已著有长篇小说 7 部，散文集、散文诗集多部，在海内外文学界具有重要影响。2016 年 11 月，在第二届世界华文文学大会上，林湄以长篇小说《天外》获得了第四届华侨华人"中山文学奖"。

2004 年出版的长篇小说《天望》是林湄花费十年时间写就的。对于该小说的命名，林湄在接受笔者访谈时说："人处地球表面，依感官意识改变和创造物质世界。'天'是超世俗超人脑认识能力之外、虽眼不能见手不能触却与人类存活息息相关的一种'虚空'，然科学家已证实'虚空'也是一种存在，可惜不是每个人对它都有灵感，因看不到'上帝'的任何模样，也听不到他的声音，但有人能在地上显现万象的规律里，不由自主地膜拜'神奇'与'恩泽'，与天的关系像弦与声配合得那么和谐美好。所以，人类得用智慧认知'天'的真谛。"[①]

[①] 林湄、戴冠青：《文学的魅力与心灵的灯塔——荷兰华文女作家林湄访谈》，《名作欣赏》2017 年第 11 期，第 93 页。

"传统文化中的'天道''天理',意味万物均有始终、规律与轨道,即'顺存逆亡'。然社会变幻莫测,生命有限而短暂,在大自然与社会中随时会消失,那么人为什么要存活?活着的价值意义是什么?这是我喜欢思索的问题,故花二十年时间书写《天望》与《天外》"①。"《天望》意为'天人相望',人不能只贪恋地面上的东西,也要关注'天'的存在。简单地说,也得关注精神与灵魂问题"②。

林湄在这里其实已经揭示了该小说的主旨,那就是"关注人的精神与灵魂问题",特别是信仰追求和信仰重构问题。小说中,她在关注与时代发展紧密相关的种族和移民、社会道德、中西文化差异等问题的基础上,更着眼于与人类发展息息相关的精神层面问题,探索信仰在人类命运发展中的重要性,由此开辟了新的创作高度和视角,这是以往华文创作中比较少见的。可以说,在一定程度上,信仰支配人们的行为,决定了人们的心态,对于人们的生活和社会的发展,都具有举足轻重的指引意义,是所有人共同关注的大问题。《天望》的信仰书写震撼人心,突出作者强烈的人文关怀意识,表现出了华人女作家独特思考的审美价值及其现实意义。

执着于信仰追求的人物形象

林湄认为,信仰是民族文化的核心与精神灵魂的依托。因此,她在《天望》中塑造了一群通过信仰追求来守望精神家园的人物形象,

---

① 林湄、戴冠青:《文学的魅力与心灵的灯塔——荷兰华文女作家林湄访谈》,《名作欣赏》2017年第11期,第93页。
② 林湄、戴冠青:《文学的魅力与心灵的灯塔——荷兰华文女作家林湄访谈》,《名作欣赏》2017年第11期,第93页。

这些人物被放在了二十世纪末欧洲的社会大背景下来进行表现。那是个全球化的经济转型时期，其他国家的人想方设法移民到欧洲，甚至冒着生命危险偷渡过去，以求在异乡能生活得更好；欧洲人则远离家乡到其他地方去经商谋生。作品中的这群人物形象，既有以弗来得为代表的欧洲人，也有以罗明华、海伦为代表的中国移民，也许他们的经历各异，命运不同，但他们对信仰都有执着的追求，在社会现实中用信仰为自己定位，用信仰追求来支撑生存信念，守望精神家园，体现人生价值。他们在与命运抗争中对灵与肉、成功与信仰、现实与命运、价值与生存方式的选择，引发读者对人生、对生存价值的独特反思。

小说主人公、现代传道人弗来得可以说是作者用心塑造的一个通过信仰追求来守望精神家园体现人生价值的代表人物。他是非常虔诚的信仰者，是整部小说中自始至终对信仰坚定不移的人，他的一生体现了信仰与人生价值相辅相生的关系。他不追求金钱名利，不追求付出的回报，他为"天国的大奖"着迷，深信自己是被上帝挑选的人，认为教化世人才能实现他的人生价值。他认为在这种极度推崇个人主义、人人自保的心态占据上风的年代，在这种道德沦丧的社会，没有虔诚至疯狂的信仰是难以实现自己的价值的，就好像开车逆行在高速公路上，时刻有丧失性命的危险。只有虔诚而坚定的信仰，才能够在举世污浊中看清自己的目标和价值。在这种执着的信仰理念下，弗来得变卖财产四处传播福音做慈善，乐观地面对冷漠的世界，不顾众人的嘲笑去拯救弱小的人们，尽管被拯救的人反过来取笑他，他也不为所动而继续坚定自己的信念。他说，"我听从一种上好的呼唤，是因为在它那里获得了比'欲望'和'感官'更美好更着心的东西"[①],"肉体虽然受苦,却荣耀了真理"[②]。为了突出他信仰追求的执着和纯粹,作者还创造了另一些人物与之形成对比,例如他的胞兄依理克就是一个对财富十分执迷的生意人,至死都不理解弟弟的追求。还有中国移民"竹竿",为了生活过得好一点,辛苦地为居住权奔波,因生活所迫,一面去偷,一面又痛恨自己。这些人物把人生价值建立在满足物质需求的基础上,由此进一步衬托了弗来得的执着和纯粹。作者还通过魔幻的手法让弗来得与路边的树、老者、心灵进行对话,独特地传达出弗来得在信仰追求道路上的心声和对实现人生价值的渴望。他那种无私的、甚至是颇为苛刻的人生价值实现方式使世俗的人们难以理解,甚至有所曲解,这也使他在信仰追求的路上困难重重。可以说,作者创造了一个非常纯粹的人,这是一个颇为理想化的人物形象,许多人与他的差别就在于只注重现实的需求,而忽略了内心的追求,作者认为,这恰恰是现实的悲哀。

作者还通过弗来得这一形象揭示了信仰的危机和信仰追求的任重道远。物质生活富裕的弗来得本可以高枕无忧地过完下半生,却走上了吃力不讨好的传教道路,先是遭受体肤之痛,然后遭遇了感情背叛,接着是信仰危机带给他的创伤,最终家乡小教堂被拆毁导致他身心崩溃,但他对人性的批判、对神性的追求从没有停止过。本着执着的信仰追求,一路走来,弗来得跛了脚,瞎了眼,却从来没有停止走在守望精神家园这条道路上,努力去拯救人们的精神世界,并希望通过自己来改变身边的人。他曾经写信给西班牙政府要求停止斗牛活动,他

---

① 林湄:《天望》,长江文艺出版社 2004 年版,第 127 页。
② 林湄:《天望》,长江文艺出版社 2004 年版,第 286 页。

到医院派发福音传单，到难民营、老人院传福音，还大胆地揭露咖啡馆丑事，揭发地下工厂，上门找黑市医生理论。但他的所作所为不仅改变不了什么，相反还引来被揭露者的报复和人们的白眼。弗来得的信仰追求可以守住自己超然世外的精神家园，他的爱也让他能够包容背叛，但面对他人的精神家园却爱莫能助，作家通过这个形象试图告诉我们，信仰问题是当今世界面临的一大难题，守望精神家园的路上依然任重道远。但是她也警醒我们，如果只注重现实利益而忽略精神追求终将像依理克一样引火自焚，走向毁灭。

作品中，像弗来得这样用信仰追求来守望精神家园的牧师、传道者还有不少。在作者笔下，牧师可以说是现代精神家园最忠诚的守护者，但是现代社会物欲横流，人们更容易满足于肉体享受，精神却虚无缥缈。精神家园遭遇危机，守望精神家园的路上却困难重重。作者笔下的Z牧师采用新措施传福音，教堂却成了瘾者们放纵的场所。W牧师在人们看来德高望重，临死前却承受着疾病的折磨，断气后嘴里居然爬出一条条黑色的虫子来，这导致谣言四起，人们以为他生前做了坏事，甚至也使弗来得这个虔诚的信徒开始动摇，他最敬爱的人居然也做了见不得人的事，到底该如何去守护精神家园这片净土？信仰在残酷的社会现实面前岌岌可危，作者就这样又一次把"信仰危机"摆在人们的面前。

罗明华则是作者塑造的一个用信仰追求来支撑生存信念的代表人物。作者认为，信仰与生存紧密相关，人如果缺少信仰，生存就会陷入困惑和迷茫中，唯有用信仰浇灌生命，才能拯救生命。如果说依理克是追求现实金钱利益的代表，弗来得是全心全意追求信仰的代表，那么罗明华则认为成功与信仰不仅不矛盾，而且信仰追求还会促进成功。他壮志满满地去组建自己的公司，追求自己的人生价值；同时也敬重弗来得，理解而不是笑话他的执着行为。当然，这与罗明华罹患肿瘤的经历有关：他因为肿瘤而与信仰结缘，一方面，他四处求医，另一方面则虔诚地向上帝祷告，通过信仰寻求心灵依托。当得知患的是良性肿瘤时，他分不清到底是医药的成效还是信仰的作用，对上帝又害怕又怀疑，却不敢舍弃。"没有信仰前，一切行动都是自由的，了解信仰后，受到种种约束"①。这是他对信仰的态度，一种介于理智与盲目、唯物与唯心之间的态度。可以说，这是一个对信仰摇摆不定的人物，面对肿瘤的威胁，死神的召唤，他希望通过宗教信仰得到解脱，让灵魂有所慰藉。痊愈后，他的信仰又渐渐向现实靠拢。作者通过罗明华的形象直面信仰与生存的问题，由此探讨人物如何面对生死，以及信仰如何给予脆弱生命以独特的精神力量。

  作品中的女性形象海伦，也是作者探讨信仰与生存问题的一个代表人物。小时候的海伦在中国时受到基督徒的影响，惊奇于"心灵归属"的力量，在遭受"抄家""批斗"的"文革"恶劣环境下她仍能泰然处之。然而她骨子里仍是非常传统的，可以说，她是中西结合的产物，她的意识里包含了两种文化，这也是她痛苦的根源。文化的碰撞，爱情的经历，内心的骚动使她参加了慈善工作来充实心灵，但当婚姻再次触礁后她再也难以逃避现实，开始抗拒神，远离人，甚至想到死亡。然而，她的邻居，偷渡到欧洲并与地下工厂的工头有染而导致怀孕的余小姐的自杀身亡，让她深受震撼。余小姐临终时拜托她寄给家人的汇款单使她认识到"爱"才是生命的最大意义。这促使她心中的信仰更坚定了，选择死，不如传播爱，于是投身到国际妇女组织

---

① 林湄：《天望》，长江文艺出版社2004年版，第127页。

协会中，到非洲从事妇女工作。她感觉到，信仰是对她心灵创伤的适时救赎，对信仰的追求给了她第二次生命。

可以说，这两个人物分别代表了信仰的两个基本类别，即个人信仰和社会信仰。对罗明华和海伦来说，信仰一开始并不是很清晰，但是在死亡面前一下变得明朗起来。罗素说过："整个宗教的基础是恐惧——对神秘的恐惧，对失败的恐惧，对死亡的恐惧。"[①] 也就是说，信仰的存在是从人类面临生存威胁开始的，人类对生存的担忧与信仰紧密相连。罗明华的个人信仰在面对生存威胁前后在不断的选择中变化，海伦则在面对死亡时悟到生命的意义从而走向了社会信仰，去为公众服务。

总之，作者通过这些人物形象，深沉而独特地思考社会、人生、哲学、灵魂、宗教信仰的关系，试图探讨信仰追求在守望精神家园体现人生价值上的独特意义，由此昭示了构建精神家园的必要性以及当前所面临的种种阻碍和困难。

生命守望的深沉呼唤

林湄的信仰书写可以说与她异域生活的生命体验、人生追求是密切相关的。林湄的生命经过了一次又一次的移植，祖籍是福建福清，出生于泉州，童年被送到福清乡下祖母家，后到福清县城读书，年轻时曾到上海发展，后来移居香港，最后定居在远离家乡的欧洲荷兰。她经历了三个"零"起步，每一次都需要慢慢地适应语言、文化、习

---

① 罗素：《一个自由人的崇拜》，胡品清译，时代文艺出版社1988年版，第52页。

惯的不同，忍受失根的痛苦。可以说，《天望》的创造留下了太多作者异域生活与生命思考的深刻轨迹。

日渐沦落的欧洲现实社会图景的激发可以说是林湄信仰书写的重要原因。我们知道，《天望》的时代背景是二十世纪末到二十一世纪初期的欧洲现实社会图像。林湄在接受笔者访谈时认为："用边缘作家的视野看地球村人的生存状况——经济不景气的颓丧主义，排外和厌战情绪，信仰日益没落，崇尚享乐谈不上人情与伦理，加上多民族间的文化碰撞冲突、漠视环保工作以及因情爱、宗教、漂泊等现实问题的矛盾与困扰，人心难有平安。通俗地说，各民族的历史、文化传统、生存方式、风俗习惯、心理和性格特征、行为、情感等均融在'文化大本营'里彻底展现与暴露，其间有各式各样栩栩如生的个相、他们除了具有共同的求生欲外，还有各种不同的形而上追求与思考，使得社会问题更为麻烦与复杂。"① 她还说："现代科技经济的高度发展只能提供人类日常生活的简便与感官的愉悦，并没有改变人的命运或减少人类生存意识中的心理负荷，如彷徨、不安和无安全感，也不能提供人类的爱与情感。"②

经济不景气，信仰没落，崇尚享乐，冷漠无情，这些都造成了西方现代社会危机重重的矛盾现实，也造成了漂泊在异乡的边缘人更加艰难的生活困境和失根的惶惑，对这种欧洲现实社会图景的深刻体悟和敏锐洞察，促使她拿起笔来，希望通过自己的书写去揭露西方社会的矛盾危机，去寻找心灵的归属和精神的寄托。正像她说的："海外生

---

① 林湄、戴冠青：《文学的魅力与心灵的灯塔——荷兰华文女作家林湄访谈》，《名作欣赏》2017年第11期，第94页。
② 林湄、戴冠青：《文学的魅力与心灵的灯塔——荷兰华文女作家林湄访谈》，《名作欣赏》2017年第11期，第94页。

存环境给予我寻思、求索、思考智慧的机会，写作不仅充实了我海外的生活，也从中印证探索真理与真善美道路崎岖，需要自信、勤奋、千锤百炼与意志"①。

自幼形成的信念与信仰的导引则促使她试图通过信仰书写去呼唤精神家园的守望。在生活发生巨大变化时，正确的信念和信仰是人们最迫切的精神需求与支撑。"信仰之所以有如此巨大的力量，是因为一方面信仰是知（认知）、情（情感）、意（意志）、行（行为）的统一体。认知主要是理性因素，而情感、意志是非理性因素。因而信仰也是人的意识中理性因素和非理性因素的统一体。知、情、意相互结合、相互促进，共同作用于人的行为，这时信仰者和信仰对象完全融为一体，致使信仰者可以为信仰而活，为信仰而死"②。林湄也认为："人是一种相当依赖精神的生物，信仰就是灵魂世界最重要的信赖对象，因而，面对人类灵体关系失衡的现象，作为作家，我有了负担和忧患感，但又无法改变现实，写作便成了我职责的最佳途径"③。因此，在异国他乡，她默默地以写作为生，手心的两道伤痕道尽了异域生活的艰辛和笔耕不辍的决心，中文写作不仅让她在陌生的城市找到了温暖的慰藉，也让她在抵抗失语的同时归依了母体文化，更让她通过书写发出了震撼人心的信仰重构与守望精神家园的呼唤，体现了作家跨地域超国度的人文关怀精神。

林湄说："《天望》就是天人相望，现代人往往自视甚高，每天忙

---

① 林湄、戴冠青：《文学的魅力与心灵的灯塔——荷兰华文女作家林湄访谈》，《名作欣赏》2017年第11期，第96页。

② 盖柏琳：《信仰的智慧》，中国社会科学出版社2006年版，第49页。

③ 林湄、戴冠青：《文学的魅力与心灵的灯塔——荷兰华文女作家林湄访谈》，《名作欣赏》2017年第11期，第94页。

忙碌碌，但要问他到底忙个什么，在生活中到底要什么，他又说不上来。这说明人活得聪明还不够，还要活得有智慧。"① 她又说："我也在寻找这种智慧，并在寻找的过程中获得了世人难以理解的平安喜乐。"② 为什么林湄经历了这么多曲折之后还能够如此积极地呼唤和守望，那是因为她听从自己内心的声音，知道自己想要什么。这也与她的成长环境有关。七岁时，她被送到乡下祖母家，祖母是位不善言辞裹着三寸金莲的淳朴老人，善良仁爱、温顺可亲，一生助人为乐、悯恤孤儿寡妇和穷人，自己有三套衣服，必定送一套给需要的人，自己有两套换洗足矣；有富余的钱，也是毫不吝啬地送给缺钱的人，基本生活费足矣；因此得到全村人的爱戴。她还经常对小时候的林湄说"施比受更为有福"，"做人不要太厉害，有利就有害"③。这样的耳濡目染，使林湄早早确立了待人以善的信念和信仰，也造就了她刚强又善良的品性。"文革"时她遵从内心信仰的指引，秉持执着的信念，不妥协于造反派的逼迫，不盲目跟风将老干部打成走资派，这样做的后果是，自己付出了被批斗、被人身攻击的惨痛代价，过着东躲西藏的生活，导致最后走出国门，寻找新的生活。林湄后来在接受笔者访谈时说："现在想来，人的德行与素质与后天的教育、律法、生存环境有关，但幼年时期的教养与熏陶也很重要，长者身教确实胜于言教，如真善美在洁白无瑕的心灵扎根后、假丑恶就没有位置了，我称之'心

---

① 唐文魁：《〈天望〉作者的出生地在泉州》，《东南早报》2004年10月20日，第10版。
② 唐文魁：《〈天望〉作者的出生地在泉州》，《东南早报》2004年10月20日，第10版。
③ 林湄、戴冠青：《文学的魅力与心灵的灯塔——荷兰华文女作家林湄访谈》，《名作欣赏》2017年第11期，第96页。

治'"①。

童年时祖母的言传身教也使她在后来的生命追求中注重精神世界的强大,而不是物质利益的多少;注重信仰的导引而免受诱惑。她说:"当然,人生于世也离不开物质的需求,然而,世人追求成功多以财富的多少、情欲的满足、名响位高的程度为标准,为了欲望,多多亦少,加上外界的诱惑,容易运用不法手段去谋取。对于经过心治的人就不同,存记训诲,遇事就会有所思想不敢乱来,何况信仰能帮人透视假相了解真谛,多能克己免受诱惑,并看重精神食粮,精神强大、行为纯正、仁义、公平、正直,必享安静,不遭灾祸。可见,'诫命是灯,法则是光'。"② 她还说:"我自己就是靠信仰的力量与文学的魅力走到今天的,因而,虽仕途坎坷、命运多舛,但无怨无恨,特立独行,饥渴慕义,一生追求真善美,无论身处何时何处,持守仁善、诚信、公义、正直、悯恤、不说谎、问心无愧的信念。"③ 我想,正是因为林湄"一生追求真善美"的信念,秉持精神世界纯净善良的信仰,才会在《天望》中创造出像弗来得、海伦等一群执着于信仰追求并以此守望精神家园的人物形象。因此我们可以看到,在《天望》中,弗来得不断地传道,试图在西方日渐沦落的社会现实中完成一次次伟大的宗教救赎,甚至为了让比利浪子回头,他还向上帝许诺,自己可以牺牲一切代价,结果一觉醒来一场超自然的惩罚果然发生在他的身上,他的腿

---

① 林湄、戴冠青:《文学的魅力与心灵的灯塔——荷兰华文女作家林湄访谈》,《名作欣赏》2017年第11期,第96页。
② 林湄、戴冠青:《文学的魅力与心灵的灯塔——荷兰华文女作家林湄访谈》,《名作欣赏》2017年第11期,第97页。
③ 林湄、戴冠青:《文学的魅力与心灵的灯塔——荷兰华文女作家林湄访谈》,《名作欣赏》2017年第11期,第97页。

瘫了，然而比利是否真的被救赎，我们不得而知。但我们知道，在漫漫的人生旅途中，弗来得的伦理道德和宗教信仰使他自己得到了救赎，他守住了心灵的一方净土，那正是作者所追求的最高目标。

也许把拯救矛盾重重的现代社会危机的理想寄托于宗教信仰，寄托于对上帝无限敬仰以及对道德无限崇尚的弗来得等宗教人物身上是林湄的一厢情愿，带着理想主义的色彩，但林湄的信仰书写无疑给了当今信仰缺失的个体与社会以警醒。她对灵魂空虚、信仰缺失的欧洲社会众生相的有力揭示，她在边缘生活与失根痛苦、信念把握与信仰导引、价值冲突与宗教救赎等方面的独特思考，不仅昭示了当今社会构建精神家园的紧迫性和必要性，也表现出了一个新移民女作家生命守望和信仰追求的执着与坚韧。

林湄《天外》:
在欲望中挣扎的追求者形象

旅居荷兰的闽籍女作家林湄是欧洲华文文学的代表作家,她擅长以边缘看中心的视角真实展现地球村人所处的生存困境,深刻挖掘人性的矛盾,含泪关注社会人生,饱含着深切的人文关怀和救赎情怀。

2014年,林湄呕心沥血花费十年时间完成了长达60万字的长篇新作《天外》。小说一出版便备受海内外评论家和读者的关注,引发了热烈讨论。作品以移居欧洲的中年知识分子郝忻的心路成长历程为主线,塑造了一个在充斥着欲望的世俗社会中苦苦挣扎、执着于精神追求的人物形象,深刻表现了作家对社会人生的独特思考和把握,并因此在2016年年底召开的第二届世界华文文学大会上获得了第四届华侨华人"中山文学奖"。通过对《天外》中郝忻形象的考察和探讨,剖析作家对人性困惑的审视和思考,可以揭示出郝忻形象在当代文学中的审美价值及其现实意义。

| 远鸿的回望 |

郝忻：一个在世俗欲望中挣扎的追求者

21世纪初的欧洲社会是个风起云涌日新月异的现代社会，信息科技与经济的高度发展虽给人带来了生活的便利却并没有给人带来真正的幸福感，生态破坏与环境污染日益严重，物欲、权欲、情欲等世俗欲望充斥着整个世界，每个人的心灵或多或少都被蒙上了烟灰。林湄将《天外》中人物活动的背景置于这样一种社会形态中。作品主人公郝忻，是一个年轻时当过知青，因出身不好受人欺凌，饱尝生活艰辛，在动乱年代欲望备受压抑的知识分子。移居欧洲一段时间之后，他逐渐适应了那里安逸舒适的生活。然而，人生充满变数，一次突如其来被雷击倒的遭遇触发了郝忻的死亡意识，这种脱离了"集权政治压抑的死亡恐惧开始回归个体化、身体化倾向"[①]的经历，打开了他身体内的每一个细胞，情欲也随之敏感起来，并冲破了外部因素的限制。然而，郝忻虽享受着肉体欲望带来的美好感觉，却摆脱不了作为一个社会人来自道德、良心、责任、品行的谴责。欲望的难以控制与社会道德的无形约束让他内心产生了强烈冲突，时刻处于一种动荡不安的挣扎状态里。一方面，经历过为生存劳苦愁烦的动荡岁月，如今身处似乎"自由"的资本主义国家，身心的放松却使郝忻对物欲、权欲避之不及；另一方面，他内心还保有对精神生活和自由独立品格的追求、对理想信念的守望，甚至徜徉在书的海洋里，以此挣脱环境束缚，追求自主精神；然而，贪恋欲望的妻子却给他带来许多困扰，迫使郝忻

---

① 汪树东：《从超越视角审视现代人的生存困境——论林湄长篇小说〈天外〉的叙事伦理》，《华文文学》2015年第4期。

在摆脱外界束缚与维持家庭和谐之间不断挣扎,希望能够在挣脱中获得更多自由。可以说,郝忻是一个在世俗欲望中挣扎的追求者,是一个孤僻沉默、谨小慎微却能执着于探求知识学问的人,是一个虽陷入情欲泥潭却还能自我反省的人,也是一个在世俗社会中初步觉醒的知识分子。郝忻在充满世俗欲望的世界里挣扎着往前走,内心矛盾冲突的激化使他的性格呈现出明显的二重性,其丰富的人生经历和性格表现中所蕴涵的生命思考使郝忻的形象十分丰满,具有独特的审美价值和现实意义。通过考察,我们可以发现郝忻形象的丰富性主要表现为以下三个方面:

(一) 在情欲中沉浮的追求者形象

二十世纪八十年代末,郝忻从中国移民到欧洲。一开始,西方开放的性观念令他反感和排斥,曾经被中国根深蒂固的传统伦理道德和思想观念压抑了性本能的他,视性爱为肮脏下流的事。然而,在经历了一场被雷击倒、灵魂到阴间神游了一趟的死而复生的体验后,郝忻开始恐惧死亡,怀疑、害怕、迷茫、不安等情绪随之而来又挥之不去,那种"民族国家的道德理想不再压迫他的同时也不再超度他的死亡恐惧了"[①]。他随即冲破了寄居在身体内的政治信仰和道德伦理观念,回归本我。同时,人的七情六欲也被释放出来,并且在感官的刺激下极度膨胀。在荷尔蒙的作用下郝忻与女学生帯帯发生性爱关系后,身体内的性激素变得更加活跃,深感情欲是生命的本质、存活的动力。然而,一番感官享受过后,随之而来的却是理智、良知和责任感的谴责

---

① 汪树东:《从超越视角审视现代人的生存困境——论林湄长篇小说〈天外〉的叙事伦理》,《华文文学》2015年第4期。

以及社会规范的敲打，郝忻一方面对妻子和家庭产生深深的愧疚，时刻被负罪感折磨着；另一方面却因为彼得、大卫开放的性意识影响，以及人性中恶的欲望的蛊惑，他又以现代人没有一个是纯洁的为借口逃避责任，让自己的良心得到宽慰。两种对立的思想纠缠交织使郝忻的内心时刻处于一种感性冲动与理性约束相互斗争的状态。当郝忻再次受到肉体的诱惑时，便不由自主地产生意淫的念头，过后又深感焦虑，用自我反省来鞭挞自己，借追求书本知识来遏制想要出轨的欲望。

也许因为欲望是人的本性，是永不满足的，所以作家在作品中用了很多篇幅来讲述郝忻在情欲中沉浮挣扎的过程。郝忻说："我虽从美的理想中走出来求真，但真更令我凌乱不堪"①，因此他虽然摆脱了传统观念的束缚，心灵却没有了落脚点，无法将情欲限制在可控范围内。这种在情欲中沉浮挣扎的过程体现了他灵与肉的矛盾和性格的二重性，使其形象真实而且丰满，"性格的二重组合是自我分化、自我克服并反映性格深层世界中的对立统一运动，写出人物性格的动荡不安、痛苦搏斗，使性格丰满"②。当然，作家也巧妙地表现了他的精神追求，让他在书中与浮士德、托马斯·曼等先哲对话，思考实践检验知识的真理，为自己的情欲行为寻找借口和理由。如在与苇苇发生关系前，出现在他脑海里的是读书笔记上的感言："浮士德劝我到世间闯荡，不就和南宋王阳明知行合一的思想同出一辙吗？既然如此，何不体验一下弗洛伊德学说，看看对于黄种人行得通吗"③？而苇苇对他的肯定和崇拜，又让因为性功能障碍而在妻子面前感到自卑的郝忻自由而欢快，似乎瞬间树立起了自己作为男性的自信和威严。而且，郝忻无论在情

---

① 林湄：《天外》，新世界出版社2014年版，第190页。
② 刘再复：《性格组合论》，中国人民大学出版社2010年版，第46页。
③ 林湄：《天外》，新世界出版社2014年版，第94页。

欲里如何沉浮都不放弃书写《傻性与奴性》这部传世之作，他觉得写作不仅能为社会做贡献，又能提升自己的人生价值。可见，郝忻就是一个"有形而上和形而下的双重欲求，并以精神、文化、灵魂方面的形而上欲求"①为主导的在情欲中沉浮的追求者，所以他虽然在情欲里浮浮沉沉，有过邪恶和庸俗，但也有来自灵魂深处的良知、理性以及道德观念的谴责和鞭笞。

（二）在红尘中逃离的觉醒者形象

21世纪初的世界处于转型时期，被污浊的环境、泛滥的物欲和权欲充斥着，地球村人在无休止的欲望追求里迷失了自我，恐怖、暴力、出轨、性侵等事件频频发生，人类社会陷入了整体道德滑坡、理性倒退的尴尬处境。特别是对于移居海外、想要在异域安居落户的华人来说，思想更加迷茫，他们在功利主义弥漫的红尘里忙碌地穿梭，机械性的竞争与攀比导致内心没有平安快乐却充满挑战的紧张感和压迫感。作品中，郝忻的妻子一念利用人情关系牟取私利，价值观的冲突使两人产生了婚姻危机。年轻时苦于生存压迫和政治谎言的郝忻不想被欲望所牵制，千方百计要逃离到所谓"言论自由、无人监管、秉法行事、全民福利的欧洲大陆"②，认为有了物质方面的保障便有了追求精神自由的基础，他"生性简单纯朴，远离名利权，喜欢自由自在过日子"③，所以他竭力想摆脱世俗社会的束缚，百般拒绝妻子要他赚大钱的强烈要求，不想回国经商，甚至对参政议政也持观望态度，试图以此与污浊社会抗衡。但在妻子逼迫下他又不得不妥协，一方面是为维

---

① 刘再复：《性格组合论》，中国人民大学出版社2010年版，第273页。
② 林湄：《天外》，新世界出版社2014年版，第5页。
③ 林湄：《天外》，新世界出版社2014年版，第32页。

持家庭和谐，另一方面则是受到浮士德精神的激励，想通过下海经商的经历积累素材进行传世之作的书写。然而，被迫回国经商后，国内复杂的人情关系网令脑袋只装着书本知识的郝忻深感不适，最终毅然决然逃离商场，回到自己的学术领域。只有在红尘中颠沛流离过，郝忻才发现回归内心自由的欲望是如此强烈，对知识学问的追求是如此迫切，渴望逃脱世俗生活的想法是如此执着。可见，郝忻从出生到中年经历了环境的多次变迁后，终于深切地体悟到外在的欲望并不是自己内心最根本的需求，于是那种向往简单自在、热衷知识探索、提升精神高度的内心追求开始占了上风，他希望用自己平和的方式抵挡红尘世界里的种种物欲和权欲，成了一个在红尘中逃离的觉醒者。

（三）在人性矛盾中挣扎的思想者形象

在多元化社会的诱惑和内在欲望的推动下，郝忻的性格形成了自由与压抑、抗争与妥协、积极进取与安于现状、勇于认错与逃避责任等多重性特征，其内心深处精神与物质、灵与肉、理想与现实不断地产生矛盾纠葛，由此导致其人性的矛盾挣扎始终没有停过。他说："一个灵魂多次批评我，另一个灵魂却不听话，一个灵魂想要挣脱另一个灵魂的束缚，却被死死地抓住"①，所以有时他能够认清自己，有时却觉得自己很陌生。渴望自由却被压抑的状态最能够体现出郝忻人性矛盾中的挣扎，如郝忻越享受感官自由的刺激，就越被负罪感折磨着；越想逃脱死亡的压迫，越渴望活着，就越被自己惶恐不安、脆弱无助的心理阴影所笼罩，越会感到痛苦和害怕。刘再复说："任何一个人都是由相反两极的性格因素构成的，彼此相互渗透、融合而又相互排斥、

---

① 林湄：《天外》，新世界出版社 2014 年版，第 553 页。

分离的对立统一运动正是人性矛盾的体现"①。虽然他一直想解脱自己，试图以浮士德的精神来思考生活的意义，以先哲关于文学、哲学的追问来思考人生的真谛，但是他内心的挣扎和矛盾却始终没有消停过。这种痛苦的挣扎又带给他更加深沉的理性思考，让他的精神境界得到了提升，最终他开始慢慢认清自己，开始坦然地面对欲望和死亡，"最终明白生命的真谛在于每天每日去开拓生活和自由"②。可以看出，郝忻正是一个在人性矛盾中痛苦挣扎的思想者形象。

可以说，郝忻在世俗欲望中挣扎的人生遭际恰是中国许多知识分子的心路历程，而他对知识学问的信仰、对文学创作的追求、对人生不断思考的追求者形象则体现出林湄自己的人生追求，正如她在本书后记中所说的："郝忻不愿做物质的奴隶，又不满足近乎枯萎的精神生活，那么，文化艺术就是的他的追求和安慰"③，因此，她让郝忻在追求中逐渐得到自我的肯定与满足，感受到人生的意义，并努力实现人生的价值。

人性困惑中的审视与思考

从上海到香港，从香港到欧洲，林湄经历了三个零起步，曲折坎坷的人生经历使她目睹了时代的变迁，深刻体会到高科技与经济发展并没有给人类带来真正的快乐和幸福，反而让人类陷入了生态破坏、环境污染、物欲膨胀、人欲横流的生存困境中。《天外》的写作体现出

---

① 刘再复：《性格组合论》，中国人民大学出版社 2010 年版，第 112 页。
② 杨恒达：《林湄〈天外〉：一部融汇中西人文探索的力作》，《文艺报》2015 年 3 月 20 日。
③ 林湄：《天外》，新世界出版社 2014 年版，第 190 页。

| 远鸿的回望 |

人类被现实扭曲的心灵实像,郝忻复杂的人生经历以及他对自由的向往、对精神世界的追求、对生态环境和社会现象的关注却是作者的人生投影,而他因欲望引诱而产生的人性矛盾则反映了现代人普遍的弊病,因此,他对人生无奈的感伤也引发了现代人的共鸣。林湄作为一个身处现代社会转型期的有生活深切体验的作家,她试图通过对人性的剖析、对社会人生的忧虑,寻找隐藏其中的深刻的社会历史动因,可以说,郝忻便是作家寻找和思考的结果,是作家在寻找和思考中转化而成的一个独特的艺术形象。因此,这一在世俗欲望中沉浮挣扎的追求者形象也必然透露出作家对社会现实的人文关怀精神,传达出作家对当代社会人性困惑的审视和思考。

首先,郝忻形象的塑造体现出作家对人生境况与人类生存现实的独特审视。林湄青少年生活在中国社会动荡不安的时期,现实社会中太多的艰难困顿令她痛苦不堪,"林湄从小喜欢文学创作,'文革'时期因知青身份付出了被批斗、人身攻击的惨痛代价,1973年身心受创的她由上海移居香港,在文学界和新闻出版界崭露头角,事业的成功却带来了婚姻的失败,1989年带着两个幼儿来到欧洲再次独身闯天下,异域生活的艰辛令她不得不折磨自己的意志,对文学创作的执着追求支撑着她原本脆弱的灵魂"①。作品中郝忻在国内时的艰困生活正是林湄当年痛苦的投影。到了欧洲后,相对平静的生活让她感悟到:"经历、漂泊将我的视角、思考和文学意识带到一个崭新的位置,目前需要一个单纯、宁静、无喧嚣的写作环境,欧洲具备了这个条件。还因为孤独宁静、边缘看中心的距离感,令我的身心获得了大自由大自在,

---

① 徐锦忠:《有一种历程可通巅峰》,《江西日报》2004年9月17日。

有助于思考和创作"①，也使她"看清世俗所爱，不想违背自己的心意，在乎内心的真实感觉，只思考此生做了些什么"②。由此可见，林湄身心俱疲远离故土，在异国他乡艰难求生，一方面，她需要环境的宁静来思考和创作，来追求身心的自由，正如郝忻在异国他乡的追求一样，所以周志雄说："文学从来就是作家精神人格的外化，文学创作从来就是与作家自身的经历、个性、气质相关的"③。可以说，林湄是在审视自己的人生境况与心路历程的基础上，把自己对人生的思考和生命追求，形象地外化在郝忻这一独特的人物形象上。另一方面，现代社会因人类过度开采资源所导致的生态破坏、环境污染、种族歧视、性侵、恐怖暴力等给人类带来种种困扰的社会问题也让身历其境的林湄忧心忡忡，因此她在《天外》中借郝忻在现实社会中的困惑、矛盾和挣扎的心理历程独特生动地反映出现代人类生存的严峻现实，以及人们由此产生的彷徨、无奈、焦虑、恐惧等种种心理问题，形象地传达出作家对现实生活的独特观照和审视。

其次，郝忻形象的塑造也透露出浮士德精神对林湄创作的独特影响。浮士德是歌德笔下一个性格充满复杂性的经典人物，"浮士德是一个大自然的人、天然的人，同时又是能够反映矛盾、认识自身矛盾而毕竟在一定程度上陷入生活泥潭难以自拔的人"④，"他能体察出一个

---

① 江少川：《漂流、再思、超越——林湄女士访谈录》，《世界文学评论》2009 年第 1 期。
② 林湄：《保留精神的一片净土》，《文学自由谈》2011 年第 6 期。
③ 周志雄：《生存境遇的追问——张洁论》，人民文学出版社 2012 年版，第 172 页。
④ 周末：《人与自然：浅析〈浮士德〉自然观及其蕴含的人文精神》，《文艺生活》2015 年第 3 期。

理智的我和一个情感的我,两个我集合在一个人身上相互争夺"①。这一形象在《天外》中不时出现,影响着郝忻的生活态度,"郝忻因浮士德虽荒唐却博学、糊涂时能克制、享乐中有追求更加崇拜他"②,因此,作品中人性充满矛盾的郝忻效仿浮士德到人世间闯荡,想要感悟人生的真谛却被卷入了世俗欲望的洪流,在向浮士德请教如何不受欲望引诱时,浮士德说自己也很凌乱,否则就不会受到梅菲斯特的蛊惑了。可见,浮士德的困惑与矛盾也影响了郝忻的困惑与矛盾。当然,浮士德在欲望的干扰与人性的矛盾中并没有停止探索真理、寻求生命真谛的脚步,这同样也在郝忻的追求中得到体现,并对郝忻的生活起到了启发和鼓舞的作用。林湄认为:"歌德的悟性表现在浮士德身上,浮士德反映人类数百年的精神探索,表达了对人类理性力量的坚强信念"③,所以郝忻在经历了曲折坎坷的人生体验后,厌倦了忙忙碌碌的生活,意识到只有在翰林院和书房里享受自由的创作时光时内心才有真快乐,人性里种种困惑引起的挣扎也会暂时停止,获得心灵的安宁。由此不难看出浮士德精神对林湄塑造郝忻形象的独特影响。

其三,郝忻形象的塑造还传达出了林湄积极救世的人文关怀精神。写作是林湄传达她的人文情怀的重要方式,她曾经说:"我只是视文学为一项慈悲的事业,写作是我祈祷似的生存方式"④,所以林湄数十年如一日坚持创作,甘于清寂,不求报酬,"远离名利,远离市场,关注

---

① 严凌:《人性的低吟——评〈浮士德〉》,《青年与社会(下)》2013年第3期。
② 林湄:《天外》,新世界出版社2014年版,第557页。
③ 林湄:《感受边缘》,《河南广播电视大学学报》2005年第3期。
④ 林湄:《天外》,新世界出版社2014年版,第6页。

人，困境中的人，被现代文明抛弃的人，在现代文明中被压抑的人"[①]。可见，林湄希望自己的作品能够给当代人带来启发和反思，能够救赎人类的灵魂。她通过《天外》所创造的郝忻这个在欲望中挣扎的追求者形象，就是为了去关注像郝忻这样"困境中的人，被现代文明抛弃的人，在现代文明中被压抑的人"，并试图把这些陷入现代文明困境中的人拯救出来。同时也希望通过写作，来反思人类生存困境，寻找人类灵魂的家园，"她在关注东西方文化冲突、碰撞、相互接纳和融合的同时，更注重人的精神归属问题，也就是要寻找'灵魂'的家园"[②]。因此，在作品中，她借郝忻的矛盾心境和挣扎历程审视人类的生存困境，关注在困境中挣扎的现代人，寻求解决人性困惑的出路，希望通过内在信仰、精神自主和灵魂自由重建人类的精神家园，让心灵回归最初的纯净与美好。虽然林湄的救世构想在现实社会中不一定有效，但她这种积极救世的人文关怀精神和社会责任感恰恰是这部作品的独特价值所在。

总之，林湄笔下的郝忻形象是一个既独特又鲜活的艺术形象。他不是一个高尚完美的角色，但他也不低级猥琐，性格的多重复杂性使他的形象非常丰满，他既拥有中国式苟且、宽容和自我解嘲的生存哲学又具有积极进取、追求真理的浮士德精神，既渴望体验浮士德的入世生活又想逃避现实、专心做学问的精神追求，既想让自己变得高尚正直一点又摆脱不了内心的低级欲望。从他身上读者既看到了某种海外华人社会的真实生活图景，也把握到了一个海外华人生命追求的艰

[①] 林湄：《保留精神的一片净土》，《文学自由谈》2011年第6期。
[②] 新华网：《专访荷兰华人作家林湄：边缘作家的"多元化思考"》，http://www.XINHUANET.com，2005年1月4日。

难心路历程,从而给读者带来既独特又鲜活的审美体验。可以说,郝忻既是处在社会转型期的中国现代知识分子的一个投影,又是当代社会中一个特立独行的在人生欲望中挣扎的追求者形象。这一形象凝聚了作家对现代社会人生的洞察、思考与人文关怀精神,其人性矛盾的深刻性让人警醒和反思,在海外华文文学乃至中国当代文学中都具有独特的审美价值和现实意义。

林湄和方丽娜：
作为心灵灯塔的海外华文写作

闽籍荷兰华文女作家林湄曾在一次访谈中说："文学不是将世界在读者心灵的重现，而是作家要将最美好的东西展现给世界，即将心灵深处的体验和收获与读者一起分享，启迪劳苦愁烦的人们正确体认人类社会与作为人存在及命运的真谛，从而看到光明与希望。"① 从这段话可以看出，林湄将写作看作"可以看到光明与希望"的心灵灯塔，因为它照亮了生命，也照亮了这个世界。豫籍奥地利华文女作家方丽娜和林湄不约而同，也把写作当做烛照心灵的光亮，"文学的光照和润泽，是人类灵魂的栖息地和心灵的庇护所"②。我想，这应该也是许多海外华文作家共同的生命追求，由此我们才能明白，在海外那么艰难的生存环境中，有那么多华文作家能够几十年如一日坚持不懈地进行写作，并取得突出成绩的原因所在。从欧华女作家林湄与方丽娜的创

---

① 林湄、戴冠青：《文学的魅力与心灵的灯塔——荷兰华文女作家林湄访谈》，《名作欣赏》2017 年第 11 期。
② 方丽娜：《跨语境小说创作的感悟——在"欧华文学会"第二届国际研讨会上的发言》，法国尼斯大学 2018 年 6 月 18 日。

作就可以看出,文学写作在海外华文作家生命追求中的意义。

把写作当做思考人生之道的方式

林湄近几年一写就是几部大部头的长篇小说,如《天望》《天外》等,每一本都是沉甸甸的五六十万字,内容相当厚重。在 2016 年年底召开的第二届世界华文文学大会上,她的《天外》获得了第四届华侨华人"中山文学奖"。值得注意的是,她这几部小说的命名都与"天"有关。

林湄认为,"传统文化中的'天道''天理',意味万物均有始终、规律与轨道,即'顺存逆亡'。然社会变幻莫测,生命有限而短暂,在大自然与社会中随时会消失,那么人为什么要存活,活着的价值意义是什么?这是我喜欢思索的问题,故花 20 年时间书写《天望》与《天外》"①。因为人处地球表面,依感官觉察、意识改变和创造物质世界。但"天"是超世俗超人脑认识能力之外、虽眼不能见手不能触却与人类存活息息相关的,所以,人得用智慧认知"天"的真谛。

她的《天望》意为"天人相望",人不能只贪恋地面上的东西,也要关注"天"的存在,关注精神与灵魂问题。小说男主角弗来得具有宗教救赎思想,以简单对付复杂的社会,世人觉得他傻,他却觉得世人傻,认为众人活得又累又愚昧,个个均在追求财色和物质东西。她的《天外》意为"人在做,天在看"。30 多年来,中国的巨大变化也影响了海外华人,他们带着完美主义的理想,从东方到西方,不料

---

① 林湄、戴冠青:《文学的魅力与心灵的灯塔——荷兰华文女作家林湄访谈》,《名作欣赏》2017 年第 11 期。

西方渐渐没落，东方却在崛起，漂泊者自然对离散、移居、身份等词语有着更多的解读和理解。改革开放让人钱包鼓了，生活质量提高了，但人的欲望也膨胀了，为无尽的欲望所困，并不能获得真正的快乐与幸福。作者想要表现的是对人类整体精神状态在潜移默化中变得焦虑和浮躁的思考，充满悲悯的人文情怀。所以她在访谈中引用了黑格尔著作里的两句话："一个民族有一些关注天空的人，他们才有希望；一个民族只是关心脚下的事情，是没有未来的。"①

奥华女作家方丽娜作为后起之秀，近几年在创作上显示出了强劲实力，在《人民文学》《十月》《作家》《中国作家》等刊物上发表了70余万字作品，散文集《远方有诗意》《蓝色乡愁》，小说集《蝴蝶飞过的村庄》也相继问世。其中发表于《红岩》的中篇小说《斯特拉斯堡之恋》被《小说月报》转载，小说集《蝴蝶飞过的村庄》入选"中国文学新力量：海外华文女作家小说精选"。

方丽娜和林湄一样，都把写作当做烛照心灵的光亮，她说："写作是孤独的，尤其在万里之外，因而在写作过程中，能够遇到心有灵犀的同道和知音，格外令人欣喜和振奋。在生命之旅中能够与文学相伴，是幸福的。文学的光照和润泽，是人类灵魂的栖息地和心灵的庇护所。但写作，并不是我们对付孤独的一种手段，也不是解决身份焦虑的方式，而是一场贴近文学、有品质、有深度的心灵跋涉，是一项值得我们为之奋斗终生的事业。选择了它，就像在芸芸众生中找到那个陪伴自己一生的爱人。"② 她在接受王红旗教授的访谈时说："我们经常追

---

① 林湄、戴冠青：《文学的魅力与心灵的灯塔——荷兰华文女作家林湄访谈》，《名作欣赏》2017年第11期。
② 方丽娜：《跨语境小说创作的感悟——在"欧华文学会"第二届国际研讨会上的发言》，法国尼斯大学2018年6月18日。

问,人生是什么?人生也许就是怀着乡愁的冲动,到处寻找家园的过程。踏出国门,远离亲人,走得越远,回望故土的频率反而日渐增多"。"日常生活的过程,也是观察、学习、碰撞和交融的过程,在碰撞与交融中寻求自己的生存之道、幸福之道和自我发展之道,与此同时,我收获了一份沉甸甸的惊喜。这便是文学"①。

也许,林湄关注得更多的是超然物外的精神追求,方丽娜则注重生命之旅中深度的心灵跋涉,但是,把写作当作思考人生意义的重要方式,当作人生的发展之道却是她们共同的生命追求。

通过写作寻找灵魂栖息之地

林湄在《天望》中着重书写了一群异域人物的信仰追求,在《天外》中则塑造了一个在世俗欲望中挣扎的知识分子形象。方丽娜在散文集《远方有诗意》中寻找"人类诗意生活栖息地"②。其他欧华写作者也有很多这方面的书写。由此可以看出,欧华写作者对灵魂栖息与精神皈依问题的重视。

林湄认为,"信仰是民族文化的核心与精神灵魂的依托"。《天望》的时代背景是二十世纪末到二十一世纪初期的欧洲现实社会图像。用边缘作家的视野看地球村人的生存状况——经济不景气的颓丧主义,排外和厌战情绪,信仰日益没落,崇尚享乐谈不上人情与伦理,加上

---

① 方丽娜、王红旗:《用"乡愁"记忆追寻人类精神生态流变——从奥华女作家方丽娜的作品集〈蝴蝶飞过的村庄〉〈蓝色乡愁〉谈起》,《名作欣赏》2018年第3期。

② 方丽娜、王红旗:《用"乡愁"记忆追寻人类精神生态流变——从奥华女作家方丽娜的作品集〈蝴蝶飞过的村庄〉〈蓝色乡愁〉谈起》,《名作欣赏》2018年第3期。

多民族间的文化碰撞冲突、漠视环保工作以及因情爱、宗教、漂泊等现实问题的矛盾与困扰，人心难有平安。林湄让各民族的历史、文化传统、生存方式、风俗习惯、心理和性格特征、行为、情感等均融在"文化大本营"里得到彻底展现与暴露，揭露了纷繁复杂的各种社会问题。认为现代科技经济的高度发展只能提供人类日常生活的简便与感官的愉悦，并没有改变人的命运或减少人类生存意识中的心理负荷，如彷徨、不安和无安全感，也不能提供人类的爱与情感。所以她觉得要依赖信仰来获取这种解脱，因为"人是一种相当依赖精神的生物，信仰就是灵魂世界最重要的信赖对象，因而，面对人类灵体关系失衡的现象，作为作家，我有了负担和忧患感，但又无法改变现实，写作便成了我职责的最佳途径"①。

她的《天外》是以天外的视角叙述地球村多元文化社会背景下，移民的婚姻爱情家庭在变动生活中呈现的真实"图景"，内容涉及时代气息、社会动态、物欲诱惑以及与人类生存息息相关的情感、生死、无常、代沟、教育、信仰、环保、政经、文明与情感和"性意识"等问题。她认为，世界变了，人类的生活与婚姻爱情家庭状况何能不变？生活在地球村里，不同文化与精神包袱和社会背景，使得人与人之间难有共识和信任感，只能通过忍耐、顺应、弃执、少欲才能和睦共处。小说的高潮出现了一种骷髅意象，她试图以生命之恩，生存之悟，颠覆传统爱情婚姻家庭观，重构价值理想，进一步思考欲望、自我、狭隘的生存意识和人生的"第二重悲凉"。

小说还质疑了萨特所说"个人拥有选择的自由，并可自由选择自

---

① 林湄、戴冠青：《文学的魅力与心灵的灯塔——荷兰华文女作家林湄访谈》，《名作欣赏》2017年第11期。

我"的观念。小说男主人公郝忻是个在世俗生活中挣扎求义的知识分子。他一开始生活在受困中,先受身份、政治等问题困扰,以为出国了可解脱,不料又堕于家庭的捆绑,除了本身性格柔弱无法活出自己外,追究原因,是长期受压引发人格的异化,即使认识到外面世界的人生真谛,也无法改变自我的奴性。林湄通过这一人物的塑造,呈现出人性的本有欲望及个性在现实生存的无奈,认为人类实际上仍活在彷徨犹豫"由不得自己"的处境里,谈不上心想事成,只好在求生存和精神苦难里接近信仰,力求得到超脱,进入宁静从容的人生意境。

方丽娜在长期的欧洲生活中,感受到了宗教力量的无处不在。她说:"我先生是天主教徒,虽然他很少到教堂定期做礼拜,但在他身上,除了欧洲绅士常见的教养之外,不时散发出一种宗教般的虔诚和真纯。那种发乎内心的道德自律,那种与生俱来的人文情怀,胜似任何法律约束。"[①] 王红旗认为,方丽娜"创作最突出的特点,是把在异国的人生境遇与灵魂深处的'乡愁',升华为一种人类精神生态流变的寻找与回望",方丽娜的寻找"是对'人类诗意生活栖息地'理想的执着追寻"[②]。

其实,方丽娜在《死海之吻》等篇章中也蕴藉地传达了她追寻这一理想的独特情怀,如"今天的死海,便由约旦与以色列共同拥抱,两国以死海为界,共享同一轮太阳,同一片海水"[③],表现了她渴望世

[①] 方丽娜、王红旗:《用"乡愁"记忆追寻人类精神生态流变——从奥华女作家方丽娜的作品集〈蝴蝶飞过的村庄〉〈蓝色乡愁〉谈起》,《名作欣赏》2018年第3期。

[②] 方丽娜、王红旗:《用"乡愁"记忆追寻人类精神生态流变——从奥华女作家方丽娜的作品集〈蝴蝶飞过的村庄〉〈蓝色乡愁〉谈起》,《名作欣赏》2018年第3期。

[③] 方丽娜:《死海之吻》,载《蓝色乡愁》鹭江出版社2017年版,第200页。

界和平的愿望与理想；又如"她们身上的黑袍子都穿了一千多年了，那样自得其乐，安之若素，我们就无须杞人忧天了"①，传达的则是对阿拉伯女人穿黑袍子的理解与尊重。这些书写都是"运用牵一发而动全身的细节，表达出意识深层里，对不同民族国家、不同宗教信仰的平等、包容与尊重"②。

林湄的两部小说均反映了科技与经济高度发展的社会并未能真正给人类带来快乐与幸福，揭示了人性在物质文明及诸多变化中容易被异化，甚至走向集体迷失的精神困境，由此发出了自己对生命存在的价值意义的叩问，以及通过信仰追求摆脱迷茫与无奈的呼吁；方丽娜则把写作当做一种"人类精神生态流变的寻找与回望"③。由此可见，她们所思考和寻找的其实都是灵魂栖息之地与精神皈依之处，都力求以此获得精神的超脱与人生的升华。

在写作中审视人性困惑与迷茫

方丽娜说："这个世界，向来是繁华与阴暗同在，温暖与凄凉并存，无论东方还是西方，浮华背后都隐藏着触目惊心的隔膜、沧桑、麻木、绝望，纷繁复杂，五味杂陈。如何写出我们日常生活里的惊心动魄，在读者自以为熟悉的地带发现习焉不察的一切，在困境中寻求

---

① 方丽娜：《死海之吻》，载《蓝色乡愁》鹭江出版社2017年版，第202页。
② 方丽娜、王红旗：《用"乡愁"记忆追寻人类精神生态流变——从奥华女作家方丽娜的作品集〈蝴蝶飞过的村庄〉〈蓝色乡愁〉谈起》，《名作欣赏》2018年第3期。
③ 方丽娜、王红旗：《用"乡愁"记忆追寻人类精神生态流变——从奥华女作家方丽娜的作品集〈蝴蝶飞过的村庄〉〈蓝色乡愁〉谈起》，《名作欣赏》2018年第3期。

人性的温暖、救赎和情感的皈依，由中国经验努力升华到人类普遍经验的高度……这是我在创作过程中孜孜以求的目标和境界，为了抵达这种境界，我始终边学习，边写作，并为此付出了艰苦的努力。"① 她还说："我力图在多元文化的背景下，营造一个流动的场域和思考空间，在现实世界和精神世界的临界点，呈现人心的柔软、荒凉、纠结、困顿。"②

这种对人性迷茫与困顿的思考与审视，也是方丽娜小说书写中着重表现的一个方面。不久前发表于《人民文学》的小说《夜蝴蝶》是由一桩发生在河南西部矿山的真实杀人案而引发创作的。小说写了矿区的三个同龄女孩儿，其中一个女孩因其父矿长的特权而人生优越，因此引起两个同伴的嫉妒并遭到杀害。方丽娜在谈到这部小说的构思心理时说："在构思这篇小说的过程中，我思虑最多的是，为什么昔日一同长大的好友，能够转瞬之间反目成仇，甚至不惜杀掉对方？究竟是什么原因，让一个如花似玉的少女，对自己的同伴痛下杀手"？"想想看，三个同龄女孩儿，在同样的环境下成长，以同样的起点步入同一所学校念书，从小学到中学，而后来的命运，却大相径庭。……另外两个女孩儿呢，只能眼巴巴望着自己的同伴，渐行渐远，内心的艳羡和凄惶，自不待言。这对一个有思想有追求的妙龄少女而言，尤其残酷。因为没有出头之日，便只能像自己的父辈一样困守深山，忍受死亡一般的寂静与绝望"。"绝望，是天底下最可怕的东西，它可以导

---

① 方丽娜：《跨语境小说创作的感悟——在"欧华文学会"第二届国际研讨会上的发言》，法国尼斯大学 2018 年 6 月 18 日。
② 方丽娜：《跨语境小说创作的感悟——在"欧华文学会"第二届国际研讨会上的发言》，法国尼斯大学 2018 年 6 月 18 日。

致人疯狂，进而做出异乎寻常的举动"①。

王红旗认为："从某种意义上讲，叙事者'我'走出国门，经历了'逃遁'而穿越了精神荒原，有了敢于直面人生的勇气与智慧，才敢于把这'夜蝴蝶'的故事告白于天下"。"人性的逼仄和幽暗，俗世的浮躁与苍凉，存在的悖论和困境，灵魂的虚无与追问，在此一一呈现。每个人都有从善到恶，从明亮到黑暗，不同性别和视觉给出了不同的答案。在作品里注入一些海外元素，是为了把距离拉开，形成一个大的场域和思考空间。在中西方文化的交织与碰撞中，在现实世界和精神世界的临界点，由中国经验，努力升华到人类普遍经验的高度"。"小说挖掘出封闭与开放、传统与现代、物质与精神，在个体生命深处与生存世界意识流里惊心动魄的博弈。这不只是个体人的精神困境、函镇人的精神困境，已经是全人类的精神困境"②。我觉得王红旗的评析确实是比较深刻地发掘了方丽娜创作的独特意义和生命追求。

林湄同样在其书写中不断思考和审视人性的困惑与迷茫，其笔下的人物，不管是《天望》中的弗来得还是微云，抑或是《天外》中的郝忻等，在人生追求中也都体现出一种矛盾、起伏、挣扎，甚至是困惑和迷茫的特点，这与林湄的生命体验和人生经历有关，也传达出她对人性困惑的某种审视和思考。

21世纪初的世界处于转型时期，整个社会被污浊的环境、泛滥的

---

① 方丽娜、王红旗：《用"乡愁"记忆追寻人类精神生态流变——从奥华女作家方丽娜的作品集〈蝴蝶飞过的村庄〉〈蓝色乡愁〉谈起》，《名作欣赏》2018年第3期。

② 方丽娜、王红旗：《用"乡愁"记忆追寻人类精神生态流变——从奥华女作家方丽娜的作品集〈蝴蝶飞过的村庄〉〈蓝色乡愁〉谈起》，《名作欣赏》2018年第3期。

物欲和权欲充斥着，地球村人在无休止的欲望追求里迷失了自我，恐怖、暴力、出轨、性侵等事件频频发生，人类社会陷入了整体道德滑坡、理性倒退的尴尬处境。特别是对于移居海外、想要在异域安居落户的华人来说，思想更加迷茫，他们在功利主义弥漫的红尘里忙碌地穿梭，机械性的竞争与攀比导致内心没有平安快乐却充满挑战的紧张感和压迫感。林湄《天外》中的郝忻就是这样一个在多元化社会各种欲望的诱惑中痛苦挣扎的艺术形象。他说："一个灵魂多次批评我，另一个灵魂却不听话，一个灵魂想要挣脱另一个灵魂的束缚，却被死死地抓住"①，渴望自由却被压抑的状态体现出了郝忻人性矛盾中的挣扎，这种痛苦的挣扎同时也带给他深沉的理性思考，让他的精神境界得到提升，他开始慢慢认清自己，在面对欲望和死亡时，"最终明白生命的真谛在于每天每日去开拓生活和自由"②。

　　郝忻形象的塑造体现出林湄对人生境况与人类生存现实的独特审视。一方面，她青少年生活在中国社会动荡不安的时期，现实社会中太多的艰难困顿令她痛苦不堪，"林湄从小喜欢文学创作，'文革'时期因知青身份付出了被批斗、人身攻击的惨痛代价，1973年身心受创的她由上海移居香港，在文学界和新闻出版界崭露头角，事业的成功却带来了婚姻的失败，1989年带着两个幼儿来到欧洲再次独身闯天下，异域生活的艰辛令她不得不折磨自己的意志，对文学创作的执着追求支撑着她原本脆弱的灵魂"③。作品中郝忻在国内时的艰困生活正是林湄当年痛苦的投影。可以说，林湄是在审视自己的人生境况与心路历

---

　　① 林湄：《天外》，新世界出版社2014年版第553页。
　　② 杨恒达：《林湄〈天外〉：一部融汇中西人文探索的力作》，《文艺报》2015年3月20日。
　　③ 徐锦忠：《有一种历程可通巅峰》，《江西日报》2004年9月17日。

程的基础上，把自己对人生的思考和生命追求，形象地外化在郝忻这一独特的人物形象上。另一方面，现代社会因人类过度开采资源所导致的生态破坏、环境污染、种族歧视、性侵、恐怖暴力等给人类带来种种困扰的社会问题也让身历其境的林湄忧心忡忡，因此她在《天外》中借郝忻在现实社会中的困惑、矛盾和挣扎的心理历程独特生动地反映出现代人类生存的严峻现实，以及人们由此产生的彷徨、无奈、焦虑、恐惧等种种心理问题，形象地传达出作家对现实生活的独特观照和审视。

林湄认为，《天望》与《天外》小说中的人物均是现实生活群体的代表，借几个家庭主角的不同命运和日常生活发生的各种问题与麻烦，反映现代人心灵被物质、财色、贪婪、享乐等所异化，而处于"明知不可为而为之"的状态。至于人生仕途与追求中出现的一些矛盾、起伏、挣扎甚至困惑和迷茫，是常有也是正常的现象。她说，"我的生命体验和人生经历有助于我对不同种族、人性、文化与世俗世界的了解和解读。……可以说小说里各式各样的人物均是我生存的现实社会里耳闻目睹的鲜活人物的投影"[①]。因此，作家进行了"形而下"观察，再将现实生活中不同人经受的苦辣酸甜、喜怒哀乐、无奈无助、彷徨迷茫等现象，置于"形而上"的思考，进而塑造出既真实又有代表性的艺术形象，并通过他们的命运遭际勾勒出一幅幅时代的艺术图景，使之成为"地球村"时代不同种族、不同身份、不同文化差异的人类生存状态的文学镜像。由此传达出作家充满人文关怀的发现和思考。

[①] 林湄、戴冠青：《文学的魅力与心灵的灯塔——荷兰华文女作家林湄访谈》，《名作欣赏》2017年第11期。

海外华文文学是一道独特的人文景观，其产生于流离和漂泊。作者们带着不同的时代烙印、文化背景与个人经历流散世界各地，社会文化、民俗风情以及生存环境、人生际遇与原乡不同，加上各人的品学、素养、世界观、人生观、爱情观的差异，因而，华文作家笔下的文学题材、书写的生命故事、人物命运的价值取向自然丰富多彩、景象万千。林湄认为，在这道风景里，她作为海外华文文学创作者之一感到荣幸又不幸，荣幸的是在闯荡世界中获得新视角新经历。新的生存环境与际遇，新的社会制度和文化景观，不仅开拓了她的视野，改变了她审视社会人生的标准，令她在多元文化的地球村里有机会重思过去不够重视或忽略的东西，如叩问生命、人性、现实、历史、未来等人生的重大问题，并从中关注不同种族、社会各阶层人士的个性与共性问题，思考各种族社会人群间和谐共处的重要性与迫切性。所以，《天望》与《天外》小说中无论微小的或重大的真善美与假丑恶，均是这个生存世界无处不在、无所不见的人性流露或灵魂深处的呈现。

正像方丽娜所说的，"作为一个女性写作者，不仅要跨越时空还要有超越性别的勇气和担当，用文字穿越世间万象，在呈现与反思的过程中不规避生活的阴冷，正视人性的困厄，通过对人物命运的追踪，最终实现对人性的挖掘。因为其人物命运，不只归咎于环境和地域的改变，而是共同的人性使然"[①]。由此可见，在闯荡世界中获得新视角和新经历，再通过写作反身审视人性的困惑与迷茫，思考这一精神困境的原因所在，可以说是以林湄与方丽娜为代表的欧华作家的共同追求。

---

① 方丽娜：《跨语境小说创作的感悟——在"欧华文学会"第二届国际研讨会上的发言》，法国尼斯大学2018年6月18日。

以写作传达独特的人文关怀

我们发现《天望》注重的并不是小说情节的跌宕起伏，也不是人物性格的深入刻画，而是建立在移民、战争以及文化冲突等当今人们普遍关心的问题上的一个个关于人生意义与人生选择的追问，最终达到把精神归属问题摆在当今世人面前的目的，带着浓厚的宗教救赎情怀。

林湄认为，文学是生活的影子，也是时代的艺术留影。传统小说注重编故事营造一个有别现实生活的虚构世界来满足读者的需求，但今天读者的知识面更广，生活丰富、文化多元，需求要求也高，文学作品若依旧靠故事情节的跌宕起伏，有时很难承载作者要传达的世界观与宇宙观，以及深层哲理、情感、多元文化、情绪等领域的张力与思绪。而且现代世界又是如此复杂多彩，生态、种族、语言、习惯及原先一些深奥学科日益普及化的同时，现代人更关注的是社会问题、人存在的价值意义、命运、际遇以及人类的未来与前景等。以情节取胜的传统文学若缺少令人启迪和思考的东西，就无法提供作者与读者的互动关系。

方丽娜也认为，"无论何时，不同国度、不同境遇下人性的走向与裂变，是我一直关注的。而对于身边从未停息的移民现象，也是我长期思考和困惑的。为什么我们的国家发展了，中国人富裕了，仍旧对移民国外，乐此不疲？对于这一问题，也许是我们上上下下的每一个中国人，应该认真思考的"①。正是这种人文关怀精神，使她在《处女的冬季》《蝴蝶飞过的村庄》《不戴戒指的女人》《花粉》《陌生的情人》《迈克尔的女生》等一系列中短篇小说中，把关注的目光投向了与自己有相同经历的海外女性跨国婚恋的悲欢离合。如中篇小说《蝴蝶飞过的村庄》书写了两名不同背景的知识女性以旋与若曦由中国飘荡到欧洲的不同命运遭际，其中所透露的人文关怀情愫深沉而热切，正像瑞士作家兼评论家朱文辉所说："离乡背井，浪迹天涯，最终落足异域，如何安身？如何立命？怎么随机随缘地调整自己的境遇，进而掌握命运？这篇小说富有启示意味，至少在两位中国女性身上，让人隐约看到了一丝亮光。作者对于个性迥异的两个中国女性的描写，对她们命运走向的处理，既饱含人文同情，又融入了同胞物兴和万物一体的仁爱观照"②。王红旗也认为，方丽娜"在海外的创作，特别关注华人女性在陌生欧洲的生活状态、生存困境、情感心理，自信与自立。表现出近年来海外华文女性文学创作的新特点，即对女性个体心理与精神生态流动性的考察性书写。小说在现实批判里总是赋予一种女性关怀，从华人女性异国婚恋情感的日常生活现实出发，不仅揭示出东西方文化的差异与冲撞，而且表现出华人女性在生存困境中自觉的'突围'意识、融合愿望与精神气象"③。

---

① 方丽娜、王红旗：《用"乡愁"记忆追寻人类精神生态流变——从奥华女作家方丽娜的作品集〈蝴蝶飞过的村庄〉〈蓝色乡愁〉谈起》，《名作欣赏》2018年第3期。
② 方丽娜、王红旗：《用"乡愁"记忆追寻人类精神生态流变——从奥华女作家方丽娜的作品集〈蝴蝶飞过的村庄〉〈蓝色乡愁〉谈起》，《名作欣赏》2018年第3期。
③ 方丽娜、王红旗：《用"乡愁"记忆追寻人类精神生态流变——从奥华女作家方丽娜的作品集〈蝴蝶飞过的村庄〉〈蓝色乡愁〉谈起》，《名作欣赏》2018年第3期。

我们看到，不管是林湄还是方丽娜，抑或是其他欧华作家的海外书写，对当下人类生存境遇与精神归属的独特审视与人文关怀，始终是她们不懈的生命追求。正如林湄所说，"优秀作家的书写，其审美价值首先是体现在富有人文与终极关怀的载体上，如陀思妥耶夫斯基、歌德、莎士比亚，他们书写的都是人生的重大问题与困扰，读之能触及人的灵魂，扣住人的思绪，安稳人飘忽不安的心灵，帮助读者寻得生命途中的坐标。当下，我们正处在多灾多难、渐污渐臭的世界，物质越来越丰富，精神世界却越来越贫乏，心灵情感也越来越孤独无助、彷徨迷茫，因而，触及灵魂的救赎问题、真善美与假丑恶的博弈，便是作家应该具有的求索、思考和构思"[①]。方丽娜则表示："我的创作才刚刚开始，我希望通过努力不断逼近人物的心灵深处，进一步打开人性的复杂迷宫，找到自己把握世界与人生的独特视觉和叙述方式，更准确地呈现人性深处的东西"[②]。林湄还希望文学不是将世界放在读者心灵上重现，而是要将最美好的东西展现给世界，将心灵深处的体验和收获与读者一起分享，由此启迪劳苦愁烦的人们正确体认人类社会与作为人存在及命运的真谛，从而看到光明与希望，由此得到精神上的快乐。

由此可见，许多像林湄、方丽娜一样的海外作家正是将写作看作"可以看到光明与希望"的心灵灯塔，因为它照亮了生命，也照亮了这个世界，所以他们独特的人生追求得到了读者共鸣，也启迪人们在这

---

① 林湄、戴冠青：《文学的魅力与心灵的灯塔——荷兰华文女作家林湄访谈》，《名作欣赏》2017 年第 11 期。

② 方丽娜、王红旗：《用"乡愁"记忆追寻人类精神生态流变——从奥华女作家方丽娜的作品集〈蝴蝶飞过的村庄〉〈蓝色乡愁〉谈起》，《名作欣赏》2018 年第 3 期。

个纷繁复杂的多元世界里对光明与希望的向往。在2016年年底召开的第二届世界华文文学大会上，林湄的长篇小说《天外》和其他几部海外华文作家作品同时获得了第四届华侨华人"中山文学奖"，也见证了读者对海外华文作家写作的充分认可与肯定。

林湄访谈：
文学的魅力与心灵的灯塔

问：林湄姐，您与其他海外作家不同，近几年一写就是几部大部头的长篇小说，如《天望》《天外》等，每一本都是沉甸甸的五六十万字，内容也相当厚重。请问您是怎么给这几部小说命名的？是不是都与"天"有关？

答：是，都与"天"有关。人处地球表面，依感官觉察、意识改变和创造物质世界。"天"是超世俗超人脑认识能力之外、虽眼不能见手不能触却与人类存活息息相关的一种"虚空"，然科学家已证实"虚空"也是一种存在，可惜不是每个人对它都有灵感，因看不到"上帝"的任何模样，也听不到他的声音，但有人能在地上显现万象的规律里，不由自主地膜拜"神奇"与"恩泽"，与天关系像弦与声配合的那么和谐美好。所以，人得用智慧认知"天"的真谛。

传统文化中的"天道""天理"，意味万物均有始终、规律与轨道，即"顺存逆亡"。然社会变幻莫测，生命有限而短暂，在大自然与社会中随时会消失，那么人为什么要存活，活着的价值意义是什么？

这是我喜欢思索的问题，故花 20 年时间书写《天望》与《天外》。

《天望》意为"天人相望"，人不能只贪恋地面上的东西，也要关注"天"的存在。简单地说，也得关注精神与灵魂问题。小说男主角弗来得具有宗教救赎思想，以简单对付复杂的社会，世人觉得他傻，他却觉得世人傻，认为众人活得又累又愚昧，个个均在追求财色和物质。

《天外》意为"人在做，天在看"。30 多年来，中国发生了巨大的变化，也影响了海外的华人，他们带着完美主义的理想，从东方到西方，不料西方渐渐没落，东方却在崛起，漂泊者自然对离散、移居、身份等词语有着更多的解读和理解。改革开放令人钱多了、生活质量随之提高，然人性欲望无尽，故终日劳苦愁烦，依然没获得真正的快乐与幸福。永恒仁慈的上帝看到红尘滚滚中的人类整体精神状态在潜移默化中变得怪诞、萎缩或不知所措的焦虑和浮躁，便充满了忧伤与悲悯。

说来也巧，不久前读到黑格尔著作里的两句话，非常高兴，他说"一个民族有一些关注天空的人，他们才有希望；一个民族只是关心脚下的事情，是没有未来的。"

问：你在《天望》中着重书写了一群异域人物的信仰追求，在《天外》中则着重塑造了一个在世俗欲望中挣扎的知识分子形象，不知道您这样着笔有什么创作意图？两部小说有相通的地方吗？

答：信仰是民族文化的核心与精神灵魂的依托。

《天望》不光是信仰追求的问题。其时代背景是二十世纪末到二十一世纪初期的欧洲现实社会图像。用边缘作家的视野看地球村人的生存状况——经济不景气的颓丧主义，排外和厌战情绪，信仰日益没落，崇尚享乐谈不上人情与伦理，加上多民族间的文化碰撞冲突、漠视环保工作以及因情爱、宗教、漂泊等现实问题的矛盾与困扰，人心难有平安。通俗地说，各民族的历史、文化传统、生存方式、风俗习惯、心理和性格特征、行为、情感等均融在"文化大本营"里彻底展现与暴露，其间有各式各样栩栩如生的个相，他们除了具有共同的求生欲外，还有各种不同的形而上追求与思考，使得社会问题更为麻烦与复杂。

现代科技经济的高度发展只能提供人类日常生活的简便与感官的愉悦，并没有改变人的命运或减少人类生存意识中的心理负荷，如彷徨、不安和无安全感，也不能提供人类的爱与情感。

再说，人是一种相当依赖精神的生物，信仰就是灵魂世界最重要的信赖对象，因而，面对人类灵体关系失衡的现象，作为作家，我有了负担和忧患感，但又无法改变现实，写作便成了我职责的最佳途径。

《天外》是以天外的视角叙述地球村多元文化社会背景下，移民的婚姻爱情家庭在变动生活中呈现的真实"图景"，内容涉及时代气息、社会动态、物欲诱惑以及与人类生存息息相关的情感、生死、无常、代沟、教育、信仰、环保、政经、文明与情感和"性意识"等问题。世界变了，人类的生活与婚姻爱情家庭状况何能不变？

生活在地球村里，不同文化与精神包袱和社会背景，使得人与人之间难有共识和信任感，只能通过忍耐、顺应、弃执、少欲才能和睦共处。小说高潮是骷髅意象。以生命之恩，生存之悟，颠覆了传统爱情婚姻家庭观，重构价值理想，再思欲望、自我、狭隘的生存意识和人生的"第二重悲凉"。

小说质疑萨特所说"个人拥有选择的自由,并可自由选择自我"的观念。男主角郝忻是个在世俗生活中挣扎求义的知识分子。他一生活在受困中,先受身份、政治等问题困扰,以为出国了可解脱,不料又堕于家庭的捆绑,除了本身性格柔弱无法活出自己外,追究原因,是长期受压引发人格的异化以及即使再识外面世界的人生真谛,也无法改变自我的奴性,呈现人性的本有欲望及个性在现实生存的无奈,人类实际仍活在彷徨犹豫"由不得自己"的处境里,谈不上心想事成,只好在求存和精神苦难里接近信仰,力求超脱、宁静从容的人生意境。

两部小说均反映科技与经济高度发展并未能给人类带来快乐与幸福。人性在物质文明及诸多变化中容易被异化,甚至走向集体的迷失;对生命存在价值意义的叩问与前景忧患的同时,不知所措的迷茫与无奈。

问:您笔下的人物,不管是《天望》中的弗来得还是微云,抑或是《天外》中的郝忻等,在人生追求中都体现出一种矛盾、起伏、挣扎,甚至是困惑和迷茫的特点,这是不是与您的生命体验和人生经历有关?或者说,也传达了您对人性困惑的某种审视和思考?

答:《天望》《天外》不是我生命经历的投影,小说中的人物均是现实生活群体的代表,借几个家庭主角的不同命运和日常生活发生的各种问题与麻烦,反映现代人心灵多被物质、财色、贪婪、享乐等所异化,常处于"明知不可为而为之"的状态。至于人生仕途与追求中出现一些矛盾、起伏、挣扎甚至困惑和迷茫,是常有而正常的现象。

我的生命体验和人生经历有助于我对不同种族、人性、文化与世俗世界的了解和解读。也就是说,我平时也喜欢观察各式各样的人在现实社会不同场所呈现的言行举止及由此流露出的心思意念，如尔虞我诈、弱肉强食等种种假丑恶或真善美现象。可以说小说里各式各样的人物均是我生存现实社会里耳闻目睹的鲜活人物的投影。只是，各个生命均标有灵与体、精神与物质、生与死、高贵与平庸、正义与邪恶等文化符号，而文学作品是现实生活的"显微镜"，尤其身处历史悠久、文化多元的欧洲大陆，经过文艺复兴——工业革命——科技革命，到现代社会政经的大组合、大变化、大起落、大悲欢，作家不书写不描述，可惜啊。

面对以上现实，作家应"形而下"观察，再将现实生活中不同人经受的苦辣酸甜、喜怒哀乐、无奈无助、彷徨迷茫等现象，置于"形而上"思考，进而写出具真实代表性的艺术形象，并勾勒成一副副时代的艺术图景，让后人通过文学的镜像看到不同种族、身份、移民、难民、文化与传统习惯的差异在"地球村"时代的命运与际遇，也算是一种善行。

为了更好地提升作品的质量，作家应尽力将有限的素材经沉淀、过滤再升华到对整体人文主义思想的再识和思考，从而找到自己的发现，而不是依景照相的图片。

问：您的生命经过了一次次的移植，您祖籍福建福清，出生于泉州，童年被送到福清乡下祖母家，后到福清县城读书，年轻时曾到上海发展，后来移居香港，最后定居在远离家乡的欧洲荷兰。人生经历了三个"零"的起步，每一次都需要慢慢地适应语言、文化、习惯的不同，忍受失根的痛苦。《天望》《天外》这两部长篇小说的创作是否是您异域生活的影子或再现？在《天望》中，您借微云的口说："你永远无法理解一个离乡背井、寄人篱下者的感受和体会,当一个人温饱都谈不上的时候,还有什么尊严和屈辱性的痛苦"?这是否也是您艰难的人生追求的一个投影?

答:人是有命运的。命运除与自己情商智商有关外也与生存环境相系。我的"移植"与以上两种因素均有关系,主观上说,自己不喜欢朝九晚五的工作,过不了那种看老板脸色而毫无自主的日子,喜欢自由而有尊严、充实又富挑战的生活。然而,世界复杂多变,当命不由我的时候,只能在"毫无选择"中选择下一步的去处。

因流离漂泊,必然要面对"零"的起步,那么,适应新环境、忍受失根的痛苦等际遇,自然在所难免。加上对文学的不离不弃的挚爱与痴迷,文学创作总与我同在,只是,我们均多少被新社会新环境"异化"了。

海外华文文学是一道独特的人文景观,其身份多样多变,既充满历史感又有新鲜感,是中华文学不可缺少的一部分,但又似是而非,其因源于流离和漂泊。各人带着不同的时代烙印、文化背景与个人经历流散世界各地,社会文化民俗、风情以及生存环境、际遇与原乡不同,加上各人的品学、素养、世界观、人生观、爱情观的差异,因而,华文作家笔下的题材、选择的现实生活的故事、人物命运的取向自然丰富多彩、景象万千。在这道风景里,我作为海外华文文学创作者之一感到荣幸又不幸,荣幸的是在闯荡世界中获得新视角新经历。新的生存环境与际遇,新的社会制度和文化景观,不仅开拓了我的视野,改变了我审视社会人生的标准,令我在多元文化的地球村里有机会重思过去不够重视或忽略的东西,如叩问生命、人性、现实、历史、未来等人生的重大问题,并从中关注不同种族、社会各阶层人士的个性与共性问题，有了以上的大前提，便感悟到各种族社会人群间和谐共处的重要性与迫切性。

思想与审美观起变化，创作题材、内容与思想也随之告别过去，换上新面貌。何况真正的好艺术，时间永远不会让它缺席，而保持得了位置的是读者能在艺术中窥视与触摸到时间无法书写与倾诉的真实时代的动态、情绪及景物，而不是小我的喜怒哀乐与好恶，所以，《天望》《天外》没有我个人的影子或经历，小说中无论微小的或重大的真善美与假丑恶，均是我们生存世界无处不在、无所不见的人性流露或灵魂深处的呈现。

当然，我不否定在适当的时间适当的处境、于我的文学艺术创作中反映自己追求真善美艰难人生的投影。

问：2004年，您曾在《东南早报》的一篇报道《〈天望〉作者的出生地在泉州》中对记者说："《天望》就是天人相望，现代人往往自视甚高，每天忙忙碌碌，但要问他到底忙个什么，在生活中到底要什么，他又说不上来。这说明人活得聪明还不够，还要活得有智慧。"又说："我也在寻找这种智慧，并在寻找的过程中获得了世人难以理解的平安喜乐。"这是不是意味着写作正是您正在寻找的人生智慧？能否说说写作对您的海外生活的影响和收获？

答：人类整天忙碌不外是为了生计，但人性欲望无穷，即使解决了生计问题，也难以抵制财色名位的诱惑。且看社会上聪明的人想方设法得到了财色名位，有几人真满足并拥有真快乐？

人活得又忙又累、贪得无厌永不满足，或拥有财权名位后也不懂回馈社会，就是没智慧。

殊不知人得到的一切财富有天都会离你而去。《圣经》"箴言"写道："得智慧得聪明的这人便为有福。因为得智慧胜过得银子，其利益强过精金，比珍珠宝贵。你一切所喜爱的，都不足与比较。他右手有长寿，左手有富贵。他的道是安乐，他的路全是平安"。所以，人生最难得最宝贵又恒久不毁的财富是智慧，可惜不是每一个人对"智慧"这两个字感兴趣。

悟性是上天赋予的。我自小就喜欢接近智慧，若看到与智慧相系的一句话、一行为、一行字，心灵均被深深地撼动且铭记不忘。成年后多在生活的漫长实践中及圣贤书本里寻找智慧。

如读到好书便欢喜若狂，即将获得的领悟一条一节地梳理或记录书卡或做笔记，如是精神美餐不仅令我神驰心怡，连肉体也觉得轻便了。久而久之认识世界的能力便从尽人力、顺天命到天人合一的时空里。因而，读书求知不但没令我勤奋辛劳而感到怠倦，反而在心驰书海中理清了"聪明"与"智慧"的差异。所以数十年来，无论外在世界如何五彩缤纷或黄金铺地的闪耀，我心依然不动，清心专心静心做自己喜欢的事，从中享受内心的淡然，宁静，自在与安康。

在此有两点说明，其一，不是"写作正是您在寻找的人生智慧"而是智慧在启迪我的写作，我从来不求发财和名位，但经常在祈祷中对上天求智慧。其二，不是写作对我海外生活的影响和收获。而是海外生活与阅历给我很多收获与影响，即海外生存环境给予我寻思、求索、思考智慧的机会，写作不仅充实了我海外的生活，也从中印证探索真理与真善美道路崎岖，需要自信、勤奋、千锤百炼与意志。

问：是不是可以说，你的写作与海外生活是互为影响互为收获的？

您在小说中说："我听从一种上好的呼唤，是因为在它那里获得了比'欲望'和'感官'更美好更着心的东西"，"肉体虽然受苦，却荣耀了真理"，力图说明信仰对世俗人生的重要性。从您的人生追求来看，信仰追求是如何体现您的人生价值的？您能否具体说明一下这段话的意义？

答：我7岁被父母送到乡下与奶奶一起生活，奶奶是位不善言辞裹着三寸金莲的女性，我是在其言行举止里感受她的性情与品性，她善良仁爱、温顺可亲，因有外汇，一生助人为乐、悯恤孤儿寡妇和穷人，得到全村人的爱戴。还经常对我说"施比受更为有福""做人不要太厉害，有利就有害。"待我十六岁看了笛卡尔的散文体哲学《卡里莱与笛木乃》后，觉得卡里莱忠厚本分、正直无邪，笛木乃为了高人一等、嫉妒忠良、陷害贤能、逢迎拍马、排挤异己、挑拨离间，卡里莱不断规劝笛木乃要善别是非、弃恶从善，笛木乃根本不听劝告，结果终得恶报。当时我十分困惑，深感书本里的知识比现实的感性学识不但丰富多彩千差万别，而且生活中的人情世故与人的个性也比想象中复杂。那时虽理解笛卡尔借卡里莱与笛木乃两只狐狸说人话是想让读者明辨真假善恶与美丑，但童年的感性认知刻骨铭心，已根植于灵魂，所以，认识到笛木乃的假丑恶秉性后，怎么也不理解它为啥那么狠毒，怎可做出那些不该做的事情呢？

再后来，阅读《圣经》"诗篇"云，"不从恶人的计谋，不站罪人的道路，不坐亵慢人的座位"及"箴言"中的"不义之财不能得""贪财是万恶之源""赒济贫穷的，不致缺乏；佯为不见的，必多受咒诅"等诸多训诲后，自然而然灵魂深处有了是非界限，决意听从以上智慧的"上好的呼唤"，寻求明哲，远离假丑恶、扬声真善美。

现在想来，人的德行与素质与后天的教育、律法、生存环境有关，但幼年时期的教养与熏陶也很重要，长者身教确实胜于言教，如真善美在洁白无瑕的心灵扎根后、假丑恶就没有位置了，我称之"心治"。实践证明，心治的效果有时比法治更文明有效。

当然，人生于世也离不开物质的需求，然而，世人追求成功多以财富的多少、情欲的满足、名响位高的程度为标准，为了欲望，多多亦少，加上外界的诱惑，容易运用不法手段去谋取。对于经过心治的人就不同，存记训诲，遇事就会有所思想不敢乱来，何况信仰能帮人透视假相了解真谛，多能克己免受诱惑，并看重精神食粮，精神强大、行为纯正、仁义、公平、正直，必享安静，不遭灾祸。可见，"诫命是灯，法则是光"。

人无灾祸，内心平安喜乐无惧，社会增添安泰和睦，不就荣耀了真理？

我自己就是靠信仰的力量与文学的魅力走到今天的，因而，虽仕途坎坷、命运多舛，但无怨无恨，特立独行，饥渴慕义，一生追求真善美，无论身处何时何处，持守仁善、诚信、公义、正直、悯恤、不说谎、问心无愧的信念。

问：当今社会高科技快速发展，太多人沉醉于物质追求，信仰缺失，《天望》无疑是给这种麻木现象的一剂清醒剂。能否说说，您是如何试图通过文学创作来探讨当今社会个体内心追求与外在物质世界的矛盾？信仰书写对人的生命追求有何意义？

答：莎士比亚是西方文艺复兴时期最能充分体现人文主义精神的集大成的前卫作家，他的 37 部剧作多将人置于现实生活中，一方面表现他们在激流生活中不断面临考验，又不断出现变化的际遇与内心的真情实感，另方面又深刻批判封建专制的昏君、暴政与内讧现象令英国100多年（1733—1485）遭受内忧外患的祸结。如《裘力斯·恺撒》《李儿王》表达反对独裁政治和批判金钱利欲、败坏伦理、人情淡薄的事实。可见，莎士比亚的价值"既是文学的，更是思想的"。

通俗地说，现代世界性问题与中世纪的莎翁时代没有太大的区别，甚至有过而无不及，尤其21世纪的科技令社会变化加速，当代信息"爆炸"使世界局势、社会秩序、结构、组合起了很大的变化，经济的腾飞或不景气、贫富显著、环保危机、核战威胁、新生病毒、难民潮、资源竞争等问题外，还有贪得无厌、人欲难填的不变人性，以及物质过剩，无节制的享乐，导致精神贫瘠、灵魂缺席，这恰恰是人类与动物区别的关键，而科技与财富无法提供给人"爱"、"情感"和"美善"，更无法拯救人的灵魂，人依然生活在彷徨、忧愁、烦恼、没有安全感中。所以，心灵才是主宰生命的关键，而营造心灵的东西是文化、教育和艺术，通过它们可积累看不见的"财富"，只有这"财富"才能筑构精神的大厦。因而，有责任心的作家应将人物置身在现实社会中，了解他们的生存状态、命运与际遇、痛苦与快乐及内心的渴求，在审视中筛选，于思考中创作，传颂真善美，让读者在阅读过程中如吸一份醒悟剂，获得愉悦和启迪，从中有所思有所想，另一方面希望世人不要太爱这至暂至轻的物质世界——人来到这世界无非就是在无知里求知、在劳作中求生、然后在有知中死亡。既然自始到终皆为"空""无""虚"，何必对财权名位如斯的渴慕与膜拜，不如知足常乐，少欲多思，静心做自己喜欢的事情，将存活化为意义与价值、淡定而从容，令世界更美好。

试想想，假如文学没有了"精神"与"思想"，不能直面人生、对生存际遇及存在的价值、发出质疑与呼喊，文学还有什么价值与生命？人是有情、有性、有思想、有意识的高等动物，文学艺术之所以能跨越金钱、地位以及人的情感因素而长存于世，就是因为人类通过对文学艺术的触摸、聆听、观赏、品味后能使人心宽神驰，获得美的享受与思想启迪，满足人类的精神需求。

问：我们发现《天望》注重的并不是小说情节的跌宕起伏，也不是人物性格的深入刻画，而是建立在移民、战争以及文化冲突等当今人们普遍关心的问题上的一个个关于人生意义与人生选择的追问，最终达到把精神归属问题摆在当今世人面前的目的，带着浓厚的宗教救赎情怀。您认为这种书写的审美价值体现在什么地方？

答：文学艺术和其它事物发展的规律一样，"变"是正常的现象。看看文学史，从上古歌谣及原始神话传说，到《诗经》、楚辞、先秦诸子散文、两汉乐府、魏晋南北朝、隋唐五代诗词、宋代话本、元代杂剧散曲、明代传奇神魔小说、清代文言小说，证实文学是与时俱进的。文学创作在各个时期表现的意向、意蕴、意境与作者存活时代的社会背景息息相关，可见文学是生活的影子，也是时代的艺术留影。

传统小说注重编故事营造一个有别现实生活的虚构世界满足读者的需求，如十七八世纪，欧洲贵妇人喜欢看报纸的专栏，需要情节跌宕的故事及悬念吸引读者。文学批评术语叫叙事文学，但人类一代比一代聪明，今天的读者比我们那个时代的同龄人更为成熟，他们的知识面广、生活丰富、文化多元，需求要求也高，文学作品若依旧靠故事情节的跌宕起伏，何能承载作者要传达的世界观与宇宙观，以及深层哲理、情感、多元文化、情绪等领域的张力与思绪。

记得2007年叶庭芳先生发表《西方文学大走向》，阐明了西方文学的现状，如无情节、无故事，将哲学、社会学、科学等融入文学，运用跨地域、跨时空、跨学科的书写，犹如一盆"大杂烩"。表面看没有任何流派，实则什么写实、魔幻、象征、幽默等等流派均在其中。我的小说《天望》出版于2004年9月，呵呵，无意间，我已走在"欧流"的前行了。

此外，人由灵、魂、体三位一体组成，物质虽能维持肉体的生命，但人跟动物不同在于有思想、追求、意识，现代世界又是如此复杂多彩，生态、种族、语言、习惯及原先一些深奥学科日益普及化的同时，现代人更关注的是社会问题、人存在的价值意义、命运、际遇以及人类的未来与前景等。以情节取胜的传统文学若缺少令人启迪和思考的东西，仍是遗憾，因其无法提供作者与读者的互动关系。再说，由于读者文化品位不同，文学创作从来就是各眼看各花，有人视文学为娱乐似的消遣品。可不是吗？一些文字垃圾充塞时空漂来漂去，看完就丢。

也就是说，优秀作家的书写，其审美价值首先是体现在富有人文与终极关怀的载体上，如陀思妥耶夫斯基、歌德、莎士比亚，他们书写的都是人生的重大问题与困扰，读之能触及人的灵魂，扣住人的思绪，安稳人飘忽不安的心灵，帮助读者寻得生命途中的坐标。当下，我们正处在多灾多难、渐污渐臭的世界，物质越来越丰富，精神世界却越来越贫乏，心灵情感也越来越孤独无助、彷徨迷茫，因而，触及灵魂的救赎问题、真善美与假丑恶的博弈，便是我的求索，我的思考，我的构思。还有，艺术贵在创新，身为作家，人格独立，思维多元，不盲目随俗，也不喜欢模仿别人的写法，自己的小说只属于自己的特色，所以，希望文学不是将世界在读者心灵的重现，而是作家要将最美好的东西展现给世界，即将心灵深处的体验和收获与读者一起分享，启迪劳苦愁烦的人们正确体认人类社会与作为人存在及命运的真谛，从而看到光明与希望，明白生命的最高满足是由和睦、仁善、诚信、宽容与公义元素组成的快乐，相信幸福不是由财富取代，而是"快乐"与"意义"的结合体现。

问：在去年（2016）年底召开的第二届世界华文文学大会上，您的长篇小说《天外》获得了第四届华侨华人"中山文学奖"。华侨华人"中山文学奖"是经中央宣传部、中国作家协会批准的新中国成立以来，由中华文学基金会和中山市委、市政府共同主办的全球首个华侨文学奖。你觉得获这个奖意味着什么？对您的创作有何激励作用？

答："文学奖"意在鼓励与支持，但不是衡量文学作品价值的唯一标准。文学作品是否经典长存，需要时间和后人的筛选。

在此，我用1985年采访钱锺书先生、问及他对诺贝尔文学奖的看法时他的一段回答，以表我的平常心——

"诺贝尔设立奖金比他发明炸药对人类的危害更大，当然，萧伯纳后来也获得了这个奖，其实咱们对这个奖，不必过于重视，只要想一想，不说活着的，在已故获奖者中有 Grazia Deledda, Paul Heyse, Rubolf Euckn, Pearl Buck 之流，可见这个奖的意义是否重大了。"

"多重边缘人"的女性叙事：
北美新移民女作家的小说创作

  作为改革开放后赴美的一批北美新移民女作家们，她们的精神烙印已经不同于为生活所迫、海外掘金的早期移民；也不同于二十世纪六十年代大批依靠家庭资产负笈海外的台湾留学生，但她们的文本仍然是她们集体经验的体现：她们及其笔下的女性人物是一群逃离第三世界生活处境的出走者，她们满心向往的是彼岸的"美丽新世界"，这不仅是希望经济上摆脱贫穷落后，而且也向往政治的"自由民主"，文化上的多元共存，可以说这个"彼岸"寄托着她们在第三世界的全部心愿。最初她们怀揣着美好的希望，准备克服一切艰难险阻，顽强坚韧地生存下去，并试图将自己的根锲进这片新的土地。但是随着时间的推移，"经济的拮据，婚姻的破裂，生活的寂寞，感情的失落，语言的障碍，前景的茫然，居留身份的不定……都让她们喘不过气来"①。对西方认识的渐渐深刻，她们才发现"将自己连根拔起再往一片新土

---

① 志远：《唐人街上的中国女人》，金城出版社2001年版，第2页。

上栽植"① 的想法是多么的一厢情愿和不切实际。

所以，北美新移民女作家们摒弃了原先的天真想法，开始正视自己在异域所面临的现实处境：作为来自中国的移民女性，她们出生在男权世界之中，生活在不同种族的异域文化环境中，不仅要面对中西对比中处于边缘地位的现实，还要面对在中国男性世界中作为女人，在白人世界中又作为华裔女人的现实。在踏入另一块完全陌生的国土时，她们需要面对的和她们所遭受的生存困境比起男性移民来说要更加的艰难，她们是多重文化的"他者"，是被放逐和被奴役的"多重边缘人"，她们的内心世界中有着多重的枷锁。于是，在北美新移民女作家的小说文本中，华裔女性在异域遭受的多重磨难也得以清晰而完整地呈现。

一、西方主流社会的"边缘人"

美籍华裔社会学家李玫瑰在《中国人在美国》一书中首次用"边缘人"来定义那些生活于美国主流文化边缘的中国移民：他们群居唐人街，很难进入美国社会；同时，当他们试图重返中国社会时，又发现在美国养成的"坏习惯"已与中国的传统格格不入了，于是他们自成一个狭窄的小圈圈，只和背景相同的人多来往，又成了中国社会的边缘人②。新移民女作家严歌苓将这种现象阐述为"错位归属"或"无所归属"，她说："即使做了别国公民，拥有了别国的土地所有权，我们也不可能被别族文化彻底认同。荒诞的是，我们也无法彻底回归

---

① 严歌苓：《少女小渔》（后记），台湾尔雅出版社1993年版，第339页。
② 于仁秋：《留学生文学座谈会纪要》，《小说界》1988年第1期。

祖国的文化，首先因为我们错过了它的一大段发展和演变，其次因为我们已深深被别国文化所感染和离间。即使回到祖国，回到母体文化中，也是迁徙之后的又一次迁徙，也是形归身莫属了。"① 文化作为一种极为特殊的言说范畴具有无法根除的民族性。客观地说，迁徙异域的族群都必须面对双重文化的困境：母体文化与异质文化。新移民作为中国文化的载体进入西方社会，必然会在东西方文化的夹缝中，成为一种尴尬的存在，而新移民文学也注定了是一种跨越文化经验的写作。

与二十世纪五六十年代台湾的"留学生文群"较少遭受生活和语言的障碍，较多遭受与异国无法交融的心灵创痛所不同的是，新移民作家们是从被儒教传统浸染了几千年的中国大陆前往异国的，因此当他们刚刚进入偏重功利并将经济利益视作一切的西方社会时，自然会在物质和精神上受到巨大冲击，而中国女性作为相对于强大国家的弱势国家中的弱势群体，她们在异域遭受的是生存和精神的双重困境，这在北美新移民女作家的笔下有着淋漓尽致的体现。

（一）生存的边缘地带

从本土走向异域，作为边缘群体的女性移民者们在北美这个等级分明的社会环境中首先要面对的就是生存。严歌苓曾在接受一次采访中回忆自己当年出国的经历时说："我出国是作为一个留学生走的，我没有任何优越感。我打过工，给人带过孩子，拼命学习以获得奖学金。我和我的同学一样挣扎，去为生活奔波，我学会到旧货店去买旧书，

---

① 严歌苓：《花儿与少年》（后记），昆仑出版社2004年版，第194—195页。

买旧衣服，我学会了一切……"① 因此，诉说异国他乡生存的残酷，发展的艰难，是新移民女性文学的一大基本主题，关于新移民女性的生存困境在许多新移民女作家笔下都有着切身而深刻的描述。严歌苓的长篇小说《无出路咖啡馆》以开头短短几千字的篇幅就为我们素描了一个典型的在美国求生存的东方女性困顿的处境，"我"是个来自中国大陆的二十九岁的女留学生，"我脸色苍白，缺乏营养和睡眠，心神不宁但脑筋迟钝，如同大部分刚着陆这块国度的中国人"，"我""留着最省钱的发式——披肩长发"，"一身统统加起来，也不值六块钱"②。在"我"已经把生活的开支降到底限之后，银行的存款却仍远远不够付房租。为了还上拖欠的房租，"我"甚至闪过许多念头：向打工的餐馆预支两个星期的工钱，在学校广告栏出卖上学期用过的书，卖掉母亲给我的项链，甚至想到用身体为医学机构作药性实验，出卖自己的卵子……虽然这些念头或者付之行动或者中途夭折，一个女性在异域的生存困境却已清晰地展现在我们面前。

严歌苓的其他两篇小说《栗色头发》和《也是亚当，也是夏娃》中的女主人公也同样苦苦挣扎于生存的边缘。《栗色头发》中的"我"为了生存，不得不去做各种为美国人所不齿的活儿：人体模特、帮佣，以及半侍半佣的护士工作。《也是亚当，也是夏娃》中的留美在读博士夏娃则为了五万美元，把自己作为生育机器出卖给同性恋者亚当为其孕育后代。其他新移民女作家也同样展示了许多陷入生存困境的女性形象：《雪后多伦多》（常琳）中为了赚一笔住宿费而去照顾一位单身

---

① 严歌苓：《波西米亚楼》，载《著名旅美作家严歌苓访谈录》，当代世界出版社2001年版，第159页。
② 严歌苓：《无出路咖啡馆》，百花文艺出版社2001年版，第1—3页。

老太太并不得不忍受其精神虐待的加拿大女留学生杨夕；《涌进新大陆》（宋晓亮）中遭遇生存困境而沦为粗鄙的地摊小贩的音乐老师安；《丝袜》（茹月）中为了一双丝袜而沦为小偷被遣送回国导致精神崩溃的访问学者淑敏；还有《望月》（张翎）中为了养育两个孩子在餐馆中任人差遣的离异单身母亲星子……她们居住在狭小的地下室，"习惯了打包剩菜"①，"为了生计劳碌奔波……赤手空拳在外面求生存"②，常常"一天做足十几个小时，换一份微薄的收入"③，却仍然支付不起昂贵的房租，被日常的生活开销"压得自我爆炸，爆炸得六腑俱裂"④。为了生存她们几乎没有休息，舍弃自己的所有爱好，甚至毫无尊严地任人使唤……

可以说，北美新移民女作家笔下的这些为了生计苦苦挣扎的移民女性，都是对社会、人生、世界有着锐意进取和开拓精神的新一代中国女性，她们也希望在异国他乡开创属于自己的事业，但是出国后的生活远远不及自己的想象，生存已经挤压着学业事业成为第一要事。而生存艰难，学业事业自然也就遥遥无期，这是毒蛇般时时吞噬着这些新移民女性的悖论。新移民女性在异域打工和为生存而挣扎的体验，同时也传达出物质贫困的第三世界在第一世界所遭受到的重创经验，她们自然也成了在主流社会生存状态下的"边缘人"。

---

① 吕红：《美国情人》，中国华侨出版社2006年版，第18页。
② 江岚：《曼哈顿的雪夜风情》，载《纽约的冬天——北美女作家短篇小说选》，太白文艺出版社2006年版，第105—106页。
③ 江岚：《爱情故事》，载《纽约的冬天——北美女作家短篇小说选》，太白文艺出版社2006年版，第92页。
④ 宋晓亮：《涌进新大陆》，山东友谊出版社1994年版，第3页。

(二)"文化身份"的边缘性

"身份"必然与文化有着千丝万缕的联系,新移民与生俱来的民族身份不会随着居民身份的改变而改变,留存于记忆最深处的文化因子并不会被异域的文化潮水冲刷殆尽,因此,文化身份并不能随意迁徙,更不可能像加入外国国籍一样重新部署。严歌苓对此有深刻的认识:"在我看来'迁移'是不可能完成的,看看旧金山30路公共汽车上的老华侨们,他们那种特有的知趣、警觉、谦让和防备,在一定程度上证实了我的假定。我和他们一样,是永远的寄居者。即使做了别国公民,拥有了别国的土地所有权,我们也不可能被别族文化彻底认同"[①]。这样一种身份的困惑和失落,在同一文化区域内不会显现,而只能在异质文化环境中,位于双重或多重世界的个体作为脱离母体文化的少数族裔,自己的文化身份由于无法定位而被悬置,又为了生存的需要而竭力寻求和试图确认时,这一特征才会显得格外突出。

新移民来到一个新的国家,他们"眼睛里看见的是两个世界……从前一个走出来,深知自己再无法回头适应;想走进另一个世界里头,但他们的精神构造和文化构造顽固地拒绝"[②]。这种在两个世界中的距离感和双重的认同危机,往往使他们产生一种深入骨髓的陌生感和疏离感。为了更好地融入主流文化,新移民在异国他乡不断寻找自己的"文化身份",并忍受着由"身份焦虑"所带来的痛苦折磨。北美新移民女作家的作品也因此深深打上了"身份"失落的烙印,与异质文化

[①] 严歌苓:《错位归属》,载《波希米亚楼》,当代世界出版社2001年版,第126页。

[②] 坚妮:《再见,亲爱的美国佬》,载《中国留学生文学大系》,上海文艺出版社2000年版,第105页。

的冲突通过她们的笔触渗透在字里行间，成为她们写作的中心。

语言差异是种种文化差异中最先让新移民感受到的困境。"人们普遍承认，在一个族群里的人所操持的语言与那个族群的认同二者之间有着一种天然的联系。由于他们相同的口音、词汇、惯用的短语，谈话者在获得自我认同的同时也被有着同样语言特征的人群所认同。进入族群的人因此获得了个体力量和自豪感，同时也因使用所属族群的语言而被赋予了社会责任感与历史意识"[①]。所以，语言不仅是一种交流工具，同时也是文化的一部分，由于身份的构建存在于语言属性中，失语往往意味着身份的遮蔽乃至失落，所以移民能否在异国扎根取决于他们对该国语言文化的接受和转换。当新移民女性刚刚踏上异国土地的时候，几乎都经历过这种"失语"的焦虑。张翎的长篇小说《邮购新娘》中江涓涓在初到加拿大寻找未婚夫时看到一张张陌生的面孔时，不知道该怎样与人搭话，在国内时事先准备的几句日常用语在此时似乎毫无用处，令她觉得茫然无措。而严歌苓《栗色头发》中的主人公"我"刚从大陆来到美国留学时，只会结结巴巴说几句英语，当"我"在街头等人时，美国男子"栗色头发"前来搭话，而"我"却无法理解他的提问，只能自说自话，两人之间的谈话就像两条平行线一样永不交叉，各自延伸。他们的言谈呈现出极其滑稽的一面，却也深刻反映了移民女性在异域失语的尴尬处境。

语言是每个移民初到异国时所要通过的第一道关卡，语言上的不同造成交流的障碍，进而因无法沟通而在异国倍感孤独与无助。为了摆脱这种"失语"的焦虑，新移民女性们只好拼命地背单词，参加各

[①] 高鸿、吕若涵：《文化冲撞中的文化认同与困境》，《华文文学》2002年第3期。

种语言培训班,为了提高阅读量应付课业,她们可以不去洗衣店、邮局,甚至打工时还要把词汇抄在手腕内侧狠背一气(严歌苓《浑雪》),希望能够因此快点跨过融入异族文化的第一关。新移民女性对自己失却语言这种"存在之源"的伤痛有着深刻的体验,而失语失声也因此成了新移民女作家笔下反复渲染的情境。

身份迷失是新移民感受到的另一重困境,甚至是最深沉的困境。移民者都是怀着对美好生活的渴望来到异国土地的,"移民的最终意义是指向另一种人生"①。这里的"别一种人生"当然是指向一种丰盈、富足和相对自由的生活,另外还应该包括着移民者潜意识中虚荣心得到满足之后的快乐,因为不管在国外过得如何,国内的人都会用羡慕的眼光仰望自己。于是许多移民为了这种虚荣的满足感,总是想尽一切办法留在他国,正如严歌苓小说中所说的,"移民,什么做不出来呢?什么都能给他们垫脚搭桥当跳板,一步跨过来,在别人的国土上立足"②。

所以,这些到达西方的中国女性,为了名正言顺地留在异国,首先的任务就是要获得合法的身份,即获得移居国的绿卡,而结婚无疑是一条捷径,"因为谁若嫁、娶了美国公民,那么拿'有条件绿卡'即临时卡的美梦在半年内就算实现了"③。因此许多新移民小说的女主人公都选择了(假)结婚。而风华正茂的她们选择的结婚对象却多为老年男子。这虽然有急功近利的成分,但也隐喻了弱势文化的无奈与屈辱。这种依附性的婚姻关系在北美新移民女作家的文本中比比皆是。

---

① 王芳:《移民:一个欲说还休的名词——新马华文小说一种典型关注的分析》,《世界华文文学论坛》2003年第1期。
② 严歌苓:《花儿与少年》,昆仑出版社2004年版,第23页。
③ 宋晓亮:《涌进新大陆》,山东友谊出版社1994年版,第38页。

例如严歌苓小说《约会》《红罗裙》《冤家》《花儿与少年》《少女小渔》中的女主人公五娟、海云、南丝、晚江、小渔等，都是借助婚姻以及和婚姻相似的手段换取在另一个国度生存下去的资源，甚至不惜嫁给年老的丈夫。在张翎小说《邮购新娘》中，被男人相中的女人江涓涓以未婚妻的身份进入陌生的异国他乡，不料，婚姻在即将成为现实时化为泡影，江涓涓因而梦想破灭流落街头。陈谦《覆水》中的依群，宋晓亮《涌进新大陆》中的唐凤梧、玛丽等也都试图通过婚姻手段取得合法身份以此改变命运。但这种没有感情、又得不到尊重的婚姻不仅使她们丧失了人身自由和尊严，在异域环境中迷失了自己，而且也使她们因身份问题而备受羞辱从而陷入更加深层的尴尬和痛苦之中。

总之，新移民女性们虽然可以逃离第三世界的空间处境，却不能真正进入西方的文化中心，她们生活在"一看就知道是个大陆妹"①的鄙视目光之中。在努力与异域融合，求取"文化身份"的过程中，作为异域女性的弱势文化还是难逃强势文化的凌辱和压迫。最后，她们在求取不得的同时也迷失了自己的真正身份，沦落为"文化身份"的边缘人。

二、"男权文化"的他者

长久以来，女性都是作为与男性对立的性别，以一个"他者"的身份而存在着，她们总是被当作男性的陪衬、附赘、被引导者和被拯救者，被当作男性的附属物而被认识和注意到的，正像法国哲学家波

---

① 宋晓亮：《涌进新大陆》，山东友谊出版社1994年版，第7页。

伏娃所指出的:"人就是指男性。男人并不是根据女人本身去解释女人,而是把女人说成相对于男人的不能自主的人。……他是主体(the Subject),是绝对(the Absolure)。而她则是他者(the Other)"①。不论女性言说的形式和内容有什么变化,结果都是社会的男权意识所发出的声音。相应的,在两性关系中占据主导和支配地位、起决定作用的也始终是男性。所以,当一个处于男性主宰世界中的女性,生活在不同种族的异质文化环境中,当这种性别因为社会观念和种族偏见不断地被"性别他者化"时,身份问题就会变得更加复杂。新移民女作家在本土以外从事写作,她们的背后隐含着政治、历史、种族、文化、经济之间的种种矛盾和纠葛,她们的作品也因此负载着各种复杂交织的关系。而且,新移民女性较之男性移民而言,又多了一层传统和观念的枷锁。作为女性,她们除了是种族的"他者",要遭受来自异族的物质、语言、文化、价值观念和道德体系的扼制;还是性别的"他者",要承受来自男权意识的性别压迫,不光来自异族男性的压迫,还来自同民族华裔男性移民的压迫,这种压迫是一种来自本土传统中的男权观念的压迫。这种"他者"的身份加剧了新移民女性的"边缘化"地位,加深了这些新移民女性在美国主流文化中对于自身身份的困惑感,让她们在异国的生活更加艰难和窘迫。

  传统的男尊女卑的观念到了异国之后依旧没有得到改变。虽在北美,同为华裔,但在一个由华裔男女组成的家庭中,传统的"男主外,女主内"的模式依旧没有改变,而女性的地位也在这种模式中愈加沦落了。在《纽约的冬天——北美女作家情感小说选》中就讲述了许多

---

① 〔法〕西蒙娜·德·波伏娃:《第二性》,陶铁柱译,中国书籍出版社1998年版,第11页。

关于女性在家庭中"沦落"的故事，《爱情故事》（江岚）中那个毕业于中文系古典文学专业能够吟诗说古的女大学生到了国外竟然沦为一个地道的家庭主妇，"不过三五年而已，竟至于面色灰败，首如飞蓬"①。在《未曾爱过》（茹月）中，工作勤奋努力且卓有成效的女化学实验员佩玲最后还是回归家庭，成为普通的家庭妇女，"不再出去工作，每天在家里等待很晚回家的（丈夫）木森"②。在这些故事里，依旧是"家庭之内的家务落在女人身上，家庭之外的事务则由男人承担，女人越来越成为男人劳动成果的一种管理和使用。因此说来，女人的经济价值便丧失其实质，不再引人注意"③。

还有一些文本则讲述了女性在国外作为男性附庸，人身自由遭受限制，被彻底"他者"化了的故事，在这些故事中，"女人被当作纯粹的类，当作一个非人格性的东西"④。而给这些女性带来压迫的依旧是同为华裔的男性。小说《红罗裙》（严歌苓）中，海云为了出国而决定嫁给周先生之后，却被作为货物一般对待，"第二天他们便结了婚。在王府饭店开了房，周先生穿得严严实实上了一张床，海云也穿得严严实实上了另一张床。关上灯，海云感到一个人过来了，浑身抚摸她。……那手将海云上下摸一遍，又一遍，像是验货，仔细且客气。之后他就回自己床上去了"⑤。在这里，海云不仅牺牲了肉体，而且丧

---

① 江岚：《爱情故事》，载《纽约的冬天——北美女作家短篇小说选》，太白文艺出版社2006年版，第92页。

② 茹月：《未曾爱过》，载《北美女作家情感小说选》，太白文艺出版社2006年版，第246页。

③ 〔德〕西美尔：《金钱、性别、现代生活风格》，顾仁明译，学林出版社2000年版，第83页。

④ 〔德〕西美尔：《金钱、性别、现代生活风格》，顾仁明译，学林出版社2000年版，第78页。

⑤ 严歌苓：《红罗裙》，载《美国故事》，昆仑出版社2005年版，第92—93页。

失了个人尊严，被彻底物化了。还有《到美国去！到美国去!》（查建英）中被华裔男老板所欺骗并遭其肆意玩弄的伍珍，《少女小渔》（严歌苓）中被男人江伟像货品一般随意出让的小渔，《雪后多伦多》（常琳）中被华裔律师康兆明玩弄后又抛弃的马芬，《望月》（张翎）中梦想当老板娘最终却成周家奴隶和生育工具的星子，等等。这些华裔女性移民在异国所遭受的困境都是由同民族的华裔男性所造成的，她们在异域依旧无法改变"他者"地位，仍是男权文化的附庸。

而且，这些华裔女性还得遭受来自不同种族的西方男性的压迫，这不仅是一种种族压迫，也是一种性别压迫。例如宋晓亮小说《涌进新大陆》中的陈晴曾幻想与外籍男友 Tom 幸福度日，但作为已婚男子的 Tom 在玩弄了她的感情之后，不仅没有兑现离婚娶她的诺言，还对她拳打脚踢百般折磨。同样遭受异域男性欺骗、玩弄和凌辱的女性形象还有《到美国去！到美国去!》（查建英）中的伍珍、《也是亚当，也是夏娃》（严歌苓）中的夏娃、《浑雪》（严歌苓）中的女留学生"我"、《美国情人》（吕红）中的芯，等等。在这些中国女性与异国男性的情感纠葛中，话语权和解释权总是操纵在西方男人手里，他们凭借自己民族和性别的双重优势对新移民女性进行欺辱和压迫，让她们饱受身体和心灵的双重摧残，从而丧失了自我。

虽然当今女性的境遇已有了很大改观，但男权文化根深蒂固，即使是在异域，新移民女性也很难改变"他者"的境况。正如她们所感慨的："由于生活所需，生理上的差异所致，女人依附男人之心、之意，（个别人例外）可不是用几句'男女平等'及'能顶半边天'的豪言壮语就能代替的"[①]。北美新移民女作家正是用这些饱含辛酸和愤

---

① 宋晓亮：《涌进新大陆》，山东友谊出版社 1994 年版，第 161 页。

懑的书写表现了新移民女性在异域所遭受的来自本民族和外民族男性的性别压迫，展示了她们被"性别他者化"的苦难历程。

三、"多重边缘人"的尴尬身份

在强调民族的"文化身份认同"和整个男权文化对女性造成压迫的问题时，第三世界妇女的"独特身份"和所面临的独特历史境遇却往往在民族差异和性别差异中被蒙蔽了。中国移民女性，作为来自"东方"这个第三世界的"女人"，她们的身份具有其特殊性：对于第一世界而言，她们是来自第三世界的民族；对于男性（不管是中国男性或西方男性）而言，她们是性别的"他者"；而对于来自同一性别不同种族的第一世界的西方妇女而言，她们是低人一等的女性，因此还要遭受西方妇女的压迫。可以说，相对于民族、性别以及民族与性别相互交织而成的权力网中，她们是"多重的边缘人"。

因此，我们在北美新移民女作家的叙事中可以很明显地感受到第一世界妇女对第三世界妇女的同性压迫。严歌苓的小说《栗色头发》中，"我"对白人老太太娄贝尔夫人关心备至，但这种情感完全被老太太毫无人情味的金钱主义所击败。当"我"见到她丢失的蓝宝石耳环并着急归还时，她道谢后马上说："我明天把它带到首饰店去鉴定一下。不过你有把握它的确在门外草地上"[①]？潜台词是，作为中国女性，她们的人品是不值得相信的。"我"的一切努力换来的不是信任，而是白人妇女的严重质疑。常琳的小说《雪后多伦多》中，女留学生杨夕囿于生活所迫去照顾一名白人单身老太太，然而这名老太太并不把杨

---

① 严歌苓：《栗色头发》，载《美国故事》，昆仑出版社2005年版，第135页。

夕当人看待，她"每天不屈不挠地撕扯着杨夕的心……把自己的电视开得如万人广场的麦克风，却嫌杨夕走路的声音重，打破了她习惯的宁静。嫌洗澡的哗哗声，让她耳朵过早地失聪。嫌炒菜的油烟，污染了她的生存环境。她不允许男性来找杨夕……"① 由此可见，这些白人女性总是以居高临下的视角俯视来自第三世界的移民女性，因为种族主义依然是新移民女性所"承受的额外压迫，它在妇女内部制造了差异和不平等"②，也制造了同性之间的压迫。

移民女性所遭受的压迫还表现在来自台湾的前一代移民与来自中国大陆的后一代移民之间。在严歌苓小说《大陆妹》中被久居美国的台湾人家"唐家"收容后又把她当作下人百般刁难的大陆妹和宋晓亮小说《梦想与噩梦的撕扯》中到美国投奔舅爷却在舅奶奶冷酷势利的非人折磨下累垮了身体的孟皓月等女性身上，我们都看到了这种压迫。这虽非种族之间的冲突，却是久居西方国家的移民女性对于新移民女性的一种自然而生的鄙视与轻蔑。那些早年移居西方的移民女性，不仅吃住行已与西方全然无异，而且在心里已经完全认同了西方的种族价值观，在她们心中自己已是"外黄内白"的西方人，自然会对来自大陆的新移民显示出一种居高临下的优越感，其中所透露的依然是一种根深蒂固的第一世界凌驾于第三世界的不平等的价值观，同样是新移民女性在西方承受的另一种耻辱和压迫。由此可见，北美新移民女作家的书写是蕴涵着深意的，她们真实而独特地揭示出了第三世界女性在西方所遭受的"多重边缘人"的尴尬处境。

---

① 常琳：《雪后多伦多》，中国华侨出版社2000年版，第160页。
② 严歌苓：《大陆妹》，载《美国故事》，昆仑出版社2005年版，第70页。

四、全球化背景下的重铸自我

伴随着二十世纪中后期中国改革开放的浪潮而进入西方,特别是进入北美的"新移民写作"已成为海外华文文学的一种特殊现象,"新移民女作家"也成为海外华文文学中的一个特殊群体。不可否认,"新移民女作家"也是二十世纪以来全球化移民的一个组成部分,英国学者戴维·赫尔德(D. Held)曾在《全球大变革》中提出:"有一种全球化形式比其他任何全球化形式都更为普遍,这种全球化形式就是人口迁移"[①]。因此从某种角度来说,"新移民女作家"的写作现象也是全球化形式的独特表现。

对一个远离汉语世界的北美"新移民女作家"群体来说,东西方文化的差异,与原有生活完全不同的心灵体验和审美观照都使她们的书写和叙事呈现出一种独特的审美图像。从上文的分析可以看出,北美新移民与二十世纪初中期主要移居东南亚的中国移民不同,早期移民可以说是资本主义性质的移民。"移民被看作是资本移动中的劳动力资本流动,即殖民地、半殖民地的劳动力在资本主义市场的流通,但是作为传统的劳动力往外输出的模式,一般是男性外出谋生、挣钱,女性则留在家里照顾老小,只有少数女性等男性在异国有些成就以后,才会作为他们的附属移民。女性作为劳动力出外谋生在东南亚在当时尚为少见。在此期间,女性的移民与男性移民比较,女性移民的数量

---

① 〔英〕戴维·赫尔德,等:《全球大变革:全球化时代的政治、经济与文化》,杨雪冬等译,社会科学文献出版社 2001 年版,第 392 页。

极少。在以男性为主的劳动力迁移过程中，女性几乎没有什么地位"①。相较于这些作为劳动力流动而被卷入资本主义全球化的中国早期移民来说，北美新移民的文化程度较高，他们很多是抱着开阔视野寻找发展机遇的目的走出国门走向世界来到异国他乡的，尤其是从中国大陆来到北美的年轻女性，很多是以留学生或学者的身份走出去的，如严歌苓、张翎、陈谦、坚妮、融融、吕红等等。也许她们走出国门进入西方世界的初衷是为了体验新的世界，认识有别于东方文化的能给她们带来新鲜感的西方文化，寻找有助于自己发展的新机会。正像查建英在《丛林中的冰河》所塑造的那个为了追求美国梦而独自一人来到美国，并在寻求发展的过程中饱受美国物质诱惑的"我"，以及陈谦在《望断南飞雁》中那个寻着美国这片"你想要是什么，你就会是什么"的土地而去的南雁。

但是，中国文化和西方文化毕竟是两种不同的异质文化，中国文化对西方文化的进入必然引发两种文化之间的冲突和对抗，文化冲突与对抗的结果就导致了文化身份的认同危机。因此，严歌苓才有一种"即使做了别国公民，拥有了别国的土地所有权"，也仍是"不可能被别族文化彻底认同"的"永远的寄居者"②的困惑和失落，坚妮同样产生了一种"眼睛里看见的是两个世界……从前一个走出来，深知自己再无法回头适应；想走进另一个世界里头，但他们的精神构造和文

---

① 十一月若离：《全球化体系下移民中的女性角色变迁》，新浪博客 2011 年 3 月 10 日，http://blog.sina.com.cn/xy198812190.

② 严歌苓：《错位归属》，载《波希米亚楼》，当代世界出版社 2001 年版，第 126 页。

化构造顽固地拒绝"①的陌生感和疏离感。也正因为此，在新移民女作家的书写中，我们也看到她们融入西方文化的努力和力图取得"身份认同"的追求，因为"人的存在需要身份认同，人类有一种区分'自我'与'他者'的本能，在群体中由于成员的同质性较强，会给成员提供安全感和认同感"②。然而，因为如前所述的新移民女性"多重边缘人"的尴尬身份，这种追求是艰难的，其心理体验也是痛苦的，所以我们在新移民女作家的小说中看到了不少忍辱负重甚至不惜以嫁给老男人为代价来委曲求全的新移民奋斗经验的叙述，如严歌苓的《红罗裙》中嫁给72岁老头的海云和陈谦《覆水》中嫁给大她近30岁的美国人老德的依群。

虽然这种融入西方文化的努力困难重重，但新移民女作家毕竟是伴随着中国的改革开放而主动走出国门走向世界的现代知识分子群体，她们有追求有向往，因此从她们的书写中，我们也欣喜地看到了她们面对困苦和艰难的信心和意志，看到了在文化冲突中她们试图重铸自我完整人格的执着和坚韧。陈谦《覆水》中的依群在美国经过自己的不懈努力成了一名优秀的电子工程师，张翎《邮购新娘》中的汪涓涓也成为一个受人欢迎的裁缝，并找到了属于自己的爱情；还有融融《夫妻笔记》中曾经因身体不完美而痛苦的女主人公佩芬也通过努力并以其迷人的微笑成了一个优秀的广告模特。

在新移民女性的书写中，我们还看到了这种自我人格重铸的另一重表现，那就是不管在多么艰难和边缘的境遇下，许多新移民女性依

---

① 坚妮：《再见，亲爱的美国佬》，载《中国留学生文学大系》，上海文艺出版社2000年版，第105页。
② 林怡、李铁生：《全球化背景下的文化冲突、社会变迁与中国女性的再社会化》，《东南学术》2005年第4期。

然保有一种中国女性特有的善良美德，以西方文化的"弱者"或"他者"之躯展示出一种强大的精神力量和人格之美。如陈谦《覆水》中嫁给美国老头的依群又以自己的善良给晚年空虚的老人带来了爱和幸福。同样的，严歌苓《少女小渔》中为了换取合法身份不得不和一个贫穷潦倒的美国老头假结婚的小渔也以其善良和包容使这个孤寡老人得到了温暖和尊严。正像陈思和所说的："小渔性格中那种善良纯真的品性涤清了弱势文化处境下的龌龊与屈辱，正因为她处处顺应和保持着自己本心的做人尺度，使她在这种畸形的境遇中得以做到不为所乱，并由她自己的行为选择展示出一种令人爱慕的人性之美"[①]。在这里，我们看到她们仍然可以有尊严有胸怀地生活在异国的土地上，以此完成自我人格的重铸和升华。也许这种表现还不够突出，但已经有力地透露出新移民女作家充满性别自信的审美价值取向。

因此，尽管在异国他乡用汉语写作的新移民女作家在种族、性别、文化的多重边缘所构建的东方女人的叙事文本中有力地揭示了女性移民"多重边缘人"的生存状态，证实了种族偏见和性别偏见的存在，让我们感叹不已；但她们对女性移民在异域文化中以自己的不懈努力参与全球化运动并重铸自我人格的独特表现，同样让我们的心灵为之震撼。

---

① 陈思和：《少女小渔——弱者的宣言》，《深圳晚报》2004年10月30日，第3版。

精神虚构中的性别诉求：
美华新移民女作家笔下的"情人"形象

美华新移民女作家笔下的一系列"情人"形象凸显出她们在异域写作中对于探索女性生存境遇与精神诉求的各种尝试，给我们提供了独特的审美经验，不仅丰富了华文文学的表现内容，而且揭示了女性自我认同的艰难进程以及背后隐藏的中国女性独有的柔弱又坚强的生存态度和生命追求。

一

在美华新移民女作家的笔下，情人关系不仅仅局限在相互爱恋的男女之间，也存在于欲说还休的女性单相思中，存在于因母性泛滥而界限模糊的家庭关系中，存在于因价值观改变导致妻子身份转变的婚姻关系中，等等。在这些错综复杂的关系中，一些女性以貌似"情人"的形象在有别于传统文化背景的异域他乡艰难地挣扎、周旋和追求，以赢得自己的一片生存空间。也许这确实很无奈，但其中所透露出的生命诉求却让人十分感叹。

（一）因生存困境而依附

在人们的普遍观念中，女性总是弱者，特别是一个闯入遥远的陌生环境中的女性，在缺乏职业收入陷入生存困境时，无助的她们首先想到的是寻求保护自己的力量。在传统文化语境中，这种力量常常被赋予在代表主导社会话语权的男性身上，女性独立生存的能力也被极度弱化，不管愿意不愿意，女性似乎只能在男性的臂腕下生存，一旦失去依附，女性就悲剧了，因此依附男性的女性形象也常常成为传统文学建构中的悲剧形象，如杜十娘、林黛玉等等。与传统男性话语中的女性形象不同的是，美华新移民女作家笔下的一些"情人"形象或许更有一种主动进击性，面对异域生存的困境，她们凭借性别的优势主动寻求男人的扶持以获得生存的基础，然而对异国丈夫和异国生活的失望，又令她们在落寞中产生了对情感对象的病态想象，由此演绎出了一种在情感空间中周旋的"情人"形象。严歌苓的《红罗裙》中的海云也许就是这样一种形象。海云为了儿子健将的未来，把他送出国，"只要他一出国，将来回来，那就是另一番高低"[①]。为了解决在异国他乡的生存困境，母亲海云嫁给了定居在美国的72岁的周先生。这场不愉快的"交易"让心存感激的健将把母亲当作一生中的最爱，并用自己打工的钱买了件红罗裙送给母亲。而周先生的亲儿子卡罗也在相处中不知不觉对海云产生了超出母子关系的情感，甚至不断地主动示好。在解脱了伦理道德束缚的异域，海云似乎成为游走于三个男

---

① 严歌苓：《红罗裙》，见《严歌苓文集：5》，当代世界出版社2003年版，第200—201页。

人之间的情人。所以面对72岁的老男人，她不想被约束在传统父权制的家庭关系中，而是甘愿像情人一样穿着儿子送的红罗裙在周先生面前起舞；而面对卡罗的爱慕她也不加回避，享受着女性被追求被渴望的虚荣心。显然在这里，她已经把为了生存而依附男性的现象变成了一种通过把握男性来改变自己生存状态的方式，以此排遣她在异国生存的空虚和无聊。可以说，这种情人角色，让海云感受到了女人在两性关系中的独特价值。这也正是新移民女作家精神虚构中的一种独特诉求。

陈谦《覆水》中的依群也是一个通过把握男性以改变自己生存状态的"情人"形象。她患有先天性心脏病，机缘巧合遇到了大她近三十岁的美国人老德，并因此改变了人生。远嫁美国后，在老德的帮助下，她的先心病手术成功获得健康，而且"成为世界顶尖级学府加大伯克力的EE（电子工程）硕士、硅谷一家中型半导体设计公司里的中层主管"。可以说，依群这个名字本身就具有了依附的含义，没有依附于美国人老德，她甚至没法生存。作为帮助依群的回报，依群嫁给了老德。但当她依靠男人改变了自己的命运之后，她就不想再从属于男人，因此她从不喜欢把老德称为"恩人"，在老德79岁去世后，依群感觉到的是一种舒心的解脱，没有伤心，对于老德没有兑现的承诺"我要照顾你，我不会先你而走的"也丝毫不感到失望。在二十年的婚姻生活里，依群是以"情人"的身份相伴在老德身边，没有生育儿女，没有过多的怀念，对于依群来说，她只是用二十年的青春回报了老德的恩情。老德的房子留给了他的儿女，而依群则在净身出户后从容安排好了自己的住处。这一切都让我们相信，依群只是一个因生存而走向老德，因自立而离开老德的"情人"形象。

这类形象的身份象征了一种原始的生存欲望，在明确了各自目的之后，为求得自身的满足，不考虑世俗的眼光，女性以自己的身体作为工具，走进陌生的男性，进而通过男性来改变命运。这其实是一种无奈的诉求，无形中的自责与道德的谴责是不可避免的，海云的外嫁是受谴责的，在美国的家庭里地位也是低的；依群嫁给大自己近三十岁的男人说是出于爱情，没人不怀疑这其中掺杂了多少水分。她们是不可能正视自己在家庭婚姻中的母亲或妻子的身份，努力回避的结果使得在生存、亲情和婚姻混杂的关系中，模糊了现实的身份——妻子或母亲，显示出了这一类"情人"形象在异域中生存的艰难状态。也许伴随家庭、婚姻所带来的空虚感，这类女性形象也不可避免会产生肉体和精神上的绝望，但作为情人形象，她们在两性关系中又具有一定的主动权，这也体现出身处异域的华人女性处境的无奈以及力图突破这种依附命运的某种努力。

(二) 因物质牵累而迷失

仓廪实而知礼节，一切政治、经济、社会、文化行为，都是建立在吃饱饭的基础之上的。美国现代心理学家马斯洛的需求层次理论认为，生理需求（Physiological needs）是人类需求中最基础的需求，是推动人们行动最首要的动力，只有这些最基本的需要满足到维持生存所必需的程度后，其他的需要才能成为新的激励因素。也许没有物质基础，精神追求也无法顺利完成，所以作为异域移民者，首先要解决的是物质需求问题。然而，物质需求的满足又诱惑着人们去追求更多的物质利益，致使有些人在永无止境的追求中迷失了自我。在美华新移民女作家的笔下，也揭示了这一类因物质牵累而迷失自我的"情人"

形象。查建英《丛林中的冰河》中,"我"为了追求美国梦独自来到美国,在寻求生存与发展的过程中经不住物质诱惑,放弃了中国情人,投入到美国男友的怀抱中。"对他这种人你能说存个什么戒心"[1],当她发现美国婚姻的问题后,又抛下了美国男友。"我也不知道,反正我本以为……不是这样的"[2],追悔的结果,是她已经在无休止的物质追求中迷失了自我。陈谦《爱在无爱的硅谷》中的苏菊看似一个在事业与爱情中都完满的女性形象,在美国这片所谓的梦想之乡上,她在利飞的帮助下生活无忧。但利益的诱惑也让她迷失了,她弃利飞选择画家王夏,并承担了王夏的全部花销,渴望王夏能将画卖出去。然而随着积蓄越来越少,苏菊最终失去了王夏,想再挽回利飞也已不可能了。陈谦的另一部小说《望断南飞雁》中的南雁也是这样一个形象。为了去美国,与能给予她物质条件的沛宁结婚。目的达到后,异域艰难的生存困境使南雁放弃了沛宁,也放弃了两个幼儿,继续自己的物质追求。虽然在离家后的第一个圣诞日她亲自给孩子们送来了礼物,但却没有进家门,她知道自己不可能再踏进去了!她放弃了家,也放弃了申请助学的机会,在茫茫的雪天里驾车不知驶向何方。

"我"、苏菊和南雁在所谓"美国梦"的追求中并没能摆脱物质的牵累,成为迷失自我的"情人"形象。她们渴望活在自我建构的美好想象中,不安于生活现状,不断有更高的要求,在欺骗他人与自我欺骗的过程中迷失了自己的真实意图。也许她们追求物质的目的是为了寻求社会的认同,因为在异域,大多数华人女人作为华人被西方社会

---

[1] 查建英:《丛林里的冰河》,载《华人女作家海外小说选》,珠海出版社1996年版,第10页。
[2] 查建英:《丛林里的冰河》,载《华人女作家海外小说选》,珠海出版社1996年版,第10页。

抛至边缘，作为女人则被在西方的华人男人推向边缘，在这种多重边缘化的残酷现实中，华人女人无论做什么，常常只能是一种无奈的挣扎。所以她们只能通过对物质的追求，来掩盖精神的空虚，而物质追求后的精神迷失和亲情失落，则从一个独特的角度传达出华人女人渴望得到社会承认的呐喊和反思，正如南雁对沛宁的反问："难道在你的眼中，我就是那样的人"吗？

（三）因欲望驱动而迷恋

爱情或许并不可能消除人与人的猜忌，但有时被体内荷尔蒙所支配，能令人短暂地失去理性思考，义无反顾地投身于所谓的"爱"之中。然而女性在两性关系中，处于极易受伤的地位，尤其在为爱付出一切却遭受冷遇后，更是弱者中的弱者。在美华新移民女作家的书写中，也常常出现这一类因欲望驱动而迷恋对方的"情人"形象。严歌苓的《抢劫犯查理和我》以简练的情节、细腻的笔触刻画了这样一个独特的形象："我"被抢劫犯查理的身体所吸引，由此被激发出性爱的欲望和幻想，一厢情愿地成为查理的假想情人，甚至模糊了到底是不是"爱"，即使后来"我"已明白那只是一种冲动下的幼稚，但对查理的幻想依然存在。然而，"我"发现在"恋爱"的同时也在犯罪，"我"不能自持地一次次帮助查理躲避警察的追捕，其实是一个女人在帮助一名罪犯逃脱法律的制裁。在陈谦的《残雪》中，胡力的出现，不仅让女主人公丹文找到了摆脱"母爱"束缚的可能，"她意识到，在她如今的生命里，只有胡力的能量，能够跟她母亲的抗衡"[①]；而且在

[①] 郭媛媛：《爱情是人生复杂的境遇——美国华文作家陈谦小说论》，《世界华文文学论坛》2007年第2期。

胡力"野蛮的力量"面前，丹文获得了欲望的满足，这似乎是她渴望已久的自由。吕红的《美国情人》中，芯的追求也许少了一些欲望，多了一些与命运抗争的追求："觉得跟命运较劲的女人所承受的压力是双重的，但不认命不服输的个性，又使她于消沉中信心重振"[①]。芯在婚姻里感受不到丈夫刘卫东的关爱，在背井离乡的美国又备受事业的压力，美国男人皮特的出现，并给予生活工作上的照顾时，芯心底的欲望被激发出来了，她投入了皮特的怀抱，成了皮特不能公开的情人。然而事与愿违，在芯摆脱了旧婚姻以为可以步入新的婚姻殿堂时，皮特却因自身利益抛弃了芯。芯在认识到政客的虚情假意后，转身投入了写作，赢得了自己的声誉。在这里，我们似乎没有看到芯在感性上的悲伤，反而理性地总结与皮特的这一段经历，甚至认为她人生最难过的时候有这一段情人的经历多少还是美好的。所以，芯的追求更多的并不是爱，也是一种欲望。也许欲望的满足可以暂时帮她转移或者消解生活的苦恼，渡过难关。

严歌苓、陈谦、吕红笔下的"我"、"丹文"和"芯"，都是在陌生的环境中遇到陌生的男性，并被其身上的神秘感激发出了好奇的眼光和欲望的冲动，于是在幻想或现实中成为"情人"。由此可见，她们所寻求的爱其实更多的是一种性爱，它们听命于身体的渴望，希望得到一种欲望的满足。因此"我"在即将到来的婚姻面前对男人的身体与自己的身体有许多幻想，哪怕对方是一个抢劫犯；丹文则借助胡力性爱的能量挣脱母爱的束缚，使自己的性别得到真正的确认；芯则投入了皮特的怀抱，以此来转移现实的苦恼。这一类形象的塑造，也透露出了作家对长期遭受男性压迫和伦理束缚的女性渴望在爱恋上为自己

---

① 吕红：《美国情人》，中国华侨出版社2006年版，第259页。

做主的独特想象和生命诉求。

二

为何这一些情人形象不论在主动寻求或被动接受爱恋的过程中，都显得那样坎坷。在不断遭受打击的痛苦折磨中渐渐失去女性的高贵和尊严。且不说文化的差异，个人的成长历程，仅仅就异域社会所赋予的标签就令这些情人们倍感沉重。总之，边缘化的作家身份、男权社会下女性话语的缺失和力图证实女性生命意义的追求都传达出美华新移民女作家建构情人形象的独特诉求和情感把握。而这一点也许正是美华文学之所以塑造出如此丰富的情人形象的原因所在。

首先是内心的孤独与灵魂的超越。严歌苓曾对创作这样表述："像一个生命的移植——将自己连根拔起，再往一片新土上栽植，而在新土上扎根之前，这个生命的全部根须是裸露的，像是裸露着的全部神经，因此我自然是惊人的敏感。伤痛也好，慰藉也好，都在这敏感中夸张了，都在夸张中形成强烈的形象和故事。"① 由此可见，许多作家创作的起步是对情感的一种释放，在笔下人物身上展开丰富想象，以突破作家在现实中的束缚，由此"夸张"地传达出自己敏感的伤痛和慰藉，让人感同身受。所以在在美华新移民女作家笔下的女性，体现的不仅是作家和人物共有的本我，一种以追求愉悦的内在欲望，使其在创作中得以释放；而且是作家对现实存在可能性的前提下，一种对人物生活的憧憬，表现为自我在现实中，依照现实的要求和愿望所做

---

① 严歌苓：《少女小渔》（台湾版后记），《严歌苓文集：5》，当代世界出版社2003年版，第270—271页。

的转移和生命诉求。也许《红罗裙》中的伦理颠覆与《抢劫犯查理和我》中欲望化的情人关系反映出女性的原始压抑在异域美国的转移和释放。但更重要的是，面对女性在第一世界中承受着第三世界的身份而背负精神重担的现实，美国移民华人在主流文化下失去了发言权，其声音只能在边缘徘徊，作为以边缘身份而生存和写作的作家而言，对于这种遭遇曾一度困惑并力求发声，因此可以说美华新移民女作家的书写，也是对早前移民文学思想探索与生命诉求的一种继续。正像吕红在《美国情人》中写到的："我之所以写作，是为了抓住那流水一样的时间，让孤独的灵魂有所支撑，有所寄托。写作，可以让灵魂抵达现实所抵达不到的深度和广度"①。这或许是作者借"芯"之口所发出的心声。看得出，作家所要传达的是，人的灵魂是有寄托的，写作就是去追求灵魂的升华，就是对现实压抑和孤独内心的超越，让灵魂抵达新的境界。可以说，作者是从异域困境带给一个新移民的内心孤独和惊人敏感出发，独特地探讨了新移民女性的生存境遇和生命诉求。

其次是身份的缺失与美国梦的质疑。早期美华移民在面对"根"的问题时，显示出了流浪式的心境，有追求的信念却无法排遣心中的飘零感，"寻根热""扎根说"等华人定位的问题相继出现，这也促使美华新移民女作家就身份问题产生思考。查建英曾说，游离于国内与国外之间，就是个流浪的人，没有归属感却有个家的存在。《丛林中的冰河》的"我"、《爱在无爱的硅谷》中的苏菊，都是在美国梦的诱惑下来到美国，却为自我身份的缺失而迷茫。移民女性的多重边缘化所造成的孤独感更增添了背井离乡的不确定性，她们不确定去美国是为了什么，有什么希望，也许这种特殊的"情人"关系让她们有了些许

---

① 吕红：《美国情人》，中国华侨出版社2006年版，第257页。

依靠和憧憬，让她们的情感有所释放和追求。《丛林中的冰河》中"我"的中国式理想主义失去了，又不知道另一个理想是什么，怎么继续奋斗？《爱在无爱的硅谷》中苏菊那追求艺术家的人生也变得遥遥无期。女性在美国这片土地上的生活目标变得迷茫和困惑，前途无法确定，身份摇摆不定，有如多余人。这些状况都让新移民女作家产生飘零之感，在原有的价值观被否定的情形下，她们所面对的，就是如何寻找安身立命之地。对于华人移民来说，长期受到美国社会主流文化借助其自身霸权地位的排斥，无论他们如何努力地美国化，仍然很难融入，这使华人成为一个长期处于社会边缘的弱势群体。也许通过"情人"形象改变生存困境是她们的一种独特选择，但其实这只是她们一厢情愿的诉求，脱离了既有的传统生活方式和组织方式，她们也不可避免地沦为异域男性的牺牲品。美华新移民女作家通过这一类"情人"形象的塑造，独特地揭示了美国梦的虚伪和对女性所造成的伤害，以警醒女性慎重把握自己，去寻求心灵的真正归属。

其三是文化的守护与现实的对抗。长期浸润于数千年的儒家传统文化氛围中的新移民，突然一头撞进了陌生的异域文化环境中，总是会有种茫然无措之感，一方面很想融入新的主流文化中，另一方面又想守住自己的文化之根。所以美华新移民女作家在她们的书写中，对两种文化采取了一种有意识的辩证态度，如谭恩美《喜福会》中的母亲就希望将传统思想传达给她的女儿们；而陈谦《残雪》中的丹文则希望融入男友的文化，来摆脱"母爱"传统文化的束缚，然而，异域现实的残酷最终还是让这些"情人"的努力遭受了打击。新时代女权独立的思想在与男性社会交锋的瞬间，传统文化的保守性也导致了女性不由自主的妥协，使女性在主流文化中处于从属地位，以至于女性在异域的边缘人身份上更负载着一种传统道德文化的谴责。《丛林中的冰河》中的"我"就尖锐地指出:"我们是多么含蓄的民族,含蓄到曾有人倡议连握手也罢免掉,索性双手合抱为礼。这样人体之间的接触就全没有了,余下的百分之百是精神交流"①。然而,对西方的"东方主义"对中国传统文化的丑化,美华新移民女作家也通过"情人"形象的主动出击传达出了一种抗争的勇气和守护母国文化的态度。总之,虽然美国社会中少数族群的生存努力和精神追求难免被悲剧化的事实令人痛心,但美华新移民女作家的书写也体现出一代知识分子守护传统文化的努力和与现实对抗的意图,并通过情人形象予以了某种女性主义的人文关怀。

三

处于两个世界边缘的独特地位给美华新移民女作家提供了与众不同的生命体验与观察世界的视角,其笔下多样的情人形象也在某种程度上打破了主流社会男权话语对于女性的束缚,体现出了女性的某种坚守与抗争精神,其生命价值也得到了独特的表现。她们在异域的陌生文化环境中,虽然深陷于多重压迫,仍然能展现生命顽强成长的力量。与以往许多海外华文文学作品中在外拼搏的异乡人、充满乡愁的海外游子、有家难回的思乡者形象不同,"情人"形象的塑造冲破了一向被传统文化否定的藩篱,传达出了在两种文化夹缝中,作为弱者的女性渴望实现人生价值的愿望和生命追求,给人带来一种新的审美

---

① 查建英:《丛林里的冰河》,见《华人女作家海外小说选》,珠海出版社1996年版,第10页。

经验。

情人形象本身所传达的异域女性特有的命运遭际所带有的文化、道德上的反省也意味深刻。在以男权话语为主流的儒家传统思想影响下，情人被赋予失去独立人格而堕落的象征。新移民女作家笔下的"情人"则如战士般在为自己而活着，既柔弱又刚强，是对现实压迫和性别困境的一种反拨，也是一种力求自我认同的无奈抗争。有人说："女性的爱与宽谅，有助于历史伤痕之弥合，重建女性与族群及国家之间的关系，恐怕已非迷思，而益显其重要性"[1]。从而在审美层面上带给读者一种新的思考。

虽然美华新移民女作家笔下"情人"形象处于社会边缘，但仍然表现出了强韧的生命力，在面对社会挑战时，一直在寻找自身出路，其迷茫的过程也凸显了作家的独特思考。但实际上，这仍是新移民女性在现实困境中传达性别诉求的一种精神虚构。不管怎么样，新时代女性作为时代进步的参与者，作为与时代并行的独立个人，是可以有更好的选择和更好的作为的，也许这也是美华新移民女作家的书写给予我们的另一种启示。

---

[1] 李欧梵：《现代性的追求》，台北麦田出版有限公司1996年版，第53页。

黎锦扬《花鼓歌》：
空间塑造、文化碰撞与精神突围

　　黎锦扬是继林语堂之后第二个以英文书写华人家庭生活的美国华裔作家，他的作品已经成功征服了美国读者。1957年发表的《花鼓歌》是黎锦扬的第一部英文小说，这篇作品以高超的叙事技巧和鲜明的人物形象一下吸引了美国读者的眼球。在《花鼓歌》中，黎锦扬以唐人街作为中西方文化碰撞的异托邦空间，在唐人街渲染了那些古老的生活方式，来满足美国读者的东方主义眼光。但他作为一个中国人，其笔下的唐人街虽然有些腐朽，却还保留着中国人的文雅之气。小说中的美国华人王戚扬引以为豪的王家大宅也成为对原有封建文化秩序颠覆的再现空间。在这一固守与反抗的挣扎中，王大的精神家园让我们认识到处于文化边缘的第二代美国华人青年在双重文化挤压下的痛苦与迷惘。

　　但是在国内却很少有人研究黎锦扬的《花鼓歌》，甚至还带点排斥性，"有些学者认为为黎锦扬只是扭曲了华人的印象，助长了美国人的偏见,他的作品是臣服式同化的祭品"①。其实这只是人们对于改编成话剧的《花鼓歌》的一种偏见,在西方主流文化里,唐人街要么被描绘成被阉割的父权社会,要么对华人与当地西方民众的矛盾冲突大肆渲染。黎锦扬在《花鼓歌》中对唐人街的描述虽然夸大了中国传统封建文化的建筑格局,但在处理中西方文化空间的关系上,强调的是这两个空间虽然格格不入却也相安无事的状态,它们之间的影响是潜移默化的。而且,大多数人是从黎锦扬的人物刻画和一波三折的故事情节出发来研究《花鼓歌》的,很少人从空间理论的角度来对其进行更深入的阐释。其实"空间理论意图用空间的思维审视社会,关注人们在空间中主体行为和空间的生产和再生产,空间构成浓缩和聚焦现代社会重大问题的符码"②。在二十世纪,许多思想家纷纷提出自己的空间理念。英国达勒姆大学地理学讲师麦克·克朗在《文化地理学》一书中指出,文学中的空间有自己的声音,表现了社会和生活的信念。"我们可以通过曲线描绘出近200年内住宅空间的分割情况,这是变化的道德观念在地理上的表现"③。而在现代法国思想家亨利·列斐伏尔(Henri Lefebvre)看来,"空间是一个社会关系的重组和社会秩序实践性建构过程"④。即空间是一个动态的不平衡的过程,它不仅是人类行为的领域,更是行为的基础,对人的命运有一定的影响力。当相关的空间理论运用到具体的文学批评时,人们会意识到空间不仅仅是个地理标志,它更是个隐喻,里面蕴含着民族意识、社会的价值观和身份

---

① 薛玉凤:《黎锦扬——在华裔美国文学史上占有重要地位》,《文艺报》2005年11月29日,第2版。
② 吴治平:《空间理论与文学的再现》,甘肃人民出版社2008年版,第2页。
③ 〔英〕迈克·克朗:《文化地理学》,杨淑华、宋慧敏译,南京大学出版社2005年版,第27页。
④ 吴治平:《空间理论与文学的再现》,甘肃人民出版社2008年版,第3页。

认同等意识形态,它对人物内心世界的影响,对人物性格塑造所产生的作用都是巨大的。黎锦扬的小说《花鼓歌》书写的是华人王戚扬一家在美国唐人街生活的故事。在小说中美国唐人街是一个封闭的空间,这个空间的特殊地位支撑着小说情节的演绎发展。所以运用空间理论的视角对《花鼓歌》小说中华人的生存空间进行研究与探讨,对其不同的空间形象进行阐释,可以深入把握作品搭建的结构脉络,揭示空间在作品中的价值所在,进而发现作品的独特意义。

一、空间塑造:异托邦、再现空间与第三空间

在很长一段时间里,空间被人们误解成一个空荡荡的舞台,空间在理论学术的研究层面也是缺位的。但是在二十世纪末叶,亨利·列斐伏尔(Henri Lefebvre)指出"空间从来就不是空洞的,它往往蕴含着某种意义"①,西方这些理论家选择从空间的角度分析和解读问题的空间理论颠覆了人们起初的看法。因此,用空间理论来研究黎锦扬《花鼓歌》中的空间塑造也就有了特殊的意义。

《花鼓歌》以美籍华人王戚扬一家在美国唐人街的家庭生活为主线展开故事,主要叙写了王戚扬与大儿子王大在面对截然不同的中西文化场域时所产生的冲突以及陷入苦恼和迷茫的过程。小说中,王戚扬是一个年轻时因为战乱移民到美国的中国人。虽然他已经在异国的土地上生活了几十年,但还是不愿意踏入除了唐人街之外的地方,他从头到尾都排斥着美国的西方文化,甚至要求自己的儿子也要远离西方文化。因此,他跟两个儿子之间从来就没有什么共同话题。他的大儿

---

① 吴治平:《空间理论与文学的再现》,甘肃人民出版社2008年版,第5页。

子王大,虽然是政治学博士,却没法找到适合自己的工作。他并不是没有想到去底层做苦力养活自己,却因为父亲认为做体力劳动是给家族丢脸而不了了之,只能待在自己并不喜欢的医学院里虚度年华。王大的感情生活也非常不顺,经历了几段感情都遭到玩弄和欺骗。看到周围的朋友无论是工作还是感情都春风得意,王大逐渐迷失了,不知道自己的前途到底是什么。小儿子王山更是完全接受了西方文化教育,他痛恨所有中国的食物,宁愿用两片面包夹火腿当三明治吃,可以说他喜欢的东西恰恰是父亲完全接受不了的。黎锦扬笔下这家美籍华人父子完全不同的生活追求,揭示了是选择坚守古老陈旧的唐人街,还是以开放心态去接受西方文化这种中西文化碰撞的现实。作品通过对唐人街、王家大宅以及王大的精神空间这几个标志性的空间叙写,以及对王戚扬与儿子王大在面对西方文化冲击下所采取的不同做法和文化冲突的表现,来展示两代美国华人在面对不断变化的唐人街时所感受到的痛苦与困惑,折射了美国华人虽然获得异国身份,也无法适应美国主流社会的生活方式和价值观,长期以来,他们的精神空间一直处在不断碰撞中彷徨的处境。

(一)唐人街:中西方文化碰撞的异托邦

"异托邦是指那些存在于既定的社会空间中,在功能或性质上与其他(常规)空间不同甚至是对立的奇异的空间。形式各异,彼此不同,却又组合在同一个空间"[①]。黎锦扬《花鼓歌》中的唐人街是位于美国土地上的一个小空间,但其空间文化与美国主流社会格格不入,它散发的是浓浓的中国味道,是中西文化碰撞的异托邦。小说中写道,"东

---

① 吴治平:《空间理论与文学的再现》,甘肃人民出版社2008年版,第121页。

边从卡尼大街起到西边的拉尔金大街上,南边从布什大街到百老汇大街,一直延伸到北海湾的意大利侨民区"①,这是唐人街的空间范围,其中的一砖一瓦都是美国华人凭借自己对于家乡的印象拼凑出来的。他们在那里生活,那些被西方人视为落后的中国传统文化与生活方式在唐人街是被允许的,那熟悉的中国戏园子、粥店、茶馆、报纸等等甚至让那里的美国华人产生幻觉,自己是否真的处于异邦的土地?华人早已把唐人街当作自己的家园,他们用尽自己一生打造这个空间,这里流淌着中国传统文化的血液,延续着自己的文化根基。可是再如何坚持,唐人街也只是美国土地上的异托邦,它不可能永远与外界隔绝,无法避免要受到西方文化的冲击。唐人街在小说中不仅仅只是中国传统文化的活化石,也有在西方文化思潮侵蚀下出现的裂缝。在作者笔下,唐人街虽然有古色古香的中国茶馆,但一到了晚上外国酒吧灯火通明,主人公王戚扬曾经误闯酒吧,被那些近于荒唐的夜生活吓到了。在安静的唐人街里,甚至还发生了因为一个舞女而争风吃醋造成的枪杀案件,这在推崇孔子思想的唐人街是不可想象的。作者塑造了一个中西方文化碰撞的异托邦空间,这个空间是各种社会文化因素集合的一个隐喻,其中蕴涵了文化和民族身份以及国家权力意识。可见,在作者笔下,唐人街已经不可能像有些华人希望的那样,成为他们心中一模一样的华人原乡社会,它的变化是不可避免的。

(二) 王家大宅:冲破禁锢的再现空间

空间是一切社会活动的场所,在这个空间里矛盾和冲突的社会力量纠葛在一起。所以社会空间不可能是静止的平台,而是蕴蓄着变化

---

① 黎锦扬:《花鼓歌》,江苏文艺出版社2013年版,第146页。

的无限可能性的场所。因此,"亨利·列斐伏尔(Henri Lefebvre)提出相当引人注目的三元组合概念:空间实践,空间的再现,再现的空间"①。按他的空间理论来说,空间实践是指在空间场所的活动生产,它与小说中种种事情发生时出现的城市道路、私人生活以及娱乐场所有关。它是小说的人物出现的空间,带有社会形态和空间特性。空间的再现是指一种概念化的空间生产,此一空间与这社会关系设定的秩序相连,控制语言和话语,支配了空间知识的生产。它是意志化的空间,反映居于统治地位的人的主观意志。在这个空间里,所有人都能感受到这种强烈的意识而且必须服从遵守一定的规矩来生存。再现的空间是外围的、边缘化了的空间,它们往往是争取自由与解放的斗争的空间。这个再现的空间强调了统治、服从和反抗三种对抗的关系。这个空间理论在王家大宅得到了充分体现。虽然王戚扬在这个大宅里一直维护着自己的家长威严,想控制所有人的言语。但他的儿子却一个个与他希望的道路相背而驰,不停地反抗他的权威。王戚扬在离格兰大道3条街的地方买了一栋充满中国味的两层楼层,希望并极力在这个空间重建自己的城堡。他的小姨子无数次提醒他要更换建筑风格,可他总是一直拖延,其实是不愿去改变。王戚扬也不接受西方文化,不允许儿子沾染外国风气。大儿子王大虽然已经大学毕业,按理说父亲应该尊重他的隐私,可是在王家大宅里他根本就没有自由。刘妈是王戚扬安排的眼线,每天都会监督少爷们的一举一动,然后在给老爷捶背时添油加醋地汇报。甚至刘妈会打开王大的房门,翻看他抽屉里的信件。在王家大宅里,王戚扬就是君主,他的话就是法律,他从佣

---

① 朱立元:《当代西方文艺理论》,华东师范大学出版社2005年版,第490—491页。

人们一句句的王老爷中得到极大满足和骄傲。就连一向叛逆的小儿子在面对这个固执的君主时也无法逃脱他的控制，一次次地被惩罚。王戚扬用野蛮的镇压重塑一个具有支配性、控制性与权威性的空间，按照自己的意志建立这个家族的规则，设定家族的秩序。这样一个充满压迫性的空间呈现出王戚扬即使身在异国也要维护自己作为一家之主的权威意志，他依旧遵循中国的封建传统，认为家族里父权大于天。可是他现在生活的地方是异国，这一想法得不到别人认同，甚至还被要求做出改变。他只好重塑一个城堡，永远躲在里面，不愿做出变化。可见这个空间只不过是暂时躲避西方文化侵蚀的保护膜，只是一个不断掩饰已有矛盾的掩体，但它也扮演着矛盾滋事者的角色。小说中，王大在父亲控制的空间里处于任其宰割的消极迷茫状态，可是王大也会因为不堪重压进行反抗，冲出空间的牢笼，再现的空间告诉我们的就是这一点。再现的空间是从实际出发，它彰显了挑战与反抗空间原有秩序的现实。王家大宅的客厅是王戚扬用来教导儿子孔孟之道，惩戒儿子不正当行为的场所。可是小儿子在这个小小的空间中却用仅会背的英文课文来糊弄父亲；大儿子王大还在抽屉里偷藏父亲禁止的外国女人照片，甚至在父亲教授他孔孟之道时，他竟然认为正是那些满口的陈腔滥调才禁锢和抑制了思想的自由，那些难以战胜的禁锢使自己的行为在别人面前显得愚蠢又可笑，如果他从来没有接受过这些道德观，自己也不会经常感到责任、愧疚与羞耻，那样他会活得更快乐。这些行为思想与封建守旧的王家大宅格格不入，是抗衡的空间的再现，也成为王大最后脱离家庭的一种空间力量。王戚扬试图严格按照自己在中国的生活方式去塑造王家大宅这个领地，可是即使他那么固执，那么努力，那个看似稳定的空间，却时时遭受着反抗与威胁。西方文化早已侵蚀了王戚扬手中那条腐朽的绳索。王家大宅的古老生活习俗在面对一个西方文化汹涌的时代,似乎就像摆放在现代商店中的一个破旧玩具,虽然引人注目,却也容易遭到颠覆。在中西文化不断碰撞的空间里,任何人都无法阻止这个趋势的发展。年轻一代的美国华人大都学会用现代角度思考做事,可是父亲却不能接受这个改变,他害怕一切新事物,想尽一切方法来维护过去的生活方式,不愿意跟随父亲墨守成规的儿子对他的压迫只能选择反抗。空间在这里起了很重要的作用,作者把所有的矛盾冲突都集中在这个小小的空间里,使人在面对其中禁锢与颠覆不断激化的冲突过程时不得不反思中西文化在美国华人社会的不可避免的激烈碰撞。

(三) 王大的精神家园:突围下产生困境的第三空间

第三空间的理论认为,空间既是生活的空间,又是新的精神建构的第三空间。在全球化时代,文化的所有形式都持续不断地处在混杂性的过程之中,这种混杂性可以让从自我与他者中激发出来的第三种意义从霸权主义中解脱出来,产生令其他各种立场得以出现的"第三空间"。即如当代后殖民主义理论家霍米·巴巴的"第三空间"概念所言,"第三空间是一个混杂或杂交的场所,在这个空间,颠覆了固定不变的殖民权利,动摇了殖民话语的稳定性,以混乱与分裂的方式出现"①。由此可以分析儿子王大在面对文化冲突时所表现的行为举止及其精神空间。在小说中,王大可以说是处在一个混杂性的第三空间,并在其中感到困惑和迷茫。他的童年是在中国原乡度过,不像弟弟那

---

① 范先明:《异化·归化·第三空间——对霍米·巴巴文化翻译观的再思考》,《乐山师范学院学报》2013年第4期。

样完全在西方文化场域中长大，但他又是在美国接受高等教育，可是大学毕业后，他又不得不回到唐人街生活。当他的经济学专业无法与工作对口时，他抱着自主独立的美国思想找了一份擦盘子的工作，却被父亲王戚扬一口否决了。王大只能回到医学院重新学习，这样才不会让父亲丢脸。而且，在唐人街这个男女比例极为失调的空间里，王大似乎不可能找到自己的爱情，因为外国女孩不愿意找华人，而华人女孩则往往抱着骑驴观灯的心态来交往。王大在爱情上受到打击时，他的好友劝他用西化思想来看待问题，这让王大感觉渐渐疏远了自己的文化之源，甚至对自己的文化产生了厌恶感和自卑感。他与赵小姐的恋爱就是建立在性的层面上，与爱情无关。他理所当然地享受赵小姐为他做的一切，可是当赵小姐提出要王大带她出去逛街，这意味着要对外承认他们之间的恋人关系，王大就马上与她闹翻了。之后王大的精神空间陷入了很长的痛苦之中，一方面他不想与赵小姐分开，还想停留在所谓的男女朋友层面上；另一方面，他的潜意识一直在责怪自己对爱情的不负责任，觉得抛弃赵小姐并不符合他的本土意识。在他的潜意识里，他需要对这份恋情做出负责，可是在西方意识中赵小姐是可以随意召唤不负责任的。王大在这份恋爱中产生了自我身份的缺失，但也是这份恋情让王大对他的现状有了清楚的认识。可见，王大的精神世界一直处于混杂性的第三空间，虽然这种混杂性往往会使人失去对身份的认同感，产生迷茫和困惑，却也会激发出他对自我的新的认识，出现一个既不属于封建传统文化又不同于西方文化的第三种文化立场。

二、空间蕴涵：边缘人的情感挣扎与自省

黎锦扬在《花鼓歌》中塑造了一个个充满意义的空间，这些空间对人物的形象呈现有特殊的价值。通过深入探讨还可以发现，这些空间塑造萦绕着作家那个年代的生活气息，与其生活经历和生命追求有关。

（一）唐人街：种族歧视下的失真空间

美国杰出的当代文艺理论家萨义德在他1978年出版的《东方主义》一书中指出，"东方主义"就是一种西方人藐视东方文化，并任意虚构"东方文化"的一种偏见性的思维方式或认识体系，其本质性的含义是西方人文化上对东方人控制的一种方式。以此为观照视野，我们可以发现，在二十世纪中期，一些华裔作家无法回避这样一个现状，即他们的作品要想在国外取得较大影响，首先要取悦西方的受众群体，迎合外国读者的趣味，才能赢得外国读者喜欢。在种族歧视的视野下，美国人无限拔高西方文化的地位。美国读者更愿意看到作家把中国文化描绘得更神秘化，更荒诞化，充斥异国情调的唐人街也因此满足了美国读者的窥视欲和东方主义想象，"持偏见态度的人被认为是时常有意无意地抱着十八、十九世纪的欧洲帝国主义态度来理解东方世界，又或对东方文化及人文的旧式带有偏见的理解。东方主义的描述性表达无一例外地将地中海以东各国家社会的多种生活进行了对象化、本

质化和刻板印象的方式处理"①，所以黎锦扬的《花鼓歌》也饱受争议。在小说中，作家把唐人街渲染成飘荡着浓郁中药材气味的异域场所，把王家大宅极力描绘成布满中国那些旧文化灰尘的博物馆。所有房间的摆设完全按照中国老宅的结构装饰，甚至在外国的厨房必须放大蟑螂作为灶王爷的佣人。这些空间只不过是作家为了迎合美国市场的要求而塑造的，尤其是在当时种族歧视的大环境下，美国人极度地瞧不起华人移民，认为他们身上永远带着那些所谓的旧文化。而黎锦扬对华人落后腐朽的生活空间的书写，无疑助长了西方文化所谓的种族优越感，具有东方主义的倾向，这是值得我们警惕的。由此可见，作家笔下的唐人街其实是种族歧视下失真的异域空间。

（二）第二代华人移民的视角：让唐人街挤进美国主流社会

黎锦扬即使在美国生活，也愿意待在华人聚集的地方，而且他出生在传统的中国家庭，抵美之前接受的几乎都是纯粹的中国传统文化。他不像一些出生在美国的华裔作家，他们笔下的唐人街很不令人喜欢，"虽然留着中国人的血液，但从小他们从收音机，报纸上听到看到的唐人街都是蒙上一层晦暗和神秘、保守而又充满暴力的印象，似乎唐人街就是落后、肮脏和罪恶的代名词。他们在这个狭窄的空间里从事着低等的工作，根本没有任何道德的观念"②。黎锦扬则不一样，他抵美之后，大多数时间在唐人街度过，对唐人街有自己的理解，"关于《花鼓歌》，黎锦扬表示民族情结是创作原动力，华人曾经被西方视为东亚

---

① 百度：《东方主义》，https：//baike.baidu.com/item/%E4%B8%9C%E6%96%B9%E4%B8%BB%E4%B9%89/3953950？fromModule=search-resultlemma。
② 蒲若茜：《族裔经验与文化想象：华裔美国小说典型母题研究》，中国社会科学出版社2006年版，第47—55页。

病夫，早期的美国电影也总是把华人描写成拖小辫和裹小脚的丑陋形象。当年他写《花鼓歌》，就是想改变华人的形象和提高华人的地位，让华人能进入主流社会"①。因此在小说中，王戚扬每天傍晚可以优哉地在街道散步，绕过一条条街道，有更多的报刊亭、茶馆和商店。而且，唐人街里除了有注重望闻问切的中医诊所，也有代表西方先进医术的大医院。可见，黎锦扬并不愿意自己所居住的唐人街被人误解成污秽的僻街陋巷。

（三）双重文化挤压下的边缘人自省

作为第二代华人移民，黎锦扬他们感受更多的是在美国主流社会俯视之下的痛苦、迷茫和隔离。虽然二十世纪五十年代的美国废除了排华法案，第一批华人移民获得了申请美国国籍的权利，并且有一大批学生来美接受研究生教育和进修，其中大部分人毕业后在美国定居。但是黎锦扬是1944年以第二代华人移民的身份来到美国的，这使他处于两种文化的中间状态，一方面，美国根深蒂固的种族歧视使他没办法完全与新环境融合，"在黎锦扬的自序中，从耶鲁大学毕业后，他每天只吃两碗面充饥还要担心被驱逐，有一次他接到一个洋人的电话，误以为是移民局打来的，黎锦扬说我已经打包好行李了，请驱逐我出境"②；另一方面，黎锦扬也没有彻底与中国旧文化隔离。从黎锦扬的生平资料可以发现，他在美国的日子里每周有三天是住在"小台北"，那里多半是华人，有五花八门的中国餐厅，无论是南方还是北方的小吃，那里都可以尝到。他常常同朋友去那里买报纸，吃饭，参加文艺

---

① 吴波：《花鼓歌·迟到六十年的经典》，《广州日报》2013年3月2日，第9版。

② 黎锦扬：《花鼓歌》，江苏文艺出版社2013年版，第287—289页。

活动。"小台北"已经成为黎锦扬的第二个家。这种徘徊于中西文化中间地带的华人视角对黎锦扬的心理构建和艺术构思起到了非常重要的作用。他的处境使他对唐人街有着特别亲切的感觉,所以在其小说中塑造了充满家的感觉的唐人街,那里的每条街道都是那么熟悉,充满着中国味道。主人公王戚扬可以在这个空间里随心所欲地评价每间商店的对联,甚至认为商店里的饰品每天都能看到,何必买回家。黎锦扬还把唐人街当成一个寄托乡愁的地方,他在小说里不止一次地提到中国餐馆这个特殊的空间,那里的摆设依旧是中国的传统风格,就连味道也要坚持原来的风味,绝不迁就西方口味。

当然,作为第二代美籍华人,徘徊在两种文化边缘的黎锦扬,在他看清西方文化种族歧视和殖民霸权的同时,也明白中国传统的某些腐朽文化在现代社会对自己前程的束缚,所以在小说中,他笔下塑造的是在双重文化挤压下分裂的边缘人形象,他试图通过这种边缘人自省的角度呈现出唐人街的封闭与隔离状态,并且展现出对这种束缚的解脱和突破的努力。我们可以看到,小说中代表西方文化的东华医院矗立在唐人街里,主人公王戚扬在大宅里三令五申地禁止西方文化的渗入,儿子王大的抽屉里却藏着美国女孩的照片,种种迹象都昭示了儿子对父亲之守旧思维不予认同的出逃企图。

空间理论认为,不同空间的塑造体现出作家的不同情感取向。《花鼓歌》多方面的空间塑造,不仅可以看出作家不同的呈现视角,还可以把握到作家情感取向的矛盾性。为了迎合美国读者的需要,黎锦扬笔下的王家大宅更像是一个被封闭的中国旧文化空间;但作为第二代美国华人移民,他对拥他入怀的唐人街也注入了太多感情。因此,小说中的空间塑造既寄托了作者对唐人街的美好向往,也呈现了一个边缘人无奈而且分裂的情感状态。

三、空间意义：社会空间的隐喻与文化融合的昭示

　　黎锦扬《花鼓歌》的空间塑造，体现了作品深刻的思想内涵与独特的启示力量。人是空间发展的产物，而空间的发展也制约了人的活动。可以说，小说中空间的声音，回应了人物的行动和情感取向，人物的活动也赋予空间独特的人文内涵和情感烙印，由此可以把握到《花鼓歌》空间塑造独特的审美意义。

　　独特的空间叙事体验。小说中，空间的转换透露出人物的心理变化，也推动了故事情节的发展。主人公王戚扬一开始只肯在短短的250米的唐人街空间里生活，他害怕走出自己已经规定好的圈子，但随着西方文化的不断侵袭，他逐渐走出那个小小空间，甚至决定到唐人街的边界冒冒险，最后他竟然走进自己曾认为不详的东华医院。主人公活动空间的转换，意味着他的情感空间也在发生变化，不断在发展和扩大，甚至出现了中西方文化融合的倾向。而儿子王大活动的空间主要是唐人街附近的酒吧、茶馆，甚至是西方人聚集的北海滩地区，可是在中西文化的双重压迫下他失去了自我，迷茫的他只好又回到王家大宅，但在对自己身份认同的清醒自省下，他又选择逃离这个家。往返多次的空间转换，不仅体现出处在中西文化夹缝中的王大思想情感发展的矛盾轨迹，也昭示了，对于唐人街这个传统文化空间，无论是回来还是逃离，都是王大在确证自己身份的一种努力。

　　耐人寻味的空间象征意义。小说中的多重空间，既让读者感觉到某种守旧文化的压抑气氛，又让读者感受到文化融合的微弱光亮，并

且这种希望越来越在发展。可以说,作家以其独特的空间塑造艺术,已经赋予了空间某种耐人寻味的象征意义。我们可以看到,小说中的故事进程主要放在唐人街这个空间里,但其实这个空间是由一个个小空间组成的。封闭传统的王家大宅,旧时代的家具摆设,正对着门口的墙边摆放着一张专门从内地定制的配有小炕桌的黑漆柚木大床,小炕桌右边的墙壁上挂着老寿星的画像,桌上则摆满了作为供品的食物。所有的东西都按照老式摆法摆放在靠左边墙壁,王戚扬还买了几盆兰花放在房间的各个角落,用椅子和紫檀木茶几沿墙填满了空余的地方。刘妈更在各个房间的门口都挂上了从老宅带来的丝绸绣花门帘。整个空间里塞满了那些传统的甚至有点腐朽的东西。王戚扬严格按照传统方式去塑造自己的领地,他掌握了王家大宅这一空间的一切支配权,在空间中占据绝对的主导地位,所以人人都必须听从他的命令。可是即使他那么固执地维护着传统文化,在那个看似稳定的空间中,仍然时时遭遇反抗和威胁,西方文化早已侵蚀了他手中那条腐朽的绳索。可以说,唐人街这个大空间及其中那一个个小空间,构成了小说的一种象征系统,无论是短短的唐人街,还是摆满传统旧家具的王家大宅,都可以感受到华人社会那种守旧的封闭的和迷茫的文化氛围。任何文学空间都是社会空间的文化隐喻,其中包含和掩饰着种种复杂的社会关系。可见,这种空间塑造,其实也是一种美籍华人社会无法避免的中西文化碰撞的独特隐喻。空间作为一种力量,反过来也影响着人类存在的方式,所以唐人街从来就不是一个单纯的建筑空间,它耐人寻味地透露出其中人物不同的情感取向和生命追求,一方面,唐人街作为一种封闭的空间,似乎意味着那些背井离乡的美国华人不愿意去融入西方生活,不情愿去承认自己与祖国已家山远隔,希望在异域他乡拥有一片乡愁的栖息地；另一方面，处在西方文化包围中的唐人街又不可避免是一个充满中西方文化冲突的社会空间，身处其中的华人不得不为这种冲突、碰撞以及文化抉择承担精神压力和情感痛苦。这可能就是黎锦扬笔下空间塑造独特的象征意义所在。

文化融合的昭示意义。小说中对王大的精神空间的描述，其实预示着文化第三空间的出现。作者从他的三段感情出发，注重表现王大对待感情的精神空间状态。王大喜欢过鲍小姐，他曾幻想娶鲍小姐进门，那是符合中国的文化习俗的。但鲍小姐是唐人街出名的交际花，她称所有给她钱的男人为哥哥，王大意识到自己也只是鲍小姐的"哥哥"，他选择摆脱这个关系。王大接受的是西方文化教育，他也喜欢西方女孩的豪爽，鲍小姐在作派上已经是西方女孩的样子，但是他的精神空间还是不能接受鲍小姐那种复杂的恋爱关系。王大与赵小姐的交往则完全是建立在性的层面上，他厌恶与赵小姐的交往，却甘愿与她保持不明不白的关系，他想用西方的方式处理这段关系。却得到赵小姐自杀的结果。最后王大遇到了李梅，一个可爱率真的中国女孩，为了这段感情他选择离开家去外面闯天下。从王大的情感发展空间可以看出，小说中已经出现了有别于中国传统文化空间，也有别于西方文化空间的第三空间。但所谓的第三空间并不是两方文化的对立，而是我中有你、你中有我的混杂空间，选择接受西方文化的某些方面，同时也保留中国的文化之根。不难看出，这里的第三空间，其实是两种文化相互渗透的空间，它其实意味着作者对两种文化融合的昭示和向往。这可以说也是小说空间塑造的一个独特的审美意义。

总之，黎锦扬的《花鼓歌》通过多重空间的塑造，不仅展现了美籍华人社会中西文化的冲突和碰撞是不可避免的，同时也揭示了中西文化的交融与结合也是不可避免的。无论是王戚扬终于走进他一直心生畏惧的西方医院去治疗咳嗽，还是王大追随李梅父母离开唐人街去新的天地生活，他们似乎都找到了从这个碰撞空间突围的出处。可见，小说中的空间刻着各种社会关系的印记，烙着中西文化碰撞的伤痕，也预示着文化融合的必然前景。也正是在这一层面上，黎锦扬的《花鼓歌》体现出其别具匠心的厚重感与独特的典型意义。

严歌苓《陆犯焉识》：
历史审视中的女性形象

　　严歌苓是当代北美华文文坛上最具创造力和影响力的女作家之一，她的作品中的主人公多为女性，其所塑造的一系列丰富而独特的女性形象让人印象深刻。其长篇小说《陆犯焉识》虽然以男性为主要叙述对象，却对传统女性进行了突破性描写，作者以女性视觉为切入点，在女性生存境遇的书写中，还原了男性历史背后女性真实而独特的生命体验，传达出被男性历史和男权话语遮蔽了的女性声音，表现对女性的特别关注和同情。可以说，《陆犯焉识》作为严歌苓颠覆性的转型之作，她在书写女性生存境遇、讴歌女性的善良与坚韧的同时，也在审视历史进程中的人性痛点，展示女性身上独特的道德感化力量，并且力图从女性命运的历史嬗变中传达出她对历史与人性的深沉思考。

一、形象塑造中的女性立场与历史审视

　　女性主义文学批评者试图颠覆以往以"男性中心主义"视角来研

究女性写作的传统观念，改写用男性标准来评判女性的历史。她们一方面提倡性别意识的觉醒，希望通过否定父权文化的权威来维护女性自身的利益，改变女性被他者化的边缘处境；另一方面则要求重新找回并界定理没已久的女性文化传统，"破解以往文学作品对女性形象及作用的歪曲"①，以一种女性的全新视角来阐释文学作品，建构女性自己的话语和"女性的写作方式"②。

在《陆犯焉识》中，严歌苓塑造了以冯仪芳、冯婉喻为代表的女性形象，这些女性形象一方面表现了其身上所独具的母性特质和生命光辉，另一方面又蕴藉地传达了作者的某种女性生命立场和历史审视精神。

（一）独具母性特质与生命光辉的女性形象

女性身上与生俱来的母性特质是其区别于男性的性别魅力所在。我曾说过，"女性对自己的性别优势的发掘和确证，更主要的应该是在人性的生动中凸显母性的光辉。女性身上特有的柔美敦厚的母性魅力，正是男性所缺乏的，是女性引以为自豪的地方，也是人类得以繁衍和发展的根本所在。也许在男权社会中，母性常常成为男性把女性当作生育工具或者把女性推向家庭使其处于社会边缘的借口。这是必须引起警惕并予以戳穿和颠覆的。但我们并不能因此否定母性特有的魅力和光辉"③。

---

① 李晶：《浅谈女作家笔下"觉醒的女性"形象对"男尊女卑"思想的批判》，《湖北科技学院学报》2011年第5期。

② 石彤、邵娟：《女权主义对新时期中国文学的影响》，《名作欣赏》2011年第6期。

③ 戴冠青：《对女性写作的一种梳理与审视》，《文艺争鸣》2007年第10期。

长期以来，严歌苓在她的作品中塑造了一批温和、宽厚、善良、坚忍的女性形象，犹如"地母"一般，她们身上闪现着一种母性的特质与生命的光辉，具有强大的道德感化力量和牺牲精神。她曾在《人物》杂志对其新作《老师好美》的访谈中认为，真正的女性主义是有大地之母的胸怀，一方面，她以自己的母亲和祖母为例，赞美了女性抚养儿女和支持丈夫的伟大；另一方面，她又肯定了富有奉献和牺牲精神的女性相对于男性的那种优越。在严歌苓看来，女性的生命力比男性更旺盛、更顽强，这不仅体现在女性的寿命相对比男性来得长久的自然生理趋势上，更直接表现为女性在面对困厄和苦难时，具有比男性更为强大的心理承受能力。她们总是能将命运和生活施加的压力和痛苦转化为一种不屈不挠、知难而上的精神动力，由此体现出一种巨大的生命能量。这种令人震撼的生命张力与她们的柔弱外表形成鲜明反衬，同时也潜移默化地影响着男性。显然，严歌苓是以女性的这种"地母"情怀为其性别书写中的自豪感的。因此我们可以看到，其笔下的冯仪芳和冯婉喻两个女主角身上也焕发这种独具母性特质的生命光辉。

小说中的冯仪芳是一个颇具大义的女性形象和母亲角色。她是陆焉识的继母，精明强干，不仅能教书，而且懂得赚钱，在穷困潦倒的处境中把日子过得井井有条。虽然她个性刚烈而坚韧，对陆焉识有强烈的控制欲，似乎是个严厉的封建家长，但其实她的内心是柔软的，对儿子陆焉识百般疼爱，一直用母亲宽大而慈爱的情怀培养儿子，成全他的远大理想。小说中有这样一个细节，陆焉识终究要挣脱家庭束缚去美国留学，出远门前，他跟恩娘打了招呼，冯仪芳不仅同意了他的要求，还提醒他整理一下四季的衣裳。出于爱，她最终还是放飞儿子的自由。在陆焉识被关押流放的二十多年间,她毅然扛起了生活重担,含辛茹苦地帮冯婉喻把三个孩子抚养长大。其身上的母性光辉仍然熠熠闪烁,可感可触。

小说中的另一个女性形象是冯婉喻。她是陆焉识的妻子,也是冯仪芳的娘家侄女。在作家笔下,冯婉喻无论是外貌还是性格,都近乎完美意义上的中国传统女性标准。外貌上,她皮肤光泽,体态婀娜,轻盈优雅,算得上是一个美人儿。性格上她温柔宁静、知书达理、善良多情。无论是对恩娘的孝顺敬重,对丈夫的爱恋体贴,还是对子女的关爱付出,其身上都寄寓着作者对其深切的怜爱与同情。少女时她便被年轻无嗣的恩娘兼姑母冯仪芳娶进家门,作为牵绊儿子以巩固自己家庭地位的工具。可是被逼婚的陆焉识却对冯婉喻感到厌烦,视她为封建家长的帮凶,冯婉喻也因此没有得到自己应有的幸福。然而,冯婉喻却视丈夫为天,自始至终地奉献自己的爱。从少女时代的一瞥生爱,她就对这段爱情充满幻想和期待,以至于梦想成真后她是那么深爱丈夫,渴望这位生命中的男人也可以给她爱情与依靠。尽管几十年间她一直生活在婆婆与丈夫斗法的夹缝中,但却一如既往地以理解和宽容的态度对待丈夫、维持家庭,无怨无悔。其身上所具有的忍辱负重和牺牲精神以及那种女性内心所"潜藏的宽容和善良"[①],表现出了一种看淡苦难的超脱、从容的人生态度,也上升为一种感化男性的情感力量。其身上同样可以看出母性特质的某种隐忍耐受却顽强坚韧的生命光辉。

---

① 鲍思学:《浅析严歌苓〈陆犯焉识〉中的冯婉喻形象》,《作家杂志》2012年第4期。

（二）对女性境遇的独特体察与思考

西方女权主义理论认为，在以父权制为中心的男权社会中，女性长期以来受到男性的压制、排斥和歧视，逐渐沦为男性的附庸。甚至在日常生活中，一些女性也在男权话语的改造中成为纲常礼教的维护者，其行为举止也得遵循世俗的约定与男性的支配。而其表达自身愿望与诉求的呼声则完全被遮蔽了。造成这一现象的根源在于她们经济的不独立。因此，女性主义者们呼吁应当通过文学作品的女性书写来宣扬女性的生命诉求，彰显女性的性别魅力，喊出女性自己的声音来与男性话语对抗。女性作家应努力在文学中提高自我觉悟，为女性自己代言，让女性的见解得到社会重视，消弭"由社会和文化建立起来"① 的性别差异，改变妇女在政治、经济、文化等方面不平等的局面。

作为一位善于书写女性命运的作家，严歌苓力图以敏锐的眼光来捕捉女性性格的某种特质，对女性境遇倾注了更多的体察与思考。该小说也是如此。在这部以其祖父为原型的作品中，虽然她第一次将男性作为故事的主人公，书写了世家公子陆焉识一生由盛而衰、由起到落的命运历程，但女性形象却是推动这个故事发展的重要因素。在这部描写知识分子追求自由的曲折的苦难史中，其实却蕴涵着作家对女性群体在当时的文化价值体系中被他者化和被对象化的深沉思考。作品中的历史时代，已经成为作家反思女性生存境遇的典型环境。与之前作家笔下任人为所欲为的少女小渔、妓女扶桑等虚构色彩较浓的女

---

① 陆洁瑜：《从电视剧〈大长今〉的热播看女性主义思想在当代社会的发展》，《辽宁行政学院学报》2006年第8期。

性形象不同，该作品中的恩娘、冯婉喻等女性形象虽然也或者坚忍认命，或者逆来顺受，但其身上的女性主体意识已经逐渐清醒，对男权社会和动乱时代的制约，表现出了某种力图抗争的矛盾挣扎。所以，虽然小说以男性作为主要叙述对象，却还原了男性历史背后的女性真实而独特的生命体验，传达出被男性历史和男权话语遮蔽了的女性声音，这可能是作家有别于其他传统女性形象塑造的意义所在。

例如陆焉识的继母冯仪芳，嫁到陆家后不久就死了丈夫，只能将改变命运的全部希望都寄托在这个"继子"身上，却总是担心自己的位子不稳，总是觉得没有安全感，活得患失患得，机关算尽，甚至利用自己的嫡亲侄女试图牢牢拴住陆焉识这个所谓的当家人。从某种意义上说，她无疑是可悲的，是封建父权制旧社会的受毒害者。这一因为守寡导致性格被扭曲的悲剧形象，正透露出作者对根深蒂固的男权社会导致女性自我矮化不得不寻求寄托的畸形现实的独特批判。法国存在主义哲学家、女权主义批评家西蒙娜·德·波伏娃指出："女人并不是生就的，而宁可说是逐渐形成的。在生理、心理或经济上，没有任何命运能决定人类女性在社会的表现形象。决定这种介于男性与阉人之间的、所谓具有女性气质的人的，是整个文明。只有另一个人的干预，才能把一个人树为他者。"[①] 波伏娃的"女人形成论"用来说明冯仪芳这一形象是再恰切不过了："冯仪芳"之为"冯仪芳"，难道不是以男权为中心的传统文化环境所造成的吗？但是，冯仪芳又不同于严歌苓以往作品中一味隐忍和退让的悲剧性角色，作为陆家辈分最高的人，她又是陆家的实际统治者，并力图以此来控制陆焉识。在那种

---

① 〔法〕西蒙娜·德·波伏娃：《第二性》，陶铁柱译，中国书籍出版社2004年版，第251页。

封建父权专制的时代背景下，作者有意赋予冯仪芳这一辈份，也许也是对男性霸权话语体系的某种消解，或者说，让她成为父权制性别秩序下的某种反抗者。美国女性主义理论家伊莱恩·肖瓦尔特指出，男性文学一直占据着主导位置，女性创作的历史被无情地抛弃和忽略，这促使女作家们在不断追寻自己文学传统的过程中"一次次地唤醒自己的女性意识"①。表现在冯仪芳身上的那种焦虑、愤怒和抗争，也许正显示了处在新旧社会交替之际的女性试图改变被压制被贬抑命运的某种努力，以及维持心中在男性话语支配下尚未完全泯灭的自尊。她的凌厉、乖张甚至神经质既是对过去温顺贤惠的女性形象的一种颠覆，其实也是对那个宗法父权制社会的一种抗争，对被其所遮蔽所忽略的自我权利和价值的一种捍卫。从这一点来看，严歌苓笔下的这一女性形象就有了某种新的突破性。

（三）在历史审视中坚守女性立场

多年来，严歌苓专注于女性书写，因为她觉得女人"更直觉，更性情化"②。她还常常将女性书写与历史叙事紧密联系在一起，使其具有更深长的意味。《陆犯焉识》也是如此。作者将女性人物置身于特定的时代环境中，以女性灵敏的视角来审视历史，再现女性在政治、文化格局中的命运与作用。而且，她的难能可贵之处还在于其作品往往能够以广阔的社会历史视野来解读人性，从历史的高度来俯察人性的变迁。同时在这种历史叙事中，传达出她对女性生存困境的追问以及

---

① 朱华：《弗吉尼亚·伍尔夫与当代西方女性主义批评理论》，《辽宁教育行政学报》2012 年第 4 期。
② 王卉：《历史·女性·救赎——评严歌苓的〈金陵十三钗〉》，《世界华文文学论坛》2007 年第 3 期。

对女性立场的一种坚守。

作品中，知识分子陆焉识多么希望离开家庭，去追求自己向往的自由生活，但他还是被恩娘的哭相彻底征服了。眼前这位可怜的女人让他深感同情，甚至触动了他内心深处的那一丝慈悲和良知，认为自己应该为了恩娘而放弃出走的渴望和追求。按理说，像陆焉识这样年龄和出身的一代知识分子，已经深受西方新思想新文化的影响，而且在那样的时代里，没有爱情的婚姻是不道德的观点也已被许多青年人所接受。然而他的一生总摆脱不掉恩娘的影响。恩娘的存在，一定程度上制约着他的自由，这不得不说是旧式家庭对知识分子精神上的挫击。但是与男性相比，女性身上所负载的苦难更为深重。恩娘想要牢牢拴住儿子的这种畸形、扭曲的心理，就是这种被封建礼教和父权专制所毒害的产物。同样，冯婉喻也是历史大背景下的又一个受难者。在那个动乱的年代，陆焉识因为自己不谙世事的高傲性格，被卷入了政治派别的残酷斗争中，最终被大卫·韦扣上"反革命"罪名，招致了二十年的牢狱之祸。原本无辜的冯婉喻也因此遭受牵连，被划为资产阶级反革命家属，遭遇轮番批斗和训斥。她无疑是这场斗争的受害者，不仅自己没有参与，并且还富有远见地劝说丈夫不要涉身其中，但最后还是难逃命运的摆布而付出惨重代价，让她后半生一直过着艰难而屈辱的生活，深受折磨，身不由己，无助而无力，直至失忆死去。严歌苓通过这段历史叙事，一方面折射出那个年代里知识分子的精神磨难以及现实对人性的摧残，另一方面则是控诉时代的浩劫和动乱，揭露动乱年代中女性的悲惨命运，并对她们寄予深切的悲悯情怀。作品中，在忍受了漫长囚徒岁月中灵魂的空虚寂寥与人心的险恶奸诈后，陆焉识开始反省自己的前半生，回想起妻子的种种美好，他的良心开始觉醒，意识到了多年来自己对妻子的冷落和亏欠，并最终对妻子产生了深沉的爱。冯婉喻成了他困顿时的精神支柱，也成为他勇敢撑下去的动力和信念。陆焉识的转变，正是动乱时代的摧残让他体会到了真情可贵的必然结果，同时也是冯婉喻仁爱宽厚的坚韧终于感化打动他的结果。除此之外，作者还叙写了望达、韩念痕这两个女性人物对陆焉识走过自由追求和精神困惑之路的重要影响。可以说，严歌苓的书写，揭示了女性宽厚坚忍的人格魅力在历史动荡中的独特作用，也暗示了女性对男性成长的催化作用，体现了鲜明的女性立场。

　　冯婉喻双重人格的刻画，也可以看出作者的女性意识。小说中，冯婉喻表面上大多是以温婉、知足、宁静、优美的形象出现，但是，她的内心世界却云雨激荡，与外表截然不同。小说里对她眼神的描写耐人寻味，那种目光不仅透露出十足的女性风情与魅力，更暗藏着长期被禁锢和压抑下本我性情的释放点，仅仅一个眼神，就让陆焉识迷得神魂颠倒。可见，通过男性对女性在情欲方面自然的、本能的崇拜与倾慕的描写，也昭示了冯婉喻作为一个女性所固有的情感需求的释放。这种释放是主动的、热情的、大胆的，它表现了一个长期被压抑的柔弱女子试图挣脱压抑与束缚的某种反叛的独特方式。法国另一位女权主义批评家埃莱娜·西苏认为，在父权制社会里，女性在二元对立关系中始终处于被压制的地位，她的一切正常的生理心理能力，她的一切应有的权利都被压抑或剥夺了，她被迫保持沉默[1]。但是，在严歌苓笔下，冯婉喻并没有真正"保持沉默"，而是积极主动地释放她的女性风情，显示她的性别魅力，这不仅仅使她得以摆脱男权压制，而

---

[1] 〔法〕埃莱娜·西苏：《美杜莎的笑声》，载《当代女性主义文学批评》，北京大学出版社1992年版，第193页。

且,"这行为还将归还她的能力与资格、她的欢笑、她的喉舌。以及她那一直被封闭着的巨大的身体领域……"① 作者对其追求自由与释放的肯定,也体现了其鲜明的女性意识。她给了女人更多的体察和关爱,在这种体察下,作者给我们展示出了有别于冯仪芳的另一个有血有肉性格丰满的女性形象。

冯婉喻"失忆"的叙事策略,也体现了作者的女性立场。失忆后的冯婉喻不再记得身边的子女、亲人,但她曾经追求的那些美好往事却依然留在她的记忆深处。夜阑人静时分,她撑着虚弱之躯去移动房内家具,想要恢复成结婚时的样子;她受不了儿子对陆焉识的辱骂,不顾母子之情与儿子翻脸;她已认不出陆焉识,将女儿好意安排的复婚用的桌子推倒。因为她要以自己的勇敢和不屈来反抗这场"包办的封建婚姻"。更出人意料的是她坚持不穿衣服,任性而为,对自己看不顺眼的东西就开口痛斥,言语豪放粗鲁,没有任何顾忌。也许在作者笔下,失忆对她而言,正是一种解脱,她可以活得如此率性自然,不用再受繁文缛节的约束,也不用承受精神与身体的压迫。小说中还有一处细节:冯婉喻在临死前回光返照,回想起当年陆焉识被判处死刑时,为了挽回丈夫的一线生机,出于无奈而出卖了肉体。这一细节不仅揭示了那个强权社会中女性的弱小和无助,凸显了那个动乱年代的沉重与冷酷,也饱含着作者对戕害女性这一弱势群体的历史时代的强烈批判。而让晚年的冯婉喻通过失忆来获得身心的完全解脱,则传达出作家力图让女性意识得到某种确证和释放的生命诉求。

---

① 〔法〕埃莱娜·西苏:《美杜莎的笑声》,载《当代女性主义文学批评》,北京大学出版社 1992 年版,第 202 页。

二、独特生命体验中的女性书写

作为一名出色的女性作家，严歌苓一贯以积极的姿态坚持女性书写，关注女性生存状态，展示女性精神风貌，其中蕴涵着深沉的人文关怀精神。其作品中丰富多彩的女性形象，或展示女性对命运的挣扎与反抗，或宣扬女性高贵的人格与尊严，或表现女性纯朴善良的精神诉求，都以其厚重的女性意识给人留下了深刻印象，体现出其鲜明的女性立场，传达出了不同于男性话语的女性自己的声音。

从严歌苓早期的人生经历可以看出，独特的生命体验可以说是严歌苓在这部作品中传达出如此鲜明的女性意识的原因所在。首先是，女作家萌娘的不幸遭遇对严歌苓的刺激和影响。萌娘原名贺平，哈尔滨人，是一位颇有才华的女性作家。少女时期的严歌苓十分喜欢萌娘，根据其本人回忆，七岁那年她第一次见到萌娘，就被她身上所特有的优雅气质和俊俏外表所深深吸引，而初次谋面的萌娘也对严歌苓具有好感。但是后来严歌苓在医院里目睹了作为病人的萌娘身体被暴露和窥视的受辱过程，当时的萌娘不仅没有被送进病房，而且在众目睽睽之下被剥光衣物，如同在走廊陈列一般，引来无数猥亵的眼睛。这件事情对她刺激很大，她当时就挺身而出为萌娘所受到的凌辱打抱不平。可见，自己一心崇拜和敬仰的女子其贞操和人格尊严竟被如此无情摧残的这一幕，在严歌苓的潜意识中留下了多么深重的创伤，这也成为她坚守女性立场，书写女性悲惨遭遇并为之愤恨不平的一个动因。

其次，严歌苓本人不幸情感遭遇的影响。严歌苓年轻时候曾爱上一位军官，可是后来这个男人不仅不愿承担责任，还出卖了她，本是美丽孤傲的少女和无辜的感情受害者，却成为众人所不齿的勾引者。经受初恋的失败和挫折后，还招来周边人的集体孤立与唾骂，这让年轻的严歌苓身心俱焚，以至于后来动了自杀的念头。对于这段心灵创伤史，严歌苓自然不愿过多提及。很长一段时期，这一经历都带给她一种沉重的挫败感和屈辱感，但也化为她坚持女性书写立场，讴歌女性的美丽与伟大，揭露男性的丑陋与自私的一股强大动力。她作品中那些身心被压抑被残害的女性形象，其实都投射出自己深切的人生体验，不仅揭示了女性在当时社会生活中被忽视被压迫的事实，也传达出作家对女性这一弱势群体的深切同情和人文关怀精神。

再者，良好的家庭教育和部队生活经历所孕育的悲悯情怀。严歌苓作品中的女性，大多处于社会的边缘和底层，在命运的动荡中挣扎与抗争，其中倾注了作家深切的人文关注情怀。这一书写，与她本人的出身和家庭教育有关，也与她的部队生活经历有关。严歌苓出身于书香门第，爷爷和父亲都是作家，"严歌苓认为自己受爷爷和父亲的影响很大，'爸爸的书房就是我的教室'"①。良好的家庭教育和文化氛围不仅为她以后的写作奠定了坚实基础，而且为她培育了比较深厚的人文素养和悲悯情怀。20岁那年，严歌苓以战地记者的身份到中越前线进行采访报道，战场的血腥和伤员对生命的渴望，让她深受震撼，更增强了她的悲悯情怀，由此开始对不幸个体及其人性痛点的深沉观照和独特书写，并且把这种悲悯的视角投向了以往历史场域中更加弱势的女性群体。她以女性的尖锐眼光去审视历史，以自我的人生体验为参照去剖析人性，在让人震颤的历史叙事中揭示女性难以逃避的命

---

① 姚春玲:《作家严歌苓自称很敏感：或受家族遗传的影响》，人民网 http：//culture.people.com.cn/n/2014/0414/c22219-24890391.html 2014年4月14日 07：22。

运困境，传达女性顽强独特的生命呐喊，挖掘以往历史场域中作为弱势群体的女性身上的生命力量，探讨女性在历史社会中的地位与价值，其中所透露的悲悯情怀与人文意识深沉动人，发人深省。

三、历史审视中女性命运的独特把握

英美派女权主义批评家桑德拉·吉尔伯特和苏珊·格巴于1979年推出了她们的女权主义名著《阁楼上的疯女人——女作家与19世纪的想象》，该书研究了西方19世纪男性文学中的两种不真实的女性形象——天使与妖妇，揭露了这些形象背后隐藏着的男性父权制社会对女性的歪曲和压抑。妖妇是丑陋、自私的女性形象，她们体现了男性作者对不肯顺从、不肯放弃自我的女人的厌恶和恐惧，然而，这些妖妇形象恰恰是女性创造力对男性压抑的反抗形式。而天使是男性作家笔下的理想女性，但"她们都回避着她们自己——或她们自己的舒适，或自我愿望"，即她们的主要行为都是向男性奉献或牺牲，而"这种献祭注定她走向死亡"，这"是真正的死亡的生活，是生活在死亡中"。作者认为，这种把女性神圣化为天使的做法，实际上一边把男性审美理想寄托在女性形象上，一边却剥夺了女性形象的生命，把她们降低为男性的牺牲品[①]。

严歌苓在该小说中所塑造的女性形象，也是这样一种从天使到妖妇的形象，与其以往作品中一味忍受苦难的天使般的女主人公不同的是，她们不仅可以在生活和命运的重压下活出自己坚韧的一面，并且

[①] 朱立元：《当代西方文艺理论》，华东师范大学出版社1999年版，第347—348页。

以一种执拗甚至不安分的"妖妇"姿态对抗男性的话语强权，以自己独特的形式反抗了性别压抑，体现出女性别样的尊严与魅力，由此来证明女性存在的意义。这正体现出严歌苓对我国传统女性的人生价值和文化意义的重新审视和反拨，也带给我们一种全新的审美感受。

总之，在《陆犯焉识》中，严歌苓从女性的生命体验出发，以特有的女性眼光重新审视那段动荡的历史年代，重新审视历史境遇中的女性命运。在书写个人命运与历史时代尖锐冲突的历程中，既独特地表现了一个传统知识分子面对时代动荡时的精神困惑和心灵痛苦，更深刻地揭示了动荡时代给处在社会边缘的弱势女性所带来的深重创伤，以一种"女性特有的写作方式和表达方式"①，去发掘被男性历史和男权话语所遮蔽的女性声音。她对历史境遇中女性命运的独特观照，对性别压抑下弱势女性的人文关怀，对试图以自己方式抗争男性话语的女性形象的巧妙表现，对时代嬗变中女性生命追求的深入把握，都给我们提供了独特的审美经验，让我们思考与反省。

---

① 吴庆宏：《弗吉尼亚·伍尔夫：女性主义文学批评的先驱》，《镇江师专学报》（社会科学版）2001年第4期。

张翎《阵痛》：
个人化叙事中的历史苦难与生命诉求

张翎作为海外华文女性作家，具有双重的文化身份、独特的性别体验和丰富的人生阅历，对于历史文化也具有深刻的个人感悟和诠释。她的长篇小说《阵痛》通过极具个人化的叙事视角，在日常生活的琐碎中解构宏大历史，在女性的生命疼痛中书写历史苦难，由此传达出女性独特的生命思考，也透露出作者对历史苦难中的个人命运的深切关注和悲悯情怀。

旅居加拿大的张翎坚持以母语写作，与严歌苓、虹影并称海外华文文学"三驾马车"。作为一名从江南小城走出去的女子，张翎身上始终保持着华夏民族的坚韧品性，在动荡漂泊的生涯中做过小学老师、工厂工人、服务员，也做过医生。二十世纪九十年代初经过努力获得美国辛辛那提大学听力康复学硕士学位后，她定居在加拿大担任诊所的听力康复师，同时坚持华文写作。她的小说书写了各行各业的人物：画家、商人、餐馆老板、留学生、听力康复师等。张翎把这些人物放到不同的历史空间中叙写其人生命运的悲欢离合，表现了在历史浪潮推动下普通人无法把握命运的身不由己及其对生活的执着追求。同时，也借助人物的这一段段遭际力图还原相对真实的历史。丰富的人生阅历、旅居异国的生活经验让张翎的小说始终洋溢着人文关怀精神，因此，她的小说大都意蕴深刻，呈现出混合交错的文化视角、跨越地域的空间变位以及对历史文化的思考。

2014年出版的长篇小说《阵痛》很鲜明地体现了张翎的这一创作特征。该小说以三个乱世为背景分别叙写了三代女性的生存境遇和生育故事，故事时间长达七十余年，横跨三大洲四个国家。作者在叙述一些重大历史事件时不是指向真实的历史，而是将笔尖探入女性这一人类历史中最普通、最平凡、最脆弱的群体。比之男性、英雄所代表的"崇高"历史，女性的历史似乎"触手可及"。作品中，三个女人奋不顾身地去爱自己的男人，在动荡不安的乱世里艰难求生，独自抚养遗腹子。时势所逼，小小的平凡女子无奈只能爬到历史舞台的最前端去演绎个人命运在历史境遇中的悲凉与沉痛。也许她们不曾参与轰轰烈烈的革命斗争，不曾为浩劫时代的拨乱反正献身，也不曾为大开大合的新时代鼓角鸣雷，只是凭着坚韧的意志在乱世夹缝中匍匐前进。但她们奋力前行的身影，无疑已经独特地折射出国家民族的历史苦难及其不屈精神。

一、在个人化叙事中表现历史苦难

叙事就是一种将特定的事件按时间序列纳入一个能为人所理解和把握的语言结构并赋予其意义的话语模式。通俗意义上可以理解为"讲故事"。因此，历史叙事也就是一种将历史讲述成故事的方式。这种讲述往往将各历史事件的关系按照一定的逻辑性转化为历史故事。一般来说,历史叙事所要表现的主体应是独特的历史事件,然而《阵痛》独辟蹊径,它以一种委婉的方式来阐述历史,通过历史波浪中个人生命的疼痛体验来折射历史。因此,该小说虽然跨越七十余年时间,涉及抗日战争、"四清"、十年浩劫、改革开放、留学潮、9·11事件等重大历史事件,但作者在再现这一段段历史风云时是从细微处入手,借女性的生命故事及女性的人物视角,有意识地瓦解那种涉及宏大意识形态建构的历史语境,在故事情节的演绎中把历史推到后台,使之变成个人生命活动的一种特定场景。

(一) 在日常生活需求中呈现历史真实

对于普通人而言,历史是遥远的,面目模糊的;对于学者而言,历史是不可再现的,也是不能被重新体验的。无论怎么说,历史似乎都是高不可攀的,是男性话语主宰的场域。但作者却把历史纳入一个能为人们所接受的话语模式中,她以女性视角作为切入点来呈现重大历史事件,由此也在一定程度上消解了历史的某种崇高感。"历史的真面目不是由重大历史事件构成的,而是日复一日、点点滴滴的生活的演变"[1],可见日常生活也是历史的重要组成部分,而女性对于日常生活的感触比男性细腻和敏锐,"女人是最普遍的,最基本的,代表着四季循环,土地,生老病死,饮食繁殖"[2]。张翎在《阵痛》中注意到了女性日常生活对于历史的意义,她将抗日战争、"大跃进"、十年动乱

---

[1] 李正红:《论铁凝长篇小说的历史叙事》,《宁波大学学报》(人文社科版) 2012年第4期。

[2] 张爱玲:《张爱玲典藏全集·散文卷(一)》,哈尔滨出版社2003年版,第52页。

等历史事件定格在饮食变化上。小说开篇就围绕"饮食"这个最普遍的日常事件展开看起来是琐碎的生活描写：婆婆吕氏得知媳妇吟春怀孕时，天天上街割肉、杀鸡宰鹅，在二姨婆看来算是嫁得很好了。从吟春丰盛的饮食可以看出，尽管战争已经开始但还未蔓延到藻溪，人们的生活依然安乐，食物充裕。随着战争的愈演愈烈，盐米断货，原本还算丰裕的家庭能端出来的也只有"一碗稀得照见人影的米粥"，越往后就只剩下米汤可以果腹。危产篇中，勤奋嫂（吟春）对于饥荒的最直接感触也是来源于食物。"先是好的米越来越难买，无论什么时候去粮店看到的永远是早白（一种质地很差的米）"，后来"连早白也不能全量供应了"，肉一个人一个月也只能买六两。在"大跃进"时期，随着运动的白热化，粮食越变越匮乏，勤奋嫂只能豌豆捣烂和米煮（这样煮的饭可以增加一半）。历史的变迁也被作者通过温州城大街小巷的变化表现出来。危产篇中，作者在开篇就展现了小城的古朴热闹，毫不起眼的谢池巷坐落着百货公司、学校、医院，巷尾处还有公园供人们休息纳凉，城里的任何热闹一丝不差地落入它的眼睛里。小小的巷子浓缩着人们的生活，诉说着时光的流逝，流成一条历史的河。在十年动乱还未来临前，小城里的人们生活和谐、安逸，然而在动乱的冲击下，不仅人们安静了、惶恐了，小城的大街小巷同样沉寂着、颤抖着，"街市受了惊吓，像个没醒好的孩子，无精打采一脸丧气"。各种祸乱之后，"街市从惊恐中蠕爬了出来。有人开了门，小心翼翼地朝街上泼了一桶脏水……"，"街市是一条最贱的野狗，总能在天塌地陷的乱世中找到一个针眼一样窄小的活处。"[①] 这一切变化都完完整整地落入勤奋（吟春）的眼中，作者借她的眼睛呈现出一幅幅琐碎又真

---

① 张翎：《阵痛》，作家出版社2014年版，第241页。

实的生活场景,从女性对生活最直接的触感来拉近历史与读者的距离,既让女性参与了历史进程又揭示了历史那贯穿在细碎的柴米油盐中的本来面目,那就是:人在生活中创造历史,并且不分性别。可见,在作者笔下,女性的生存状态是最为真实可感的历史,虽然在历史长河中看似微不足道。

张翎感悟历史、反思历史的着眼点是个体的生命状态,她说:"我更关注的是人的命运,首先是人,然后才分白种人、黄种人和印第安人"[1]。因此她在小说中关注的是个体的生存,并不局限于女性,而且常常通过叙写一个个生存困境来引发读者对历史的思考。例如在表现动乱时代对人性的压抑时,张翎书写了这么一个场景:下乡知青小陶寄居在村里的陈会计家,不得不时常"见证"他们夫妻结合的过程:"墙壁薄得像纸,挡不住声",她总觉得那个女人被碾成肉泥……性原本是最隐秘的事情,然而它却赤裸裸地暴露在外人面前。而且"见证"陈会计夫妻生活的还不止小陶一个,因此他们的夫妻生活也常常成为村里人茶余饭后的谈资。作者借小陶的视角把生活中最日常也最隐秘的场景暴露在众人视野中,夫妻间正常的生理需求不仅仅要被村里人嘲弄更把陈会计夫妇推向生存边缘,以至于后来陈会计莫名其妙地淹死在河里还要承受人们异样的目光。这完全是那个扭曲的时代对人格尊严的无情践踏。作者借助这个正常需求的被扭曲写出了那个时代的扭曲历史,揭示了造就陈会计苦难人生的时代原因。可以说,在那个扭曲的时代,许多人原本正常的生活被扭曲了,不得不承受历史的苦难。或者说,历史的苦难正是表现在许多小人物的日常生活中,似乎

---

[1] 杨时文:《华裔作家张翎:在加拿大写唐山》,《中国新闻周刊》2009 年第 4 期。

没人能够幸免,也许这就是作者所要呈现的历史真实。

(二) 在女性生命疼痛中书写历史苦难

在《阵痛》中,张翎以独特的个人化方式审视、探索历史,她着眼于个体的生命状态,特别是女性的生命状态,将历史与性别联系在一起,在历史情景的营造中去发现和挖掘女性的生命力量,在女性的生命疼痛中展现历史苦难,也揭示了女性在历史风云中的坚韧与担当。

首先,以女性的不同生命历程演绎不同历史阶段的时代苦难,把历史苦难表现为普通人所深切感知和体验的生命疼痛。《阵痛》在布局结构上分为四大板块:逃产篇、危产篇、路产篇和论产篇,每个板块的划分是以女性的生命阶段为依据而非历史事件。这种板块式的布局结构打断了历史的连贯线条,凸显出女性在历史中的主体地位。三代女性的命运际遇如同历史风云里的一个个时间节点,与三次生育阶段相对应的是三个历史事件:抗日战争、十年动乱和美国9·11事件。作品中,作者以吟春生下小陶前后的生命苦难来再现抗战的艰苦岁月,以小陶生下武生前后的生命痛感来叙写十年动乱的不幸年代,以武生生下路得前后的生命体验来表现改革开放、全球化的风云时代。小说中的历史不再是完整的不可分割的,也不再是英雄人物的历史,而是一群平凡女子的生命疼痛史。也许作为一个小女子,吟春的目光未能落在家以外更远的乱世深处,但战乱中遭到日本军官凌辱的痛苦经历却将她与历史紧密地连接起来。"女人的痛不见得是世道的痛,而世道的痛却一定是女人的痛"①。战争给人们带来的巨大伤痛被具体化为吟春腹中留下的一团"耻辱",丈夫受到日军的侵害越大,她的屈辱感就

---

① 张翎:《阵痛·创作手记》,作家出版社2014年版,第337页。

越强烈,她的屈辱感越强烈越显示出战争岁月的残酷。后来,小陶问世,纯正的血脉才给吟春的生活带来希望。可见,女性生产疼痛的背后隐喻着家国之痛。新生命的到来为女性在乱世的生存点燃一盏明灯,阵痛之后孕育出希望的火苗,也预示着国家遭受异族侵略的疼痛也必然会在一代人的抗争中结束,家国历史终将回归正轨。这三代女性在乱世中生存的生命体验背后映射出社会历史的风云变化,她们的生命故事与历史事件生发出时态的同频共振现象。

其次,依托个人经验重述历史并融入自己的生命体验。这里所谓的"个人经验"并不与"个人经历"同义,它是一种重要的写作策略,其内涵更加丰富。在曹文轩看来,"一个小说家只有依赖于个人经验,才能在写作过程中找到一种确切的感觉。可靠的写作必须由始至终地沉浸在一种诚实感之中"①。张翎也是如此,她曾在采访中提及生命的"疼痛"是自己创作的重要经验和写作动力。从小说的创作手记可以得知作者的"疼痛"感来自外婆的人生经历。她的外婆生产了十一次,存活下来的孩子却很少。作者回望外婆的一生,看到了一个匍匐在乱世中的坚强妇人。可以说,张翎小说中那些人物的人生经历及其品格呈现,多少来自其母亲家族那些在困境中坚韧而勇敢地生存的女性所给予她的最直接的生命体验。逃产篇中,抗日战争爆发后,在日本人戕害下,吟春不得不怀着被误解的孩子逃到简陋的山洞独自生产。战争的残酷把吟春逼到生死边缘,没有热水,没有御寒的棉被,没有剪刀,没有生产经验的吟春用石头和唾沫硬生生砸断脐带。随后冒着风雪把新生儿带回家。没想到几经生死、死里逃生的吟春还是晚

---

① 曹文轩:《写作与个人经验》,《语文教学与研究(学生版)》2009年第7期。

了一步,丈夫和婆婆已双双辞世。历经大喜大悲的冲撞后,吟春并没有倒下,她远走他乡卖水维生,独立抚养遗孤,艰难却坚韧地生活在乱世中。纷飞的战火照亮了这个女子既卑微平凡又坚韧不屈的品性,如同作者的外婆一样。危产篇中,小桃在武斗动乱中生产的情节则直接来源于作者一个姨妈的生产经历。1967年,全国动乱,武斗频发,作者的姨妈正是在这种动乱中孤独生下孩子。在同样的情况下小陶也只能在分娩中靠自己、母亲及毫无接生经验的谷医生顽强求生。故事中的人物与现实中的原型互相映衬,母亲家族的女性在乱世中的生育经历让张翎领会到女性与历史密不可分,历史的阵痛在女性的阵痛中表现得更加深切而强烈。女性在历史这三个最混乱的节点上进行了妊娠,来自生命深处的疼痛让历史之痛感同身受,凭借坚韧的勇气,她们虽然匍匐在乱世的天空下,却以生命的繁衍助推历史车轮的前进。在历史的发展进程中,家族中的每个女性个体都以其独特的生命故事参与其中,她们的故事汇聚在一起就构成了一部以女性为主体的生命苦难史。

其三,宿命式的情节设置展示苦难历史中的女性生存状态。这一点主要体现在作品中人物的残缺爱情和悲剧人生的书写上。《阵痛》的爱情书写是与苦难的社会历史紧密联系在一起的。抗日战争时期,吟春原本美满的婚姻被突如其来的日寇袭击打碎,惨遭日军强暴的不幸让两人的爱情产生裂痕。丈夫在国仇家恨与对妻子的眷念中痛苦不堪,吟春则怀着耻辱试图修复两人情感。不料,丈夫在归家途中再次惨遭日军蹂躏,不久病重身亡,独留吟春孤身持家,沉浮于乱世。十年浩劫时期,小陶与黄文灿勾勒的美好未来同样被突发的动乱和美越战争击得粉碎。经济全球化时期,宋武生的丈夫杜克则丧生于9·11恐怖袭击。在历史的特定时势下男性不得不缺席女人的生命,他们留给女人的爱情只有偶然的结晶，可女人们依然飞蛾扑火般奋不顾身地去爱、去生育。动乱时期，小陶不顾局势凶险，在得知怀有黄文灿的骨肉时，开心地说道，"那我终于留住他了"①。她们"糊涂"到没有意识到社会现实带给她们的伤害，反而以爱情为重，看似"无知"的女性反衬出了苦难历史的苍凉。宿命式的人物命运预设还体现出现实的残酷和历史的不可抗拒性。作者借小陶视角刻画了一个几乎完美的小公主赵梦痕的形象：精致的脸蛋，高雅的气质，完整富裕的家庭，慷慨助国的父亲……在小陶如痴如醉地羡慕赵梦痕所拥有的一切时，作者却泄露了天机："他（赵父）还不知道一个叫公私合营的大浪头很快会舔上他的脚跟，先是打湿他的衣服，最终彻底把他淹没"②，叙事中已经预示了梦痕家命运的衰败。很快地，时代的车轮就碾碎了梦痕的一切，她从资本家千金沦落为制鞋西施。接着，动乱年代的抄家与批斗，红卫兵对少女人格的肆意践踏，让她的日子彻底潦倒不堪。也许，这个无辜少女的不幸只因其出生于资本家家庭，但历史的腥风血雨却将她击打得体无完肤。有人说，时代的一粒灰，落在个人头上，就是一座山。历史的错误砸在她柔弱的肩膀上，本该一帆风顺的人生轨迹顿时掀起惊涛骇浪，几乎将其淹没。可见，历史苦难所造成的不仅仅是英雄悲剧，更是柔弱女性和小人物的悲剧，小人物的悲欢离合爱恨情仇才是历史最真实的写照。

二、历史苦难书写中的女性生命把握

作者明白，历史创伤与女性创痛交织在一起，"女人生产，不一定

---

① 张翎：《阵痛》，作家出版社2014年版，第226页。
② 张翎：《阵痛》，作家出版社2014年版，第79页。

和时代有关，但时代的阵痛，一定会被女人感知并承受"[①]。她从女性的生命苦难为基点进行女性命运与家国命运、民族命运的思考，言说女性苦难，与历史进行对话。学者陈晓明认为："苦难是历史叙事的本质，而历史叙事是苦难的存在形式"[②]。苦难是一代代女性在历史时间中最强烈的生命感受，是女性以生命的重量构成其历史叙事的重要场景，它比任何一种反思的情感都更能体现历史的内在力量。在作品中，作者将宏阔历史背景下最普遍的人类苦难具体化为女性的生育阵痛，直观而深刻地表现出历史苦难投射在女性身心上的疼痛。小说的几个主要人物吟春、小陶、武生既遭受情感的煎熬又承受生育的疼痛。丈夫的不谅解、婆婆对孙子的期盼、被误解为"贼种"的孩子、在山洞里孤独临产的恐惧、铺天盖地的阵痛，都让一个女人的生命倍加疼痛。小陶和武生也是如此，小陶在动乱时期未婚先孕、早产，屋内没有食物和接生婆，排山倒海的疼痛几乎榨干她的生命；嫁给美国人的武生，丈夫不幸在恐怖袭击中丧生，一辈子怕疼的武生只能在陌生国度的计程车里忍受临产前撕心裂肺的阵痛。在这里，女性用柔弱的身体承受繁衍的痛苦，也承受着乱世的天灾人祸。《阵痛》看似写三代女人的命运，其实是写时代的变迁，写历史的阵痛。正是在历史的阵痛下，女性更真切地感受到自身生命的阵痛，也更真实地表现出她们在历史苦难中挣扎、反抗、自强的生活勇气。可以说，在张翎笔下，女性的生命痛苦正是折射历史苦难的一面清晰的直观的镜子，"阵痛"其实是一种历史苦难的象征。

---

① 郝云菲：《作家张翎写"时代阵痛"：女人和家国命运的关系思考》，《北京晚报》2014年3月5日，第4版。
② 陈晓明：《表意的焦虑：历史祛魅与当代文学变革》，中央编译出版社2003年版，第6页。

当然,"阵痛"作为整部小说的重要象征并不是一种偶然,"一个人绝不会随意为自己选择一种象征,看来是内心深处某种需要使它自然而然地产生"①。作者从生命阵痛中感受到人对于社会发展、历史进程的重要性,从生育苦难中领悟到人是历史的主体,女性则是历史主体的孕育者,女性的柔弱和坚韧正是助推历史发展的某种动力,"乱世里的男人是铁,女人却是水。男人绕不过乱世的沟沟坎坎,女人却能把身子拧成一丝细流,穿过最狭窄的缝隙。所以男人都死了,活下来的是女人"②。乱世赋予男性拯救的责任,女性也无法幸免,甚至要承受更沉重的生命力量。动乱时局摧毁了小陶和越南留学生黄文灿的恋情,如果说黄文灿放弃小陶归国参加抗美战争是国家历史赋予男性的一个责任,那么,留在国内生育的小陶不仅在承担生命繁衍的责任,而且也在承受动乱历史的苦难。武生也是如此,"以女性个体生命在灾难中生育的阵痛隐喻、破解在全球化时代人类文明进程的历史阵痛之谜"③。"女本柔弱,为母则刚",在历史苦难面前,成为母亲的三个女人,用生命的阵痛坚忍不拔地推动历史车轮驶过乱世的废墟,扛起了历史在"阵痛"中发展的某种责任。除了表现这三个女人在历史苦难中的生命阵痛,小说也书写了战争和动乱给其他女人造成的生命苦难:流离失所的月桂嫂、丈夫枉死的陈家婆娘、遭遇动乱的赵家父女,等等。从各种苦难的叙述中可以看出作者对历史动乱中的不幸女性始终寄予一种深切的悲悯情怀。也许这与张翎在美国担任听力恢复师的经历有关,在诊病时她遇到过不少与战争相关的病人,或是从战场上抬

---

① 瞿世镜:《伍尔夫研究》,中国人民大学出版社2003年版,第234页。
② 张翎:《阵痛·创作手记》,作家出版社2014年版,第336页。
③ 张林:《女性在灾难中承载的历史力量》,《北京日报》2014年3月18日,第12版。

下来的或是逃跑的，但都可以触摸到他们严重的心理创伤。正是在与这些人的交流中，她深刻地体会到战争对人心灵的深重伤害，并认识到战争是把双刃剑，不管是被侵略的一方还是侵略的一方，对所有人都是一种灾难，对柔弱女性的伤害尤其深重，其内心的创伤也尤其难以愈合。因此她在小说中通过女性不幸命运的书写和心灵创伤的表现对历史苦难进行了深刻的批判，带给人更为深沉的思考。

三、生命阵痛书写中的悲悯情怀与历史反思

张翎通过三代女性在乱世中的不幸生活与生育经历来书写历史苦难，揭示历史苦难对弱小个体所造成的生命痛苦，其中所透露的悲悯情怀及历史反思精神鲜明而深刻。首先，她通过历史苦难中的爱情悲剧传达出了对美好爱情的呼唤。爱情是人类生命中最美好的感情，但小说中，三代女性的爱情在动乱年代都以悲剧收场，甚至第四代女性杜路德也在"女人生孩子不需要丈夫"这一呼号中隐隐预示着悲剧的宿命，美好的爱情在历史灾难中变成了痛苦的渊薮。爱是男女双方的共同追求，因此作者不仅书写了女性所遭受的生命苦难，也揭示了男性缺席女性生命的无奈和痛苦。虽然小说中的男性都是与英雄无关的普通人，但其情感书写却十分真实动人。吟春的丈夫大先生在得知妻子被日本人凌辱后，内心受到极大折磨，对妻子的深情和怜惜，他一度想认下吟春肚子里的孩子，但一想到那是日本禽兽的种，国仇家恨又占了上风。危产篇中对勤奋（吟春）一往情深的仇阿宝虽只是个小混混，也同样遭受着情感折磨，他想方设法赚钱给小陶当生活费，小陶却无法接纳他成为继父，甚至勤奋骨子里也喜欢谷医生那样的知识

分子。仇阿宝的单恋注定无疾而终，最后为了给在战乱中生产的小陶找接生婆而中枪身亡。小陶的恋人黄文灿为了保卫国家不得不与爱人分离，虽然他在战争中活了下来并移居美国成家立业，却一辈子活在思念中，与亲生女儿武生相见却不能相认，还要承受美国妻子的冷嘲热讽，终致中风去世。武生的丈夫杜克明知妻子深爱他人还是义无反顾地帮助她在美国立足生活，在生命的最后一刻还惦念着武生，"我这辈子都爱你……只爱过你……"在爱情里，男人和女人一样遭受着各种折磨，他们的痛苦大多是历史苦难的结果。鲁迅说，悲剧就是把人生有价值的东西毁灭给人看。爱情是人类生命中最美好最有价值的感情，但战争和动乱摧毁了这一切。可以看出，作者通过这三代女性的爱情悲剧及其她们的生命阵痛，揭示了战争的残酷，也昭示了历史苦难所造成的是人类共同的痛苦，并无性别之分，对爱情的伤害尤其深重，由此让人警醒和珍惜，也让人把握到了作者的悲悯情怀和对美好爱情的呼唤和向往。

其次，通过历史苦难中的生命阵痛反思历史与个人的关系，传达美好的生活理念。小说直面战争苦难，却很少正面描写战争，战争的苦难都是通过底层人物特别是女性个体的生命痛苦表现出来。危产篇中，作者借勤奋（吟春）之口道出自己对无辜生命被卷入战争的痛心，"出门打仗的孩子，可怜啊"！战争带给人类的伤害是惨痛的，在侵略者的铁蹄下，不幸的人随时都可能遭到伤害，可能早上还好好的，中午就变成溅在桥栏上的肉泥。小说以女性的生命体验出发叙写历史，历史是情节发展的背景，也是生命苦难的原因所在。历史的苦难与生命的苦难紧密相连，不可分割。三代女性的生命苦难让我们触摸到了在动荡中发展的历史进程，也让我们看到了，历史并不都是高大上的风云激荡,历史的创伤其实很具体,不仅可以具体化为许多个体的家破人亡,还可以具体化为女性生产的阵痛,它是一种及其尖锐的伤痛,与每个生命的存在息息相关。作者就这样通过女性的生命疼痛书写历史的苦难进程,让历史的苦难直接烙在读者的感官中,感同身受,特别真切,从而引发共情,并由此反思历史与个人的关系,反思历史苦难中的个人命运。从中不难把握到作者对历史苦难的独特批判,对避免历史苦难的真切呼唤,也蕴藉地透露出其追求美好生活的真诚信念。

新历史主义文论的代表理论家、美国斯坦福大学教授海登·怀特认为,作为一个象征结构,一个扩展了的隐喻,历史叙述不是"再现","它只告诉我们对这些事件应朝什么方向去思考,并在我们的思想中充入不同的感情价值"[①]。海登·怀特用"文本性"拉近了历史客体与当代主体间的距离。可以说,新历史主义是将历史具体化、详细化、可感化了,由此可以从中探寻到作者对历史的理解和对人的思考。以新历史主义的眼光来观照,可以看到该小说在叙述历史苦难时,是以女人的生命痛感为表现主体,以历史事件为大背景,以生命体验来钩沉历史事态,重现历史史实,给人以十分真实的即视感和情感共鸣。文本里几代女子的生命"阵痛",唤醒了一代代人的集体记忆与生命情感,也更加明白了国家二字的沉重分量。文本是一段压缩的历史,历史是一个延伸的文本。文本和历史构成了生活世界的一个隐喻。作者借女人的生命体验来叙写历史,传达个体的生命经验,挖掘历史叙事背后的生命痛感和反思意义,让人警醒。可以看出,作者试图以自己对生命的某种理解去表达和展现那个苦难的时代历史,这种充满生命

---

① 〔美〕海登·怀特:《元历史:19世纪欧洲的历史想象》,约翰·霍普金斯大学出版社1973年版,第5页。

痛感的艺术传达让人感同身受,也让历史事件的叙述具有了很强的可读性,唤起了人们沉痛的历史记忆,让人在反思中把握到作者试图批判历史苦难呼唤时代和平保护女性生命的独特追求,给我们提供了新的独特的审美经验。也许,这也正是这部小说的现实意义所在。

陈河《布偶》：
艰难时世中的归侨形象及其人性把握

陈河，原名陈小卫，著名加拿大华文作家。首届"郁达夫小说奖"获奖者。青年时期在部队当兵，后在阿尔巴尼亚经营药品生意。1999年移民加拿大，现为自由写作人。陈河擅长从不同角度书写华侨华人生活及其命运遭际，并且通过人物命运挖掘生命价值，展现其深厚的人文关怀精神。2011年出版的长篇小说《布偶》塑造了一系列独特的人物形象，展现了21世纪初期华裔移民的人生历程，并书写了这一群体在特殊时期的生存形态及其生命追求。这些人物形象大致分为三类：一是守护心灵净土的归侨群体形象；二是在压抑中渴望成长的华裔男性形象；三是在文化偏见中追寻美好爱情的华侨女性形象。其共同特点是始终追求人性的美好，而且在不同人物命运轨迹的抒写中始终贯穿着作者对故国生活的深刻反思、对异域生活的独特感悟以及他对这一人物群体的人文关怀精神。这些人物形象不仅丰富了海外华文文学的人物画廊，给我们提供了新的审美经验，也引发我们对人生价值的重新审视，具有独特的现实意义。小说出版后备受关注，引发了读者和评论界的热烈讨论。

一、追求人性美好的人物形象

从不同角度多层次地展现华侨的生活状态以及丰富的内心世界，是陈河小说《布偶》中一个重要的表现内容。《布偶》起笔于世态动荡的二十世纪七十年代，许多归国华侨的后代生活在一个叫 W 城的地方，在动乱年代为了生存发展，他们占据了 W 城中的一座教堂，并在这里办起了纺织厂。厂中生活本来平静安稳，但一个叫吕莫丘的当地官员子弟进入厂中工作后，"意外"便发生了。他喜欢上了同厂归侨女孩柯依丽，恋情不久传遍全厂，顿时受到厂里华侨群体的抵制。而柯依丽的意外怀孕使她的母亲慌乱失措，赶紧寻求纺织厂医生裴达峰的帮助，却未料正是裴达峰一手造成了这一对青年男女的命运悲剧。小说主要通过华侨群体的整体生存状态，吕莫丘与柯依丽的爱情纠葛以及裴达峰的畸形成长路程，叙写人性的美好与悲哀。小说《布偶》不仅将归国华侨这一国内文学界少有的群体形象推上舞台中心，并且通过一个个鲜明生动的人物形象多维度地展现了他们在特定历史年代的命运遭际，让人们了解他们的生活状态，感受他们的心灵跳动，把握他们向往人性美好的生命追求。

（一）以怀旧形式追求美好生活的归侨形象

华侨纺织厂是小说故事展开的主要地点，纺织厂内的大多数员工是归国华侨和海外华侨的家眷，在二十世纪六七十年代，他们团结一致在教堂里建起了华侨工厂，一方面他们可以凭借工厂的生产在风云动荡中自立生活；另一方面，作为工厂的教堂大门紧闭，与动乱的外部世界隔绝，工厂里似乎成了一个"世外桃源"，他们在这里悠然自得，气氛一片祥和。人们不仅保留了过去的生活习惯，而且还仿佛守护了某种心灵净土。在里面他们不需要担忧外部世界所发生的一切，仍旧保持原有的生活状态，可以穿西装打领带，可以保留太太小姐这样的称呼，"一位解放前在上海开纱厂的老先生，每天一上班就穿上西装打上领带；一位新加坡归来的太太，有一回居然教小女工们怎样描眉涂红；但是当下班铃声打响铁门敞开之前，那个开过纱厂的老先生就飞快地扒下西装，套上一件褪色的旧军衣，急急匆匆混在一群神色紧张的工友中间向大门外的世界走去"[①]。可以说纺织厂成为动乱时期这个特殊群体的避难和保护所，让他们觉得平静快乐。他们还通过一年一度在裴家花园的聚会，以一种独特的怀旧形式来传达所向往的美好生活。在裴家花园的聚会中，归国华侨群体们在一起回忆往昔岁月，预演美好未来。每年春天，厂医裴达峰会以一束梅花为请柬，精心挑选十来人参加裴家花园聚会，而被邀请者也会努力表现以吸引裴达峰的注意力，希望能再次收到邀请。这个聚会充满了神秘感，所有参加过聚会的人都不得向其他人透露聚会细节，被选中者倍感荣幸。他们乘坐同一辆马车到达裴家花园，先参观裴家花园金碧辉煌的西式客厅，然后在餐厅中享用各种西式美味佳肴，接着乘着酒兴在客厅中表演节目，某先生唱一段京剧《空城计》，某夫人来一段越剧《黛玉葬花》。最后是上月光草坪跳舞，淑女绅士们换上了晚礼服，伴随着华尔兹音乐在夜色下翩翩起舞。在这里，他们忘却了尘事，心中充满了美好，老绅士彬彬有礼地向贵夫人鞠躬，贵夫人伸出还残留着豆腐渣的手臂，

---

① 陈河：《布偶》，北京十月文艺出版社2011年版，第4页。

让老绅士搂住了腰肢。他们卖力地跳着华尔兹，期待时光停驻在此刻，往往跳得大汗淋漓筋疲力尽，因为他们深知在这个特殊时期跳华尔兹、举行聚会都是不被允许的。在这里他们预演着美好生活，西式的浪漫生活在他们的脑海中留下美好记忆，因此希冀保持这一份美好让自己在艰难环境中继续生活下去。当参加者吕莫丘看到他们在月光下翩翩起舞时，感到了一种力量的震撼，想到："尽管这个世界到处都是相互残杀，到处呼喊着口号，但的确存在着一种动人的优美；就像身边这座月光下的玫瑰园，无论在什么时代，在什么地方，总会在皎洁的月光之下，放射出亘古不变的美丽精神"①。

可以说，这个动乱年代中的华侨纺织厂，为守护心灵的某种净土创造了一个独特的环境。这种守护不仅为他们带来一种度过艰难时世的力量，也透露出他们对美好生活的生命追求。也许他们无法与动乱社会抗争，但却以一种独特的怀旧形式来进行自我保护和抗衡。紧闭的工厂大门隔开了内外两个不同的世界，外面的世界混乱不堪，工厂的内部则安静祥和，这正是人们内心真正向往的生活。作者通过这种独特的表现，巧妙地传达出了这个归侨群体在动乱年代试图保留自己对美好生活的希冀与追求的真切愿望与期许。

（二）在环境压抑中被异化的"他者"形象

《布偶》中塑造了众多男性形象，最引人注目的就是华裔后生裴达峰。裴达峰是二战前夕华侨裴启桐和一个德国女人的孩子，一出生其母便离开了裴启桐，裴启桐一个人无法抚养孩子，就将他遗弃在孤儿院。孤儿院的成长环境十分压抑，因相貌差异，保育员竟叫他"黄猴

---

① 陈河：《布偶》，北京十月文艺出版社2011年版，第139页。

子",他多次努力想逃离这个没有关心和温暖的地方,在一次出逃过程中,为了躲避流浪狗的袭击,他点燃篝火差点将整个城市烧毁。孤儿院的人因此对这个长得像东方人的孩子感到畏惧,他也被别人当作邪恶的化身。这段成长经历让他的少年成长之路蒙上了一层灰色。归国后裴达峰因长相独特引起了人们兴趣,有人围观有人送食品。可十六岁时这一切发生了变化,他在课堂上备受折磨,老师称他"约克猪",还说约克猪代表了美帝国主义,这让他内心极其痛苦。步入社会后,裴达峰一直致力于解决自己心灵上以及生理上的困惑。在孤儿院里偶然撞见保育员和厨师偷情的经历让他对性产生了生理困惑。为了解开"性"的面纱和华侨子女阿芸恋爱,希望通过与阿芸做爱了解女性身体。这种畸形的恋爱最终导致了裴达峰被送进监狱的可悲结局。可以说,畸形的成长经历,环境的束缚和压抑,人们对混血儿的歧视,使他始终和这个社会格格不入,最终导致了他的人生悲剧。

"他者是后殖民理论中的一个核心概念,作为'本土'的对应物;它强调的是客体、异己、国外、特殊性、片段、差异等特质,以显示其外在于'本土'的身份和角色"①。裴达峰出生在德国,当他随父亲回国来到 W 城时,他的外形、母语都与当地人存在差异,在当地人的眼中成了被观看的"他者"。面对这种境遇,虽然裴达峰在成长过程中努力适应,甚至放弃吃面包喝牛奶的生活习惯,不再讲德语学说当地话。但在那个特殊的年代中,他仍然难逃被异化的下场。

也许是为了改变这种"他者"的不幸遭遇,作者在小说中塑造了另一个华侨子弟金冠良的形象。金冠良虽然相貌丑陋,身高不到一米

---

① 唐丹丹:《孤独"异乡人"——论陈河的〈布偶〉》,《合肥学院学报》2012 年第 7 期。

六四，而且还有身体缺陷，但他没有自暴自弃，而是热爱读书，努力学习，精通音乐，并且以书为媒，追求全城第一美女雨燕，终于击败竞争对手修成正果。这是一个与裴达峰截然不同的人物形象，他敢于突破身体缺陷，努力追求美好爱情，是一个积极进取的形象。他与裴达峰完全不同的美好结局在一定程度上体现了作者对人性美好的独特想象，也传达出作者试图改变"他者"被异化之命运的某种生命追求。

（三）在政治动乱中被摧毁的美好形象

小说中的女性形象也很突出，让人印象深刻的是身上充满人性光辉的华侨女性柯侬丽。她似乎是美好的化身，美丽天真，富于梦想。她没有被远嫁葡萄牙的那纸婚约所束缚，精神上一直是自由的，依然是一个调皮爱闹的女孩。柯侬丽与吕莫丘的爱情也是纯洁美好的，却因偷尝禁果意外怀孕，却因难产死亡。可以说，这是一个悲剧形象，她传达出了作者对一个美好形象被摧毁的痛惜之情，也让我们看到了作者对动乱年代的独特批判。

小说还有一个值得关注的女性形象阿芸，阿芸本想凭借父亲是旅外华人的身份实现出国愿望，未料父亲早逝家道中落出国梦破。为了出国她嫁给了华侨后裔袁香，但出国仅仅两年便抛弃了袁香，为了过上富裕生活，她又不断去结识新的男人。这个人物与柯侬丽的爱情价值观正好相反，柯侬丽为了爱情执着而坚定，甚至可以不顾政治动乱的残酷；阿芸则将爱情作为出国和获取物质的工具，最终与真挚的爱情擦肩而过，虽然她拥有了富裕的物质享受，但她的精神世界是孤独的，没有人真正关爱她。阿芸的功利自私，恰与柯侬丽的纯真善良形成了鲜明对比，进一步凸显了作者所昭示的理想女性的人性魅力，也传达出作者对某种人性丑陋的感叹和谴责。

综上可知,作者在《布偶》中所塑造的种种人物形象,都在用生命叙写人性的美好与悲哀,不管是以怀旧形式追求美好生活的归侨形象,还是在环境压抑中被异化的"他者"形象,或者是在政治动乱中被摧毁的美好形象,作者对他们在乱世中依然以自己的方式守护心灵中的一片净土,营构理想化的桃园世界,与被异化的"他者"命运对抗,追求纯洁美好爱情的生动书写,都在一定程度上展现了人与现实困境的冲突与碰撞时人性美好的一面,同时也深入谴责了人性丑陋的另一面,蕴藉地表现出作者对人性美好的独特想象和生命追求。

二、独特的生活体验与生命认知

可以说,陈河在《布偶》中对特殊年代人物命运的书写,与他丰富的人生经历和生命体验有关,包括故国体验的追忆与反思、异域本土生活的两难选择及其中所透露出来的历史审视精神和人文关怀意识。正如他在《三文鱼和女孩》小说的自序中写到的:"当我渐渐进入了写作的状态之后,我觉得必须去凝视自己内心的那一团模糊的光芒;模糊的光芒是指一个作家心中通常具有的外部世界在内心深处投射的光和影的景象,那是一种隐藏在日常生活经验的表面之下极端惊喜的东西"[①]。由此可知,当陈河在故事中通过那一个个活色生鲜的生命叙写人性的美好与悲哀时,已经非常用心地传达出自己深刻的生活体验和对生命的独特认知,同时也彰显了他深厚的人文关怀意识和美好的生命诉求。

---

① 陈河:《三文鱼和女孩》,作家出版社2013年版,第10页。

（一）故国体验的追忆与反思

陈河是在中国改革开放之后走出国门的，他出生、成长于国内，对国内那个动乱时世有着深切的生活体验，特别是那个乱世对人性的摧残与压抑给他带来了难忘的生命记忆。这些成长经历和生活体验都成为其小说书写的重要内容。许多痛彻心扉的感受不仅促使陈河萌生了独特的生命诉求，也透露其深沉的历史审视精神和人文关怀意识。

作家陈河年轻时生活在温州，这个靠海的南方小城从明朝开始就受到外域文化影响，之后有许多民众由此下海远航走向世界各地谋生发展，由此形成了不同于中国内陆城市的沿海侨乡特色。作品中对哥特式教堂的描绘、对W州的景色描绘无疑打上了其故乡记忆的深刻烙印，也透露出作家对故国家园的眷恋之情。而本身作为一个从故乡走出去的华侨，陈河也拥有侨民的独特生活体验，了解侨民以及归侨的生存状态。因此他小说中关于归侨生活的书写，其实大多是他早年生活经历的追忆和重现，如小说中雨燕的父亲因为没有像样的西装外套忍痛不去参加雨燕的婚礼，相貌丑陋的归侨金冠良居然击败风度翩翩的小提琴手赢得全城第一美女的芳心等有关细节的叙写，尤其是串起全部故事的人物吕莫丘的悲惨遭遇，可以说都与陈河当年的生活经历有关。正如他在《布偶》后记中所写的："1974至1975年十六七岁的他因为在政府工作的父亲的原因，在一家设在教堂内的全是归侨和侨眷的纺织厂里当过两年保全工"[①]。

但作为一个长年生活在海外，已远离故乡多年的海外华文作家，陈河回过头来重新审视自己当年生活过的那个乱世中的故乡，他对生

---

① 陈河：《布偶》，北京十月文艺出版社2011年版，第256页。

命又有许多独特的认知。"华文移民的历史不只是一个身体的漂泊和身份的变化,更深的层次是原有心理秩序被打破,新的心理秩序不断形成的过程"①。特别是其小说中所书写的乱世对人性的种种压抑,对美好爱情的摧残,对"他者"命运的异化,都体现出作家对那段乱世经历的独特反思和深沉批判,引发人们对那一段历史的深入思考。作家将这种认知融入小说中人物悲剧命运的书写中,揭示其悲剧现象的时代原因,昭示在乱世压抑中小人物依然坚持追求美好生活和美好爱情的生命价值,则凸显出作家在历史反思中的生命追求和人文情怀。

(二) 异域生活的反向投射

1999年2月,陈河带着妻子女儿一起移民到加拿大。陈河在《三文鱼和女孩》自序中曾回忆道:"到达的那天律师本来要接我们回去,结果因为飞机晚点律师没有来。好在我在阿尔巴尼亚待过,语言没什么问题,我后来告诉出租车司机,我说你带我们去离唐人街比较近的旅馆里住下来。"② 就这样,在举目无亲的加拿大多伦多,陈河开始了自己独自奋斗的移民生活。异域生活的艰难无助,异质文化的巨大落差,不仅使自己瞬间失去了生命的归属感,也让自己一时陷入了无所适从的生存困境。在西方文化的陌生环境下他只能不断调整自己,尝试着让自己去适应完全不同于中华文化的西方文化的挑战,从而找到身份归属感。正如他自己所说:"对自身独特生存体验人生历程的记录在踏上异族土地时,不可避免面向异域生存中文化认同的挑战中对中华文化的重新认识,对中外文化融合的体会、审视理解以及移民在异

---

① 李诠林:《台港澳暨海外华文、文人文学散论》,社会科学文献出版社2012年版,第234页。
② 陈河:《三文鱼和女孩》,作家出版社2013年版,第9页。

域中生存的归属感"①。而用中文写作,正是他力图找到这种生命归属感的重要方式,毫无疑问,是海外生命的移植与沉淀激活了陈河潜藏在灵魂深处的激情和欲望,正如同诸多的当代海外作家一样,生命的重新嫁接让他们蓦然焕发出饱满的异样光彩。陈河自己说:"我现在的写作状态得益于我这些年远离故土栖身异乡。远行漫游对于一个文人是件非常重要且必要的事,古代的文人墨客无一不是流落天涯的"②。也许这种痛苦的异域生活体验太深刻了,使他难以忘怀,所以在《布偶》中,他将这种痛苦的体验反向投射到裴达峰这个人物形象的塑造上。裴达峰出生在德国莱茵河流域,后来回到W州青田的山区生活,伴随着生活环境的重大变化,裴达峰一时难以适应,因此也经历了许多痛苦和折磨:他的肠胃难以适应这里的地瓜干大米饭,潮湿的气候和密集的蚊子差点夺走他的小命,长大后还被同学嘲笑为"约克猪"。可以说,裴达峰的生活轨迹其实是陈河自己移民生活的反向投射,裴达峰面对国内语言、饮食等生活习惯、甚至是思维习惯的不同所产生的痛苦与挣扎的过程,也许也是陈河移民生活体验的真实写照和独特反映。

(三) 对美好人性的认知和追求

国内动乱时世的真切体验和异域生活的艰难经历让陈河深刻体会到了动荡社会中生命的脆弱和人性的变异,也激发了他的人文关怀意识和追求美好人性的努力。尤其是1994年陈河远赴阿尔巴尼亚谋生的经历使他对生命的认知更加真切,他说:"我相信阿尔巴尼亚的五年是

---

① 陈河:《三文鱼和女孩》,作家出版社2013年版,第11页。
② 陈河:《三文鱼和女孩》,作家出版社2013年版,第7页。

我一生中最有意义的时刻,充满焦虑、恐惧又极度兴奋,但是付出代价的时刻终于来临。一九九八年十月某天,我被一伙武装人员绑架,关押在地拉那一个地下防空洞里;到了第五天,在我心情几乎绝望时,隐隐听到防空洞的顶部通气孔里传来细微的小鸟的叫声,还有一丝青草气味也随气流传来。"① 当年的阿尔巴尼亚贫穷落后,国内党派纷争国家动荡,绑架遭遇不时发生,这使得陈河对动荡不安社会中人们生命的脆弱有了亲身的体验和独特的感知,也让他更加珍爱生命,更加向往美好的人性世界。因此他在小说中把这种向往投射于人物命运遭际的书写中,在表现人物在动乱时世的生存状态时,也揭示了人物对美好生活和美好人性的积极追求,同时也蕴藉地批判了毁灭人性的浩劫年代。也许他并未直接展示浩劫年代给人性带来的毁灭,"而是通过描写华侨群体的生活,通过对几个人物神秘命运和具有传奇性经历的描写,一点一点揭开了这些人的爱恨情仇,透视着发生在二十世纪六十年代中国大地那场浩劫给人们心灵带来的戕害"②。可以说,陈河的生命认知是深刻而蕴藉的,小说中人物在动乱年代的命运遭际无一不透露出作者对美好人性的向往和追求,因而也引发了读者的深沉思考。《布偶》中,去青海寻找爱人导致难产而死的柯依丽,被社会异化终致入狱的裴达峰,贪图享受而孤独无依的阿芸,以及敢于突破身体缺陷追求爱情的金冠良等人物命运的叙写中都蕴含着作者对人性的思考,他通过浩劫年代中不同人物的命运遭际不断地挖掘人性的谜团,探讨人性的真谛,既赞扬了人性美好的一面,也深入谴责了人性丑陋的另一面,由此传达了对美好生活和美好人性的追求,彰显了自己独特的

---

① 陈河:《三文鱼和女孩》,作家出版社2013年版,第3页。
② 蓝蓝:《藏在布偶里的叙事社会学》,《中华读书报》2011年10月19日,第11版。

人文关怀意识。

　　总之，陈河在《布偶》中塑造了一群在艰难时世中的归侨形象，描绘了这一群人物在时代风云中的艰难命运，他们或者是以怀旧的形式追求美好生活，或者在环境的压抑下被异化为"他者"，或者在残酷的政治动乱中依然执着地追求爱情，都让我们深入感知到这一群体在浩劫年代的生存状态，以及他们在艰难时世中的生命追求。作者通过男女主人公的悲剧命运对乱世中的生命价值所进行的深度拷问，不仅鲜明地透露出作家追求美好生活、谴责人性压抑的生命诉求与人文关怀精神，也生动地展现了归侨华人生活的独特图卷，丰富了当代海外华文文学的人物画廊。他笔下的人物形象在追求美好人性的历程上所付出的努力以及他们的命运悲剧不仅带给我们深沉的感动，也为我们了解归侨群体的生命追求提供了新鲜的审美经验和独特的审美感悟。

张翎小说：
三重压抑下的女性形象及其悲剧意义

张翎是北美新移民作家的中坚，她的小说创作不仅在加拿大华文文学，而且在世界华文文学中都独树一帜，影响深远。美国华文文学批评家陈瑞琳称她为"北美地区移民文学的扛鼎作家"，"海派文化落地的麦子"①。她还是一个多产的作家，自1997年长篇处女作《望月》问世以来，张翎已经出版了《交错的彼岸》《邮购新娘》《盲约》《尘世》《金山》《余震》《阵痛》《流年物语》等长篇小说和中、短篇小说集，其中《女人四十》和《余震》分别获得"十月文学奖"，《羊》进入中国小说学会2003年中篇小说排行榜，《余震》还被冯小刚拍成了电影《唐山大地震》。张翎的小说内涵丰厚，意蕴深刻，独特地反映了经济全球化、文化多样化的后现代社会中移民文化的特质，具有"混合交错的文化视角和浓厚的民族色彩"②。

张翎笔下的主要人物以女性为主，她们的生活主调几乎都充满悲

---

① 陈瑞琳：《风雨故人，交错彼岸》，《华人世界》2002年第2期。
② 徐学清：《论张翎小说》，《华文文学》2006年第4期。

剧色彩，在种族歧视、命运压迫和男权压抑下艰难地生活，可以看出其作品带有明显的女性主义批判意识。作为一个新移民女作家，在多年的漂泊离散生活中目睹了许多华人女性悲惨的生活现状，也感叹于一些华人妇女甘于受欺压的不争，对女性命运的关注激发了她性别意识的自觉，也成为她创作灵感的来源，正如学者赵稀方所言："张翎有着充分的女性自觉，她在《望月》等小说中一直致力于书写女性命运"[1]。也因此，张翎在作品中不仅独特地书写了这三重压抑下不幸女性的悲剧命运，也蕴藉地透露出她对这些命运多舛的悲剧女性的深切同情与关怀，让我们把握到了一个新移民女作家独特的女性视角及其生命追求。

一

张翎善于描写女性生活，擅长以故事的细密编织及对人物心理的细腻刻画，来表现女性丰富的内心世界，正如著名作家莫言所言："张翎的语言细腻而准确，尤其是写到女人内心感觉的地方，大有张爱玲之风。"[2] 张翎笔下的女性形象大多是悲剧形象，包括在种族歧视中绝望的无助女人、男权压抑下的"疯女人"以及在命运压迫下沉沦的悲哀女性等，这些女性形象揭示了种族歧视、性别压抑、不公命运对华人女性的三重压抑，呼唤女性挣脱枷锁去创造自己的自由人生。

---

[1] 赵稀方：《历史、性别与海派美学——评张翎的〈邮购新娘〉》，《世界华文文学论坛》2004年第1期。

[2] 莫言：《序：写作就是回故乡》，载《交错的彼岸》，百花文艺出版社2001年版。

（一） 种族歧视中绝望的无助女人

在西方文化语境中，长期以来华人女性的地位总是低人一等，她们处于社会边缘，备受种族歧视，不但在所谓的"卫生检查"、资格认定等方面饱受苛求和欺凌，不得不挣扎在煤矿或铁路工地等社会的最底层，而且还要遭受西方男权社会的压迫和凌辱。由于种族和地域的局限，华人女性对自己的文化身份的疑惑始终无法释怀，无根、无归属的漂泊感贯穿她们一生。

张翎的《金山》中，海外的中国劳工不仅长年在底层干着苦活累活，其精神上还得承受金山本地人的歧视，艾米的母亲方延龄就是一个备受种族歧视压抑的华人女性。正如艾米对欧阳云安所说的："其实，方家的故事一代不如一代精彩，到了我这一代，几乎有些落俗套了。无非是一个遭够了白人白眼的单身中国母亲，想把自己的女儿从地上拔起来，送到天上的故事。这个妈妈在赌场一直工作到退休，一生用她并不丰厚的收入，孜孜不倦地打造女儿成为一个上等社会的白人"①。方延龄之所以在女儿的成长上如此执着，也许正因为她不想女儿再像自己那样在金山备受白人的冷眼和欺侮。张翎的另一部作品《雁过藻溪》对女性备受歧视的书写看起来不动声色实则触目惊心。女主人公末雁从遥远的多伦多重返温州藻溪，与其说是为了祭奠刚刚去世的母亲，不如说是希冀借此破译自己的身世之谜。结果却发现自己原来是一场政治阴谋强奸案的产物，这种锥心的痛感比血淋淋的惨案更锐利持久。然而，她的痛苦远不至此，在异域备受的厌恶和歧视，白人的白眼和欺凌，让她的人生信念在残酷现实前轰然崩塌，她的乱

---

① 张翎：《金山》，天津人民出版社2021年版，第466—467页。

伦之举其实就是一种绝望中的自我报复。这种自虐终将陷自己于万劫不复的深渊。还有《望月》中遭受白人歧视的旅加华人女性，她们的求职几乎都不被白人所接受，这让其生活倍感艰辛无奈。在张翎作品中，这些处在社会底层，被边缘化、备受歧视的华人女性悲惨的生活状况以及她们的无助与失望的独特心境，也许正是同样身处异国他乡的作家自身生存经验的曲折投射，这不仅让人们看到了华人女性在异域社会的艰难生存经历，也让人们把握到了作家关注华人女性悲剧命运的人文情怀和鲜明的女性主义意识。

（二）男权压抑下的"疯女人"形象

当代美国女批评家桑德拉·吉尔伯特和苏珊·古芭在其经典文论《阁楼上的疯女人：女性作家与19世纪文学想象》中综合研究了19世纪的英美女性文学后提出了"疯女人"概念，认为"疯女人"是十九至二十世纪女性文学创作的一个典型特征，疯狂的女性人物通常具有女性本身的焦虑和疯狂的意涵，因此，"疯女人"形象吸纳了女性作家的愤怒与不平，并在这恐惧不安的形象中为她们自己以及笔下的女性角色创造出"阴暗复本"[①]。如《简·爱》中阁楼上的"疯女人"伯莎和托尼·莫里森笔下的"疯女人"秀拉，还有鲁迅笔下的祥林嫂和曹禺笔下的繁漪，她们的疯癫无一例外都是男权话语压抑的结果。"疯女人"意象也因此成为文学史上学者们讨论的重要话题。可以说，这些"疯女人"形象是被压抑的女性创造力的象征，也是父权制社会中叛逆的作家本身。但是，这一反抗男权中心的思想和意义却是在表面顺从

[①] 任天华：《"疯女人"——女性作家的主体确认焦虑》，《女性文学研究》2010年第4期。

男权主义的形式下实现的:"这类作品的表层含义模糊或掩盖了更深层的、更不易理解的(更不为社会所接受的)意义层次。这些作家以遵守和屈从于父权制文学标准的方式,获得了真正女性文学的权威,这是一种难以完成的任务啊"①!通过这种迂回曲折的方式,女性作家得以展露自身独特的力量和声音。于是,"疯女人"形象也就成为女性写作者的一种复杂微妙的文学书写策略。

张翎作品中也有一些"疯女人"形象,她们饱受男权话语压抑却无可奈何,最终成了阁楼上的"疯女人"。《金山》中的六指和亨德森太太就是其中的两个典型代表:六指与方得法虽有夫妻名分,但与远在金山只依靠书信联系的方得法之间并无实质性交流。在漫长的日常生活中,唯一能与六指进行情感沟通的只有仆人墨斗。但这只能是建立在精神相通基础上的日常交往,他们并不敢突破男女主仆之间的界限。可见,六指虽然坚韧、强悍,但始终还是只能生活在一个具有强大男权传统的现实世界中,成为一个感情枯寂的被禁锢在某种无形男权传统中的"阁楼上的疯女人"。同为悲剧女性的亨德森太太,患有严重的关节炎:"疼痛像一只捉摸不定地游走在她血液里的虫子,晚上睡下的时候还停在手指上,早上起来的时候已经走到肩上了"②。除此之外,她还是个精神变态者,她主动引诱帮佣方锦河,并和他发生了不正常的肉体关系,为了留住方锦河,她甚至和女儿珍妮发生冲突,导致了女儿的死亡。然而导致她精神病态的根源却是亨德森先生,他是个同性恋者,不喜欢任何女人,却偏偏要与身为异性的亨德森太太结婚,这必然给她带来严重伤害。可以说,亨德森太太身上的严重疾病,

---

① 〔美〕吉尔伯特、格巴:《阁楼上的疯女人》,耶鲁大学出版社1979年版,第73页。

② 张翎:《金山》,天津人民出版社2021年版,第277页。

也是她精神疾患的一种隐喻性表达。她与六指一样，都可以被看作是"阁楼上的疯女人"。

著名女权主义批评家米特勒的《性政治》，从男性作家笔下的女性形象在性别权力关系中所处的受支配、受奴役的地位入手，来揭露父权制社会男性控制、支配女性的政治策略，首次引入了一种女性阅读的视角[①]。张翎笔下的悲剧女性也是如此。在封建父权制文化占统治地位的时代，女性在经济、人格、情欲和性别上都受到多重压制与剥削，她们不敢有反抗的念头，更不敢去追求自己的爱情，只能将自己束缚在封建家庭中，承受精神上的折磨。她们获取自我认同与主体地位的奢望只能以歇斯底里的疯狂尖叫而告终，就如"阁楼上的疯女人"。

当然，张翎笔下的"疯女人"形象还不至于完全等同于"阴暗复本"或作者替身，但六指和亨德森太太这两个女性形象却在某种程度上诠释了处在一种匮乏和焦虑语境中的作者自身的压抑命运，昭示了在多年漂泊离散生涯中饱览华人女性悲惨生活的作者的感慨与愤怒。可以说，张翎以其独特的女性视角揭示了华人女性的悲剧命运，并以其笔下被扭曲的女性形象对男权文化的压抑进行了有力的批判。

（三）命运压迫下沉沦的悲哀女性

张翎笔下还有不少这种不敢反抗命运压迫，沉沦于不幸命运安排的充满悲剧色彩的女性形象，如《望月》中的星子、卷帘，《向北方》中的达娃，《玉莲》中的玉莲，以及《江南篇》中的飞云等。《望月》中，星子本可以选择和刘晰一起带着孩子回国过安稳的生活，可是顺从懦弱的她不敢反抗丈夫和婆婆的安排只能待在前途渺茫的加拿大，

---

① 朱立元：《当代西方文艺理论》，华东师范大学出版社2005年版，第346页。

最终也丧失了自己的爱情;而卷帘则因为丈夫出轨选择逃回娘家,却不敢大胆跟李方舟去非洲开始新的生活,当丈夫和孩子返回来找自己,她又选择了原谅。《向北方》中,死了两任丈夫的达娃听信于算命先生的胡诌,不敢反抗现任丈夫裘伊的家暴,只能像"弥赛亚"受难者般牺牲自己独自把残疾儿子尼尔带大,小说带着一种宿命论的悲哀。《玉莲》中,决定和欧阳青海回到偏僻乡村后的玉莲,默默地忍受了女儿小青的死和丈夫的瘫痪,听任命运摆布,最后自己也变成一个精神恍惚、骨瘦如柴的女人。《江南篇》中,女主人公飞云自读书时代起就与吴龙启相恋,两人虽言语不多但彼此心有灵犀,却因所谓的"政治交易"被隔离在情感两端。但飞云并没有与命运抗争,只是静静地等待命运安排。这些女性形象,几乎都具有宿命论的悲剧色彩,认为人生天注定,相信命运安排,听从命运摆布,不敢反抗生活压抑,最终酿就了自己的悲剧人生。可以说,这些女性形象都是命运压抑下的沉沦者,对命运的摆布逆来顺受,忍辱负重,无一点抗争意识,最终导致了悲剧的结局。就这一点来说,我们可以发现,张翎在揭示这些悲剧女性不幸命运的同时也昭示并蕴藉地谴责了她们性格上的弱点,体现了她鲜明的女性批判意识。

二

张翎笔下的悲剧女性是作家感同身受的现实伤痛的缩影,也是作家多年漂泊生涯之深刻体验的结晶。也许正因为她目睹了太多华人女性在域外的不幸遭遇,激发了她的女性意识和悲悯情怀,驱使她去书写去表现来传达她的生命追求。

(一) 漂泊生涯中的女性诉求

出生于二十世纪五十年代末期的张翎经历了生活的一次次波折，终于在 1986 年于复旦大学外文系毕业三年后毅然跨出国门，去了对她来说一无所知的大洋彼岸。留学期间她获得了加拿大和美国的英国文学硕士和听力康复学硕士学位，之后定居在加拿大多伦多市。

从美国到加拿大，从繁华的都市到幽静的乡村，张翎一路前行，跋涉过千山万水，游走在东西时空。与我们渐行渐远的张翎，在文学书写中找到了自己灵魂的安放之地。张翎曾这样描述自己的北美漂泊生活："十年里，我在加拿大和美国之间漂泊流浪，居住过六个城市，搬过十五次家。常常一觉醒来，不知身在何处；我尝过了诸多没有金钱没有爱情也没有友情的日子，见过诸多大起大落的事件，遇到过诸多苦苦寻求又苦苦失落的人……"①"从飞机上下来，仰着脖子四下瞅了瞅，皮尔逊国际机场的行李大厅里，人头攒攒的，竟没有一个是她认得的"②。在漫长的漂泊生涯中，她做过秘书、翻译，直至听力康复师。听力康复师是她的生存职业，写作只是业余，只能利用晚上与周末的时间，只能耐得住寂寞为自己的那份守望付出心力。这些都让我们看到了张翎在异域的艰难处境和谋生努力。但也正是这种漂泊流浪的生活，让她体验到了异域女性谋生的艰辛，感受到了异域华人无根、无归属的失落与沧桑，更目睹了无数处在社会底层，被边缘化，饱受种族歧视和男权折磨的华人女性的不幸遭遇。作为一个听力康复师，这些经历激发了她对这些异域华人女性的关爱之情；而作为一个作家，

---

① 房萍：《历史·女性·第三地——张翎小说"水"叙事》，《名作欣赏》2009 年第 11 期。
② 张翎：《望月》，北京联合出版公司 2021 年版，第 2 页。

这些体验和感受又激发了她的悲悯情怀,她的书写,正是力图揭示这些异域华人女性所遭受到的伤痛,唤醒她们的自省和抗争意识,以此传达出自己对那个冷漠世界的独特控诉和希望异域华人女性自尊自立自强的生命诉求。

(二) 异域书写中的女性意识

学者阎纯德认为:"所谓女性意识,就是女性作为社会的人,通过感知、思维等各种心理过程,对客观世界和对自己的全部认识的总和。……它既包括与男性共有,与社会、时代、民族共同的意识,也包括独属于女性自己的意识"[1]。这是女性对自身作为人,尤其是女人的价值的体验和醒悟。对于男权社会,其表现为拒绝接受男性社会对女性的传统定义,对男性权力提出质疑和颠覆;同时,又表现为关注女性的生存状况,审视女性心理情感和表达女性生命体验。

在张翎的异域书写中,我们感受到了其中鲜明的女性意识。她的作品大多以女性为主角,主要书写女性的生存状况和命运遭际,并且通过这种书写把不同时空的女性文化联系起来,由此传达出其独特的女性生命体验和情感诉求。"在张翎的小说中,女性被赋予了特别的叙述权利,她们命运各异而又奇妙相连的关系,以及在历史劫毁中更加扑朔迷离的身份游走,恰恰成为连接不同时间、空间和文化的桥梁"[2]。在《望月》《邮购新娘》等小说中,张翎不仅致力于书写女性命运,而且站在性别叙事的立场,以独特的女性视角,深入观照了异域华人女性在三重压抑下的辛酸悲凉,其中对女性内心世界的刻画尤其细腻

---

[1] 阎纯德:《20世纪中国女性文学的发展》,《文学评论》1998年第4期。
[2] 乔以钢、刘堃:《论北美华文女作家创作中离散"内涵"的演变》,《南京师范大学文学院学报》2007年第4期。

而丰满，由此动人地呈现了中西文化冲突的特定维度，她也因此成为当代世界华文文学史上独特而重要的女性作家。

张翎书写的女性意识源于其独特的异域生活体验。当她在加拿大修完英国文学及听力康复学双硕士学位，在多伦多的一家医院任主管听力康复师后，她已不再漂泊，也不再为衣食所虞，于是开始回头捡起她的文学爱好书写她的文学人生。然而激发她女性意识的则是一次创作灵感的冲动，张翎曾说："写《羊》的最初冲动，源自一次非常偶然的阅读经历。那是一个懒散的春日下午，在超市等待付款的无聊间隙，我顺手抓过一份当天的报纸，于极其不经意之间看见一则书讯。书是一位身居北欧的女教师写的，记载着她曾祖父一百多年前到中国传教办学的经历节选的篇幅里提到了一个被她曾祖父放过脚并收为学生的女孩子。那个没有名字的女孩子躺在几行字构成的简陋空间里，面目含糊，毫无个性地失落在历史和现实的夹缝里。灵感的到来事先并无预兆。就是在那一刻里，我突然萌生出一种要把她从厚重的历史沉积里清洗出来的强烈欲望。"[①] 可以说，正是那个"躺在几行字构成的简陋空间里"，"失落在历史和现实的夹缝里"的女孩子激发了作为康复师的张翎发自内心的女性关爱意识，她觉得不能让这样不幸的女孩子被冷落在"厚重的历史沉积"里，于是她用自己的书写把她们打捞出来，"清洗"出来，让人们发现她们的不幸，让人们关注她们的命运，从而唤起女性关爱意识，并对男权文化进行反思和谴责。

（三）坚韧性格中的人文情怀

莫言在谈温州人的性格时说道："地球上有鸟儿飞不到的地方，但

---

① 房萍：《历史·女性·第三地——张翎小说"水"叙事》，《名作欣赏》2009 年第 11 期。

没有温州人到不了的地方；世界上有许多艰苦的工作，但似乎没有温州人干不了的工作。能吃苦、能耐劳、敢想敢闯、永远不满足于现状、充满了幻想力和冒险精神，这就是温州人的性格"①。作为温州人的张翎，她的性格也如同莫言所言，尽管经历了人生的几重曲折，面对感情上受挫、患恶性黑色素瘤被判只能活5年的痛苦、异域漂泊时的种种生活艰辛，她始终都没有放弃，吃苦耐劳，坚忍不拔，积极进取，不满于现状。正是这种坚韧的性格让她坚持到现在，还在加拿大获得了两个身份：听力康复师、华人作家。更重要的是，她的拼搏进取的经历不仅让她有了更广阔的视野，也让她有了更博大的人文情怀。在十多年的漂泊生涯中，她目睹了太多华人女性在异域的辛酸苦辣，饱览了华人女性的悲剧命运，感觉不用笔书写出来，似乎不足以宣泄自己的满腔愤懑和激情。张翎有一次在纽约华人笔会发言时说了一段话，大意是：写作是她的第一需要，她要是不能写作，那么人们如果在一辆地铁上看到一个女人脸憋得通红头发间冒着青烟，那个人就会是她！正是这种有感而发，发自情怀的书写，让她的作品大气、从容、深情，饱含着对弱者女性的同情和人文关怀，也希望为女性生命的裂变、劫难作证，从个人和民族的记忆创伤中领悟生命之重；同时也传达出她渴望带给女性温暖，带给弱者守护，带给种族平等，带给东西方文化和谐的生命追求。

三

张翎用她的人文书写，给我们描绘了一幕幕异域华人女性的悲剧

---

① 莫言：《序：写作就是回故乡》，载《交错的彼岸》，百花文艺出版社2001年版，第2页。

命运图景，激发我们去思考女性悲剧的根源，同时也以其独特的女性悲剧形象给我们提供了新的审美经验。

近代中国文坛反映妇女问题的小说，大都是有理想有追求的新女性形象，敢于冲出封建礼教的牢笼，参与到轰轰烈烈的社会事业中。她们身上反映了近代女性观的新变和先进女性的精神风貌，印证了女性社会角色从传统向现代的转变，寄托着作家的某种理想人格。张翎笔下的则是形形色色的华人悲剧女性形象，其形象与新时代的新女性不同，她们曾经深受封建传统文化影响，被束缚于封建男权文化礼教中，在异域又深受种族歧视和文化歧视，被边缘化，被弱化矮化，又因其自身弱点不敢抗争而逆来顺受，终究导致了命运悲剧，成为时代社会的牺牲品。这些形象让我们看到了全球化视域中被许多人所忽略的生命空间和弱势群体，让我们警醒和关注，由此引领人们去思考异域华人女性的悲剧命运根源及其她们的生命追求，其中所透露的女性意识和批判精神鲜明而丰盈，具有独特的现实意义和审美意义。

恩格斯指出，悲剧是"历史的必然要求和这个要求的实际上不可能实现之间的悲剧性的冲突"[①]。鲁迅说，悲剧是"把人生有价值的东西毁灭给人看"[②]。恩格斯和鲁迅在这里都揭示了悲剧的本质特征。那就是，代表历史必然要求的有价值的东西被毁灭了。张翎笔下这些女性人物的毁灭正说明了，她们对爱的追求无疑是有价值的，它反映了在种族歧视、男权压抑以及命运压迫下的这些女性在现代意识冲击下的普遍要求。然而她们的追求实际上又是不可能实现的。长期压抑的

[①]〔德〕恩格斯：《致斐·拉萨尔（1859年5月18日）》，载《马克思恩格斯选集》（第4卷），人民出版社1995年版，第346页。
[②] 鲁迅：《再论雷峰塔的倒掉》，载《鲁迅全集》（第1卷），人民文学出版社1981年版，第297页。

种族歧视、男权社会，以及宿命论的毒害和自己的懦弱不争，都决定了她们不可能选择更好的方式来摆脱歧视抗争不幸，从而解放自己去建立真正有爱的新生活。因此，面对生活的种种压抑所带来的不幸，她们逃脱不了也抗争不了，最终被葬送掉了青春年华，这又恰恰体现了这些女性不适应时代要求的普遍悲哀。也就说，社会生活的重重压抑及其人物性格上的弱点是这些女性人物不可避免也摆脱不了悲惨命运的重要原因。这可以说是张翎小说中女性形象的悲剧意义所在，也是其悲剧女性形象的审美价值所在。

西方女权主义批评者洞察到了文学中的女性处在不幸与屈辱的地位：在男性中心式的父权制社会里，女性被剥夺了创造力，她们不仅在现实的政治、经济地位中受到男性的歧视、压迫和奴役，而且在文本中也受到男性的"文学虐待或文本骚扰"，她们的形象是变形的、异化的、扭曲的和被奴役的。也就是说，许多男性文本中的女性形象不过是男性想象力的产物，是对女性的异化，是虚假的，应予以充分的警惕，并在女性自己的书写中把被异化和扭曲的形象重新颠覆过来。张翎作为一个具有女性意识自觉的作家，在多年的漂泊生涯中既为我们展示了异域华人女性的悲剧生活现实，也揭示了这些悲剧女性不敢与命运抗争，不敢反抗种族歧视和男权压抑，不敢追求自由与幸福的悲哀，动人地传达了她对这些处在三重压抑下的华人女性的深切关注和悲悯情怀，让我们把握到一个华文女作家充满女性人文关怀意识的生命追求。

吴玲瑶散文：
在幽默书写中把握生活真谛

美华女作家吴玲瑶曾任海外华文女作家协会会长，创作历程达三十余年，出版过《用幽默来拉皮》《酷小子爱幽默》《美国孩子中国娘》《幽默女人麻辣烫》《婚前婚后》等四十多部作品，获过华侨联合总会艺术创作奖首奖，在海外华文文学界很有影响，被誉为"海外最受欢迎的畅销书作家"之一。她最擅长写幽默散文，在北美华文作家中素有"幽默大师"之称。她的散文以其在美国文化语境中的生存体验和对人性的独特把握，妙趣横生地书写了美国华人女性的心灵世界和华人民众的喜怒哀乐，字里行间充满了幽默感，在当代海外华文文学领域体现出了独树一帜的创作特色，给人耳目一新的感觉。

作为一个在孩子未离家上大学前当过很长一段时间全职太太的女作家，吴玲瑶散文所书写的大多是琐琐碎碎的日常生活，但她别开蹊径，擅用悖论、陌生化、反讽、自嘲等"反常化"叙事方法使其文章妙趣横生，让这些琐碎的日常生活书写呈现出一种独特的幽默感，从而把读者从自动化和日常化的阅读习惯中解放出来，唤起人们对日常事物的审美体验,在轻松愉悦的阅读中把握生活的真谛,感受到美好生活的熏陶。

总之,吴玲瑶散文的幽默感有一种敢于自嘲、自我调侃的雅量,这使她的作品呈现出一种将严肃问题喜剧化的乐观精神和用儿童视角看世界的"泛幽默"气息。她的幽默书写给读者带来了一个充满快乐的文学世界,读者在这里不仅可以感受到日常生活中的生命快乐,还可以把握到作者积极乐观的生活态度。

一、日常生活的"反常化"叙事

吴玲瑶新出的一本散文集名为《幽默过日子》,可见,其散文书写的大多是一些柴米油盐、衣食住行的生活琐事。随着生活节奏的加快,那些原本是人们生活核心的日常行为、动作、言行逐渐成为大家一种机械的、无意识的反应。但是,吴玲瑶的散文创作改变了这种惯性思维,她创造出一些"反常化"的叙事方式,将惯常的生活悖论化,将成人问题儿童化,将严肃的人际关系喜剧化,由此以一种独特的"吴玲瑶式幽默",唤起了我们对生活的新奇感受。在她的作品中,日常的琐碎生活变得新鲜可感,让人忍俊不禁,具有一种妙趣横生的艺术效果。

一是,惯常生活的悖论化。吴玲瑶散文常常使用一些悖论化的叙述或者反讽、自嘲、隐喻、陌生化等独特语式,使行文产生一种反常化的幽默感,充满了趣味性。悖论化叙述,指运用看似荒谬的表达来叙述真实中的错位,造成一种期许落差的幽默效果。例如在《度假的联想》一文中,她是这样描述人们眼里很美好的度假:"度假唯一的好处是知道第二年不上那","最好是'山中有海海中有山',才能满足每个人的愿望";"赶行程,吃不好,睡不好的日子就称之为度假,抑或是去练习遗忘与懊恼,一打开箱子就会知道忘了带什么,也发现度假时记忆特别不好,不是记不得上哪儿玩过,而是记不得钱花到哪去了";"也许度假就像谈恋爱一样,能留下来的只有怀恋"。度假本是美好的,她却一针见血道出了美好背后非常现实的出行烦恼,美好与不美好矛盾交织,这种悖论化的叙述极尽俏皮与荒诞,产生了一种反讽的艺术效果,让人们在掩卷回味时不禁哑然失笑。特别是一开始她就把度假这一雅事与现实中的荷包、欲望、行程压力等俗事相联系,雅俗相依相撞,让人们意会到了日常生活中的难言烦恼,而且具有了幽默感。这种悖论化的叙述在吴玲瑶散文中很普遍,如"都说女人善变,我太太喜怒无常的个性三十年不变"(《乱整齐》),变与不变是相互矛盾的,作者却独出机杼地把二者勾连起来,使矛盾在荒诞中变得合理化,让读者体会到了正常中的不正常,由此也显出了其散文蕴涵在幽默中的某种深刻性和哲理性。

  吴玲瑶散文还常常运用夸张、隐喻、自嘲、反讽等手法,调侃自己,讽喻社会,强化这种悖论化叙述的艺术效果,如说"母亲"的地位有如"国务卿",一下突出了母亲的重要性;说"许多家事做过了也如'春梦了无痕'",把"家事"喻为"春梦",生动地揭示了家庭主妇的功劳常常被忽视的无奈,把俗事雅化得让人忍俊不禁。在《高龄社会》里,她还说:"李太太说老了最大的麻烦是被鬼跟上了一样",把老人面对死亡的身不由己说得既通俗又有意味。她还在《谈笑风生》中调侃自己不善言辞:"恨不早生五百年,乘人未说我先说","也许对我而言,最好的谈话方式是保持安静"。学者王笑东认为:"比喻要有可比性，这是修辞的规律。可是，本体和喻体之间没有一致的地方扯在一起，这是产生幽默感的规律。"① 在吴玲瑶文中，"国务卿"与"母亲"、"家事"与"春梦"、"老人"与"鬼"，"谈话方式"与"保持安静"，原义本无关联，作者却毫无违和地把它们放在同个语境中，使语言的意义产生了张力和变化。这种悖论化的表达，不仅具有一种独特的幽默感，也给读者带来一种新奇的陌生化的审美效果。

二是，成人问题的儿童化。吴玲瑶散文还喜欢用儿童的视角去看待许多成人问题，通过"童言无忌"的形式揭穿成人世界的虚伪和病态，以小见大，让人在感到可笑的同时产生联想和反思，具有一种颇为深刻的针砭意义。如《酷小子爱幽默》中的《说真话》一文：

> 莉莉到朋友家去吃饭，饭后甜点是冰激凌，主人向莉莉说："要不要再来一份？"
>
> "不要了，谢谢。"莉莉礼貌地说。
>
> "真的不要？挺好吃的嘛！"主人再问。
>
> "是我妈妈吩咐我说不要的，但是她不知道您第一次只给我们这么小的一球。"

"童言无忌"的回答既显示出孩子的天真诚实，也揭露了成人的虚伪，让人不禁会心一笑，明白在孩子眼中，成人的世故是很容易被拆穿的。在《代做功课》一文中，针对有些父母连作业都替孩子做的现象，吴玲瑶写道：

---

① 王笑东：《幽默随心所欲》，九州出版社2003年版，第52页。

一位老师问一学生说:"你爸爸帮你做功课,对不对?"

"帮是帮了,但是没有帮到底。做错的时候,他不需要被老师处罚,也不会放学后被罚留校。"

这又是一个"童言无忌"的回答,借孩子诚实的回答巧妙地谴责家长过于宠溺孩子反而害了孩子的错误做法,意味深长。像这样的表达还有《上学迟到》等作品。在这些作品中,作者通过"童言无忌"的问答形式,把在大人的眼里看似不成理由的理由,让孩子回答得理直气壮天经地义,由此充满幽默感地揭露了成人世界的弊病,让人在哑然失笑中回味和反思。

三是,严肃问题的喜剧化。吴玲瑶散文还善于将严肃的人际问题用喜剧化的方式表现出来,使复杂的人际关系简单化、平衡化、娱乐化,充满喜剧效果。她作品里的人际关系主要有四种,即父母子女关系、夫妻关系、师生关系、朋友关系。父母子女之间的关系书写是她作品的主要内容。在《父母经》中,父母总是无私地为孩子付出,在孩子小时候,"用孩子用过的卫生纸,用口水为他抹伤,用衬衫一角为她擦脏小手,吃他剩下的菜饭,为她吹凉热稀饭,还随时不忘言传身教地耳提面命,'别忘了说谢谢,宝宝'。从两岁牙牙学语就一直担心孩子不知道怎么谢人家"。长大一点,自己的孩子总是越看越完美,对这种现象,吴玲瑶写道:右边的李太太见不得汪太太如此吹嘘,赶紧也接着说:"我的女儿在学校里选了西班牙文和几何,都拿第一。来,女儿啊,用西班牙语向张阿姨问好,再用几何的话,向陈阿姨说早安"(《替子女吹嘘》)。而孩子对父母总是不理解,"不懂你们大人想什么",是孩子经常对父母说的(《不懂妈妈》)。"别人的妈妈总比自己的妈妈好","青少年嘴里别人的妈妈,几乎是从来不对孩子说不";"每家父母都在'别人的爸妈'阴影下过日子,一直对孩子口中的那个'别人的爸妈'充满了好奇,不知道他来自何方,是怎样的教育背景"(《别人的爸妈》)。这些叙写看似有些夸张,却又合情合理,生动地揭示了孩子与父母之间正常关系中的不正常现象。

对师生关系,吴玲瑶也有很精彩的叙写。如《偷偷回话》中的师生对话:"你为什么在教室里大声喧哗?""因为你不准我们交头接耳讲话。"学生的回答虽然有些无赖,却透露出美国学校中学生蔑视老师权威的现象。又如《老师的评语》中老师对孩子缺点的委婉点评:"某某无法独立工作",暗示孩子偷抄作业;"无法抓住功课的重点",暗示学生可能某科不及格,由此也看出老师对孩子自尊的保护。正像吴玲瑶在《难忘的老师》中所写的:"不少难忘的老师都有些疯狂,有些怪,但不可否认的,都是充满了爱心,能在孩子最需要时给一句鼓励的话"。可见,吴玲瑶是通过看似不正常的叙写肯定了师生关系的和谐美好。吴玲瑶散文对夫妻关系的叙写也很幽默。在《好莱坞式的婚姻》等篇章中,她不仅描述了当代社会闪婚闪离的现象,让人思忖;而且对许多人到中年的婚姻,她的揭示也一针见血:"一般婚姻到了中年很容易变成两极化,有一种嚼之无味弃之可惜的感叹","另一种极端是认为被另一半欺负太久了,一刻也不能再忍耐"。可以说,在吴玲瑶充满幽默感的叙写中,不仅将严肃的人际关系喜剧化,让我们感受到生活中处处有幽默,更重要的是,在她那些俏皮的风趣的幽默化的叙写中,其实揭示了许多生活的真谛和生命的规律,深沉地传达出作者对日常生活的独特思考和情感把握。

俄国形式主义理论家什克洛夫斯基在《作为手法的艺术》一书中

指出:"那种被称为艺术的东西的存在,正是为了唤回人对生活的感受,使人感受到事物,使石头更成其为石头。艺术的目的是使你对事物的感觉如同你所见到的视像那样,而不是如同你所认知的那样;艺术的'反常化'手法,是复杂化形式的手法,它增加了感受的难度和时延,既然艺术中的领悟过程是以自身为目的的,它就理应延长;艺术是一种体验事物之创造的方式,而被创造物在艺术中已无足轻重。"① 也许,吴玲瑶散文追求的正是这样一种艺术,她用充满幽默感的独特传达,延长了我们的审美过程,让我们在深入感受其作品的艺术魅力的同时,也得到其生活思考的审美启迪。

二、幽默书写中的生命追求

吴玲瑶散文常常能让人在会心一笑之后有所启迪,因为其中蕴藉着她对生活的独特思考和情感把握,正如叶怡莉在《吴玲瑶的笔下世界》所说的:"她写作时常持着信任读者的态度,相信他们会懂得她要表达的意念而留着空间让读者去思考。"② 也如顾圣皓所说:"它是现代社会竞争激烈环境中,以'笑'为武器而获得生活乐趣的特殊类型。"③ 由此可见,吴玲瑶散文妙趣横生的幽默书写其实传达出她独特的生命追求。

积极向上的生活态度。这可以说是吴玲瑶散文最鲜明的生命追求。

---

① 〔俄〕什克洛夫斯基:《作为手法的艺术》,生活·读书·新知三联书店 1989 年版,第 6 页。
② 吴玲瑶:《婚前婚后》,金城出版社 2005 年版,第 223 页。
③ 王剑丛:《轻松 幽默 俏皮——论吴玲瑶的幽默散文》,《世界华文文学论坛》2007 年第 3 期。

吴玲瑶性格乐观开朗，生活态度积极向上，以平常心看待世间万物，善于发现生活之美，不喜欢太刻板严肃的生活，她认为，"太严肃是一种疾病，过于严肃所带来的伤害就像辐射一样，也许看不见，确实存在的"[①]。可以说，她幽默风趣的散文格调与她乐观开朗的性格是密切相关的，正如美华女作家周芬娜说："她那白皙的圆脸充满喜感，妙语连珠，令人觉得她的幽默来自于天生，毫不勉强"[②]。吴玲瑶自己也在《性别与性》一文中说："幽不幽默，性格上的差异大于性别上的差异。"从她的作品中可以看出，她就是个乐观主义者，是那个面向阳光，然后把阴影抛在后面的人，因此她热爱生活，自得其乐，懂得把生活喜剧化，用微笑看人间，以豁达待生活，甚至有"幽自己一默"的雅量。她从单身中看到快乐，有一套《快乐的单身哲学》；从琐碎日常中看到乐趣，写出了《餐馆趣闻》《驾驶笑话知多少》《贴纸风景》等让人捧腹的篇章；从婚姻中找到有趣的和谐规律，说："有所谓最好的婚姻组合是瞎太太聋先生，太太最好不要看先生做了什么事，先生最好听不到太太的啰嗦"（《耳朵不好》）。在对待年龄、衰老等自然规律上，她的态度更是积极乐观，她不在意衰老，也不在意肥胖的烦恼，甚至在她的散文里把自己的减肥经验毫不忌讳地倾盘托出。可以说，通过作品幽默风趣地把自己积极乐观的生活态度传达出去，是吴玲瑶散文书写的一个重要的生命追求。

自得其乐的情感把握。这也是吴玲瑶散文的一种生命追求。这种自得其乐的情感把握首先来自于其家庭氛围的熏陶。吴玲瑶从小生活在一个充满幽默开明氛围的家庭中，在《婆婆妈妈的笑声》一文中，

---

① 吴玲瑶：《酷小子爱幽默》，中国长安出版社2005年版，第2页。
② 周芬娜：《幽默的生活大师——吴玲瑶》，《世界华文文学论坛》2006年第4期。

她说过:"常常在许多场合里被问起,我的幽默是怎么来的,虽然说和个性有很大的关系,但我也常想起妈妈娘家给我的影响,是女人间传下来的那种不必言喻的幽默";"燕姨说她先生如何随时随地地睡着的笑话,还配合着动作表情和打呼的配音,足以把我们刚刚偷吃的蒸排骨喷出来;华姨说她婆家奇怪的风俗习惯,让大舅妈笑出了眼泪,大舅妈每次大笑没有不频频擦眼泪的;瘴姨说她们邻居家的笑话,让小舅妈笑得要上厕所;闹成一团,你一言我一语,机智诙谐的对话频出"。耳濡目染在这样一个由"女人间的幽默和情缘用欢笑筑成"的快乐的大家庭氛围,让吴玲瑶从小就学会说笑话,用幽默的语言逗别人开心,也让自己开心,她也因此拥有了在美国这个大熔炉里自得其乐的情感把握能力。可以说,吴玲瑶善于写厨房、厅房里的幽默和她受家庭影响而形成的这种情感把握能力密不可分。其次,吴玲瑶这种自得其乐的情感把握能力还来自于西方文化的影响。她的幽默散文大多是移居美国后创作的,西方人"不幽默无以为欢"的文化特质对她影响很大。在《幽默处处有》一文中,她说:"在美国生活三十年,中西文化的冲击,给我最深感受的是西方人幽默感的应用,已经到不幽默无以为欢的地步"。她发现,在美国大家都习惯用幽默方式来表达自我,因此在美国文化环境中,可以随时感受到"幽默处处有"。在《美国汽车如是说》一文中,她说:"在美国你可以把任何你想要表达的思想写在纸上贴在车尾,里面不乏幽默"。可以说,美国文化为吴玲瑶提供了幽默写作的某种素材与背景。其三,吴玲瑶这种自得其乐的情感把握还来自于她对生命的热爱。英国讽刺作家汤姆斯·卡莱尔说:"真正的幽默是从内心涌出,更甚于从头脑中涌出。他不是轻视,它的生命内涵是爱和争取被爱。"① 这一真知灼见说明，爱与被爱是产生幽默的重要源泉。从吴玲瑶的作品可以看出，她非常注重爱与被爱的情感把握，一方面，她笔下捕捉到的都是有爱的生活，妈妈的爱，男女之爱，祖国之爱，孩子对动物的喜爱之情等等。例如《酷小子爱幽默》中的《妈妈的定义》一文里是这样描述妈妈的爱："妈妈是说她最喜欢吃妹妹碗里剩菜的人；唯一相信你是世界上最美丽的人；早上没有人叫，会自己起来的人；想要你快快长大，又希望你没有她不能活的人；你留级三次，她还偷偷希望有一天你会拿一个博士回来的人"。不管你表现如何，在妈妈眼里，你都是最好的，妈妈的爱都是最无私的。这样的表述还有《妈妈都一样》《爱发问的妈妈》等等篇章。而《床第间》一文则通过拉被子等细节生动幽默地写出夫妻间床头吵架床尾和的恩爱之情，让人忍俊不禁之余感觉十分温暖。另一方面，她自己的心中也充满爱，并且善于去感觉被爱的生活。她和千万华人一样对祖国满怀热爱之情，爱中国的悠久文化，十分怀恋在中国的生活，在《怀旧晚会》等篇章里她毫不掩饰地表达了这种怀恋之情。而在《被爱的感觉》一文中，她则把日常生活感觉到的爱如涓涓细流般地叙写出来，十分感人。总之，吴玲瑶的情感把握是充满爱的，因此，她才能自得其乐地在日常生活中发现爱，感受爱，并幽默地书写爱与被爱的生活，这也是她散文创作的鲜明的生命追求。

充满情趣的审美追求。吴玲瑶散文十分注重追求艺术情趣，这与她对儿童世界的特别关注是分不开的。她有很大一部分作品是书写儿童生活的，记录童言稚语，关注童真童趣，如上文所举《酷小子爱幽默》一书中《说真话》《代做功课》《上学迟到》等"童言无忌"的篇

---

① 堵军：《幽默的艺术》，延边人民出版社2004年版，第6页。

章就是如此。吴玲瑶说："孩子的老实话很有趣，其中隐藏着某种玄机与幽默"（《孩子老实说》）。感觉她的欢乐人生、幽默艺术很多是孩子们赋予的，因此她理解和尊重儿童特有的心理感受和真实情感，发掘孩子身上鲜活的审美力量，用幽默的艺术表达去书写孩子天真无邪的心灵世界，这不仅给人带来真实动人而又充满情趣的审美愉悦，而且可以唤醒读者内心远去的温馨记忆，珍惜这一真实美好的珍贵感情；还可以通过孩子的天真无邪来反衬成人世界的虚伪，让成人在孩童的纯真世界里得到净化，去掉世故，返璞归真，重拾内心的真实。

这种充满情趣的审美追求还源于吴玲瑶对生活的热爱和她对日常生活的审美发现。她在《幽默处处有》一文中说，她希望达到"松林细雨风吹去，明月擒来皆幽默"的境界。正是秉持着这种审美境界，她非常注重发现生活中的美好，并且用幽默的语言记录下来，在充满情趣的叙述中，书写这个世界的善良和美好，传达出她对生活的热爱，对别人的关心，由此创造出充满情趣的幽默人生。可以说，她的散文是她审美过滤过的生活日记，在她充满情趣的审美观照下，平淡无奇的日常生活充满了情趣，充满了幽默感，充满了微笑，也充满了美。英国作家汤姆斯·卡莱尔说过："幽默力量的形成主要基于我们的情绪，而不在于我们的理智，你的幽默力量是你，是你以愉悦的方式表现出来的你。它表达出你个人的真诚，你心灵的善良，你对别人对生活的爱心"①。吴玲瑶也是这样，她那富有幽默力量的书写，既传达了她化平庸日常为审美情趣的生命追求，也以其对生活的真诚和爱心带给我们正能量的审美熏陶。

---

① 堵军：《幽默的艺术》，延边人民出版社2004年版，第6页。

三、在幽默接受中把握生活真谛

吴玲瑶的散文题材涉及自儿童至老年人不同阶段的生活状态，再加上她充满幽默感的独特书写，因此深受读者欢迎，给读者带来了丰富的审美享受，体现出独特的审美意义。

让读者在轻松阅读中把握生活真谛。这是吴玲瑶散文一个鲜明的审美意义。正像王剑丛所评价的："它可以舒缓沉重的精神压力，释放心灵的郁结，轻松恬然地享受生活，心里达致至平和宁静的境界"①。吴玲瑶散文虽蕴涵着来自于生活的某种哲理，却表达得幽默动人，让人在愉悦的阅读中轻松领悟，而且在忍俊不禁中独特地纾解了人生中的某些烦恼挫折，如叶怡莉在《吴玲瑶的笔下世界》所说："她写幽默能不只让人发笑，也能让人们觉得人生美好，许多挫折痛苦，用爱和幽默化解之后便是海阔天空"②。吴玲瑶散文不是大散文，其选材全来自于衣食住行、柴米油盐酱醋茶的日常琐事，语言简练素朴，平易近人，非常接地气，但却让读者感同身受，产生共鸣，并且可以轻松进入其字里行间，去咀嚼生活的味道，去感悟人生的真谛，如王蒙所说："幽默是一种酸甜苦辣咸混合的味道，它的味道似乎没有痛苦和狂欢强烈，但应该比痛苦和狂欢还要耐嚼"③。吴玲瑶散文还善于在幽默中针砭时弊，讽刺世风，独特地书写当代人的生存困惑，委婉地批判丑陋的社会现象，以引起人们的警醒和反思。如她在《广告时间》一文里写道："电台不在乎卖的是什么东西，只要有人愿意出钱，他们就代为

---

① 王剑丛：《笑里藏道》，《世界华文文学论坛》2009年版第2期。
② 吴玲瑶：《婚前婚后》，金城出版社2005年版，第223页。
③ 王笑东：《幽默随心所欲》，九州出版社2001年版，第41页。

推销，尽管有85%吹牛，仍然有15%的佣金可以拿！暂且把'王婆卖瓜，自卖自夸'的艺术发挥到极致，把半真半假的事情变成一片谎言也无妨，只要顾客肯掏钱出来，这项事业就成功了，他只负责到这一部分"。而上文所论及吴玲瑶有关"童言无忌"和自我解嘲的幽默表达，也在让读者会心一笑后有所感悟，得到生活智慧的启迪。

让读者在雅俗共赏中获得审美熏陶。吴玲瑶散文题材丰富，包罗万象，受众面很广，可以说是一种老少咸宜雅俗共赏的畅销文化。读者可以通过其幽默的叙述，发现生活的美好，重温童年的欢乐，享受审美的熏陶。如周腓力所说的："她不以操持家务为苦，反而在操劳之余，兴致勃勃地将女人主持中馈的趣事，以一枝诙谐的巧笔，一件又一件地写进她的优雅的散文中去，使人读罢就好像身临其境一样，就连我这个不理家务的男人读了她的文章，也感觉我好像在上一辈做过一次女人似的"[①]。生活中，做女人很累的，她却让人感到很有趣；操持家务很苦的，她却让人感到很快乐；孩子的话很幼稚的，她却让人觉得很真实；中年婚姻很严肃的，她却让人觉得充满了喜剧色彩。吴玲瑶散文就这样让人在艰难的现实生活中感受到了许多快乐，获得审美的独特熏陶。

让读者在文本召唤中享受阅读快乐。西方接受美学的代表理论家、德国康士坦茨大学教授沃尔夫冈·伊瑟尔（Wolfgang Iser）提出了"文本召唤结构"[②]的理念，强调文本的"不确定性"，要给读者留下空白，召唤读者进入文本，读者可以调动自己的想象力和理解力，去填补空白，连接空缺，更新视域，由此获得新的视域，也获得充满主体

---

① 吴玲瑶：《婚前婚后》，金城出版社2005年版，第5页。
② 王岳川、胡经之：《文艺学美学方法论》，北京大学出版社1994年版，第164页。

能动性的审美快乐。吴玲瑶散文也具有这种独特的"文本召唤结构机制",她的幽默叙述常常打破了读者的原有视域,给读者留下了空白点,如《分类广告》一文的结尾:"奇文共赏的一些小广告可隐藏着什么玄机呢"?这个结尾意味深长,留下了一个微妙的"玄机",由此召唤读者调动自己的生活经验和想象力去填补空白,破解"玄机"。再如《不合逻辑》一文,文章是这样开头的:"爸爸,墨水是不是很贵?"孩子哭着来问。"没有啊。"这是爸爸的回答。但孩子还是不信:"那妈妈为什么生气,好像要杀了我似的,只因为我打翻了一小瓶墨水在地毯上。"孩子的理解和妈妈的行为形成了一种错位,在错位中出现了空白,让读者产生了瞬间的愕然。当读者再回头思忖之后,终于明白了妈妈的生气所在,原来"很贵"的是地毯而不是墨水,不免会心一笑而获得了阅读的快乐。

也许吴玲瑶散文的题材范围还比较狭窄,取材几乎没有超过日常生活的圈子,有一些篇章的内容有重复感,如《越说越担心》与《夏令营的信》写的是同一件事,内容也差不多;还有《妈妈的工作》与《母亲的角色》《母亲的口水》等篇章的内容也有相似感,容易让人产生审美疲劳。但吴玲瑶散文的幽默风格在海外华文文学中独树一帜,给人留下了极其鲜活的印象。她的幽默书写中所透露的那种敢于自嘲、自我调侃的雅量,那种将严肃问题喜剧化的乐观,那种用儿童视角看世界的纯真气息,不仅让读者把握到了她积极向上的生活态度和生命追求,也给读者呈现了一个美好动人的快乐世界,让读者获得了新奇的审美体验和充满魅力的审美启迪,由此把握生活的真谛和生命的价值。

周芬娜散文：
美食书写的生命情怀

周芬娜是美籍华文女作家，曾经担任过"海外华文文学女作家协会"第九任会长。她的著作颇丰，以散文随笔写作为主，重要代表作有：《绕着地球吃》《春之东京小旅行》《饮馔中国》《品味传奇》《新上海美食纪行》《带着舌头去旅行》《人生真滋味：记忆中的美味与情怀》《丝路》《云南》《旧金山》等。这些散文随笔大多以美食书写为主，她以美食记忆为线索，将丰富的生活阅历、人生体验外化于可感的美食滋味中，给读者带来了独特的审美体验，其中所透露出的家国情怀、生命追求和审美趣味深沉独特，耐人寻味。其中，美食随笔集《人生真滋味：记忆中的美味与情怀》一书可以说最鲜明地体现了周芬娜美食书写的独特内涵和审美取向。

一、美食书写中的生命情怀

在周芬娜的美食随笔集《人生真滋味》里，女作家通过一个个生活故事和美食品味追忆亲人故友,字里行间充满了她对故土的眷念、对家人的牵挂、对祖国的热爱之情,其中所传达的生命诉求和审美取向,深沉而厚重。相比其他美食写作,周芬娜在作品中寄予了更多的深情,其中既有深沉的家国情怀,也有温暖的人生追求和独特的审美趣味。通过充满深情的美食书写,女作家传递出了一种海外华人热爱生活、心系家国的生命诉求,在带给我们审美品位的同时,也带来心灵的感动。

在美食书写中寄托家国情怀可以说是《人生真滋味》的一个重要特征。书中许多美食制作的书写,看似不经意的如实描述,其实蕴涵了女作家对家乡亲人的深厚感情。在《月桃粽与野姜粽》一文中写包粽子,写遗憾自己不会包粽子,不是包得叶断米漏,就是形状不周正,拿不出去;写父母来美国看她,知道她对粽子的热爱,特地从台湾带来粽叶、糯米和其它食材,在家里仔仔细细地包粽子,温柔得就像对待自己的孩子一样。其中对小祖母制作粽子的过程有这样一段描述:

> 她细细地将五花猪肉、香菇、鱿鱼切丝,以葱油酥爆香,混炒成香喷喷的粽馅,有时还放咸蛋黄,一起包在混入花生的长糯里,裹入发软的月桃叶中,包出一颗颗玲珑的粽子,然后十个一串地放在大锅里,大火煮熟,挂在通风处放冷。①

在这一段描述里,我们看到了一个贤惠能干的小祖母形象,其中蕴含着她从厨房中建立起的在作者心目中不可替代的地位和作者对她

---

① 周芬娜:《人生真滋味:记忆中的美味与情怀》,吉林出版集团有限责任公司2014年版,第160页。

的尊敬。小祖母制作的是外乡人很少见的月桃粽,而月桃粽正是她的故乡台湾屏东的特产,由此也可以清晰地触摸到作家对于故乡的情感,对于家乡美食的深沉眷念。而端午结粽又是中华民族纪念爱国诗人屈原的传统习俗,所以作家以粽子这一美食来寄托她的家国念想,间接地表达了自己的爱国情怀,粽子其实已经成了这种故土情结的象征物。在周芬娜的书写中,我们还可以看到,相比海外风味,周芬娜是更认同祖国美食的,特别是对寓意团圆的除夕年菜更是念念不忘。在《小祖母的年菜》一文中她是如此描述灌香肠的:

> 她在半肥半瘦的猪肉里加点酱油,加点糖,加点五香粉,然后她再撑开肠衣,将鲜红的肉馅慢慢灌进去,灌满后打个死结,再一条条地挂在屋檐下风干,风一吹进来迎风招展,红红火火的,揭开了过年的序幕。[1]

灌香肠是中国人家庭过年必做的传统美食,同年糕一样,象征团圆幸福。而且,她不仅叙写中国年菜的制作花样之多,还叙写了不同地域年菜的不同口味,说明饮食差异既是环境所别,也是地域的生活习惯所致。作家常年定居国外,年味较淡,思念家乡的味道愈发心切。因此,与其说在国外欠缺的是年味,不如说欠缺的是家乡的风土人情。在这里,作家对年菜制作花样和口味的细致描绘,不仅渲染了故乡浓浓的年味,也传达出作家对中国过年氛围的热切期盼。由此可见,作家写包粽子,写准备年菜,其实是在怀念小祖母,怀念妈妈,怀念她

---

[1] 周芬娜:《人生真滋味:记忆中的美味与情怀》,吉林出版集团有限责任公司2014年版,第166页。

们做过的饭菜和粽子的美味，其中所透露的家国情怀可触可摸，蕴藉而深沉。

周芬娜的美食书写还蕴涵着她美好温暖的生命诉求。在《妈妈的拿手菜》《小祖母的年菜》《父亲之味》《外祖父的传奇》等篇章中，作家写贤惠的母亲给孩子做照烧烤猪肉，写能干的小祖母给一家人准备了一桌年菜，写味蕾精准的父亲带一家人去吃的夜宵，写让人崇敬的外祖父狩猎带来的野味。许多美食记忆储存了幸福的味道，灌注着满满的爱和浓浓的亲情。例如，因为她的老家在台湾屏东，冬天晴暖清凉，她的妈妈喜欢在这个季节做油炸牛蒡天妇罗，凉拌马铃薯沙拉。在《妈妈的拿手菜》里有这样一段描写：

> 几乎所有的鱼虾蔬果，都可以拿来炸天妇罗，妈妈认为牛蒡有种特殊的清香，牛蒡天妇罗的滋味不是其它蔬果比得上的，细长灰白的牛蒡从地底下挖出来，皮上总沾着许多泥土，她好整以暇地将牛蒡洗涮干净，削皮切丝，蘸粉油炸，在油锅前忙得满头大汗，却乐在其中。①

这是专属于妈妈和她的孩子们的美食记忆，也是幸福与快乐的味道，看得出女作家在努力呈现生活中的美好，让人倍觉温暖。虽然其中也蕴含着谈谈的忧伤，因为《人生真滋味》出版的时候，疼爱她的小祖母、外祖父都去世了，母亲不久后也去世了，作品中许多关于幸福的描写，都已成为过去时，但这更引发了她对亲情的追忆和对亲人

---

① 周芬娜:《人生真滋味：记忆中的美味与情怀》，吉林出版集团有限责任公司2014年版，第163页。

带给她的幸福的忆念，因而字里行间也充溢了对于美好温暖的更深切的生命诉求，让人分外感动和向往。

　　追求生活的品位和独特的审美趣味也是周芬娜美食书写的重要特征。在她的美食书写中，我们看到她注重生活的品质，追求饮食的氛围，讲究饮食的器皿、风味乃至文化背景。她会在文中细述不同颜色的浓缩咖啡胶囊的不同风味，褐黑色的是意大利风情，香槟色的是哥伦比亚风情，金黄色的是巴西风情；也会透露制作鲜花美食的诀窍，新鲜的金莲花可以拌沙拉食用，也可以当调味品、入药、泡茶，还可以做金莲叶美乃滋、煮汤，体现了人与自然的相融相依。她还在每篇散文中都配上精美的图片，图文并茂地讲述动情的美食故事，让读者感同身受，身历其境，得到共鸣。她追求生活情趣，把日常生活过成了诗，追求诗意和精致，她写道："每一个清晨对我而言，都是一个崭新的开始。一杯杯滋味各异的浓缩咖啡，为我揭开了四季清晨的序幕：金黄的深秋，萧瑟的寒冬，鹅黄的早春，浓绿的夏日，都有了不同的风景……"[1] 由此可以捕捉到女作家精致高雅的生活态度。她还注重味蕾与嗅蕾的双重感受和体验，在这种感受和体验中传达自己力求完美的审美追求。在《咖啡与香水》一文中，她借女作家彭顺台（Melinda）的话写道："世界上最幸福的两件事：在女人的香水中睡去，在咖啡的香味中醒来。这两种美妙芳香的浓缩液体，刺激着不同的感官，令人灵感勃发……"[2] 正因为对咖啡的厚爱，她还常常把生活品位的追求赋予咖啡的品尝之中，从中品出"咖啡男孩"的故事，品出既

---

　　[1]　周芬娜：《人生真滋味：记忆中的美味与情怀》，吉林出版集团有限责任公司2014年版，第169页。
　　[2]　周芬娜：《人生真滋味：记忆中的美味与情怀》，吉林出版集团有限责任公司2014年版，第169页。

苦涩又甜蜜的日本街头饮食的味道,品出幸福的感觉,在怀旧的情怀中书写生活的情趣,由此不难把握到作家美食书写中的审美趣味及其独特的生命追求。

二、美食书写的深厚情缘

周芬娜热衷于中国的美食书写,这与她热爱生活、心系家国的生命追求是分不开的。她生在台湾屏东,去台北求学,有美国的留学经验,后又留在国外工作,近来她又经常回祖国旅游。这使她有机会遍尝博大精深的神州美食,感受到中西美食的不同风格和差异。丰富的各地生活经验同样丰富了她的味蕾,也丰富了她的美食体验,激发了她通过美食书写来传达自己人生感悟的愿望。特别是长居国外对西餐的不适应和排斥使她越发怀念家乡的味道,这也促使她去书写自己的美食记忆,来宣泄自己的家国念想,消解自己味蕾缺失的苦闷。"人在域外,特定的经验对于这些华文作家来说是融入心灵的"[①]。可以说,通过美食记忆来传达来自己的人生体验和对中国美食的深情呼唤是周芬娜美食书写的主要原因之一。

对亲人和故土家园的牵挂和忆念则是久居异国他乡的女作家书写家乡美食的一个重要原因。我们可以看到,在周芬娜的美食书写中,常会流露这样的情感:写母亲,必然与母亲有关的美食制作联系在一起;写小祖母,必然与小祖母生前的美味制作联系在一起;写父亲,同样与父亲的美食故事相关。这三个人对她的一生都有着重要影响,思念着家乡的美味,实际是在怀念自己的亲人;那颗月桃粽承载着她

---

① 许忆:《旧时光的味道》,长江文艺出版社2013年版,第256页。

对小祖母和妈妈的记忆，那半夜的日式料理配啤酒承载着她对父亲的深情，那满桌的年夜饭又是对家人团圆的殷切期盼。在周芬娜的美食书写中，隐藏着贤惠的妈妈、慈祥的小祖母、挑剔的爸爸、传奇的外祖父给予她的深深的爱。这些亲人的爱，在她的心中沉淀，她是幸福的人；当小祖母、外祖父、妈妈相继去世后，她感受到了深深的忧伤和痛惜，她希望通过书写把生活中的美好分享给读者，稀释自己的忧伤和痛惜之情。因此，在美食书写中，她回忆妈妈的味道，怀念已逝的亲情，钩沉亲人的爱，分享童年的幸福，在传达自己的美食体验时，也释放着她对亲人、对家国的牵挂和温暖美好的生命追求，字里行间，一个海外华人女作家深厚感人的亲情、乡情和家国情扑面而来，感人至深。

对中国美食的无限钟情也是周芬娜书写家乡美食的另一原因。女作家热爱中国美食，她在中国各地游历，拜访当地名人故居，遍尝神州美食，深切感受到中国美食的博大精深，这是西餐所不可比拟的。她以祖籍为河南洛阳而自豪，在《洛阳女儿行》一文中她写道，"难怪我虽土生土长于台湾，却总有人以为我是河南人或山东人，在洛阳街上行走，我也常看到一些眉目轮廓与我酷似的当地妇女，几度令我激动不已"[①]。在这里，我们不难触摸到她深沉的故土情结。她不仅钟情中国美食，而且对中国美食文化进行了深入探究，在她的笔下，哪怕是各种地方小点心都有着各自的生命或故事，如《品味传奇2：大唐风范与民国味儿》一文就给我们展现了一幅历史文化飨宴图，她在其中讲述了袁世凯与天津菜、林则徐与福州菜、周恩来与北京烤鸭等动人

---

① 周芬娜：《人生真滋味：记忆中的美味与情怀》，吉林出版集团有限责任公司2014年版，第143页。

的名人轶事，让我们在品尝美食的同时，也领略到了中国历史文化的独特内涵，把握到一个女作家力图弘扬中国美食文化的用心。在《人生真滋味》中，我们还可以看到，周芬娜所书写的美食都是自己亲身经历过体验过也用心品味过的，每一道菜都贯注着她的精神投入和生命认同。在《饮馔中国》的自序中，她介绍说，正宗扬州"红楼宴"四海皆知，福州聚春园"佛跳墙"名过其实，曲阜"孔府菜"惊喜连连……只有亲身品味过，才会比较出这些菜的不同特点。因此，与其说她在书写美食故事，不如说她是一个传播中国饮食文化的使者。有学者认为，"这种经验并不一定有固定的形式，甚至不必讲究任何形式，也能滋生出心灵的长度，于是新移民作家对生命、对生存、对梦想的体味拥有更多层面的深切理解"[①]。可见，美食书写作为一种艺术形式，承载了周芬娜的家国情怀，表现出她对故土家园和亲人的牵挂，对中华民族生活的认同，是久居异国的海外华人的人生经验与生命追求的独特投射。

三、美食书写的审美价值

美食书写是饮食文化的书面表达形式，当饮食成为一种文化符号的标签，它所具备的功能意义就会由简单的满足人的基本生活需求升华到了精神层面的追求。由此可见，周芬娜的美食书写具有独特的审美价值。

首先，她给读者提供了把握家国情怀的独特视角。作为一个久居异国的海外华人，对故国家园总有一种积淀深厚的乡愁情结，与其他

---

① 林乃燊：《略论中外饮食文化交流》，《海交史研究》1993年第6期。

海外作家不同的是，周芬娜巧妙地把自己的家国情怀融入具体可感的美食书写中，让读者通过舌尖上的感觉，去体会乡愁的味道和作家深入骨髓的生命守望，真实而亲切。在《人生真滋味》中，她试图通过美食书写守望有家的幸福，有故乡的情缘，这种感情赋予具体可感的美食书写，非常亲切温馨。吃粽子、包粽子等制作家常菜的过程既是对妈妈和小祖母等亲人的怀念，也是对难忘的妈妈味道的坚守。而写妈妈的味道、小祖母的味道其实都是在寻找一份丢失的亲情，她们虽然都离开了，可是那亲切的独特的美食手艺，却成了怀念家人的一种实实在在的方式，它可以怀念流逝的时光，可以纪念至亲至爱的亲人，还可以带来心灵的慰藉，释放自己的乡愁情结，由此给读者带来了独特的共鸣和由衷的心灵感动。在中国文化里，家庭、故乡、国家三者是相通的，亲情是基于血缘关系的情感，乡情的基础又是亲情，乡愁可以升华为家国情怀，所体现出的归属感是民族文化认同的基础。民以食为天，美食文化体现了民族文化的根源意识，周芬娜通过美食书写，舌尖上的感觉去守望亲情、乡情和家国情，给读者带来独特的审美体验和审美感动。

  其次，周芬娜也给读者带来了独特的生活品位。《人生真滋味》中的每一篇图文并茂的篇章都传达出女作家自己对各地美食文化的审美判断和情感诉求，都是自己独特深入的生活体验和审美考察的结晶，都体现出自己鲜明的生活态度和审美追求，真实亲切又生动感人。在这些篇章中，读者可以通过美食书写把握到女作家所试图传达的生活品位和审美趣味，既朴实又精致，雅俗共赏，让我们领略到了中国美食的博大精深又温暖亲切，感受到了亲人的深爱和亲情的可贵，领悟到了人生要用心用情去珍惜的真滋味。因此可以说，周芬娜的美食书写,既生动演绎了她珍惜亲情守望美好的生命诉求和审美追求,也给读者带来了独特的生活品位。

总之,《人生真滋味》是一部书写一个美籍华文女作家生命情怀的美食随笔集,周芬娜以美食记忆为线索,将丰富的生活阅历、人生经验外化于具体可感的美食书写中,给读者带来了独特的审美体验,也别独匠心地表现出了女作家深沉的家国情怀、温暖的生命诉求和独特的审美趣味,体现出她珍惜亲情追求美好生活的审美取向。这一美食书写与女作家丰富的生活体验、深沉的家国情缘和对中国美食的无限钟情是分不开的,她通过充满深情的美食书写,传递出了一个海外华人女作家热爱生活、心系家国的生命诉求,在带给我们审美品位的同时,也带来心灵的感动和独特的审美启迪。

第三编
港台地区作家创作：
香江宝岛的生命追求

余光中诗文多次以中国古典文学家为题材来抒写自己对中华古典文化的崇敬之情。其中写得最多的是李白和屈原，写于1951年的《淡水河边吊屈原》一诗，字里行间充满着对这位悲剧诗人爱国气节的倾心尊仰："悲苦时高歌一节离骚，千古的志士泪涌如潮。那浅浅的一湾汨罗江水，灌溉着天下诗人的骄傲"！正是这种"骄傲"成了包括余光中在内的中国古今诗人心中永远的牵挂和追求。这种"屈原情结"也恰恰表现了余光中对中华传统文化和中国艺术精神的执着守望和精心呵护，其良苦用心，以一种独特的姿势张扬了中国诗人永远的骄傲！

亦舒小说：
女性生命书写中的叙事策略

当代香港女作家亦舒以其创作量惊人的言情小说作品，成为香港文学界的翘楚。在亦舒小说的以往研究中，多数研究者或者着眼于其女性形象研究，探讨作家对女性命运的关注；或者着眼于其对爱情婚姻的思考，研究作家对社会现实的揭示，等等；却较少从亦舒小说本身的艺术特征出发，探讨亦舒小说是如何通过其独特的艺术表现和叙事策略来传达时代更替之际人们深沉的生存体验。

亦舒小说多以二十世纪七八十年代的香港世态为叙事背景，并常常通过冷漠现实的都市里所演绎的爱情故事来反映社会透析人生。除了"泼辣、尖刻、逼真，常以三言两语切中时弊、鞭辟入里"[①]的语言特色外，亦舒小说的叙事策略也是极具特色的，一方面，她常常以多点式内聚焦与固定式内聚焦的叙事视角，讲述一个轻快简洁、曲折动人的爱情故事，在亲近读者的同时，也抓住了读者的阅读兴趣；一

[①] 人物故事网：《亦舒的作品特色》，http://www.renwugushi.com/xinzhongguo/a2039.html 2022-11-12。

方面，她又以精心设置的悬念让故事跌宕起伏，由此吸引读者关注女性的生存境遇和心理潮汐，思考人们的悲剧性生存体验。这些叙事策略使她的小说机智地跳出了言情的格局，昭示了人们在时代更替时的精神疼痛，由此生发出超越一般言情小说的普遍性意义，成为具有显著当代性的人文写作。

一、内聚焦视角下的女性叙事

视角是小说叙事者的立足点和叙事角度。视角的选择和转换隐含着作者对读者审美判断和价值取向的引领。亦舒小说常常通过多点式内聚焦和固定式内聚焦的视角为我们讲述一个个都市里男男女女的不同爱情故事，其中所透露的女性生命追求及其命运关怀，给我们带来独特的审美体验和启迪。

多点式内聚焦视角，是亦舒小说最擅长的叙事视角。法国文学批评家热拉尔·热奈特从叙事者如何观察人物的角度出发，提出了最常见的三种叙事视角的分类方式，即无聚焦（上帝视角）、内聚焦（内视角）、外聚焦（外视角）。通过内聚焦视角来见证女性的命运多舛，也是亦舒小说最主要的叙事策略之一。

内聚焦视角相当于传统文论说的第一人称视角，是一种颇受限制性的叙事视角。一切从"我"的立场出发进行讲述，"我"不在场或没看到的东西包括其他人物的内心世界都无法直接叙述，只能由"我"去感知和体验。但这种叙述视角往往给读者带来某种可信性和亲切感，容易被吸引其中，感同身受。因此它也是亦舒最擅长的叙述视角，而且与其他文本不同的是，她还擅长运用多点式内聚焦视角，在一部作品中,"我"的角色并不是固定不变的,而是不断变换的,让不同角色都以内聚焦的视角讲述"我"对同一个人物的感知和体验,让诸多人物的心理感觉与情感把握相互交融,彼此渗透,从而拉近了文本与读者的距离,让读者对其中人物的命运遭际有更全面的理解和把握。而亦舒作品中所弥漫的那种浓重的追忆色彩,也因这一叙事视角有了一种让人心动的真实感。最典型的就是长篇小说《玫瑰的故事》。

《玫瑰的故事》出版于1981年,主要讲述富家女黄玫瑰的情感故事。面容姣好的黄玫瑰是一个敢爱敢恨追求独立自主的女子,与庄国栋、溥家明、罗德庆三个男人都有过刻骨铭心的爱情,并经历了一次不如意的婚姻,最后认定与她白头偕老的伴侣是罗德庆爵士。作者通过黄玫瑰的故事揭示了女性爱情观的成长历程及其对人生价值的追求,在二十世纪八十年代初香港的传统社会中有独特的现实意义。

但该文本最突出的特点是多点式内聚焦叙事视角的巧妙运用,黄玫瑰的情感人生是通过四个不同的"我"来讲述的。全书分为四部分,第一部《玫瑰》、第二部《玫瑰盛开》、第三部《最后的玫瑰》、第四部《玫瑰再见》,每一部都有一个叙述者"我",分别是黄振华、溥家敏、周棠华、罗震中。四个"我"身份迥异,立场不同,视角自然也不同。他们各自讲述了玫瑰某一阶段的生活,由此串成玫瑰的完整人生,是玫瑰情感追求的见证者。第一部《玫瑰》中的"我"黄振华,是玫瑰的哥哥,讲述的是他视角里的少年玫瑰。第二部《玫瑰盛放》中的"我"溥家敏,是黄振华的得意门生,讲述的是他视角里的青年玫瑰。第三部《最后的玫瑰》中的"我"周棠华,是玫瑰的未来女婿,讲述的是他视角里的中年玫瑰。第四部《再见玫瑰》中的"我"罗震中,是玫瑰的第二任丈夫罗爵士的独子,讲述的也是他视角里的中年玫瑰。事实上,《玫瑰的故事》就是这样通过不断变换的内聚焦视角向读者展开了黄玫瑰从美丽活泼的小女生、成年、为人妇为人母,到再嫁的情感经历。也许小说中每一个"我"讲述的故事都可以独立成文,但只有把四个部分有机地串在一起,才是黄玫瑰完整的情感人生。也就是说,这四个"我"其实是从不同的人物的内心视角,去感受和体验黄玫瑰波澜曲折的情感人生的。这种叙事方式在同类小说中是鲜见的,因此给人带来了别具匠心的新鲜感和吸引力。而且,这种不断转换身份的内聚焦视角,不但精彩地演绎了情感故事的起伏跌宕,也让黄玫瑰的情感经历显得既丰富又真实,同时也巧妙地透露出作者借助叙事者所传达出的价值取向和情感判断。

  固定式内聚焦的叙事视角,也是亦舒小说常用的叙事视角。虽然同样是内聚焦的叙事视角,但与多点式内聚焦视角不同的是,固定式内聚焦视角往往不用第一人称叙事,而常用第三人称叙事;而且其视角只固定在一个人身上,所有的故事都是通过这个人的视角讲述出来的。也就是说,固定式内聚焦视角,是叙事者以文本中某一人物的视点为讲述视角,情节跟随人物视点的移动而推进,所有发生的故事都是从这一人物的感知出发的,这一人物感知不到的事物就不在叙述范围之内。运用固定式内聚焦视角来彰显女性独立意识,也是亦舒小说的一种叙事策略。如小说《变形记》就典型地体现出其固定式内聚焦视角的叙事特征。

  《变形记》情节并不复杂离奇,风流随性的年轻总裁让他的下属曾子佳去打造其女朋友车蓉蓉的故事,结果却发现他爱的是同学曾子佳。但具有独立人格的曾子佳却放弃了唾手可得的荣华富贵,毅然辞职去追求真正的爱情。但该小说主要是以曾子佳的视点来进行叙述的,故

事的展开是以曾子佳的感知出发的。如该小说开头:

> 那是个阴暗的星期一,下雨,行人的伞同伞打架,车子一寸一寸那样移动,都是泥泞,报贩仍然蹲在街边,身上遮一块塑胶布,伸出双臂,递报纸给路人。
>
> 这样的都会风情,曾子佳已看得憔悴。
>
> 一杯黑咖啡坐在她的喉咙,久不下咽,是今早的新闻片段吧,波兹尼亚的妇孺挤逼在联合国救援货车内逃难,十小时后抵达目的地,活人下车,死人躺在车斗底。
>
> 小孩子软软地仰着脸,看着天空,嘴巴微张。短暂的生命,小小的他还不懂控诉什么。
>
> 是这种片段叫她食不下咽。
>
> 也许,在她生命某一个阶段,保不定命运失去控制,她也会成为一个难民,没有谁可以保证这种事不会发生。①

可以看出,这一段叙事完全是从曾子佳的感知出发的,其中有视觉感知、味觉感知以及心理感知。通过曾子佳的感知带出小说的地域风貌和时代背景,尽管它是以第三人称的方式来叙述,却给读者带来了一种沉浸式的真实感觉。而且该小说自始至终都是以曾子佳的内聚焦视角来讲述故事的,因此这是一种固定式的内聚焦叙事视角。哪怕到后来,车蓉蓉不想委屈自己、放弃自己的个性爱好去接受改造而除掉衣服"咚一声"跳进游泳池的描述,也是透过曾子佳的眼睛展现出来的。然后,小说又写道:

---

① 亦舒:《变形记》,香港天地图书出版社1994年版,第1页。

回到街上，子佳只觉面部肌肉有点僵硬，她拍拍自己脸颊。

她何尝不想学车蓉蓉那样一声"我不干了"剥光衣裳跳进泳池快活去，可是曾子佳没有那样条件，车蓉蓉穿着白色网孔内衣看上去一如男性杂志上剪贴女郎。①

这里仍然是通过曾子佳的肤觉和心理感知来传达出自己无奈的生活态度，她不能像车蓉蓉那样"为所欲为"，耍小姐脾气，因为这是她的工作，她得生活。而且，在作品中对王景霞等人物的欣赏和评价也是从曾子佳的眼光出发的：

她很佩服王景霞女士可以在那样复杂的环境下与那样尴尬的处境中做得那么好。

连一个不相干的闲人都赞她生活得毫无纰漏，旁人说什么不要紧，有时候是很发人深思的。

要生活得漂亮，需要付出极大忍耐，一不抱怨，二不解释，绝对是个人才。

有许多榜样值得学习。②

通过曾子佳的感觉带领读者来理解人物，让读者感同身受。但这样的叙事视角当然有局限性，曾子佳感觉不到的另一面，读者自然也无法了解，对整个故事的走向和把握也是有限的。也就说，读者只有

---

① 亦舒：《变形记》，香港天地图书出版社1994年版，第35页。
② 亦舒：《变形记》，香港天地图书出版社1994年版，第114页。

通过曾子佳的视角，通过她的视觉、听觉和心里感觉来把握其他的人物形象及其事件发展。在这样的固定式内聚焦视角下，读者所感觉到人事其实只是曾子佳视野里的人事，而对事实的全面理解上则存在某种盲区。这样的叙事策略也使故事具有了悬念，只有当故事主人公了解到真相的时候，读者才能跟随着主人公恍然大悟。原来自始至终天和喜欢的人都是曾子佳。但是，这仍然打动不了她的心，因为她追求的是人格的独立而不是对荣华富贵的依附。这不仅让我们看到亦舒独具匠心的叙事策略，她运用固定式内聚焦的叙事视角巧妙地制造了故事的悬念，让故事起伏跌宕地吸引读者往下读，而且也让我们把握到亦舒对女性命运的独特关注，她的书写超越了传统的女性观念，揭示了新女性在新环境下对坚强品格独立意识的生命追求，肯定了女性的智慧能干以及不断提升自我价值的努力。

  总之，整部小说中，亦舒虽一直是以第三人称来讲述故事，但所有故事的展开都是以主人公曾子佳作为"感觉中心"来展开的。通过曾子佳的心理变化过程，带出其他人物活动，推动情节发展。像这样采用第三人称固定式内聚焦视角的小说还有《承欢记》《不羁的风》《不易居》《蝉》等等。在这些小说里，亦舒同样以故事中某一个女主人公为叙事视角，讲述其或艰难曲折或迷惘彷徨或孤苦一生或百般无奈的命运遭际。在男人为主导的现代竞争社会中，她们的心理既惶恐脆弱又开放独立；她们的灵魂交织着情感与理智搏斗的血色与泪痕。通过对这些女性形象内心世界的独特审视，亦舒把被压抑受煎熬的女性生命激情化作呐喊与叹息，揭示出女性与世界融合分离的忧喜悲欢，也传达了新女性们在面对严酷的现实生活时勇于不断创造自我价值，争取自立自强的生命追求。

亦舒从小热爱写作,但文学界一直认为她写作生涯最灿烂的时刻应该是她二十七岁以后。二十七岁那年可以说是亦舒人生的一个重大转折点,也正是从那以后,内地也开始了亦舒小说热。当时亦舒毅然放下香港的一切,带着有限的积蓄,跑到英国去过艰辛的留学生活。三年之后,她学成归港。那时候,她除了手中两个残旧行李袋以外,可以说是一无所有,甚至已经没有了青春。亦舒曾经形容过那阶段是她一生之中最潦倒的时刻,经历了三段失败的情感,留学归港已不再年轻,还要一切从头再来,为生活奔波。种种挫败感使得亦舒真的需要发泄。正如她自己所说的,她好多心事积压了很久,生活非常彷徨,有很多特别想说的话,于是拼了命写作。从此,亦舒变身为作品中无数个"我",无数个主人公来说出她心中所想。缺失性的生命体验使她对这个社会有了更客观和冷峻的态度。为了通过写作得到认同感,亦舒极力想在作品中表现自己的好恶判断,她选择了多点式内聚焦的"我"和固定式内聚焦的"他"为叙事视角,以便更容易介入到故事中,虽然故事带有很明显的教化倾向,但也让读者感到真实亲切,容易产生情感共鸣和认同感。

二、悬念设计下的人物命运演绎

一般来说,亦舒小说的情节并不复杂,线索也比较明晰,是那种俗称"一条道跑到黑"的单线式结构。尽管结构简单,但亦舒小说的故事情节却扣人心弦,引人入胜,最主要的原因就是亦舒善于在小说叙事中巧妙设置悬念,通过读者去一步步解开悬念来推动情节发展,由此演绎女性的命运遭际,昭示作者的生命追求,也给读者提供了独特的想象空间，使小说具有了一种不断吸引读者往下读的艺术魅力。

讲述女主人公石子和好友孔碧玉远渡加拿大留学故事的长篇小说《不易居》的悬念设置就很巧妙。该书塑造了几个不同追求导致不同命运遭际的女子，但不管是努力打工坚持自力更生完成学业的石子，还是放弃学业与人同居最后死于毒品的碧玉，都体现了亦舒对留学女性命运遭际的独特观照以及自己对坚守初心以本分努力赢取人生价值的生命追求。叙事看似波澜不惊，情节却引人入胜，处处都留下了悬念，如石子去何先生家应聘保姆，到达他家门前时有这样一段描写：

> 来到爱蒙路三二〇〇号，在门口先打量一会儿，只见围墙上钉着小小一块铜牌，上写着"不易居"三个中文字，石子觉得有点突兀，好奇怪的屋名，那是一座三层高的花园洋房，前后有庭院，外型十分低调，可是一定雇着个好园丁，只见繁花似锦，欣欣向荣，美不胜收。
>
> 在斜坡上一回身，正好看到海景以及整个温哥华市，自右至左依序是史丹利公园、市中心、格兰湖、本那比以及北温固罗斯山。
>
> 石子吁出一口气，风景真好。
>
> 上海位于长江支流黄浦江的三角洲平原上，上海没有这样的风景。
>
> 可是石子听人说香港最名贵的住宅也在山上。
>
> 正在迟疑，尚未按铃，大门已经打开……①

---

① 亦舒：《不易居》，中国妇女出版社2011年版，第9页。

| 远鸿的回望 |

　　这段描写中第一次出现了"不易居",因为小说名为"不易居",所以"不易居"成了一个悬念,一出现立马抓住了读者的注意力,激起了读者急切地想去了解"不易居"以及其中将要发生的故事。接着"大门已经打开……",石子在"不易居"的故事也要开始了……随着一个个悬念出现,石子的曲折命运慢慢展开,让我们看到了石子面对生存威胁的抗争和拼搏,也看到了一个年轻女性自强自立的生命追求。由于悬念的设置和解开,石子的打工故事就显得波澜起伏,富有吸引力。

　　被认为是亦舒最早写的科幻故事《蝎子号》中也有独特的悬念设计,故事讲述一个代号 J3 的主人公家明,和一个博士、一个电脑伙伴一起为一个神秘组织服务,而神秘组织的上层就是想要统治世界的电脑。故事开头一段就给读者留下了不少悬念:

　　　　法兰根咸博士与我的关系,一言难尽。
　　　　他老人家打电话给我的时候,总是半夜三点或四点。
　　　　一在电话铃又响起来,我一睁眼,就晓得是他。
　　　　我取过话筒,醒觉地问:"博士,你好,又有什么消息?"
　　　　"J,"他的声音很兴奋,"你马上过来,我给你看一样东西。"
　　　　我唔一声,"看东西是否一定要在清晨三点钟?"①

　　这段描述首先就给读者留下了一串悬念,"我"与博士的关系为什么"一言难尽"?这俩人是什么身份?博士为什么总在半夜打电话?他

---

① 亦舒:《蝎子号》,奇书网 https://www.qishuta.la/du/8/8276/8521632.html 2018-6-23 00:17:56。

让"我"去看的东西是什么？缘何非要半夜马上去看？这些问题都紧紧抓住了读者的心，吸引人非往下读不可。在读者普遍缺乏时间和耐心的今天，小说的开头能不能吸引人就成了小说是否有受众的关键，因此亦舒说："我是一个说故事的人，而讲故事的人或多或少是一个江湖卖艺者，就是要讨群众的欢喜"①。悬念的巧妙设置，也许就是亦舒试图抓住读者接受心理和接受兴趣的一种匠心。

德国接受美学的代表人物尧斯曾指出读者在接受时有一种"期待视野"，"期待视野"是审美期待的心理基础，是接受者由先在的人生经验和审美经验转化而来的关于艺术作品形式和内容的定向性心理结构图式。他说："一部文学作品在其出现的历史时刻，对他的第一读者的期待视野是满足、超越、失望或反驳，这种方法明显的提供了一个决定其审美价值的尺度。期待视野与作品间的距离，熟识的先在审美经验与新作品接受所需求的'视野的变化'之间的距离，决定着文学作品的艺术特性。"② 也就是说，"期待视野"其实是一种期待结构，是读者对文本的思维定向，而其中的文体期待就是读者在阅读文学作品时由某种已经惯例化的文学类型或形式特征而引发的心理期待指向。亦舒在其小说文本中所设置的悬念，激发了读者的"期待视野"，在这种心理期待的指向下，读者会去寻求破解悬念的途径，由此获得"期待视野"的"满足、超越、失望或反驳"。亦舒的叙事策略就是巧妙地抛出一个个悬念、意外、巧合的包袱，再一个个铺展开来，慢慢显出真相，让读者对作品中的情节发展和人物命运演绎一直有所期待，并

---

① 忽而今夏：《亦舒自传——邓霭霖之把歌谈心》，豆瓣小组：http://www.douban.com/group/topic/1218258/2006-09-21。
② 〔德〕尧斯：《接受美学和接受理论》，周宁、金元浦译，辽宁人民出版社1987年版，第31页。

不断有所满足或失望,这种"期待视野与作品间的距离,熟识的先在审美经验与新作品接受所需求的'视野的变化'之间的距离,决定着文学作品的艺术特性",也彰显了亦舒小说独特的艺术张力,使得其叙事显得跌宕起伏、引人入胜,其小说中的人物命运也在这一富有艺术张力的叙事演绎中得到了独特呈现,由此吸引读者去深入关注女性的生存境遇和命运遭际,思考她们的生存体验和生命追求。

亦舒的小说故事人物平凡但却充满现实意义,她以其客观而冷峻的人生态度,独特的充满艺术智慧的叙事策略,在看似平淡无奇的并不轰轰烈烈的爱情故事中深入审视现代人们的生存处境,思考作为一个女性应该如何去面对人生,怎么去化解生活艰辛,字里行间充满着对女性生命的人文关怀。其小说不仅激发读者冷静理智地思考冷峻现实中的爱情婚姻,也让读者能在日常生活的困顿烦劳中得到某种慰藉,这也使其作品在一定程度上超越了言情小说的某种通俗和浅薄。正如有学者指出的,"亦舒的作品是游走在大众文学与正统文学之间,具有现实性的诗意栖居。她的作品超越言情小说,她的'香港传奇'生动真实,把繁华背景下的生活彻底还原以最真实的面目。不要朦胧,不要委婉,亦舒就是站在时代的暴风骤雨下,努力找平衡的姿态,尽量稳妥偶尔冒险地继续前行。她的矛盾是社会的矛盾,包括价值观包括各种感情"[①]。总之,亦舒小说给我们带来了审美接受的独特魅力,无论是多点式内聚焦与固定式内聚焦的叙事视角,还是巧妙演绎人物命运的悬念设计,都以其充满艺术张力的叙事策略体现出亦舒讲述爱情故事传达生命追求的艺术智慧,不仅有效地吸引了读者的阅读兴趣,也让她的小说机智地跳出了言情的格局,昭示了人们在时代更替之际

---

① 李菡:《执意的相逢——亦舒小说解读》,《山东文学》2008年第1期。

的精神疼痛，由此生发出超越一般言情小说的普遍性意义，成为具有显著当代性的人文写作。可以说，亦舒小说在叙事策略上的探索和表现，在当代文学的创作上给我们提供了某种新的审美经验，具有独特的审美价值。

古龙《楚留香传奇》：
江湖女人花的男性想象

古龙，原名熊耀华，台湾新派武侠小说的泰斗和宗师，与金庸、梁羽生并称为中国武侠小说三大宗师①。他穷尽一生精力，把许多栩栩如生的人物形象都写入他所倾心的武侠世界中，包括众多女性形象。他那刀光剑影的武侠世界中游走着许多形形色色的女性形象，其中有美丽温柔善良的女子，如苏蓉蓉与李红袖；也有风骚凶狠可怕的婆娘，如石观音与水母阴姬。在古龙笔下，女人就犹如一朵朵盛放的娇花，尽情地、多姿地摇曳在男人的江湖里。

在其经典代表作《楚留香传奇》系列中，无论是温柔善良的苏蓉蓉、李红袖、宋甜儿，还是大胆勇敢的琵琶公主、张洁洁、金灵芝；抑或是自私可怕的石观音、水母阴姬，等等，她们都以其鲜明生动的个性特征和聪颖勇敢的生命态度征服了一代代读者的心，成为人们审美记忆中一道道绚丽的风景线。

但我们也不难发现，在古龙笔下，这些动人的女性形象同样也代

---

① 彭华：《浪子悲客——古龙传》，江苏文艺出版社2001年版。

表着男性的某种欲望化想象,在其作品中,他总是有意无意地将女性对象化、物化、边缘化、客体化,甚至是异常化,其中所流露的大男子主义想象也许与当时的社会历史影响和古龙的个人经历有关,但也激发我们去深入探索江湖女人花背后的男权话语特征,由此引起警醒和反思。

一、江湖女人花的男性想象

有人认为与其他武侠作家相比,古龙所塑造的女性形象更具现代化色彩,在古龙作品的官方论坛上,有读者就说:"古龙笔下的女性形象有鲜明的现代性特征"①,因为她们的所作所为更加贴近现代女性的生活,更能体现现代女性的情绪和心理,甚至还有人认为那种"别具一格,突破传统"的形象塑造是古龙对女性的一种人文主义关怀。武侠小说评论家罗立群也认为古龙塑造的女性在言行举止上凸显了女性的主体性,反映了女性自我解放和发展的内在要求。

也许古龙笔下的女性确实有敢于反抗世俗礼教主动追求感情的现代意识。如《楚留香传奇》系列中的琵琶公主、左明珠和施茵,她们都是渴望自主把握情感的女性形象,敢于突破世俗礼教,抛弃"被金钱或其他社会行为、权利手段"②所制约和扭曲的情感价值观,反抗家族联姻的利益交换,大胆地追求自我的真实情感。也许古龙对女性悲惨命运的书写和揭示也确有一种呼唤社会尊重女性、倡导人性自由的人文关怀意识。例如其笔下的"海上美人鱼"和"蝙蝠岛上的艳娘",

---

① 官方古龙武侠论坛 http://www.gulongbbs.com,2008-10-9。
② 〔德〕恩格斯:《家庭、私有制和国家的起源》,载《马克思恩格斯全集》(第21卷),人民出版社1965年版,第92页。

她们被人操控着，没有名字、身份和地位，还被物化成可以任意利用和交换的工具和物品，得不到尊重和自由。我们不难读出作者在这些悲剧形象身上所倾注的关怀与同情，以及作者对尊重人性自由的呼唤。古龙自己也说："我是一个注重挖掘人性的人，我要把我笔下的各个人物作为批判人性黑暗面的突破口，揭示我所见过的某些悲剧现象"①。但这并不代表古龙笔下的女性已挣脱了男权话语的束缚，虽然他给了女性创造了主动追求情感的机会，但他并没有给予女性追求自我主体意识的权利和赢得自由幸福生活的基本能力。至少，在那一个男性英雄竞风流的江湖世界里，女性想逃离男权话语的挤压几乎是不可能的，因此古龙笔下的江湖女人花也不可避免地承载着大多数男性的自我想象，他的武侠女性书写也仍然是一种男权话语意识下的欲望化书写。

（一） 被欲望化的如花美人

英国艺评家约翰·伯格在《观看的方式》一书中曾创造性地提出"被看的女人"这一观点："男人看女人，女人看着她们自己被看，这不仅决定了男人和女人之间的关系，而且决定了女人和她们自己的关系，女性自身的鉴定者是男性，这样她就成为了一个对象，主要是一个视觉对象：'一道风景'"②。这一观点指出了在以男性话语为主导的视觉文化中，女人可能只是被看的"物"或"客体"，并没有代表她们主体性的性别符号。也就是说，男性看女性，女性也用男性的眼光看自己。处在以男性话语为中心的父权制社会中，女性只能是被凝视的对象，她们以男性的标准来衡量自己，像男性般审视自己，把男性

---

① 官方古龙武侠论坛 http://www.gulongbbs.com。
② 〔奥地利〕西格蒙德·弗洛伊德：《性学三论》，太白文艺出版社 2004 年版，第 29 页。

的审美标准当做社会的普遍标准,由此建立女性对自我的认知及审美观。正是在这一根深蒂固的传统文化处境中,男性与女性双方的联系才会被牢固锁定在"看与被看"的模式中,女性不可避免地变成了男性视野中的审美对象、观赏对象,甚至是男性欲望的投射对象。正如意大利作家伊塔洛·卡尔维诺在《看不见的城市》里写的,女人成了投射男性欲望的客体,成了每个男人梦中都竞相追逐的猎物。

在古龙的《楚留香传奇》系列中,江湖女性也是"被看"的客体。在他的想象中,活在一个男性所主宰的江湖文化中的女性,不论是风骚的青楼女子,还是清纯的大家闺秀,她们的一举手、一投足,或者是一颦、一笑,甚至是赤裸的胴体等,都在江湖英雄豪杰的"凝视"下,成了男性话语中具体的审美客体。也许英雄配美人是武侠小说的某种套路,"书中若无颜如玉,把卷或恐味不长",在一个刀光剑影的江湖里如果没有美人相陪,那么英雄的故事一定会逊色不少。古龙同样也不能免俗,但我们也发现,古龙笔下的美人美得很具体,如"脉脉含情的眼睛""光滑如玉的肌肤""笔直修长的玉腿"等,这种既直接又生动细微的描写,是很容易激起男性的荷尔蒙和去"看"的欲望的,因此可以说,这些如花美人也成了男性欲望化的"被看"客体。

在《楚留香传奇之雪海飘香》里,化装成张啸林的楚留香第一次看到沈珊姑时,古龙是如此描述的:"……月光,立刻洒遍了她象牙般、赤裸的胴体。张啸林似乎连气都喘不过来,只觉得一个冰冷的、光滑柔软而且带着弹性的身子,已蛇一般的滑进了被窝"[①]。这一想象

[①] 古龙:《古龙作品全集之楚留香传奇》,太白文艺出版社2003年版,第39页。

多么生动具体富有刺激性，就连古龙自己后来也借楚留香的口说道："三更半夜，突然有个绝色美女，脱光衣服，钻进你的被窝，这种事，只怕连最荒唐的文人都写不出来吧"①。但是古龙到底还是"荒唐"地写出来了，因为这体现了许多男人对女人的普遍想象，也迎合了许多男性的心理欲望。像这样充满欲望化想象的生动描写还有很多，如后来楚留香闯荡到大沙漠时无意中"窥见"琵琶公主沐浴的情景，"她那美丽的胴体，在逐渐西斜的阳光的照映下，简直就像一尊最完美的塑像，一滴滴晶莹的水滴，沿着她完美无缺的脖子，滚上她白玉般的胸膛"②。还有，当石观音主动勾引楚留香时，"她盈盈地站了起来，那雾一般的纱衣，便自肩头滑落，露出她那象牙雕成的胴体。楚留香的呼吸骤然停止，几乎不相信世上竟有如此完美的胴体，如此纤细的腰，如此美的腿……"③ 可以看出，在古龙笔下，那些江湖女性，无论是沈珊姑、琵琶公主、石观音，还是其他诸多女性，一个个都是美艳如花，婀娜多姿，身姿曼妙，从头发到脚趾无处不散发着诱人的原始美感，成了男性生理欲望的投射对象和被"窥视""被观赏"的客体，正如有学者说的："女人的体态永远是男人对美的具体理解"④。

可以说，在《楚留香传奇》系列里，这种赤裸裸的女性形体描写充斥其中，而且她们不仅有令人倾心的动人姿色和曼妙身姿，还拥有敏捷的才思与高超的本领，几乎都是人世间难得一见的超级美人。然

---

① 古龙：《古龙作品全集之楚留香传奇》，太白文艺出版社 2003 年版，第 39 页。
② 古龙：《古龙作品全集之楚留香传奇》，太白文艺出版社 2003 年版，第 65 页。
③ 古龙：《古龙作品全集之楚留香传奇》，太白文艺出版社 2003 年版，第 208 页。
④ 邹平：《阅读女人》，学林出版社 2000 年版，第 142 页。

而，即便如此，在那个以男性为中心的江湖世界里，她们依然只是男性的陪衬角色，是为英雄增色的配角。由此不难看出古龙的男性想象，江湖女性美艳如花，迎合了男性审美的视觉需求；江湖女性才艺卓绝，"契合了男性审美的精神共鸣"①。可见，这些江湖女性形象其实都是古龙按照男性的心理期待和审美需求去想象和塑造的，在男性话语对象化的安排下，江湖女人花已经被粗暴地放在了"被看"的附属位置上，成为承载男性欲望的审美对象。

（二）被边缘化的江湖"第二性"

在以男性话语为中心的父权制传统社会中，女性被置于社会体系的边缘地带，并被霸道地安上了"贤妻良母"的社会角色。自古至今的文学史上，女性一直就是这种被设定的传统角色，她们要么是温柔贤淑、无私顺从的妻子，要么是有苦说不出的思妇、弃妇和怨妇，要么是善解人意体贴入微的红颜知己或情人。而且，父权制社会的传统分工和角色分配导致女性丧失了工作能力和经济自由，导致她们在社会及家庭中都比较柔弱，缺乏安全感，这让男性更加高高在上，自以为女性总是需要依靠男人呵护，她们应该永远是男性的陪衬物和附属品，正像法国存在主义哲学家西蒙娜·德·波伏娃所说的，是依附于他们（男性）的"第二性"。在其著名著作《第二性》中，她写道："定义和区分女人的参照物是男人，而定义和区分男人的参照物却不是女人。她是附属的人，是同主要者（the essential）相对立的次要者（the inessential）。他是主体（the Subject）、是绝对（the Absolute），而

---

① 陈顺馨：《中国当代文学的叙事与性别》，北京大学出版社 2007 年版，第 53 页。

她则是他者（the Other）"①。波伏娃还对女性之所以成为"第二性"和"他者"的原因阐述道："女人并不是生就的，而宁可说是逐渐形成的。……只有另一个人的干预，才能把一个人树为他者"②；"要女人待在家里的父权制，才确定她是感情的、内向的和内在的"③。波伏娃的论述鲜明揭示了身体性别是被社会建构的事实，即女性的"第二性"和"他者"地位是由父权制社会的传统分工和角色分配所决定的，是传统父权制社会的男权意识导致了女性的"内在性"，而女性的"内在性"又限制了她的"超越性"，使她成为附属于男性的"他者"和"第二性"。

在古龙的《楚留香传奇》系列中，他笔下的江湖女性就被设定为照顾男人饮食起居、善解人意、体贴顺从、只为男人而存在的宁馨儿。他也在自序中写道："没有事的时候，楚留香总喜欢住在一条船上，……而他不在这条船上的时候，也有人替他管理照顾这条船。三个女孩，聪明而可爱的女孩子。苏蓉蓉温柔体贴，负责照料他的生活衣着起居；李红袖是才女，对武林中的人物典故如数家珍；宋甜儿是个女易牙，精于烹饪……"④ 在古龙的男性想象下，这样的生活设定多么美好，有"聪明可爱的女孩子"帮忙照顾男人的衣食住行，还有红袖添香共话武林典故。女人在他的想象中，完全就是一种附属于男性的"第二性"形象。古龙的好友，著名作家林清玄受邀给《楚留香传

---

① 〔法〕西蒙娜·德·波伏娃：《第二性》，陶铁柱译，中国书籍出版社1998年版，第11页。

② 〔法〕西蒙娜·德·波伏娃：《第二性》，陶铁柱译，中国书籍出版社1998年版，第309页。

③ 〔法〕西蒙娜·德·波伏娃：《第二性》，陶铁柱译，中国书籍出版社1998年版，第239页。

④ 古龙：《楚留香传奇》，太白文艺出版社2003年版，第9页。

奇》写序时看到这段文字也不由得感慨:"这样的生活,不仅是古龙,应该说,每一个男人都曾这样幻想过"①。可以说,古龙为楚留香这一类风流侠客安排的女人大多是这样的形象,如苏蓉蓉、李红袖、宋甜儿一样,她们既不是妻子,也不是情人,但在古龙的想象中,她们却都心甘情愿陪伴在楚留香的身边,守候他,帮助他。而楚留香在江湖里闯荡久了累了,他就会牵挂她们,其实就是想回到有女人贴心照顾的安乐窝中,在船上好好享受"家庭式"的生活。而这些女子,似乎可以这样被一个风流倜傥的男人牵挂、在乎,那么再长久的等待、再多的付出也被认为是值得的。这种在现代社会看来近乎是一厢情愿的情感守候其实正是一种男性的欲望化想象。在社会江湖中,也许每一个男人都幻想自己闯荡一番后能成为英雄成就霸业,累了倦了回到家里则有一个温柔贤淑的女人任劳任怨地守候和伺候自己,全心全意照顾家庭,甚至在必要时还能不惜牺牲自我去辅佐男人成就事业。因此可以说,古龙的欲望化书写正透露了现代许多男人的心理期待。

不仅如此,在古龙笔下,或许有人等候、有人照料的生活对大多数男性而言还不是最完美最理想的,所以古龙又借楚留香的武侠叙事,在男性的生活中再设定了另一种类型的女人,如张洁洁、新月公主、石秀云等等,她们分别出现在楚留香的江湖闯荡生活中,都喜欢楚留香,都渴望被楚留香呵护,甚至都自愿把女性最宝贵的贞洁也献给楚留香,但她们从来不要求楚留香负责,更不会以此作为束缚楚留香自由的筹码。可以说,她们和楚留香之间的情感关系就像是一场"性友谊"②,不需要婚姻,也没有责任。也许正因为没有责任,没有羁绊,

---

① 古龙:《楚留香传奇》,太白文艺出版社2003年版,第4页。
② 〔捷克〕米兰·昆德拉:《不能承受的生命之轻》,许钧译,上海译文出版社2003年版,第47页。

也不用付出代价，所以像楚留香那样的江湖男人活得多么风流倜傥，率性潇洒，快意恩仇，乐享其成。而那些自甘奉献不求回报的女性也就备受男性青睐，心心念念。可见，这种性别设定同样是古龙的男性欲望化想象，当然也是古龙男性遐想中所渴望的理想生活。正像美国女权主义学者桑德拉·吉尔伯特和苏珊·古芭在《阁楼上的疯女人》①中所揭示的，父权制社会中理想的"天使"形象，应该是"甜蜜的、温顺的、服从的"；而他们所反对甚至是恐惧的另一类所谓的"妖妇"形象，则是"冲动的、疯狂的，具有破坏一切的力量"②，就像《简·爱》中的疯女人博萨。不难看出，这种被建构被扭曲的女性性别形象同样是以男性话语为主导的父权制社会的产物。

而且，在男性话语中，有人还认为女性的快乐就在于她们的被动性，即被动地接受男人所"恩赐"③的地位，因此在古龙作品里，不论是苏蓉蓉、张洁洁，抑或是迎雁、伴冰等其他女性，在父权制社会的社会分工以及传统角色的束缚下，她们不仅失去了独立的基础和可能性，不可避免地被看成男性的附属，而且被迫只能依赖男性的保护。诚如波伏娃所说："女性是第二性，排除在男性以外的'他者'。权力归于男性，女性仅仅是附庸。附庸的庇护来自权力，歧视也来自于权力"；"一旦她们失去男人的宠爱和庇护，便失去了一切"④。古龙笔下

---

① 〔美〕S. M. 吉尔伯特、〔美〕苏珊·古芭：《阁楼上的疯女人：女性作家与19世纪文学想象》，杨莉馨译，上海人民出版社2015年版。

② 欧阳灿灿、于琦：《论女性主义身体观的历史演变》，《湖南师范大学社会科学学报》2008年第4期。

③ 林树明：《女权主义文学批评在中国》，贵州大学出版社1996年版，第39页。

④ 〔法〕西蒙娜·德·波伏娃：《第二性》，陶铁柱译，中国书籍出版社1998年版，第11页。

女性地位的边缘化、附属性和被动性,已经剥夺了女性的独立人格和她们的自我尊严,完全是一种男性的自我想象,是男性对女性的心理期待和主观愿望,更是男性的话语权力强加给她们的角色定位。

(三) 被异化的女性悲剧

女性在男权话语体系中被边缘化和附属性的定位也让她们一直处在被压制被排挤的境遇下,以至于她们发不出自己的声音,其情感言说也变成了无声的空白页。在这种男权话语的压制下,只有那些为情爱而牺牲自我的情感才能得到普遍认可,"情爱就是女人的宗教,为此她们牺牲最宝贵的生命也是神圣的、崇高的和伟大的"①。因此在许多男性作家笔下,我们常常看到那些为情爱而奉献自我、牺牲自我甚至生恨、发疯的女性形象,如曹禺笔下的繁漪、金庸笔下的李莫愁、瑛姑等等,这些可怜的女子,她们用爱拉开情感的序幕,却往往以悲剧收场。作为一个擅长写女性情感体验的男性作家,古龙作品中也有不少这类为情感而奉献、牺牲,甚至是发疯的女人形象,如《小李飞刀》中的林仙儿、《绝代双骄》中的邀月公主,特别是《楚留香传奇》系列中的石观音和水母阴姬这两个因爱生恨、为情而疯的女性形象。

石观音是《楚留香传奇之大沙漠》中的女主角,身姿妖娆,美丽脱俗。按照男性的审美需求,她应该是备受恩宠的,然而就因为她比其他女性更想要得到一份完全属于自我的真正情感,她便被男性视为情感需求不正常的女性。她不停地寻找她想要的感情,以一种异乎寻常的方式去宣泄情感,每当她看到一个特殊的男人时,她就会想方设

---

① 陈顺馨:《中国当代文学的叙事与性别》,北京大学出版社2007年版,第70页。

法去征服他、占有他，要他将整个灵魂都献给自己，但是等到那个男人似乎真的将一切都奉献给她时，她就开始践踏她当初所幻想得到的情感。就这样，得到了再破坏，反反复复，石观音仍是得不到一份可以完全属于她的真爱，最后在楚留香一句"我给不了你想要的，我也是一般男人而已"的言语刺激下彻底崩溃，可叹地选择了服毒自杀的悲剧结局。其实，对石观音而言，她想要的爱并不只是单纯的物质欲望，而是相对完整的精神慰藉，但她无法面对只爱美色只想肉欲享受的男人世界给不了她精神情感需求的现实，于是她成了别人眼中的"疯子"和桑德拉·吉尔伯特与苏珊·古芭在《阁楼上的疯女人》中所说的"妖妇"形象。

《楚留香传奇》系列中的水母阴姬也是一个因爱失常的女子。她一直都活在对一个男人的渴望和仇恨里，可所爱的人却一点也不领情、不在乎。因为爱得深，所以恨得也深。当爱悬空，得不到回应时，无助的水母阴姬只能把那份找不到寄托的爱转嫁给一个她不该爱的人宫南燕，这是一个跟她所恨的男人长得很相似的女人。可宫南燕也是一个渴望得到水母阴姬完整情爱的"疯子"，最后她因嫉妒杀了水母阴姬最爱也最恨的男人，于是，爱的人死了，不爱的人也死了，水母阴姬想要得到的情感也彻底地烟消云散了，她也成了古龙笔下的另一个悲剧女性。

诚如女性主义学者陈顺馨所说的，"在男人的绝对权威里，女人有自我情感欲望是不可原谅的，也是不合理的"[①]。在古龙笔下，石观音和水母阴姬之所以都以悲剧的结局收场，就是因为她们有自己的情感

---

① 陈顺馨：《中国当代文学的叙事与性别》，北京大学出版社2007年版，第67页。

欲望和生命追求，这在男性权力话语中被认为是不正常的，是"冲动的、疯狂的，具有破坏一切的力量"①，像《简·爱》中的博萨一样的"疯女人"。所以，古龙给她们设计了一系列异于常人的形象特征以及悲剧性的情感结局，正如女权主义批评学者林树明认为的，"看多了男性笔下的女性，对比一下就会明白男作家描写失去常态的感情有可能是为了压制女性真实的情感需求，或者是让女性承担一种男性所厌恶的情感体验"②。可以说，在大多数男作家的作品中，由于自古至今遗留在集体无意识心理中的男权话语特征，其笔下女性形象的情感需求只能顺从地依附在男性身上，被动地接受男人的爱与"恩宠"，一旦逾越了这一界限，主动去追求爱的权利和情感的自由，就不能被男性文化所认可与接受，甚至得"承担被男性所厌恶的情感体验"。因此在《楚留香传奇》系列中，无论是石观音，还是水母阴姬，她们那种追求自由，反抗压迫的情感需求，只能以异于正常女性的疯狂姿态出现，其结局也只能是以男性江湖所不容的悲剧谢幕。

二、江湖社会中的男性话语

在以男性话语为中心的父权制社会中，"所有权威的位置，无论在政治、经济、法律、宗教、教育、军事、家庭中，都保留给了男性。而我们也习惯用男性的标准去评价女性"③。在这种男性为尊的话语体系中，女性只能是被压迫和歧视的角色。古龙自然也无法超越这种话

---

① 欧阳灿灿、于琦：《论女性主义身体观的历史演变》，《湖南师范大学社会科学学报》2008年第4期。
② 邱运华：《文学批评方法与案例》，北京大学出版社2006年版，第16页。
③ 李银河：《男权社会"他"代表人类》，《新京报》2005年第2期。

语体系，因此他笔下的女性形象也逃脱不了被物化、边缘化、客体化的书写"定律"，她们早已变成一串美丽的符号，成为男性"凝视"的对象及其潜意识里欲望化想象的产物。而且，男性笔下的武侠江湖也是一种彰显男性权威的文化载体，古龙自己也说："江湖毕竟是男人的江湖，女人都应该只是陪衬"①，因此古龙笔下的女性形象自然也几乎都是臣服在男性话语体系中的江湖女人花。

潜意识中的欲望书写，可以说是古龙塑造江湖女人花的一个原因。有学者认为，如果说文学是一个白日梦，那么这个梦里一定少不了男作家对女性的梦想②。也许古龙也是如此，其笔下的女性形象也是其男性梦想和潜意识中心理期待的产物，与他的情感经历具有十分密切的联系。古龙的弟子倪匡曾在一次访谈节目中透露："古龙是一个好色如好酒的男人，他的生活离不开美人的陪伴"③。又据彭华所著《古龙传》等材料记载，古龙的一生有过很多女人，除了照顾他的妻子，还有情人和其他女朋友。但是，"虽然陪伴在古龙身边的女人很多，但是由于古龙不善于经营爱情，又喜欢追求新鲜、刺激的感情体验，所以他的情感路一直走得很不顺畅"④。也许正是现实中这种"可望而不可得"和"得到又不善珍惜"的复杂心理，被古龙投射到了他笔下的女性身上，借虚幻的江湖想象来满足他的情感欲望。正如波伏娃所说的：

---

① 王怜花（蔡恒平）：《古金兵器谱》，中国档案出版社 2002 年版，第 83 页。
② 林树明：《多维视野中女性主义文学批评》，中国社会科学院出版社 2004 年版，第 52 页。
③ 李金宪、林加发：《台湾启示录——浪子古龙传奇》，古龙武侠网 https：//www. gulongbbs. com/jiedu/jidian/7399. htm 2010 年 4 月 2 日。
④ 李金宪、林加发：《台湾启示录——浪子古龙传奇》，古龙武侠网 https：//www. gulongbbs. com/jiedu/jidian/7399. htm 2010 年 4 月 2 日。

"男性作家的作品中的女性的存在,总是透过男性欲望的复杂作用表现出来的,男人所描绘的女性有着双重而不实的形象……他在她身上投射了他欲望的,他所恐惧的,他所爱的与所恨的"①。因此,《楚留香传奇》系列中会有那么多女性青睐楚留香,愿意陪他、等他,甚至愿意把生命、贞操都交给他却不要求回报。可以说,古龙正是借其笔下那一群美丽温柔、善解人意的江湖女人花形象传达出了以他为代表的男性渴望美女相知、相伴的潜意识心理需求和情感欲望,也是被其欲望化想象和心理需求所从属化、客体化、边缘化了的虚幻形象。

男性接受的审美期待,也是古龙塑造江湖女人花的原因之一。有学者认为,父权制是人类社会在漫长的发展过程中形成的男女二元思想的结果,"它建立在男性行为准则(性别歧视)基础之上"②,女性在这个以男性为中心的父权制中是缺席和缄默的。虽然随着时代发展,父权制有不同的表现形式,但"以男性主体需要为中心,将女性置于从属地位,不尊重甚至伤害女性的本质并没有改变"③。处在这个根深蒂固的父权制话语体系中,古龙作为一个喜欢美女陪伴的男性作家,难免不深受影响。于是他在创作中习惯性地把江湖世界的中心位置留给男性英雄豪杰,而那些如花似玉的女性只是他们的陪衬,处在被看被凝视被需要的边缘位置,由此可见古龙潜意识中的男权立场和叙事模式。而且,"在中国漫长的父权封建制社会形态与文化形态的形成过程中,也形成了一种可谓根深蒂固的传统文化内涵,在这个内涵中,

---

① 〔法〕西蒙娜·德·波伏娃:《第二性》,帕希里译,台湾企鹅出版社1972年版,第59页。
② 〔英〕朱丽叶·米切尔:《父权制、亲属关系与作为交换的妇女》,载张京媛主编:《当代女性主义文学批评》,北京大学出版社1992年版,第92页。
③ 覃结玲:《论黄咏梅小说对女性生存境遇的性别审视》,《文学界》(理论版)2010年第9期。

'性别/位置/角色/属性'是一串重要的文化识别符号"①。在古龙笔下,尽管女性形象可以摇曳多姿地绽放在男性的江湖世界里,但在"女性/边缘/陪衬/第二性"的文化识别标记下,她们早已被严格地与处在话语中心位置的男性区分开来,在她们狭隘的生存空间里,那些如楚留香般风流倜傥的江湖英雄依然是束缚和压抑女性生命欲求,控制女性情感表达的绝对权威。诚如波伏娃所言:"在今日女人虽然不是男人的奴隶,却永远是男人的依赖者。这两种不同性别的人类从来没有平等地享受过这个世界,今日的女人也仍然受着重重束缚,虽然目前的情况在慢慢地改善"②。可见,在这种根深蒂固的传统文化内涵深处,女性在被男性书写的过程中,依然摆脱不了被男权意志支配,被男权意识重塑,最终成为承载男性欲望与想象投射的沉默"他者"的命运。而且,这种书写也恰巧迎合了父权制社会中传统男性们的审美期待,或者说,根深蒂固的传统文化观念也在潜意识中引导了男性读者的市场需求和审美期待。特别是在以男性豪杰为主角的武侠小说中,许多男性读者除了期待看到刀光剑影横扫千军的英雄豪情之外,还渴望看到臣服在英雄脚下的那些摇曳多姿的江湖女人花。她们被当做一个"被看"的艺术品,男人们欣赏她们的美貌,她们的身姿,她们的冰雪聪明,她们无处不在招之即来的辅佐能力和抚慰能力。在这些方面,她们满足了男性的原始欲望和理想期待,迎合了男性的心理需求,以古龙《楚留香传奇》系列为代表的武侠小说自然也就有了市场和经济利益。正像女性主义文学批评家所指出的:"我们的文化深深植根于

---

① 林丹娅:《中国女性文化:从传统到现代化》,《厦门大学学报》1997年第1期。
② 〔法〕西蒙娜·德·波伏娃:《第二性》,陶铁柱译,中国书籍出版社1998年版,第19页。

各种男性本位的创造神话里，它表现在宗教、艺术、科学诸种领域。然而，女人还不仅仅是一般的物。作为文化的产物，'她'是一个艺术品。'她'或是一个象牙雕刻，或是一个泥制品，或是一个圣像、偶像，但她从来不曾是一个雕塑师"①。总之，这种男性本位的"神话"书写不仅借由男性阅读推动了古龙武侠小说的影响力，使之风靡一时；而且无形中还为现代男权文化的潜在运行推波助澜。

三、江湖女性的重新审视

古龙笔下各具其妍的江湖女人花，让我们不仅看到了男性本位的欲望化想象，还看到了女性形象的不真实性，由此也激发我们重新审视女性的真实形象和女性主义批评的有效性。女性主义学者认为："女性在被视作性对象的同时被视为物对象——客体。当女性外观被物化为芙蓉、弱柳或软玉、春葱、金莲之美时，其可摘之采之、攀之折之、弃之把玩之的意味隐然可见。在这种人体取物品之美的转喻中，两性关系实际上已发生了一个微妙转变。它不仅表现或象征着一种对女性的欲望，而且借助物像形式摒除了女性自身的欲望，它所表现的与其说是男性的欲望，不如说是男性的欲望权。确实，既然女性可以被想象为客体和对象，那么，男性便可以自我想象为唯一的和通行无阻的欲望者，剥夺女性欲望自然也就可使她无条件顺从男性欲望"②。也就说，女性在众多男性作家作品中的存在，其"女人"的意义与内涵是由男人决定的，其中不仅透露出男性的欲望，也透露出男性的欲望权。

---

① 张京媛：《当代女性主义文学批评》，北京大学出版社1992年版，第162页。

② 孟悦：《两千年：女性作为历史的盲点》，《上海文论》，1989年第2期。

他们通过书写剥夺女性的欲望使之无条件顺从男性欲望,否则就是上述的"妖妇"或"疯女人"。因此,通过重新审视男权话语下的女性形象,我们可以看到女性形象的不真实性,揭示性别意识或性别歧视作为社会传统文化的一种力量在潜移默化地左右和影响着男性作家笔下的女性形象塑造,并且有意无意地扭曲真实的女性形象。

以《楚留香传奇》系列为代表的古龙武侠小说也是如此。也许古龙的江湖武林在英雄豪杰的刀光剑影中也营造了一种开放浪漫的爱情气氛和"骑士精神",似乎预示着江湖儿女已挣脱世俗和家庭的束缚,在江湖激荡中自由自在地追求心中所爱,但这依然只是一张虚幻的华美帷幕,用以掩饰男权意识对女性的欲望控制。楚留香每次探险的时候总能邂逅风姿绰约、娇媚可人的女子,楚留香大展身手的时候也总能博得不少冰雪聪明的女子青睐并甘愿为其鞍前马后,这种情节设计实际上是在满足男性作者的心理需求和欲望控制,其作品中的女性存在也许只是男性自尊的需求和男性辉煌的见证。不仅如此,在古龙笔下,女性不仅要承载男性的审美理想,也透露出了男性的厌弃情愫,那些被神圣化的女性形象,已经被剥夺了"女人"的主体性和创造力,成为男性叱咤江湖的附属品;而那些被"妖妇"化的女性形象则显露了男性对她们的厌弃和恐惧,因而她们几无例外都成了悲剧形象。如前所说,"男性作家的作品中的女性的存在,总是透过男性欲望的复杂作用表现出来的,男人所描绘的女性有着双重而不实的形象……他在她身上投射了他欲望的,他所恐惧的,他所爱的与所恨的"①。因此,她们是不真实的,其"女人"的意义与内涵是由男性作家决定的,是

---

① 〔法〕西蒙娜·德·波伏娃:《第二性》,帕希里译,台湾企鹅出版社1972年版,第59页。

男性欲望权控制下的产物。

　　总之，不管江湖女人花再怎么美丽多姿，她们都只是男性想象和父权制社会意识的某种寄托，也是女性的生命主体性在男性书写中被压抑被扭曲的表现，这让我们不得不重新考察和审视武侠小说中的江湖女性。女权主义批评者伍尔夫指出："如果女人只生活在男人们写的小说里，人们或许会把她视为一个极为重要的人物，非常丰富多变，既英勇又卑微，既光辉又污秽，无限美好又极其可怕，但这只是小说中的女人而已。"[1] 而且，还仅仅是男人小说中的女人而已。有人认为，处在根深蒂固的父权制话语体系中，女性不是存活于时间中的生命主体。"她们没有历史，没有声音，也没有色彩"[2]。也就是说，在男性本位的"神话"书写中，女性一直处在父权社会的边缘，无法作为真正的"女人"站在文本中，因此，在人类历史上她们是缺席的沉默的。现代存在主义哲学的创始人索伦·克尔凯郭尔说过："做女人是多么不幸啊！然而当一个人身为女人时，其不幸还在于她实际上没有认识到这就是一种不幸"[3]。这就告诉我们，当女性面对男性的种种不合理想象时，一定要有清醒的认识和审视，决不能在男性控制的文本里自甘陷落。女性不应该是男性想象中的弱者和"第二性"，而应该是一个人，"一个需要摆脱家庭束缚和男性束缚——成为主体，追求自由的人"[4]。由此可见，揭示男性书写对女性形象的扭曲，恢复女性的真实

---

[1] 〔英〕弗吉尼亚·伍尔夫：《一间自己的屋子》，王还译，生活·读书·新知三联书店2008年版，第41页。

[2] 常彬：《中国女性——文学话语流变》，上海人民出版社2007年版，第23页。

[3] 〔法〕西蒙娜·德·波伏娃：《第二性》，陶铁柱译，中国书籍出版社1998年版，第314页。

[4] 〔法〕西蒙娜·德·波伏娃：《第二性》，陶铁柱译，中国书籍出版社1998年版，第149页。

形象，让女性在人类历史上不再沉默和缺席是多么必要。也因此，我们对古龙笔下的江湖女人花所进行的审视和批评就具有了特殊的价值和意义。

秦岭雪《明月无声》：
温婉蕴藉的情感艺术空间

香港诗人秦岭雪原名李大洲，福建南安人。二十世纪六十年代毕业于暨南大学中文系，七十年代初移居香港，"商余写诗歌、散文、文学评论，并精研书法"①，已出版了多部作品，尤以诗集为多。是香港文艺界难得的诗书双绝的文化人。

《明月无声》是秦岭雪的诗集代表作，共收入诗作一百首。读《明月无声》，我被深深感动了。这种感动，似乎已经好久没有经历过了。

作为一个文艺学研究者，我常常读诗；作为堂吉诃德似的俗世生活的游离者，我对诗有一种特别的向往。那种空灵蕴藉的韵味，常常能让我那片难敌俗风熏染的心胸得到片刻的宁静和澄澈。当然，并不是每一首诗都是那么空灵剔透，但它依然能让我觉得蕴藉有味。不久前我曾读到美国诗人威廉斯的一首诗《便条》："我吃了/放在/冰箱里的/梅子/它们/大概是你/留着/早餐吃的/请原谅/它们太可口了/那么

---

① 李远荣：《秦岭雪诗书双绝》，载《个人图书馆·名师名家名人坛》，http://www.360doc.com/content/21/0724/00/68570109_987938652.shtml，2021年7月24日。

甜/又那么凉"。虽然也许不分行隔开它只是一纸便条,但它仍然是诗,因为我分明读出了一种童心,一种叛逆,一种热切的渴望和无奈的冒险所产生的冲突和对立。我受到了感动。

但是今天,我读到了另一种感动。如果说威廉斯给我的感动有些沉重的话,那么秦岭雪给我的感动则让我觉得轻松、典雅和婉约。这种典雅和婉约的感动,似乎已经过去了好几个世纪,难怪有人把秦岭雪的诗称作"新古典主义"①。

确实如此,秦岭雪的诗,是从古典的根基上长出来的新竹,在反传统的现代诗喧闹的今天,秦岭雪仍执着地固守着那一片古典的天空。他曾告诉我,他年轻时是写古典诗词的,至今对古典诗词还是情有独钟。但我以为,秦岭雪所钟情的其实是那种温婉蕴藉的古典韵味。正是这种古典韵味天长日久的浸润和和陶冶,使秦岭雪成为一个现代婉约诗人。秦诗情感浓郁,他写故园情深意长,写山水心驰神往;写爱情缠绵悱恻,写友情肝胆相照。字里行间,跳跃着一颗鲜活的诗心,穿越着一脉深沉的真情。然而他却表现得十分典雅蕴藉,温婉含蓄,绝不纵情倾诉,啊哦有声;也不故作深沉,佶屈聱牙。我注意到秦诗中常常运用"无声""沉默"这样的诗语,如"明月无声"(诗人把它用作书名和卷题,实在是别有韵味)、"四野无声"(《小窗》)、"今夜/同一缕月光/照亮邻近的村庄/也无声地/无声地/落在你的唇上"(《明月无声》)、"热血浸染的土地依旧沉默"(《昔日知青点题照》)、"请听冰雪的无言"(《夜半歌声》)、"满是虫口的伤痕/无言冷对花丛"(《落叶》)、"钟还醒着/澎湃的江涛已经静默"(《寒山寺》)、"你默

---

① 古剑:《序·现代绝句》,载秦岭雪《明月无声》,作家出版社2001年版,第6页。

默地走过长堤"(《回答》)、"久经岁月的酿造/至淡薄处寂寂无声"(《亡友书信》)等等。"明月无声诗有声①,于无声处听惊雷",由此可见,诗人在有意或无意间,坚持着自己含蓄蕴藉的美学原则,艺术地营构情感的独特空间,这就使他的诗,异于许多峭劲有锋的现代诗而别有一种温婉的清新。综观《明月无声》里的每一首诗,你完全可以感受到诗人情感的激流在冲撞澎湃,但诗人却几乎都表现得那么蕴藉和唯美,有如潺潺的清溪,没有强劲的浪头,却那么优美那么生动地奔流不息。例如《西湖·柳浪闻莺》:

> 踏着泥泞来访,
> 虔诚地期待美妙的歌吟。
> 愿万缕金线牵住辰光,
> 柳林深处会会风雅的古人。
>
> 黄莺飞去了。
> 只留下老树黯然神伤。
> 一叶轻舟从湖面滑过,
> 耀眼的红衣擦破宁静的早晨。

执着的寻访,虔诚的期待,静静的神往,淡淡的失落,每一句诗就是一个境界。这哪里写的是西湖,分明是诗人的一次情感旅程。而这一情感旅程又被表现得多么精致和独特:有那么一点儒雅,却又颇

---

① 季仲:《序·明月无声诗有声》,载秦岭雪《明月无声》,作家出版社2001年版,第7页。

具深沉；有那么一点感伤，却又十分动人。

记游诗都写得如此忧伤凄美，何况爱情诗。《明月无声》中的卷三是一组爱情诗，我以为，这是秦岭雪写得最美的一组诗，每一首诗都会让你怦然心动浮想联翩。但它们依然保留着那种含蓄蕴藉的古典韵味，只是情感诉说更加深远绵长，甚至有一种真情率性的动人。如《小窗》："啊 小窗/你牵缠的藤萝/渴望温润吗/你小手一般/伸展的绿叶/向遥远的天边吗/啊 小窗/你痴痴的目光/映照浩渺的流水/如月如星/你揣测变幻的鱼龙吗/或许/你只眩惑于闪烁的灯火/当夜航船/激荡于黝黑的旋涡/四野无声/只有明天的太阳/在胸中磅礴"。诗人面对小窗，痴痴地渴望，轻轻地叩问，悄悄地诉说，默默地等待，惟恐惊扰了梦中情人，那份珍惜和呵护，让读者都觉得心疼。又如《明月无声》："曾在乡间小路/踏碎一片银霜/ /今夜/同一缕月光/照亮邻近的村庄/也无声地/无声地/落在你的唇上/ /而我的心/早涨满圆月的辉煌/那翩翩玉树/那飘飘霓裳/在贴近的瞬间/已烙成铜像"。心灵的交会，使冷月明媚；奔涌的情感，让瞬间永恒。诗人就是这样温婉而巧妙地把一段浪漫情怀表现得如梦如幻韵味悠长。季仲在《明月无声》的序中说："诗人乃情感丰富的性情中人，有种种人生体验可想而知"[①]。有何种体验我不得而知，但在这种温婉动人的演绎之中，你分明可以触摸到这份丰盈的真情率性并为之而深深感动。

当然，秦诗这种温婉蕴藉的审美效应还得益于其独特的意象创造。我一直以为，秦岭雪的诗有一种意象诗的味道。西方"意象主义"诗论的倡导者休姆认为，诗的"每一个词都必须是看得见的意象，而不

[①] 季仲：《序·明月无声诗有声》，载秦岭雪《明月无声》，作家出版社 2001 年版，第 7 页。

是相反"①。另一个意象主义诗人庞德也说:"一个意象是在瞬息间呈现出的一个理性和感情的复合体(即"情结")"②。因此,意象主义诗论强调诗歌必须追求意象,而且诗歌意象应该是一种精确的视觉形象,但绝不是日常语言中所描述的形象,而是内在思想感情和外在形象的和谐结合所形成的一种具有象征和隐喻意义的物象。我们可以感觉到,《明月无声》中很少我们司空见惯的日常语言,却常常出现一个又一个新鲜别致的意象来蕴藉地传达诗人对生活的情感和思考。例如在《旺角之夜》一诗中,诗人用"泛滥的黄色泡沫""夏天的乳房""马蒂斯的色盘""翻滚的万花筒"来象征当年香港的一种虚假繁荣,表现出诗人对现代生活的独特观照,深刻而富有韵味。而他的爱情诗,扑入我们眼帘的,很多都是非常温婉的意象,如"影子""星辰""明月""白鹭""飘零的荷叶""牵缠藤萝的小窗"等,把爱情表达得十分蕴藉动人,有如余音绕梁,袅袅不绝。而且诗人对意象的独特捕捉,使他的诗在营构典雅精致的情感空间的同时还具有一种现代的张力,让人反复玩味,浮想联翩。当然,这样富有张力的意象还不是太多。

我认为秦诗的总体风格是温婉蕴藉的,还因为秦岭雪在诗中喜欢抒写一种淡淡的忧伤。他写离别故乡时"充满忧郁的心"(《我的心》)、写城市楼群夹缝中的崇福晚钟是"以痛切之心/呼唤千年来不绝如缕的启示"(《崇福晚钟》)、写西湖的"柳浪闻莺"是"黄莺飞去了,只留下老树黯然神伤"(《西湖·柳浪闻莺》)、写黄河的沧桑是"嘴上泛苦的游客/艰难地/咽下了/李太白半截诗篇"(《黄河》)、

---

① 〔美〕雷内·韦勒克:《现代文学批评史:1750—1950(第五卷)》,章安祺、杨恒达译,中国人民大学出版社1991年版,第219页。
② 〔美〕庞德:《回顾》,载璐璐主编:《准则与尺度——外国著名诗人文论》,北京出版社2003年版,第198页。

写爱情的幻灭是"当我在柔和的灯影下/再次举起橙红色的酒杯,/是辛酸,是追悔。/或者又多了一层怀疑"(《回答》)？这种淡淡的忧伤使他的诗笼罩着一层朦朦胧胧的苍凉,虽然并非那种壮美和大气,却别有一种耐人咀嚼的优美和婉约。

有人认为,秦诗并非婉约,甚至还很豪放,如《风帆》一诗:"注定和浊浪结缘/随时淹没自己/ /视波峰浪谷为平地/ 生命在这里放飞/ /风啊风/当乌云啸集/我就是/奔跑的火炬"。这首诗确实写得十分大气和豪迈。但是正如婉约凄美的李清照也有"生当作人杰,死亦为鬼雄"这样豪放潇洒的诗句、恬淡闲适的陶渊明也有"刑天舞干戚,猛志固常在"这样"金刚怒目式"的诗句一样,秦诗中有一些豪放的诗也是不足为奇的,但秦诗的总体风格仍然是温婉蕴藉的。在这种温婉蕴藉的诉说中,秦岭雪给我们营构了一个美轮美奂的情感艺术空间,让我们在当今日渐功利的俗世中得到了一种灵魂的净化和心灵的自由,正如易征先生所言:"在那个声色犬马的社会里,他瞩目于他之真爱;探索他周围世界之奥秘,缠绵于他之向往,也真难能可贵"[①]。也许,这就是当代婉约诗人秦岭雪带给我们的独特审美魅力。

[①] 易征:《秦岭雪〈流星群〉序》,载李远荣:《秦岭雪诗书双绝》,《个人图书馆·名师名家名人坛》,http://www.360doc.com/content/21/0724/00/68570109_987938652.shtml,2021年7月24日。

李远荣《李光前传》：
在历史发现中揭示精神

香港作家李远荣先生毕业于暨南大学中文系，二十世纪七十年代初旅居香港。在辛劳的经商生涯中坚持创作，笔耕不辍，且广泛涉猎于散文、随笔、传记、回忆录、学术研究等诸多领域，至今已硕果累累，著述丰赡，在香港文坛和内地文坛都有独特影响。目前为香港文联常务副主席、香港中华文化总会副监事长、香港作家联会秘书长等。其中最值得我们关注的是他的传记写作和郁达夫研究。前者以《李光前传》为代表，在大量的史实钩沉中细致入微地揭示出了一个关心祖国建设、热心公益事业的爱国华侨楷模的高风亮节，感人至深。该书曾名列1998年新加坡和马来西亚十大畅销书。后者则以《郁达夫研究》为代表，通过艰辛的资料搜集、深入细致的采访和独特的发现，展现了中国现代著名作家郁达夫鲜为人知的一面及其精神境界，具有十分珍贵的史料价值。在本节中，我主要以《李光前传》为例，探求李远荣先生的创作特色及其现实意义。

资料翔实，图文并茂。这一点可以说是李远荣作品的一个非常鲜明的特色。在李远荣先生十余部印刷精美的著作中，几乎每一部都有大量的图片资料，这些图片资料包括所传所记人物的生活照、工作照、家庭照、朋友照、与作者的合影以及题词、来往信件的复印件等等，图文并茂，互相印证，十分真实可信。其中有些照片、题词和信件因时代久远已经非常罕见和难得，如郁达夫情人李筱瑛的照片、徐悲鸿女友孙多慈的照片、郁达夫60年前的一封家书以及郁达夫写给王映霞的情书等，在《郁达夫研究》一书中都有突出的展示，真惊叹于李远荣先生搜集与探求这些资料的能力和功夫。《李光前传》一书也是一样，李光前先生与陈嘉庚长女陈爱礼的结婚照（1920）、周恩来总理接见李光前夫妇的照片，都是弥足珍贵的重要史料。这些图片资料，栩栩如生地再现历史的本来面目，对书写历史人物的真实人生、揭示历史人物的精神内涵起到了必要和重要的佐证作用，也为其他研究者留下了丰富而宝贵的历史资料。

不仅图片资料，从文字表述中也可以看出李远荣先生作了很扎实的资料积累工作。为了全方位地展示历史人物值得书写的一生，李远荣先生不辞辛苦深入采访，掌握了大量的第一手资料。复旦大学中文系葛乃福教授在论李远荣先生的郁达夫研究时曾经说道："李远荣深知第一手材料的可贵，他曾分别到上海、深圳两地拜访过王映霞以取得第一手材料。如果没有这些材料的搜集，要写出这十多万字的郁达夫研究文章是难以想象的"①。葛教授的这个评价同样适用于《李光前传》的写作，甚至可以说，为一个海内外知名的历史人物作传，没有第一手材料的掌握，更是难以想象的。不仅如此，他还遍搜被传者的同乡、同事、朋友、亲人以及记者、研究者的回忆录以及与被传者的

---

① 李远荣：《郁达夫研究》序一，香港荣誉出版有限公司2002年版，第6页。

来往信函等资料。在《李光前传》一书中，我们可以看到他引用了李光前先生的同窗好友、银行家陈维龙先生，与李光前有30多年交情的新加坡著名诗人、书法家潘受先生，南益职员王济弱先生，与李光前交情颇深的连士升先生，新加坡著名作家、记者石君小姐，加拿大约克大学政治系副教授詹文义先生，集美学村校董会董事长陈村牧先生等人的回忆录片段以及李光前的大公子李成义与李远荣的父亲李五香的来往信件。这些回忆录以第一人称的口吻，叙述了李光前先生兴资办学、光浴后人的种种细节琐事，音容笑貌历历在目，使人有身历其境的感觉，进一步增强了传记的可信度和真实感。

尊重历史，务实求真。为世人展示一个真切朴实而又光彩照人的李光前先生，这可以说李远荣先生的用心所在和写作态度。在《李光前传》中我们还可以看出，为了真实再现李光前先生艰苦卓绝的奋斗历史，作者不厌其烦地运用了许多具体详实的数字来说明和阐释，体现出作者对历史的了解和尊重。例如有关李光前先生一生历程的几个阶段都有非常具体的时间记载，不仅具体到年月，甚至经常具体到日。在写到李光前先生通过其艰苦的创业和过人的胆识发展橡胶贸易组建南益公司一步步积累资产的过程也引用了许多详实的数字来说明。如1931年12月9日南益橡胶公司改组成南益橡胶有限公司时对当时南益公司的资产估值合计是639825.58元，其中包括的橡胶存货、家具杂货等、银行存款、现款及其他一些方面也都各有很详细的数字表示，新公司的股份分配数目还具体到每一个有关的人，让人看了一目了然，非常确切实在。为了表现李光前先生慈善的胸怀，作者还叙述了自己一家祖孙三代与李光前先生交往并受其恩泽及资助的真实经历，并且还展示了数封具有历史价值的来往信件，进一步衬托出了主人公的精神境界，充分显示出作者尊重历史实事求是的文风和严谨认真的写作态度。正像本书编辑严奉强先生所说的："李光前先生做好事善事不喜张扬，以至知道他的国人并不多，历史留下的记载也不多，这是本书作者李远荣先生写作时遇到的最大挑战。远荣先生经过自己的辛苦努力，大海捞针，不放过任何关于李光前先生的点滴线索，力图使本书臻于完美"①。

  细节精湛，情感真挚。李光前先生本是福建南安山区的一个放牛娃，漂泊到南洋之后，筚路蓝缕，艰苦创业，并且善于抓住机遇，在短短的 20 几年间，就以他辛勤的劳作和过人的胆识创出了一个有雄厚实力的家族企业集团，成为东南亚华人首富、蜚声世界的橡胶大王。李光前先生还乐善好施，以自己创造的巨大财富回报社会帮助穷人，甚至不惜自己的生命。更值得关注的是，他对海内外的教育事业倾注了极大的热情和财力，特别是不遗余力扶持和襄助福建家乡的教育事业的发展，更显出他的远见卓识和精神风范。应该说，这是一个充满传奇色彩的伟大人物，有很多值得大肆张扬和渲染的地方。但李远荣先生没有这样做，他只是在拥有大量资料的基础上进行巧妙剪裁和取舍，把李光前先生辉煌的一生分成"少年立志""得道成材""艰苦创业""礼贤下属""科学管理""克己为人""丹心报国""回报社会""造福桑梓""风范永存"十个阶段或方面，以朴实亲切的笔调娓娓动人地讲述了李光前先生每一个人生阶段点点滴滴感人的生活细节。所谓"一滴水可以反映出太阳的光辉"，尽管有些细节看起来是那样的平凡，但无一不折射出李光前先生从小养成的高尚的精神风貌。例如在第一章中记载了少年李光前在去南洋谋生的轮船上恰遇爱国侨领陈嘉

---

① 李远荣：《李光前传》，暨南大学出版社 1997 年版，第 122 页。

庚正在给陈姓旅客发放救济毛毯，许多在冷风中冻得发抖的旅客也都冒充姓陈去领毛毯，只有李光前在那里打冷颤而没去领，因为他不愿意冒领。虽然这个细节很小，但在李光前的人生历程中却至关重要，因为正是这种诚实的品格和骨气，给陈嘉庚留下了深刻印象，也为他今后的发展奠定了一个良好的基础。

值得一提的是，本书虽然是一部传记作品，但李远荣先生在记写李光前先生的辉煌人生的同时，我们分明可以感受到字里行间所透露出的那一缕难以遏止的真挚感情。作者常常在介绍李光前先生的一段经历或描摹他的一个细节之后，不由自主地加了几句自己的点评，虽然只是寥寥数句，其景仰之情、弘扬之意却油然可见，令人感动。例如第八章在写到受到李氏基金会奖学金资助的学子们必须征得家长同意的趣事后特别指出，南益集团每年赢利1亿—2亿，其中有5000万—1亿元进入李氏基金，这时作者马上接着感叹道："这笔庞大的款项，被指定全部用在慈善用途上面，李光前的这种胸怀和气概，令人有'高山仰止，景行行止'之感慨。难怪当李光前逝世时，人们认为'一代完人'的挽词，只有他才当之无愧"①。在第十一章写到李光前先生逝世后人们对他的缅怀时，作者又不由得议论道："世上白手起家自创事业而能达到巨富的人不少，但是能积累财富又能分发财富，而且分发得有原则，这就绝不是普通人所能做到的了。只有像李光前那样有着高尚的品德与过人的学识的人，才有可能做到"②。也许传记文学常常忌讳过多的议论，但李远荣先生的议论给人的感受却完全不一样，它们是水到渠成的迸发，是画龙点睛的抒写，崇敬之情，发自内

---

① 李远荣：《李光前传》，暨南大学出版社1997年版，第88页。
② 李远荣：《李光前传》，暨南大学出版社1997年版，第110页。

心，溢于言表，令人怦然心动，深受感染。

　　善于发现，巧于揭示。从上面的分析可以看出，李远荣先生是一个生活的有心人，他不仅仅想展现一个历史伟人的不平凡之处，更重要的是力图揭示这个历史伟人的精神所在，从而给后人留下丰富的启迪和深远的激励。因此在《李光前传》中，不管是生活细节的选择还是历史事件的叙写，他都尽量从中发现人物的优秀品格，体现人物的精神光彩。例如他写少年时的李光前不肯冒领毛毯表现他的诚实和骨气，写年轻时的李光前在简陋的环境中夜晚顶着群蚊叮咬为华报翻译电讯表现他的吃苦精神，写在谦益公司任职的李光前斗胆筹资购买没人敢要的虎山橡胶园并数倍获利的故事表现他的胆识过人和勇于进取，写已是南益老板的李光前善于聘用中学生和容忍职员发脾气表现他的知人善任和礼贤下属，写创业阶段的李光前坐三等车、吃地瓜稀饭、卖旧衣服、供义学经费和输血救人表现他克己为人的慈善胸怀，等等。这些细节都极具光彩，使李光前那种诚实守信、勇于进取、热爱祖国、克己为人的性格特征贯串始终，整部著作人物形象非常完整、丰满，并且具有一个令人信服的形成过程。有时候，李远荣先生还会在书中入木三分地直接揭示出李光前先生的精神价值之所在，使读者有了更加鲜明的认识。如他在写到李光前的南益集团每年都拿出盈利的一半甚至全部用于公益事业和慈善事业时，做了这样的阐发："李光前精神伟大之处，并不是日进斗金，年近亿元，而是真正做到取之社会，用之社会。每年将千万元以上的巨款，用于造福人群社稷，而又不大事张扬，这才是李光前万古长存的精神所系"①！这些语言，掷地有声，在给人带来强烈震撼的同时又是那么发人深省。

---

　　① 李远荣：《李光前传》，暨南大学出版社1997年版，第88页。

总之，李远荣先生以他真挚的感情、精巧的构思、丰富的资料、扎实的写作为我们展现了一个爱国华侨楷模的独特风采及其宝贵的精神财富，让我们在深受感染和感动的同时，也接受了一次深远的爱国主义和人道主义的教育。就为这一点，该书的积极意义也是十分隽永的。

李安电影：
爱情叙事中的人性昭示

享有"电影作家"美誉的华人导演李安，在他获奖无数的电影创作中对人性主题都有深入的思考，特别是他常常通过爱情叙事来演绎深刻的人性主题，无论是不是被中国传统文化接纳的"边缘化爱情"，还是在不同社会背景下的"政治化爱情"，抑或是充满理想化色彩的"柏拉图恋情"，都是李安表现人性主题的爱情叙事内容。李安通过独特的爱情叙事和人性主题向观众揭示了复杂的社会现实中善良、坚强的人性本质力量，体现出其独特的人性召唤和审美追求。

诚如有学者指出："好的影视作品能出其不意地拓展观众搞定审美视界，引导他们对本民族政治、历史和文化理念进行更深层次的思考。"[①] 李安导演也是如此，他的影视作品以其独特的艺术探索角度和表现方法向观众淋漓尽致地展现了人性魅力，不仅拓展了观众的审美视野，也因此获得了独特的国际盛誉。但"李安现象"的异军突起也让大多数研究者或者从其影像、构图等电影艺术技巧入手，探索异质

---

① 彭燕郊：《爱情呼唤人性》，《中国韵文学刊》2005年第4期。

文化冲突中的东方传统文化内涵，或者从社会文化层面入手研究其作品的主题意蕴，却对李安电影的爱情叙事与人性主题的独特关系有所忽略。然而，揭示这一关系，探讨李安电影爱情叙事中人性主题的独特表现，对我们深入理解和把握一个走向世界的华人导演其别具匠心的审美追求和人性召唤却具有不可忽视的意义。

爱情叙事中的人性主题

不是所有的爱情都能够顺应历史潮流走到"与子偕老"的完美结局，也不是所有的爱情都能被社会环境所轻易接纳。这种天生具有超越性和颠覆性的情感总是在不同的时间、空间里显示最强大的人性力量，使人们摆脱现实的束缚，获得精神的动力支撑，正像有学者指出的，"爱情是人性的最高体现，爱情必然呼唤人性"①。李安通过创造不同的文化环境，用异质文化冲突做铺垫，在冲突中追求真情。当某种被边缘化的爱情与东方传统文化产生冲突时，李安表现的是主人公内心真情的律动，让这种爱情在人性与传统文化思想的现实矛盾中得到激化，最终促使真爱在现实中得到升温。当爱情与社会政治现实产生冲突时，李安表现的是主人公经过一系列内心痛苦挣扎后的选择，让源于内心深处最真实的呼唤在残酷的社会现实磨难后得到升华，从而让观众在尘世的道德伦理背后看到一种超越肉体的精神恋爱与现实冲突下的灵魂洗礼。

---

① 刘琼：《意象化影像》，《湘潭师范学院学报》（社会科学版）2009年第4期。

（一）残酷现实中的爱情选择与人性弱点

李安的电影多以"家"为核心，小到家庭，大到国家，但都以爱情为线索，并且把主人公的爱情冲动和抉择放在极其残酷的现实背景下来表现，在现实的残酷性中揭示理性与感性的矛盾冲突，由此深入探讨人性问题。

正如"李安觉得'色'对于我来说是感性，'戒'好像理性一样，也就是有这么一个辩证关系在里面"①。电影《色戒》通过两场重要的牌局给观众展示了"牌局如人生大局"的情节特征，牌桌上一场又一场争风吃醋的牌局隐喻了影片女主人公王佳芝的人生，她把自己的感情和生命当作博弈的赌注向命运挑战，展现了在残酷的社会政治面前，王佳芝性格背后隐藏着的坚强与软弱。在影片中，李安细腻地表现了王佳芝的一系列心理斗争及其做出的既真实又错误的选择。"老吴在给王佳芝分配任务时，也说道，你只要记住两个字就是'忠诚'"②。这是李安在残酷的政治现实背景下所做的铺垫，在强烈的社会责任感驱使下，对爱情的渴望与对信仰的忠诚激化了王佳芝内心的矛盾，让人性在矛盾冲突中暴露了它软弱的一面，终于导致了王佳芝的人生悲剧。也许在现实社会中，对爱情的追求是人性的一种美好的表现形式，但是面对残酷的社会现实，面对政治理想的追求，爱情则显得那么微不足道，可是王佳芝却让这种"微不足道"的个人感情僭越伟大的政治理想和现实斗争，难免暴露其人性的弱点，也使其坠入万劫不复的深渊。

---

① 王纲：《张爱玲的光影空间》，世界知识出版社 2008 年版，第 233 页。
② 孙丹虹：《爱情神话的建构与解构》，《电影文学》2008 年第 11 期。

（二）边缘化的爱情叙事与人性困惑

无论是"老夫少妻"还是"同性恋"，边缘化爱情在中国传统电影中是一个比较避讳的话题，但李安是"现今世界上唯一的一位把中人和西人都能拍地道的电影导演"①。他的电影频繁触及这种边缘化爱情的题材，巧妙地在东西方文化背景下通过不同人物形象的塑造来叙述边缘化爱情的故事，由此突显真爱的人性本质力量。在他的早期作品，"父亲"三部曲之一的《喜宴》影片中，李安用心安排了一个戏剧冲突，和同性对象真心相爱的高伟同为了调和与中国传统婚姻观念冲突的矛盾，设计了一个"喜宴"以应付父母要求结婚生子的传统思想，整个影片就是围绕这个感情维度拉开序幕并形成高潮。这场"喜宴"，不论是真是假，都是在中国餐馆里举行的，以东方传统文化作为背景，最后以父亲双手举过头顶表示传统文化的妥协而告终。实际上这不仅仅是东方传统文化的妥协，更是现实向人性的妥协，体现出了真爱的胜利和人性力量的强大。

李安也很擅长在不同的文化背景下通过不同的爱情观来开掘人性，在不同影片中通过各种边缘化的爱情叙事来表现人性的困惑，在现代爱情观念与传统文化思想的冲突中揭示人性力量的不可遏止。如影片《饮食儿女》中一开始就出现的中国菜，看似没有特殊的含义，却是贯穿整部片子的线索。对中国菜市很娴熟的老朱自始至终给观众留下的印象都是中规中矩的传统老人，自己的三个女儿接二连三找到幸福离开自己以后，他的人生从低谷上升，开始重新寻找新的生活。看着一

---

① 张梦雅：《李安电影中东西方文化的冲突与和解——以〈喜宴〉为例》，《电影评价》2012 年第 8 期。

直出现在银幕上的中国菜式,观众也许会顺着传统思想的引导,顺理成章地认为朱爸的对象是梁伯母,但是当一大家子人坐在餐桌前吃着中国菜的时候,他却宣布和梁伯母的女儿锦荣的恋情,这一让人意想不到的结局,正体现了传统文化与现实的冲突。这种不被传统思想接纳的恋情,也让他们在现实中困惑与不安,但他们最终还是相信人间真爱无年龄差距的阻碍,让这段"老夫少妻"的感情在一顿丰盛中国菜的晚宴上宣布胜利的同时也展现了人性力量的坚韧。

(三) 柏拉图式的爱情叙事与人性升华

"单纯的肉体之爱无法净化心灵,这种爱欲不能够使尘世生活获得升华从而超越世俗的束缚"[①]。没有涉及肉体之爱的柏拉图式恋情在物欲横流的社会被某些年轻人广为推崇,李安将这种心有灵犀的纯粹情感藏匿在感情双方的精神世界,让他们抛开肉体之爱在精神世界中净化灵魂,由此在现实与理想的矛盾冲突中淋漓尽致地表现了人性升华后最纯粹的精神力量。

影片《卧虎藏龙》里不仅有玉娇龙和小虎轰轰烈烈的热恋,还有李慕白和余秀莲细腻的柏拉图式恋情。不同于"龙虎之恋"的世俗爱情,李慕白和俞秀莲的感情从眼神的暧昧到语言的表达,从恋情发生到最后的生死别离,都是用心灵在进行沟通。他们的感情虽然得到江湖的承认,可是太多社会道德成分的制约,让这份感情永远停留在精神层面,他们在现实中压抑自己的情欲,将这份至高无上的灵魂之爱化作毕生的情感追求,也让观众看到这份最纯粹的情感背后人性力量

---

① 仲夏:《柏拉图式恋爱的内涵及其美学意义分析》,《东北大学学报》(社会科学版) 2011 年第 4 期。

的强大。两段不同形式的恋爱却演绎出同样阴阳两隔的悲惨结局，正是这种悲剧的结局让他们柏拉图式的恋情得到了净化，也让人性力量得到了某种升华。"一千个读者有一千个哈姆雷特"，有很多研究者认为两段恋情都是以悲剧而告终似乎导演的态度暧昧不明。但其实玉娇龙和小虎的"干柴烈火"正好反衬了李慕白和俞秀莲的"心有灵犀"，在世俗化"龙虎恋情"的衬托下，他们的感情沟通更加纯粹，李安正是借此搭起了双方灵魂交流的桥梁，正如有学者认为的："在柏拉图看来，灵魂原本是完善的，羽翼丰满，但是当失去了羽翼，它就向下降落，知道碰到坚硬的东西就附着于凡俗的肉体"[①]。正是这种徜徉在精神世界的独特恋爱方式，让人在社会的复杂性面前灵魂得到洗礼，由此摆脱现实的羁绊，得到人性的升华。

人性揭示中的价值把握

人类最基本的情感现象"爱情"是人性力量的本源之一。正是这种情感诉求使人在复杂的社会现实里感受到"焦虑、挣扎"等独特的生命体验，而这种生命体验的过程则凸显出"忠贞、坚韧"等充满正气的人性力量，体现出人们在社会现实中的价值把握和生命追求。从古至今这种充满正气的人性力量在推进社会发展中都功不可没，也被李安导演频繁地传达在他的电影作品中。他在作品中讲述与残酷现实搏斗的人性坚持，与传统文化较量的情感担当，与异质文化冲突的焦虑承受，彰显了人性在改变现状中的强大动力。李安电影中这种人性

---

① 仲夏:《柏拉图式恋爱的内涵及其美学意义分析》,《东北大学学报》(社会科学版) 2011年第4期。

力量的表达契合了现代人的生命追求,也给处在社会复杂性中的人们带来人性美的独特启迪。

(一) 焦虑承受中的人性力量

在李安的作品中,无论他讲述的是边缘化的爱情,还是残酷现实中的情伤,或是柏拉图式的情愫,都充分展现了在追求情感中人们心灵的焦虑和挣扎,"就人的情感存在和表现方式而言,用弗洛伊德潜意识理论比拟同性恋在当下社会环境中的处境似乎最为形象。漂浮于社会主流伦理意识海洋智商的往往是被世俗承认的情感表现方式,但人性的幽暗和复杂又岂是如此简单明了地可以一眼看穿?被深深压抑在宗教、伦理、文化之下的同性情感也只有在宽容的眼光温暖下,在偏见的意识冰山坍塌后,才能慢慢浮出水面"[①]。但同时也鲜明地传达出李安在这种焦虑呈现中的人性把握,正如有学者所言,"李安自白,电影创作就是感知、寻找、显明潜在自我的过程"[②]。正是这种对自我的感知和寻找,他以自己独特的电影叙事和人物创造讲述了现实社会中情感追求的焦虑承受及其独具魅力的人性把握。

在《断背山》中,两个牛仔在巍峨的断背山上一起放牧游玩,温顺的羊群,碧草蓝天,跟他们初遇的美好交相辉映,这一幅美丽的画卷仿佛是李安在现实社会所构建的理想蓝图,展现的是理想世界最纯真的美好。这是一座现实之外的桃花源,见证了两个牛仔最纯粹的恋情。但是,现实是残酷的,迫于现实他们只能在重合分离中纠结一生。

---

① 张小荣:《禁忌之爱与克制隐忍》,《宝鸡文理学院学报》(社会科学版) 2008 年第 2 期。

② 吴迎君:《"马赛克主义"的面孔——文化研究视域中李安电影的总体特征》,《南京艺术学院学报》(音乐与表演版),2009 年第 2 期。

李安独特地讲述了主人公这种边缘化的爱情诉求在现实的残酷性面前所呈现的内心焦虑，也让他们在挣扎中找到了心中的向往，透露出了李安对人性力量的把握和坚持，让我们相信在现实世界的背后总有着最纯粹的美好，无论是时过境迁的唯美爱情，还是纯粹动人的儿时友情，或是激奋人心的少时梦想，都是尘封在心灵最深处的一块净土，是观众心中最伟岸的"断背山"。正如李安在接受采访时所说："每个人潜意识中都有个秘密，这是一个绝对值，是一个无法实现的伊甸园，从这个意义上讲，每个人心中都有一个玉娇龙，人人心中都有一个断背山。"[①]

李安还擅于在理智与感情的冲突中淋漓尽致地展现人性的力量。"李安的电影从《推手》《喜宴》《卧虎藏龙》，都在处理一个主题：'我们的外表和我们的内在永远是一个监牢，我们被困在里面，希望打破它"[②]。正是这种追求自由的向往让我们在残酷的现实面前焦虑不安与痛苦挣扎，但是在李安的镜头下，总会有一个强大的人性动力支撑着我们摆脱现实的束缚，去追求生命的美好。虽然李安的电影呈现更多的是现实社会里人们情感诉求过程中的心理焦虑和人性挣扎，然而这种心理焦虑和人性挣扎的背后，则是人类心灵深处最纯粹的灵魂追求和人性美的力量。正是这种独具魅力的人性力量，让观众在电影中获得新的审美经验，感受到生命的意义和价值，诚如有学者所言："他所强调的与整个大自然合为一体——'身与物化'，正是强调了个体人

[①] 孟春蕊：《情感与理智的人性命题——李安电影的精神内核》，《海南师范大学学报》（社会科学版）2011年第6期。
[②] 李小杰：《李安的"百密"与张爱玲的"一疏"》，《江西广播电视大学学报》2009年第1期。

格的独立、生命的自由,重新肯定了生命的意义和价值。"①

(二) 人性揭示中的价值把握

保加利亚学者瓦西列夫在《情感论》中指出:"爱情是人类永恒的话题。它是指在传宗接代本能的基础上产生的,男女之间能获得强烈的肉体和精神享受的一种综合性的(生物和社会的)互相倾慕和交往之情。"② 但是李安通过电影镜头向观众诉说的除了世俗性的情感体验外,还有超越肉体的精神恋爱和超越性别的情感追求。在这些情感诉求的传达中,李安不仅构建了独特的爱情蓝图,也体现了他对人性独具匠心的价值把握,给我们带来与众不同的情感体验。

在物欲横流纸醉金迷的社会诱惑之下,面对爱情、人性与社会的生存法则,特别是在现实的重重压力之下,强烈的自我保护欲望往往使人抛开人性追求,选择随波逐流或者逃避现实,李安独特的爱情叙事让观众在新的审美体验下感受人性更深层次的文化内涵,他借助爱情与现实的火花摩擦出人性纯良的美好愿望,让我们重新审视人性美的艺术魅力,由此剥离现实的枷锁释放内心的真实情感。李安对不同情感素材的处理都源于对每一份发自内心的感情的尊重,都源于对情感自由的追求,在理智与情感的矛盾冲突中凸显情感的真实力量。也许这正是李安试图揭示的一种真实人性,体现出了李安电影挑战传统追求人性真实的价值把握。

---

① 孟春蕊:《情感与理智的人性命题——李安电影的精神内核》,《海南师范大学学报》(社会科学版) 2011 年第 6 期。
② 〔保〕基·瓦西列夫:《情爱论》,赵永穆、范国恩、陈行慧译,生活·读书·新知三联书店 1984 年版,第 120—121 页。

(三) 爱情叙事中的生命追求

也许在现实面前，爱情的发生常常是不理智的，非理性的，正如瓦西列夫援引伊拉亚杜拉·坎布的话指出："毫无疑问，一旦心被全能的爱情霸主所主宰，一旦心把情欲的大旗高举如云并擂响疯狂的战鼓，那么理性卫士便无计可施，只能忍受奇耻大辱……爱情是波涛汹涌的大海，理性只是闪烁的沙砾，欲火是洗劫世界的飓风。疯狂的爱情镖枪所留下的创伤，用蘸着理性油膏的棉球是无法治愈的"①。但在李安看来，虽然如此，然而这种非理性情感的背后，有强大的人性情怀做支撑，正如在夹缝中盛开的鲜花，顽强地根植于心灵深处，时不时地提醒处于情爱旋涡中的双方做出独特的人生选择。如果李慕白和俞秀莲都始终压抑自己的情感，将这份"柏拉图之恋"深藏于心，直至生命尽头，那就没有李慕白临终前的告白，情感最终将被现实禁锢，人性美就得不到展示。同样，朱爸最后也是听从内心的召唤得到了锦荣的爱。可以说，李安从"爱情"这一人类最原始也是最永恒的话题入手，以其独特的镜头语言，演绎在现实矛盾冲突中人们的情感焦虑与人性挣扎，表现人性"善良"与"坚强"的本质力量，揭示绽放于情感深处的人性美，也许这就是李安电影爱情叙事的生命追求。

总之，享有"电影作家"美誉的华人导演李安，在他获奖无数的电影创作中对人性问题进行了深入思考，他的爱情叙事演绎的是深刻的人性主题，无论是不被传统文化接纳的"边缘化爱情"，抑或是充满理想化色彩的"柏拉图恋情"，都向观众揭示了复杂社会现实中人性的本质力量，体现出其独特的人性召唤和审美追求。

---

① 〔保〕基·瓦西列夫:《情爱论》，赵永穆、范国恩、陈行慧译，生活·读书·新知三联书店 1984 年版，第 120~121 页。

白先勇小说：
个体存在的悲剧书写及其生命认知

　　白先勇是台湾二十世纪六十年代现代派小说极具代表性的作家，是当代世界优秀的华文作家，他的小说作品一直倍受赞誉。他关注的不是那些重大历史事件、社会矛盾、冲突本身，而是那些经历历史沧桑变化和被社会玩弄、抛弃的各色人物。那些浮沉于社会鱼龙变幻之中的各种角色的感情世界，就成了他描写的主要对象。他的作品具有浓郁的悲剧色彩，写的是非英雄的悲剧，小说的悲剧主角不是时代的英雄，而是在大时代浪潮冲击下不能支配自己命运的一群失落的贵族，以及附属他们的各种各样值得怜悯和同情的人物。而他在描写这群悲剧人物时，也没有像通常的悲剧作品那样，着力去描写悲剧的背景，作者所着力描写的，占领舞台和小说中心的，是他们的内心痛苦和怀旧情绪，是对他们曾经有过的显赫气派的光荣缅怀。

　　存在主义哲学是一种人本主义哲学，它关注的是人的"此在"，是与人的忧虑感相结合的形而上学经验论，注重探讨忧虑、不安、恐惧、死亡等情绪，通过揭示人的生命存在的悲剧来把握人的现实人生。作为一名出色的现代派作家,白先勇在西方现代哲学思想的影响下,深入对个体存在的荒谬感和虚无感的审视,把对人的存在的思考独特地表现在其小说作品中。在他的小说中,我们看到其所传达出来的个体存在的悲剧意识:自我的迷失,人性、情欲的扭曲;强烈的漂泊感,深重的认同危机与民族忧患意识;命运被抛、被遗弃,人生如梦、世事无常的荒诞感;理想家园的失落,情感的无所寄托和转移,虚假、自欺欺人的存在方式……

一幕幕繁华落尽、人世沧桑、悲欢离合的人间百态在白先勇笔下演绎着,白先勇小说通过这些世俗生活中形形色色的人物形象,诠释出一种对生命认知与人生态度的思考:人生是荒谬的,而又要如何来对抗这种荒谬,把握现实人生?

一

一般意义上的存在主义,认为整个世界从根本上是荒诞的,不可理解的,因而悲观主义色彩较重。例如,萨特关于"世界是荒谬的,人生是痛苦的"[1] 的论述,他认为在这个"主观性林立"的社会里,人与人之间必然是冲突、抗争与残酷的,充满了丑恶和罪行,一切都是荒谬的。而人只是这个荒谬、冷酷处境中的一个痛苦的人,世界给人的只能是无尽的苦闷、失望、悲观消极。同时,萨特又认为人生的意义就在于"自由选择",他呼吁:面对冷漠的世界、凄惨的人生,人唯一能做的事情就是行动,只有行动才能显示人的存在。而同样是存

---

[1] 〔法〕让-保罗·萨特:《存在与虚无》,陈宣良等译,生活·读书·新知三联书店1987年版,第679—712页。

在主义哲学家，雅斯贝尔斯对存在的探讨，也是从人和世界的荒诞性出发的，他的美学思想集中体现为存在主义悲剧观。对于悲剧，雅斯贝尔斯说过一句很深刻的话——"悲剧能够惊人地透视所有实际存在和发生的人情物事。在它沉默的顶点，悲剧暗示出并实现了人类的最高可能性"①。在他看来，悲剧意识是在对痛苦、死亡、流逝和绝灭的沉思冥想中，"通过行动进入必定要毁灭作为悲剧意识主体的个人和他所追求的完美具体形象的悲剧困境中而获得超越"②。据此看来，世界与人都是荒谬的存在，但人在这样的世界中仍然应该做出有意义的抉择和重要行为。

也许与存在主义的"荒诞"性哲学相契合，我们可以看到白先勇笔下的人物命运也流露出强烈的荒诞意识。浮游他乡异域的"纽约客"，被抛而遭放逐的"台北人"，都经受着人物无法理解的荒谬历史与荒谬人生，他触目惊心地揭示这种人被荒谬所攫取后，人的痛苦或麻木。这些人物都失了根，历史之根的断绝突然扭曲了人生的方向，人被空虚的非存在威胁着，成了一些茫然绝望的浮游物。这些浮游物腐朽而靡艳的一面，体现在行尸走肉般陷入自我沉沦的人生状态，如《永远的尹雪艳》给我们展示了一朵十里洋场永不凋谢的交际花，一个金玉其外，败絮其中的风尘女子，一个冷漠颓废的女性形象：今朝有酒今朝醉，放纵恣肆是尹雪艳的精神写照，尽管尹雪艳依然风光无限，但弥漫在尹雪艳周围的男人的死却为小说注入了一种不可挽回的流逝与消亡之感，体现出主人公一种被扭曲的生命意识，从而增强了尹雪

---

① 〔德〕雅斯贝尔斯：《悲剧的超越》，亦春译，工人出版社1988年版，第43页。

② 〔德〕雅斯贝尔斯：《悲剧的超越》，亦春译，工人出版社1988年版，第43页。

艳的宿命的荒谬性和悲剧性；而在沉沦中挣扎、嘶喊的一面，则附着在吴汉魂、李彤、卢先生、娟娟、王雄、钱夫人、吴柱国等众多悲剧人物身上。这些人物个个都披着过去岁月的灰衣暗影，有着沉重的过去，沉痛的经历。过去的生活或荣华富贵、或灯红酒绿，或豪情万丈，或安逸舒适，但不管怎样，他们脚踏着生养自己的土地，毕竟是踏踏实实活过了一回，而今漂泊异乡，远离故土的生活已与往者截然不同，这使他们愈加怀念以前的生活，魂牵梦萦中，往昔的生活倒是真的，而今倒是虚了，虚虚实实当中，他们以这种或那种方式想要摆脱这种虚无感，但是结果又是怎么样的呢？《游园惊梦》中的钱夫人的梦被惊醒了，窦公馆非钱公馆，而钱夫人年华已逝，美人迟暮，她不能回到从前，也不能一直在梦中，她还得面对这一片虚无；《孤恋花》中的总司令到底还是失去了娟娟，她还得重新面对虚无；而王雄扛不住这一虚无，跳海而死……纵观白先勇的《台北人》中的一系列主人翁的命运，他们的结局总是摆脱不了那一片人生的虚无感、荒诞感，所有的努力、挣扎只落得"是非成败转头空"，与存在主义者关于命运的荒谬、人生的痛苦的论述不谋而合。

存在主义面对具体的人的生存现实并揭示人的存在困境，立足于人的悲剧境遇。在"纽约客"与"台北人"的命运里，存在的荒谬，对生命"被抛"悲剧境遇的描述，投合了白先勇对历史变局中人的悲剧的认识。白先勇在小说里所要表达的，与存在主义于"被抛"中求超越、在死亡中认识生、身处绝境却体悟绝对自由的生命哲学可谓心有灵犀。他一直敏感地关注被时代与社会抛离正常轨道的落魄者，以及不被传统道德价值和社会规范认可的边缘人，无论是过海迁台的贵妇军官、仆从老兵，还是置身异乡的知识分子，或是流浪的青春鸟，灯红酒绿中的卖笑舞女，白先勇的小说人物出身与阶层纵有差别，但多是不幸的被抛弃者，是迷失的放逐者，是心灵痛楚而难以发声的个体。比起常人，这些位处社会边缘与夹缝中的畸零人有着特殊的命运遭际，他们的生命有更多特殊境遇中的体验。如，《一把青》中的朱青原本是个腼腆的女学生，结婚后不久丈夫不幸战死沙场，面临这样大的人生变故，她自杀未遂，随军败退台湾后，做起了烟花女子。人生劫难，生死都轻薄如纸，而人情的寡淡与疏离使生命无以附着。无论朱青是生是死，她都没有从宿命中摆脱出来，只做这世上来来往往间冷漠的旁观者。她的精神既是虚空，徒留一具肉身也无存在的意义了。纵观《台北人》整部小说集，从由清纯变得甩荡的"一把青"到卑微慈善的顺恩嫂，从最后一夜的金大班到历经荣辱的国民党高官将领，所有这些从大陆北平、南京、上海、桂林等地辗转来台的时代牺牲者，其身上无一不笼罩着恋恋怀旧和忧郁迷惘的面纱，而最终老去离世的悲剧命运也不可避免。

二

存在主义是用一颗热切而悲悯的心来关注这个世界，关注人们的生存状态的。萨特发表过著名的演讲："存在主义是一种人道主义"，他认为，以关注人的存在为特征的存在主义有一种普遍的人道主义的悲悯情怀①。在白先勇的小说作品中，这种存在主义悲剧意识内涵表现为：作为异化的人在被遗弃、被背离的境地中，不能重建自我完善的

---

① 〔法〕让-保罗·萨特：《存在主义是一种人道主义》，周煦良、汤永宽译，上海译文出版社1988年版，第29—30页。

人格，因此他通过人性的扭曲，人性裂度的加深，构筑出一种悲凉绝望意味更浓的悲剧。我们可以发现他小说里塑造的众多人物形象，在表达个体存在的悲剧性这一主题下，一般有以下四类：

（一）畸形情欲中的殉葬者

叔本华曾把欲望比作钟摆，对人类做了一次最彻底的总结："人生就是一团欲望。"① 存在主义更是深入挖掘人存在的真实和人性的真实，在它看来，人被异化了，在无法摆脱现实生活的压抑和奴役时，人性被扭曲，人格被异化。白先勇笔下的人物，无一不受到各种欲望的折磨与驱使。这些人物在情欲面前的挣扎，扭曲，自我摧残，深刻反映了一个时代的荒谬和处在这个时代下的畸形灵魂的无可奈何。

评论家黄梅说过："每个善良温顺的女主人公都直接间接地拖着一条疯狂的影子。"② 白先勇小说《玉卿嫂》中的玉卿嫂就是这样的女人。玉卿嫂刚出场时是一个"好标致、好爽净"的女人，"她一径都是温温柔柔的，不多言不多语。……从来没有看见她去找人拉是扯非"。男用人想对她非礼，她便让其吃了苦头；还严词拒绝了坛子叔叔的求婚，使众人对她"存几份敬畏"。表面的玉卿嫂实在是个循规蹈矩的寡妇，而暗地里她却疯狂地爱着比自己小十几岁的庆生，这在当时是"大逆不道"的。玉卿嫂宁愿为爱弃节，为爱做鬼。罪恶感让她爱得更狠更烈，她总是"一径狠狠地管住庆生，好象恨不得拿条绳子把他牢牢拴在裤腰带上，一举一动，她总要牢牢地盯着"，她像魔鬼一样要完全占有庆生。这种介于爱与欲之间的不能克制的占有欲，使得她在让

---

① 〔德〕阿图尔·叔本华：《作为意志和表象的世界》，石冲白译，商务印书馆2004年版，第402页。

② 黄梅：《阁楼上疯女人》，《读书》1987年第10期。

庆生回到自己身边来的一切努力失败后,她便狂暴地手刃庆生,然后自杀。

　　失去丈夫的玉卿嫂将全部的感情倾注在一个体弱多病,年仅廿二岁的庆生身上,成为集恋人之情,姐弟之情,母子之情于一身的畸形之恋。玉卿嫂的悲剧不仅是常见的那种一个寡妇由于外来势力的压迫和干预,未能得到理想的爱情的悲剧,更是写出了人性至爱中极端的控制与占有造成的对抗,以及由于双方年龄的差距,情感寄托的不同的矛盾所引发的"灵性"的冲突。悲剧中有着对人性至爱的深层思考,用弗洛伊德的观点来说,便是"本我"与"超我"的撕裂,"自我"无法调节这种冲突,从而导致悲剧的结局。作者通过第一人称视角叙述了这个交织着人性的困惑与灵魂的矛盾的悲剧,写出了在现实人生中不被理解、认可的爱的失落,体现存在的不由自主、无法把握的悲剧性,揭示出由于欲望的断裂、错层,和得不到满足而导致的悲剧命运。

　　《永远的尹雪艳》中,小说开头一句"尹雪艳总也不老",就把主人公推上了一个带有神秘性和"非人化"色彩的境地。她实际上充当了"欲望之神"和命运之神的化身。首先,她是"欲望"的象征,她的出现膨胀起人们不可遏止的欲望,人们无法抵挡她的诱惑,被她一个个吸进了无底的黑洞。表面上,那些科长、处长、经理们围绕着尹雪艳进行着一场又一场的争夺和追逐,事实上,他们是为了满足自己的欲望而进行着挣扎和努力,因此,尹雪艳也就成了"欲望"的象征。其次,白先勇在尹雪艳身上寄寓的"神性",除了具有"欲望之神"的特质,还作为一种"命运之神"的喻示和象征。在《永远的尹雪艳》中有这样一句话:"在麻将桌上,一个人的命运往往不受控制"。

其实在人生历程中，不受控制的命运又岂止在麻将桌上？欲望由人产生，而人反过来却往往受欲望的控制，这在某种意义上不正是一种人的宿命的荒谬性吗？在永远不变的充满"神性"的尹雪艳面前，各色各样的人走马灯似的人生遭遇，似乎也预示着这种存在的荒诞性。在表面的厮杀、角逐和较量的背后，人其实只不过是"欲望"手中的一个玩偶，命运的不由自主，某种程度上其实是"欲望"的驱使所致。欲望和命运原本密不可分，人有什么样的欲望就可能导致什么样的命运，以欲望为焦点展示对人类命运的思考是《永远的尹雪艳》的深刻含义。

在白先勇的其它作品中，对欲望的描写就更复杂与深刻了。《那片血一般红的杜鹃花》中的王雄，对家乡"小妹仔"的欲望，转移到丽儿身上，畸形的爱让他在其即将失去的恐慌中，将自己埋葬在情欲的深潭里；《满天里亮晶晶的星星》中教主对姜青的眷爱，在街上追逐漂亮的男学生，则是对青春的欲望。可是青春已逝，结果注定落空。纯洁的欲望消失后，取而代之的便是毁灭，或者沉溺于肮脏的肉欲；《青春》中老艺术家对青春的欲望，表现得更为大胆直接。老画家可以把青春定格在画布上，却无法再抓住已逝的青春。老画家对青春的留恋以及逝去的恐慌，使他以死亡这样极端的方式，来解脱无法挽留个体生命的痛苦，《青春》的残酷就在于此。

由此看出，白先勇小说人物的悲剧观，很大部分与存在主义探讨人性的扭曲、自我的存在，和正常人性惨遭异化的论述有相似之处。他笔下的人物以扭曲的人性去对抗现实生活，又在人性的扭曲中走向堕落和毁灭，从而形成一种由欲望，特别是情欲，操纵着无法把握的命运，另类的情欲与正当的人性要求的冲突贯穿其中，使得人生产生荒诞意味的悲剧。

(二) 流散境遇中的无根者

如果说白先勇早期作品像《玉卿嫂》《青春》，其人物悲剧的内容更多的是停留在情欲的迷失和自我的迷失上，那么在《纽约客》与《台北人》里，个体生命的困境被整合进民族国家的历史与文化的悲剧命运里。

这一时期，留学美国的白先勇强烈意识到，自己这代人已经陷入失去存在根基的焦虑中，产生了所谓认同危机与流散意识，对本身的价值观与信仰都得重新估计，开始了自我的发现与追寻。对人性本能与抽象命运悲剧的存在焦虑又有意识地融进了历史与文化的忧患。在浓郁的文化乡愁里，历史感油然而生，单薄的个体寻到了历史的归属，孤独的自我也有了文化的栖身之地。在白先勇的描述里，那种顿悟凝聚在令人感动的一个瞬间：

> 有一天黄昏，我走到湖边，天上飘着雪，上下苍茫，湖上一片浩瀚，沿岸摩天大楼万家灯火，四周响着耶诞福音，到处都是残年急景。我立在堤岸上，心理突然起了一阵奇异的感动，那种感觉，似悲似喜，是一种天地悠悠之念，顷刻间，混沌的心境，竟澄明清澈起来，蓦然回首，二十五岁的那个自己，变成了一团模糊逐渐消隐。我感到脱胎换骨，骤然间，心里增添了许多岁月。黄庭坚的词："去国十年，老尽十年心。"不必十年，一年已足，尤其在芝加哥那种地方。回到爱我华，我又开始写作了，第一篇

就是《芝加哥之死》。①

强烈的历史文化认同与现实产生了疏离与对抗，具体看，就是那种渗透历史文化忧患感的个体生命焦虑，成为作品解不开理还乱的情结。这种转折开始于《芝加哥之死》，曾经弥漫在郁达夫、鲁迅那一代中国知识分子精神的创伤体验在他身上重新复苏，吴汉魂、李彤之死与《沉沦》主人公蹈海自沉有着同样的悲恸。

这次转型对白先勇小说创作的影响突出表现在两方面，一是对父辈和他们所负载的历史苦难有了较为深切的认识，强烈的历史叙事意识颇具野心；一是文化认同危机中乡愁意识的自觉渗透。一种背向现实面向历史的文化招魂，一种屈原式行吟泽畔的苍茫悲情，一种背负沉重历史的放逐感，从此贯穿在小说的叙事过程以及人物的精神世界中。《纽约客》《台北人》里，作者无论叙写怎样的故事、塑造怎样的人物，有那样苍茫沉郁的情感背景衬映着，总让人产生"念天地之悠悠，独怆然而涕下"的悲情，个体的悲剧创伤也显得更为深重。于是，产生了人们熟悉的《芝加哥之死》《谪仙记》《游园惊梦》《岁除》《花桥荣记》和《冬夜》等一系列无根者的悲剧。这一时期他的许多人物成了民族历史与文化的悲剧象征，李彤别号"中国"，失去父母之爱，生命枯绝，死于威尼斯；吴汉魂被美国妓女萝娜叫做"我的中国人"，梦中母亲冰冷的尸身仍在呼唤流落异国的游子，他无以回归只能赴水而死；依萍无法容忍却无法阻止女儿宝莉彻底遗弃中文和中国人的身份。早期白先勇揭示的时间创伤着重于单纯生命个体观照，并不特别关注父辈失败失意的历史，《台北人》时期，则倾心于通过个体乖舛命

---

① 白先勇：《蓦然回首》，文汇出版社1999年版，第75—76页。

运的书写来回溯不堪回首的历史，历史寻踪的意识既沉郁痛楚又坚定不移，十四篇集于《台北人》名下的系列小说颇有《都柏林人》的气魄，甚至连小说人物的精神瘫痪症的揭露也有相似之处，同时又唤起我们对福克纳笔下失败的南方飘零弟子的联想。

在《谪仙记》中，李彤无可名状的痛苦和孤独感让她活得疲惫不堪。曾经显赫的家世，随着太平轮的淹没而沦落，她原本热情、奔放、豪爽的性格变得扭曲，她用狂放、孤傲来麻醉自己，舔舐自己流血的伤口，然而她终究无法与命运抗争，她注定要像一只飞蛾那样扑在红红的烈焰中燃灭自己，这样才能得以永远摆脱掉生命的卑微和困顿。白先勇是在用泪水抒写李彤的恣肆与喧嚣。白先勇的内心是寒冷的，笔端是残酷的，无论李彤怎样挣扎，最终都是要毁灭掉的。

白先勇这一时期的悲剧观主要建立在历史文化的忧患意识基础上，失根的精神创伤、去国怀乡的漂泊感，个体生命悲剧中蕴含着认同危机与民族忧患。他小说中的人物都有强烈的流散意识，无法排遣的失根之感。无论是投身密歇根湖的吴汉魂，还是自沉威尼斯湖的李彤，他们不同程度上都带有被放逐或自我放逐的味道，看似弃绝红尘，实际弃绝的却是难以坦然容身的异国他乡，还有那挥之不去的漂泊感。

（三）艰难时世中的失落者

《台北人》里曾经拥有过好时光的人，曾经对人生抱有幻想的人，忽然之间被命运狠狠戏弄，抛出乐园。就好比加缪所说的："一旦世界失去幻想与光明，人就会觉得自己是陌路人。他就成为无所依托的流放者，因为他被剥夺了对失去的家乡的记忆，而且丧失了对未来世界的希望。这种人与他的生活之间的分离，演员和舞台之间的分离，真正构成荒谬感"①。加缪意义上的荒谬感契合了白先勇的悲剧文学观，战后台湾移民现象里强烈的被抛感和异乡人的感受成为白先勇关注的焦点。由历史反思体悟到难以理喻的命运的荒诞，在这一点上，白先勇的思考与存在主义者坦然说"人生是痛苦的"的观点，有了共同语言。白先勇所描写的荒谬历史中人的乖舛命运，与西方存在哲学思索的命题有着一种根本的契合：那就是，荒诞、被抛境况下的人该如何"让人生成为可能"，如何反抗荒谬？

白先勇作品中有很大部分写的是历史风云突变引起的一些达官贵人和他们的家眷、交际花、中下等军官等没落的悲剧。《游园惊梦》文笔极为优美，描写了一群达官贵人的遗孀的冷寂和哀怨。人物的悲剧性不仅是一种生存现象，更是一种审美现象，通过对逝去的时光和美的留恋，强烈地表现了生命无所不在的否定性。悲剧性在这里表现为一种觉悟，一种困惑。

《台北人》的卷首语标明："纪念先父先母以及他们那个忧患重重的时代。"《台北人》书前引述的《乌衣巷》一诗，也恰切地暗示了这本小说集的某种隐痛："朱雀桥边野草花，乌衣巷口夕阳斜，旧时王谢堂前燕，飞入寻常百姓家"。早期小说里早熟的悲感眼光让人困惑，也令作者本人疑惑，而此时的悲剧则已经有意味地将家国兴亡作为历史视景了。家国离散造就一种物是人非、今不如昔的世俗感伤情愫，文化沦落又勾起作者一份中国知识分子伤古悼今的悲剧情怀，而政治变迁、社会动乱与个体命运的乖谬关联，更是引导白先勇情不自禁地反顾历史，为那些历史中被遗忘的不幸者书写一个个可悲可泣的故事。

---

① 〔法〕阿尔贝·加缪：《西西弗的神话》，杜小真译，生活·读书·新知三联书店1987年版，第63页。

时间是无情的,不论是叱咤风云的将军,未受教育的男人,风华绝代的仕女,还是下流社会的娼妓,到头来青春都要长逝,最终化为骨灰;一切伟大功绩,荣华富贵,终归灭绝;所有欢笑、眼泪、喜悦、痛苦,终归是空虚一片:因为人生有限。所以尹雪艳说:"宋家阿姐,'人无千日好,花无百日红',谁又能保得住一辈子享荣华、受富贵呢"?《思旧赋》中,借顺恩嫂,罗伯娘来抒写思旧之情:她们都是家庭、社会变故的见证人,她们都没有能力也没有办法扭转时代趋势、在时间的激流中调转船头划回往昔的日子。因而她们的叙述语调是苍凉而悲怆的,传达出深重的世事无常、盛衰难料的人生感叹。又如《梁父吟》里的朴公、《岁除》里的赖鸣升,他们在现在的台北所做的事只是啜茶饮酒,缅怀自己过去的、年轻时的所作所为,大有韶光易逝、"红了樱桃,绿了芭蕉"之感叹,他们对于过去的回忆与留恋总是以光辉灿烂的故事为主,又常以往昔的峥嵘岁月来对比今日的落寞时日。

由此看来,佛教"一切皆空"的思想和道家"生即是死,死即是生"的哲学观在白先勇小说中被反复提及是有意味的。在白先勇看来,人生是一场悲剧,又管它发生在什么时间呢?如果说时间有什么意义的话,那只能说,往往是由于时间长河的永流而导致人生的悲剧,这与存在主义所强调的荒谬与虚无有异曲同工之处。因而他笔下那些繁华落尽、今昔无常的"台北人"有着"人生如梦""世事无常"的喟叹,有着存在的虚无、荒谬的悲剧色彩。他们都是些把握不住自己命运、被时代抛弃的芸芸众生。青春最终离他们远去,他们便绝望地想抓住现在,但结果往往连现在也抓不住。因而,在历史的浩荡洪流到来之时,他们所做的便是随波逐流,靠独自回忆来了度余生,"念天地之悠悠，独怆然而涕下"的苍凉凄怆之意顿生。从整体上来看，《台北人》的怀旧意味正如昆曲《游园惊梦》的唱词所唱："原来姹紫嫣红开遍，似这般都付与断井颓垣"。在时代的滚滚车轮面前，人的力量终归是渺小的、无助的，处在历史与时代夹缝中的个人又怎么能够把握住自己的命运呢？

（四）沉溺旧梦的悲情者

白先勇笔下还塑造了另一类人物，他们发现现在的生活决非他们所想要的生活，现实不是他们愿意接受的现实，在巨大的反差中，他们找不到任何存在的充实感与实在感。而此时，他们所熟悉的往日充满诱惑地向他们招手，于是在潜意识中，他们精心营造起他们所梦想的生活，或者就此沉溺于梦想中，在梦想中生活。他们无法抗拒生活的虚无，而逃避虚无的方法却是在虚无中追求一种真实，而这种真实其实是他们自己所梦想的真实。他们心里很明白，现实是现实，梦想是梦想，他们只是寻找一种替代品。

《孤恋花》中的酒家女"总司令"年轻时，是一个同性恋者，欲和同为酒家女的五宝成立一个家，过上幸福的生活。她说："从前我和五宝两人许下一个心愿：日后攒够了钱，我们买一栋房子住在一块儿，成一个家，我们还说去赎一个小清倌人回来养"。但是"五宝死得早，我们那桩心愿一直没能实现，漂泊了半辈子，碰到娟娟，我才又起了成家的念头"。总司令由于一直想与她的同居者五宝成一个家，但这个梦想由于五宝的死没能实现，于是，她空着一颗心在因失去五宝而变得虚无的世界里漂泊，最后，将娟娟当成五宝重温她的梦想。

对于"总司令"，五宝是她的整个世界，失去了五宝，这个世界变得虚无起来。同样的,《一把青》里的朱青也因失去了郭轸,她的世界也变得虚无起来,为了填补她的世界的虚无,她变得爱吃童子鸡,她找的情人都是和她当年的丈夫郭轸有相似点的年轻小伙子:年轻、英俊、是一个飞行员。

像这种意识到自己的存在,自己的人生因失去而感到虚无,而在潜意识里将自己所缺失的那一角用另一块差不多的质料来填补的人物在白先勇的世界里比比皆是。《花桥荣记》中的卢先生在无缘与未婚妻相见的情况下愤而选择了洗衣女,《那一片血一般红的杜鹃花》里的王雄不自觉地将小表妹当成自己的未婚妻;《孽子》里的小玉把对父亲的期待转为称那些经理们为干爹,虽然玩世不恭,但是小玉仍然向往那种父爱般的关怀,以至于最后小玉一个人偷渡去日本找他的父亲。小玉无法在现实中找到自己真正想要的东西,于是他放弃虚无的幻想,不再重蹈母亲的覆辙,径直去了日本……

这些人物,他们都失去了对他们的存在极为重要的东西。这个支撑他们存在的支点一旦失去,他们只能面对瞬间虚无的世界,恐惧、不安,欲寻找回他们存在的支点,冲破这一份虚无。海德格尔认为一个人在客观世界中生存的最基本方式是"忧虑"。因为他感到他所处的世界所有的境遇只不过是虚无,而这个虚无的世界又是神秘的,不可理解的,人只能悬在"虚无"中无穷无尽地"忧虑"着,而所有的"忧虑"都是通过恐惧、痛苦、厌恶以及选择行为表现出来。白先勇笔下的这群人在虚无中挣扎的一幕幕悲剧,便是在他们的理想家园失落后,情感无所寄托,自欺欺人地在替代品上寻求慰藉的过程中演绎出来的。他们的悲剧性在于他们作为个体存在,只是活在"过去",而缺失了现实存在的意义,成为虚无掩饰下怀抱过去的行尸走肉。

白先勇小说中的人物，无论是畸形情欲中的殉葬者，还是流离境遇中的无根者，抑或是艰难时世中的失落者、情感无所寄托后的转移者，都不可避免地折射出个体存在的悲剧意识。这种悲剧意识，是一种人类所特有的精神现象，来源于理智与情感的冲突、理想与现实的落差、生存与毁灭的矛盾冲突中；同时，焦虑、绝望、恐惧的心理始终伴随着特定历史时期的生命主体。

三

萨特的存在主义是对不关注人存在的社会的一种批判，有积极的社会意义。而白先勇小说也透露出一种对抗荒谬，对抗虚无的价值取向，由此体现出了一个作家从个体命运出发揭示存在焦虑和存在境遇的勇气。无论他笔下的世界多么颓败、悲凉、腐朽、不堪，多么特殊、另类，但将它们血淋淋赤裸裸地展现出来，便具有存在主义者所谓的"做出积极选择"的勇气。这种勇气的具备使得他不拘囿于世俗道德，能大胆正视人性的晦暗。从作品看，白先勇的早期小说，已显示出作家的这种悲悯敏感和对殊异题材的关注：懵懂的童年视角里疯狂绝望的情欲孽缘（《玉卿嫂》），旧式女子可叹可悲的凄凉身世（《金大奶奶》），少年成长中的黯淡挫折和隐秘寂寞（《寂寞的十七岁》），潮湿黑暗里辗转煎熬的另类欲望和人性深处难以遏制的悲伤（《闷雷》《月梦》《青春》等）。早期作品显示，死亡、变态、暴力、疯狂，偏执阴暗的主题开始啃咬白先勇感性鲜活的文字，扭曲的情爱和生命的有限性激发着白先勇的艺术想象，使白先勇早期作品呈现出一种扭曲茂盛的欲望与老成固执的悲哀相交缠的景观。而这些正投射出白先勇对存在的荒谬难以理解的困惑和思考。

  白先勇小说对存在荒谬的表述体现出了一种存在主义的思考，然而他小说的独到之处还在于，他强调存在的积极意义，反对把存在主义仅看作悲观主义的观念，而坚持肯定存在主义是一种有积极性意义的哲学，是勇敢的人生哲学："其实存在主义的最后信息，是肯定人在传统价值及宗教信仰破灭后，仍能勇敢孤独地活下去，自然有其积极意义"①。在白先勇的眼中，存在主义虚无荒谬的内在具有可贵的反抗性。他认为虚无其实也是一种抗议的姿态，也可以借存在主义的"虚无"宣泄不满，就像魏晋乱世的诗酒佯狂一般。在《永远的尹雪艳》和《金大班的最后一夜》中，尹雪艳和金兆丽真正的情感由于无意义而被抛弃，她们的心是冷酷而残忍的。她们把一切看得那么淡，那样无意义，那么，她们何以要在如此空虚而无意义的生活中存在下去呢？也许，存在本身就是生活的全部意义。在长篇小说《孽子》里，安乐乡里的那一群青春鸟，可以认为是《台北人》的后一代，是《寂寞的十七岁》那一代中的一部分，在他们的身上没有沉重的历史包袱，没有值得回忆的光荣过去，也许正因为如此，孤独、空虚才成为他们明显的特征，加以社会环境的阴暗，家庭的不幸，不论是肉体上，还是精神上，他们都经受着异常沉重的磨难，只有青春是唯一的财富，然而青春却在伊甸园里失落。这一代人，在理想失落以后，他们反抗现实，证明存在是以其在灵与肉的冲突中实现的。就如主人公阿青在经历了纯真的失去、欲的嚣张、灵的失落的心路历程后，过着一段肉欲麻木的生活，然而纯洁的弟娃是阿青欲海沉沦中唯一性灵的支柱；而

---

  ① 白先勇：《人的变奏——谈顾福生的画》，载《蓦然回首》，文汇出版社1999年版，第44—49页。

龙子在美国漂泊的日子，则如行尸走肉一般，用刀片在身上切割出一道道伤痕，以疼痛来证明他的存在。他们的活着，似乎空洞而无意义，然而白先勇就是要以这样一种存在，以无意义的揭示来警醒世人，让世人觉得不能再这样活，从而赋予存在以更深刻的社会意义。

亚里士多德认为，悲剧具有净化作用，进而提出悲剧作用"净化说"。即悲剧的作用是"凭借激发怜悯与恐惧以促使此类情绪的净化"①。朱光潜发展了亚里士多德的学说，认为悲剧的净化作用使压抑心中的悲凉和哀伤得到正当的宣泄，产生一种无害的快感，从而获得审美的超越。白先勇笔下的悲剧是美被毁灭的悲剧。《纽约客》和《台北人》里，在苍茫沉郁的时代背景下，个体的悲剧创伤显得更为深重。玉卿嫂与庆生有过一段何其美好的恋情，李彤有过何其美好的年华，朱青也有过纯真的美，还有钱夫人、赖鸣升、王雄、卢先生、朴公等等，都有过对他们来说是美好的年华。然而，美好终于逝去，或者被毁灭了！其悲剧意义就是启发我们应该怎么活着，怎么积极地面对失意，也许这就是白先勇追求的悲剧的"净化"作用。

鲁迅先生也有过著名论断："悲剧是将有价值的东西毁灭给人看。"这就是说，在历史发展的一定阶段上，由于客观社会原因或历史的必然冲突，"真，善，美，生命，爱情，信仰，理想"等有价值的东西被损害或被毁灭了，让人们陷入剧烈的悲痛之中，但又会被激发出一种巨大的精神力量，由此更加珍惜美好呵护美好，从而获得一种审美超越，产生悲剧性美感。白先勇笔下的悲剧人物，正是"为逝去的美造像"②，通过"真，善，美，生命，爱情，信仰，理想"等有价值东西

---

① 亚里士多德：《诗学》，陈中梅译，商务印书馆1996年版，第63页。
② 曾秀萍：《白先勇谈创作与生活》，《中外文学》2000年第2期。

的毁灭,让读者震撼,从而达到情感"净化"作用,产生审美超越,可以说,这就是白先勇小说创作的悲剧意义所在。

四

白先勇小说通过对世俗生活中情欲冲突的扭曲者,流离失所的漂泊者、失根者,艰难时世、今昔无常的感伤者、沦落者,怀抱记忆、沉溺过去的悲情者等一系列人物形象的人生悲剧与荒诞命运的书写,体现出鲜明的个体存在悲剧意识,也让读者捕捉到这种悲剧意识的社会意义及其美学作用。那么,白先勇小说中这种个体存在的悲剧意识及荒诞感又是怎么形成的呢?

夏志清在论及白先勇小说的卓越成就时说:"白先勇是当代中国短篇小说家中的奇才。这一代中国人特有的历史感和文化上的乡愁,一方面养成他尊重传统、保守的气质,而正统的西方文学训练和他对近代诸大家创作技巧的体会,又使他成为一个力创新境,充满现代文学精神品质的作家。"①

这段话准确地概括了白先勇小说个体存在悲剧意识形成的一个重要原因:东西方文化的双重影响。应该说,白先勇身上有两种来自本土传统的力量,一种来源于民间化的传统,如厨子老央、保姆顺嫂等人给予他的那种底层人的智慧、善良和天命观;另一种则取自他早先就很着迷的《红楼梦》一类古典文化文学传统。这两种力量的强韧,足以抵御外来文化对他原初文化自我的覆盖。这使他避免了其他现代

---

① 夏志清:《文学的前途》,生活·读书·新知三联书店2001年版,第135页。

派作家早期因原初文化自我匮乏，而导致的自我倾斜和主体消隐的局限。此外，少年生病被隔离以及战乱的感性经验使他对人世盛衰和生命枯荣尤其敏感，一边是孤独被"囚"的凄惨少年，另一面是繁花似锦的歌舞盛宴。这种孤独体验培养了他耐心细致的观察力，也激发了他从荣华富贵里看取荒凉颓败的道人意识。

在大学期间，白先勇广泛接触了西方现代派文学作品及其创作理论，并同欧阳子等人创办了《现代文学》杂志，提倡现代文学创作。留美后，白先勇强烈意识到自己这代人已经陷入失去存在根基的焦虑中，也重新估量了自我的价值观与信仰，并对西方现代派哲学进行重新思索和接纳。而外来文化的冲击所激起的文化认同危机，促使他蓦然回首凝眸中国传统，不自觉地将传统文化和外来文化关于人的存在的思考，融合进他的小说里，成就了《台北人》这一成熟之作。

白先勇的传统的保守的气质更多地表现在深受东方古老哲学影响、渗透了民族传统文化精髓的思想意识中，中国传统文化的佛道哲理是白先勇人生观的重要一维。而他的审美情趣则偏重于宋词、《红楼梦》等中国古典文学的悲怆风格，特别是其中所传达的兴衰沧桑的历史感更直接影响了他的创作。他的作品充满这类中国古典文学传统的常见主题：荣华正好，无常又到，美人迟暮，生若朝露，世事无常，浮生若梦；辉煌伟业转眼灰飞烟灭，昔日繁华瞬间成衰草枯树。而这种传统文人伤春悲秋的趣味，又与他对存在主义哲学的深度接触产生了相通，存在主义于虚无荒谬中建立存在可能的生命勇气，和他对无常感的反复体验、对生命被放逐的自觉体认，都具有某种契合。因此，虽然在生命荒谬的悲剧性主题开掘方面，白先勇的荒诞叙事主要源自郁结于心驱之不去的"王谢堂前燕"的历史症结，部分源于传统文化符码；但存在主义关于"向死而生"的悲剧思考，给了他一种正视失败人生、表现背谬处境中人的绝望与挣扎状态的勇气。这种焦虑与勇气，与东方式的命运观，相互对峙相互制衡，形成其小说特殊的张力结构。

白先勇的经历也使他在接触活生生的现代生活时，一方面能清楚地体会并把握时代的精神，另一方面在认识、思考和反映现代生活时，却仍保持着传统的思想方式。换言之，过去和现在在作家的意识中并没有一条不可逾越的鸿沟，对人与人性的思考和表现使过去与现代在他笔下形成一种独特的反差和张力。

总之，白先勇小说个体存在悲剧意识的形成，一方面来自童年时期病痛与战乱的独特经历；另一方面，则来自他生活过的大陆、台湾地区、美国这三个地方人事变迁的人生体验，来自东西方文化的双重影响给他带来的困惑与思考。白先勇小说对个体存在的悲剧意识的揭示，对警醒世人积极把握现实，正视人生困境，寻求存在荒诞中的突围，都具有独特的意义和价值。

朱天心小说：
后殖民语境下的"古都"书写

朱天心祖籍山东，是台湾外省籍的第二代女作家。但在台湾，她土生土长的台北人身份却不被承认，处在这样一个尴尬的处境下，迷惘无措的朱天心面临着"身份危机"的冲击，她只能借助创作透露出她的独特心境和思考。完成于1996年12月的中篇小说《古都》①就是这样一种书写，小说既透露了朱天心对古都台北的陌生感，也传达出她对遭受殖民统治者侵略之前的台北的眷恋，其中隐匿着第三世界妇女的权力抗争意识和对新生活的向往。可以说，《古都》呈现出了一种后殖民主义的书写，"古都"的历史记忆充满了曾经被"殖民化"的苦难印象。

在二十世纪八九十年代的台湾，像朱天心这样父辈到台湾的人，身份上被冠上了"外省人"的称号。朱天心就是这种"外省人"的第二代。其父朱西甯是随国民党来台的军中作家。朱天心从小在颇有文化氛围的家庭环境中成长，后来又得到胡兰成的国学熏陶。朱天心的

---

① 朱天心：《古都》，上海译文出版社2012年版。

父亲非常喜欢张爱玲，爱屋及乌，对晚年落魄的胡兰成伸出援手，把他接来教朱家三姐妹读书。胡兰成用中国古代"士"的理念来要求他的学生，改变了当时深受美国次文化影响而忽略中国传统文化的很多台湾年轻人的观念，对朱天心的影响尤其深远，不仅拓宽了她的视野，也促成了她的少年早成，也因此，朱天心始终把公共知识分子的责任感放在作家的身份之上。

朱天心是一个内心十分敏感细腻的人，这种敏感让朱天心能够觉察到别人没能觉察到的东西，传达出别人未能传达出的认知。评论家肖宝凤曾引法国作家夏多布里昂的话说："每一个人身上都拖带着一个世界，由他所见过、爱过的一切所组成的世界，即使他看起来是在另外一个不同的世界里旅行、生活。他仍然不停地回到他身上所拖带的那个世界去。"① 古都台北就是朱天心身上所"拖带"的那个世界，不论她走到哪里都忘不了这片土地，她的《古都》书写的就是这个她"所见过、爱过的一切所组成的世界"。

一、古都的"后殖民化"印象

《古都》讲述一位中年已婚女性"你"与少年时的好友 A 相约在日本京都相聚，"你"如约而至，A 却爽约了。"你"独自漫游京都，之后返回台北，却意外地被误认为是日本观光客。于是"你"手持日据时代的殖民地图重新游历这个熟悉而又陌生的城市，探索寻找它前世今生的历史记忆。在《古都》中，朱天心借用了川端康成的某些手

---

① 肖宝凤：《漫游者说：论朱天心〈古都〉的历史书写》，《世界华文文学论坛》2008 年第 3 期。

法，但又另辟蹊径，写出了自己的特色和风格，也书写出自己对于事物之间的分离、成长、繁荣和衰老的独特体会。身在京都异乡，感受自然与川端康成笔下的千重子不同；回到台北，以游客身份审视自己的家乡，则别有一番滋味在心头。

《古都》中的台北城市景观几乎都渗透着后殖民的色彩，烙下了后殖民的烙印。这主要得益于朱天心对台北和日本京都两座城市地理、历史、文化和各种人文景观的了解与熟悉，当然也得益于作者独特的生活历程。作为土生土长的台北人，朱天心有足够的社会生活体验，想象和书写后殖民台北的种种社会、历史及文化焦虑，并力图挖掘经过殖民统治者侵略的"古都"所坚韧存在的民族文化之根。在《古都》中，我们看到了西班牙、荷兰、日本等帝国主义国家侵略台湾并进行殖民统治的历史遗迹，也看到了在后殖民的台湾随处可见的殖民统治者"阴魂不散"的政治、经济、文化殖民的魅影，尤其是帝国主义文化殖民的负面现状。

朱天心笔下的台北地理环境叙述尤其具有后殖民语境色彩。《古都》中漫印着殖民统治者留下的足迹，甚至一株凤凰，一丛乱竹，都会让人感受到殖民统治者抹上的痕迹。朱天心在小说中用了很多篇幅描写了"古都"台北中弥漫着的殖民印象，如：那些为了衬托天空的各种红色系花朵，南美紫茉莉、珊瑚刺桐、大花紫薇、仙丹、凤仙、朱槿、美人蕉……特别是那一株株朱槿，更是见证了三百年前为了所谓的"解救灵魂"和取得胡椒而来的葡萄牙人和西班牙人对中国台湾地区的侵略。这些开得姹紫嫣红的花儿是葡萄牙人、西班牙人侵略台北并进行殖民统治时期留下来的"痕迹"。朱天心自言："想用植物来写我所理解的城市地志。"这种写法在《匈牙利之水》一文中已露端倪:"我"与 A 曾凭借着不同植物的气味回忆起各自的过往,缅怀逝去的岁月。在《古都》中,她更细致地描写了古都台北的各种植物,这些植物来自于各个不同的国家,是台北曾被殖民统治者侵略的见证,一花一叶、一草一木都有其独特意蕴。如在月台前和站房前的空地上长着各种带有南国印象的花儿,甚至有些花儿是不适合在台北生长的温带植物,却依然疯狂地生长,为的是抚慰那些"想念故国的征人"的侵略者。而车站两旁或是其他地方所看到的成排成片的樱花树,则是日本殖民统治者发动种植樱花运动的产物。日本侵略者曾经试图通过改变台北的城市景观潜移默化地改变台湾民众的审美习惯和价值观念,他们希望台湾民众能跟他们一样爱上樱花,并因此爱上日本文化,从而对台湾民众进行文化思想上的彻底统治。可见,在朱天心笔下,台北各种植物其妩媚多彩的身姿下隐藏着的是台湾一路走来的坎坷的历史记忆见证。

台北的很多人文景观也留下了"殖民化"的印记。《古都》中描绘了很多作者眼中的异域风光,但这些景观却是西班牙、荷兰、日本等帝国主义国家殖民台北的历史印记。如:旧日最繁华的地方——建成町、御成町、蓬莱町,可供"妈妈们"替孩子选择的蒙特梭利或福禄贝尔幼稚园或奥福美式学园,还有乐马饭店、美琪饭店、晴光市场、万园戏院、仿文艺复兴的银行……甚或是十川嘉太郎设计的桥,更甚的是渗透到路名中的罗斯福路,以荷兰人命名的剑湖,无处不在的樱花。不管是街道建筑的命名,还是一些建筑的风格,都无处不彰显着当初被殖民侵略的色彩。那些有明显的殖民统治印痕的地方,建筑物或者花草树木等都被作者作为主要场景而反复关注,由此可见朱天心对古都台北的后殖民特征的强烈感受和深刻认知。朱天心还着意表现了殖民统治者的国家和被殖民统治时的台湾地区相互重叠的历史、文化和经验。台湾曾被日本殖民统治过，台北与京都在历史、文化和经验方面有许多重叠的地方。朱天心游于古都的各个角落，生活的阅历，历史的画面常常重叠在一起，其文本不仅呈现出殖民统治者在台北留下的痕迹，形成一种后殖民语境，也隐藏着朱天心的独特控诉：为什么我们的社会保留不住原本属于自己的文化，我们生活的城市却到处留有侵略者的脚步？总之，朱天心巧妙地从地理的角度探索历史的沉痛记忆，无论是漫游京都还是游历台北都是作者后殖民书写的策略性设计和安排。

除此之外，台北人如今的生活习性亦带有后殖民主义色彩。日本侵略者不仅在城市景观上改变了台北，还曾试图改变人们的生活习惯和文化习俗。在《古都》中，朱天心描绘了这样一个具体的生活场景："你"在下榻的旅馆，冲一包绿茶袋，听着电视里一句也不懂的语言，却感觉有种莫名的熟悉的感觉，可见在日据时代，这些宇治绿茶、电视里不懂的语言已是台北人民生活中不可或缺的一部分。英国学者艾勒克·博埃默认为，从语言与文化关系角度看，使用一种语言就意味着接受了一种文化，而切断一个人与母语的联系，就意味着与他的本源文化断绝了联系①。日语曾经被限定为台湾的官方语言，连学校也被要求一律使用日语教学，日本殖民统治者曾试图切断台湾同胞与母语的联系从而改变台湾的文化。小说中有不少地方故意使用了日语短语，这一方面体现了日本侵略者对台湾地区的话语霸权，另一方面也是一种后殖民语境下的话语消解的表现。

---

① 〔英〕艾勒克·博埃默：《殖民与后殖民主义文学》，盛宁、韩敏中译，辽宁教育出版社1998年版。

总之,《古都》以"你"重新游览古都的所见所闻为线索,描写了殖民统治者在古都台北留下的"殖民"印记和浓烈的后殖民主义色彩,表现了作者对台北后殖民特征的强烈感知和认识,如同张爱玲以写老上海时间的停滞和空间的闭锁来传达她对于文明与荒凉的思考一样,朱天心以京都和台北相互重叠的历史、经验表现出了一种古都文化被殖民的孤独苍凉感。通过《古都》,我们不仅看到了西班牙、荷兰、日本等帝国主义对台湾地区进行殖民统治的历史,同时也看到了他们在古都台北所留下的深深的"殖民化"印记,这让我们对台北的历史文化有了更深入的了解,也深刻体会到了一个城市隐藏在殖民侵略历史中的耻辱和痛苦。

二、"身份认同"的迷惘

在创作中,朱天心还不断寻找自己作为外省第二代女作家在台湾政治生态中的存在。在二十世纪九十年代,"眷村人"的身份变得十分尴尬,特别是像朱天心这类眷村的第二代年轻人。在那些所谓的"外省人"的老一辈人心中,他们一直渴望回到自己在大陆的老家中,回到自己的故乡。但他们终于等到可以回乡探亲的机会时,却发现在大陆仅存的几个族亲眼中,自己是台湾人;而回到生活了四十余年的岛上,又被多年相处的邻里指为"你们外省人",顿时感觉自己似乎无处适从,不知身属何方。而在朱天心等年轻一辈的眼中,他们已经把这片生长于此的土地视为自己的故乡,但是这时他们却悲哀地发现:"原来,没有亲人死去的土地,是无法叫做故乡的"。其实,当年朱天心等这类"外省第二代人"的父辈们来到台湾,并不是以侵占和掠夺的目的来的，而是为着光复后的接收，只是暂居而已，他们未曾有过长期居住的想法。然而随着岁月流逝，暂居成了长居，子孙后代在这块土地上降生，从第二代开始，对于这片土地早就有"故乡"之感了。

在《古都》中，朱天心全篇以第二人称"你"来作为叙事主体，造成了叙事的陌生化效果。其实"你"就是作者本人，"你"与"我"是同体异质的。1987年台湾"解禁"，二十世纪九十年代党派纷争，身为第二代外省女作家的朱天心敏锐察觉到其身份的尴尬处境，一时茫然无措，彷徨无奈。朱天心以"你"作为主体叙述这个让她又爱又恨、生她养她伴她的古都"故乡"，讲述她的处境地位，同时透露了她内心深处的矛盾与困惑，为什么她视若故乡的地方，这里的人们却要让她们离开？

在小说中，"你"不明白为什么心里总是滋生一种想要远走高飞的念头，"你"总是要把这个城市的某些角落幻想成一个从未去过的地方，似乎只有如此才有生活下去的勇气。当"你"和伙伴们追着压得低低的飞机想去到机场却被基隆河阻挡时，这种随时想要"远走高飞"的冲动，体现出作者对台北的某种不满意，而且具有这种不满情绪的并非只有她，朱天心在小说中还引用了不同人对台湾的评价来证明："首先西班牙人荷兰人如此描述台北：草莽瘴浓，居者多病"，"李鸿章：鸟不语，花不香，男无情，女无意"[①]。朱天心这种试图"远离"的焦虑，以及假借异乡人对台湾的不满评语，更透露出她内心深处对身份认同的迷惘：她既热爱这个故乡，但这个故乡又不承认她们的所属，那么她究竟应该归于何处呢？

实际上，在创作该小说时朱天心还未曾离开过台湾，但在小说中

---

① 朱天心：《古都》，上海译文出版社2012年版，第177页。

她却讲述了许多台湾岛之外的风景，如像淡水河一样的长江，闽式房屋，江南美景，仿佛身临其境，亲身经历，其实这些地方她从未去过。小说中除了描述作者少年时期对"浪迹天涯"的期待外，更透露出一种惶恐和迷惑，一句"有那样一个地方吗"？更传达出了这种惊惶：如果离开台湾便不知道往何处去了！朱天心还以重游京都所看到的景观与初游京都的记忆相互交错，来表现自己对古都的思考。当"你"重游京都，感受着回忆的召唤，看着京都不变的景观，不变的"你"所钟爱的清凉寺时，对比古都台北前后的变化，她追问自己："在死之前，若还有一点点时间，还有一点点记忆，你还可以选择去哪里"，"你会选择这里吧"？这一追问透露了朱天心的无奈，脱离日本殖民统治后的台湾日渐发展，经济复苏，社会变迁，但巨大变化的背后又产生了一种困惑，朱天心感觉年少时的熟悉景物几乎不复存在了。"台独"的喧嚣更导致了朱天心等这类外省第二代年轻人失却了"归属感"，找不到可以"安身立命之所在"。当看到京都熟悉的街巷景物时，她才确认只有"你"曾经生活过的地方，只有留下"你"生活的点点滴滴印记的地方，那么所有与"你"有关的一切就还存在着，而且会一直存在下去，只有这样才会"稀释""你"即将不在的意义。所以"你选择了这里"。当然，朱天心选择京都并不是她不爱台湾了，不爱她生于斯长于斯的土地了，她只是通过这种方式来缅怀她所热爱的那片土地的过往，缅怀她逝去的青葱岁月，所以小说中写道："为什么不是选择你出生、成长、生育子女并终老的城市？为什么不是你来的城市？……""大概，那个城市所有你熟悉、有记忆的东西都已先你而死了"。朱天心通过这种记忆交错的叙述，试图说明有关记忆的东西正在丧失，"你"与台北的联系也仿佛被切断，而"你"却什么也做不了，不知道拿什么来证明"你"的身份,证明"你"就是台北人,"你"已经把这里当成故乡。由此可以看出朱天心作为"外省人"第二代的惶惑。虽然她在台北出生、成长,台北就是她的家乡。但这个她视作故乡的地方,如今却不认同她的身份,这种被抛弃的悲哀深入骨髓。也许随国民党退踞台湾的父亲一辈被冠以"外省人"的称呼时,这种悲哀就已注定。

在《古都》里,虽然看到了朱天心对于身份不被台湾人认同的惶惑和无奈,她却没有"自我放逐"。尽管她认为一个不想保留人们生活痕迹的城市是陌生的,不会被人珍重、爱惜和维护的,但她却深深眷恋着这片生养她的土地。因此小说一开头就写道:"那时候的天空蓝多了⋯⋯那时候的体液和泪水清新如花露⋯⋯那时候的人们非常单纯天真⋯⋯"① 一连串的排比句式勾画出了"那时候"的美好,凸显出了她眷念和无法忘怀的情愫;然而一句"难道,你的记忆都不算数⋯⋯"又道出了今非昔比的无奈。当"你"和丈夫去参加一个公益聚会时,身份却遭人质疑,这让"你"感到"陌生极了",不由想到"天人五衰"。次日,"你"独自去了一趟这个活动的足球场,"你像十七岁时的寻常一个冬日下午"一样寻觅着,仿佛看到了"十七岁时的天空",这让她想起了少年时期的小美好。可见朱天心对这个充满美好回忆的地方是颇为依恋的。

总之,在这些充满矛盾交错的叙述中,朱天心敏锐地表现出了身为外省人第二代的女作家在那个特殊时期的不安和惶惑,一方面她对旧台北有着深深的眷恋,另一方面又曾有远走高飞的冲动。这种矛盾不安,正是当时与朱天心一样的"眷村人"的共同心态,也独特地揭示

---

① 朱天心:《古都》,上海译文出版社 2012 年版,第 133 页。

了所谓"外省人"身份认同的迷惘，以及迫切希望得到认同的生命诉求。

三、隐匿的妇女权力抗争

"他者"在西方的哲学传统中，通常都是作为弱者的一方被给予观照的。如在主人和奴隶、男人和女人、西方和东方、帝国主义和第三世界国家的二元关系中，前者作为强者的一方被赋予"主体"的哲学定位，而后者则被称为"他者"。在后殖民主义理论中，作为被东方主义定位为被看与被阐释的"他者"，极力发出自己的声音，以凸现自己与主体间的差异性。朱天心小说中所阐述的身份认同的危机问题，实际上更尖锐地体现在了妇女身上。可以看出，在《古都》中，朱天心所发出的声音，其实是有一定代表性的，她似乎是代表着当时处在弱势地位上的女性来发声的，想从"从属者"即"他者"的失语状态中解脱出来。

在二十世纪九十年代，朱天心大部分作品的叙事主体都是男性，不管是《从前从前有个浦岛太郎》里整天写检举信，老觉得有特务在监视自己的老人，还是《威尼斯之死》中整日流连咖啡馆写作的中年男作家与其笔下自由成长的人物，抑或是《匈牙利之水》中以气味来寻找记忆的外省男子与本省男子 A，都是以男性作为叙述主体的。也许当时的朱天心已敏锐地觉察到眷村正在被作为边缘化的另类的"他者"来对待了，而女性又是这"边缘者"中的弱者，所以她选择了男性作为叙事主体。一方面男性的叙事更有力量，另一方面作者也试图把某种女性情绪隐匿在男性叙事主体之下。朱天心小说中的咖啡馆史、气味史、身份证明史等特殊资讯都是其女性记忆最好的表征，只有女性才能感觉出如此细微的气味,也才能如此细腻地写出这种细微的气味以及寻求身份认同时的心理变化。然而,诚如阿城所说,朱天心是有"阳气"①的,"朱天心有眼里揉不得沙子的气质,这造成她一种强悍的敏感"②。因此,她是勇敢的,她终究是忍受不了压抑的,她还是要发出属于自己的声音。在《古都》中,朱天心以女性的姿态出现了,以女性作为叙事主体,这种叙述主体上的变化体现出了朱天心的某种权力抗争,也许她试图与那些视其为"外省人"的台湾本省人抗争,试图与视女性为弱者的男性社会抗争,试图找回属于女性应有的权利,尤其是女性作为边缘者所应获得的言说权力。

小说中,九月的缅栀花略带药味儿的幽甜总能勾起"妈妈们"的回忆,这幽甜让人觉得仿佛一切都是新的,一切都充满了可能,包括拥有"真正的自由"的可能,除了"规定"的之外。朱天心以"妈妈们"的口吻道出了女性对新生活的向往,对新的未知的充满无限可能的生活的渴望。主人公"你"不满这里动不动就有人检查身份,"你"想离开这里过真正自由的生活。小说中所书写的女性对"自由生活"的向往,以及她们对自己现在所处的压抑地位的抗拒,正透露了她们试图争取自己"话语权力"的某种渴望。她们的生活曾经备受压抑,只能作为家庭主妇,作为"妈妈"的角色而存在,现在她们已经有了觉醒意识,不愿意再遭受压抑,开始憧憬"真正的自由",可以作为一个真正拥有自由和自主意识的人,争取自身应有的权利,过全新的生活。在小说中,朱天心还写到"你"为光复后的台湾捐款,以证明

---

① 阿城:《说天心》,易文网 http://www.ewen.com.cn/yx/bkview.asp?bkid=222825&cid=674696,2011年12月29日。
② 阿城:《说天心》,易文网 http://www.ewen.com.cn/yx/bkview.asp?bkid=222825&cid=674696,2011年12月29日。

"你"爱台湾的心时,却在法租界看到"你"的女同学依然被那些男子愚弄。朱天心控诉这种现象,说明在男权社会中,女性还未完全觉醒,还在受人欺侮,女性应该起来抗争。可以说,在《古都》中,朱天心开始以女性身份来呼喊出女性自己的声音,小说不仅传达出女性对新生活的向往和对未来的憧憬,更透露出这种向往和憧憬背后作为"边缘者"的女性对把女性作为弱者的男权社会的某种反抗,体现了"第三世界妇女文学经验中那种人的意识、主体性、发言权斗争和对新生活的向往"①。

总之,在《古都》中,朱天心以其"强悍的敏感"、独特的认知和后殖民化的叙述,书写了曾经深受帝国主义国家侵略的台北所烙下的深重的后殖民主义色彩,书写了与自己一样的"眷村人"身份认同的危机以及渴望被认同的焦虑,书写了男权社会中女性边缘化的困境以及隐藏其中的抗争意识。可以说,朱天心的书写给读者提供了一种观照古都台北的新视角,给我们带来了新的审美经验,同时也让我们把握到了朱天心作为一个台湾"外省第二代"女作家勇敢发声,以自己独特的叙事方式控诉帝国主义的野蛮侵略,争取族群的平等权利和女性话语权利的生命追求,激发我们警醒和反思。从这一角度说,朱天心的《古都》具有一种特殊的认识价值和深刻的现实意义。

---

① 朱立元:《当代西方文艺理论》,华东师范大学出版社 2005 年第 2 版(增补版),第 427 页。

苏伟贞小说：
女性意识、生命关怀与人生把握

苏伟贞被誉为"台湾当代女性作家中最令人惊羡的奇才"①，是台湾二十世纪七十年代中期以后和李昂、朱天文、朱天心等一起崛起的新一代女作家。1983年发表的成名作《陪他一段》让她备受瞩目。该小说鲜明地表现了她以冷眼观照世事人情、以情伤透视现代社会、语言凄切清厉的创作特色。1989年发表的《来不及长大》则传达出她对生命无法把握、对死亡无法抗拒的无奈之思，她对生命脆弱的感叹，对珍爱生命关怀生命的呼唤，都让人动容。2002年出版的短篇小说集《魔术时刻》，共收录了八篇小说，其中多篇小说运用了镜头内外的时空书写策略，借观看照片或电影的镜头，凸显出主要人物的生活经验与记忆，呈现了一种魔幻写实的审美特征。

可以说，苏伟贞是台湾新女性作家的代表，她的作品数量、创作质量及创作历程在这个时期的台湾女性文学中都非常典型，也呈现出

---

① 贺安慰：《台湾当代短篇小说中的女性描写》，台北文史哲出版社1989年版，第61页。

她非常独特的叙事策略和美学特征。从苏伟贞的系列作品可以看出，在情爱探索中凸显女性意识，在生死书写中昭示生命关怀，在时空处理中传达人生把握，可以说是她女性书写的主要美学特征。苏伟贞小说的美学特征与其人生经历、创作道路和创作风格有着密不可分的关系。揭示苏伟贞小说的美学特征，可以彰显苏伟贞关注社会与观照女性生命的独特视角，给我们带来独特的审美启迪。

女性书写的审美特征

苏伟贞的小说一直在为女性的处境找想法，为女性的世界找出口。其笔下的女主角有着"欲力强大冷凝寡欢"[①]的气质。纵观苏伟贞的系列小说，其女性书写的审美特征主要表现为以下几个方面：

（一）情爱探索中的女性意识

苏伟贞小说多以痴男怨女的爱恨情仇为创作题材，从情爱探索的角度来审视台湾现代社会的人情世界，展示现代男女情感淡化的精神困境，也表现出作家对现代都市文明背景下的迷茫人生的一种人文关怀。苏伟贞笔下的主人公多为独立、有个性、甚至为所欲为的女性，表面上看一个个傲慢不羁，实则是对独立自我与独立人格的一种追求；而且十分重视情感的纯粹，除了捍卫情感的疆界，还不留情地试探情感的本质，以维系情感的乌托邦。也许由于这种有些偏执的坚持，女主人公的生活常常处于不平衡状态，身陷苦闷之中，只能借由自我封

---

① 王德威：《想象中国的方法》，生活·读书·新知三联书店1998年版，第213页。

闭和自我放逐以寻找出路。

1979年11月,苏伟贞发表了第一篇小说《陪他一段》,小说中孤傲特立的费敏明知其所中意的男人另有所爱,并单独去了一趟兰屿。费敏经过五天的思考后,执着地决定陪他一段,而后便以献身、殉情来作为追求至爱的最后告白。可以看出,苏伟贞的书写与萧飒、萧丽红、廖辉英等重在表现女性在社会快速城市化商业化转型时的怀旧情绪不同,与施叔青、李昂等努力宣扬现代女权主义的试验不同,与朱天文、朱天心、平路等探索女性情感深度的实践也不相同,而是呈现出了一种飞蛾扑火般的率性,正如王德威所言:"她写的世间女子的爱恨情仇,表面上看清冷萧索,内心里却有一股玉石俱焚的巨大冲力。"① 发表于1994年的长篇小说《沉默之岛》则是女性身体写作的一个典型文本。苏伟贞挑战了男权文化的性禁忌,深入探寻女性的身体经验和情感动力,揭开了男女情欲世界的面纱,试图在情欲流动的河流中,寻找女性自我实现的桥梁。文本在双线并行的叙述模式下,构建了两个霍晨勉在不同时空中的生活图式,由晨勉甲生出另一个晨勉乙的世界,在这个世界中把社会约束和规范一一打破。可见,这部小说以女性的情欲解放为主题,作者在对女性的真实欲望和生命力的探索中,消解了封建习俗的合法性,把尊重生命的自然性作为女性自我觉醒的一个起点。通过对女性曲折的情感道路的探索,试图指出女性情感主体性建设的方向。小说也同时讲述了女性情感突围的种种障碍,认为这是女性的现实处境,也是"岛"的用意所在,而"沉默"则是对男权历史决然拒斥的一种姿态。由此可见,对女性的情感历史具有如此

---

① 王德威:《想象中国的方法》,生活·读书·新知三联书店1998年版,第222页。

清醒、客观的认识，《沉默之岛》的书写已经昭示了苏伟贞女性意识的某种成熟。

苏伟贞笔下的都市女性大多接受了新思想和新文化的影响，渴望做真正的自己，做一个独立的人。但中国传统的文化思想和性格特征又影响着她们，所以她们很难超越自己。文化的冲突和人生的沧桑使她们的心理失衡，也使其情感历尽劫数后变得千疮百孔，但她们还是不愿屈从于男性，不愿做男人的附庸，并对男权社会进行了某种反抗，体现出一种具有女性意识和自我价值的都市女性新形象。而且，苏伟贞笔下的女性还是一群有纯爱信仰的精神洁癖者，她们行走于保守与叛逆、理智与情感的边缘，用傲然、沉默的态度表达对父权话语的排斥和拒绝，也许这种排斥和拒绝并没能有效地颠覆男权话语，却已让我们看到了新一代女性自我意识的生成。

（二）生死书写中的生命关怀

苏伟贞的小说中有不少关于生与死的书写，如《来不及长大》《三月"彦华"》《世间女子》《时光队伍》等等。这种生死书写虽然带有某种宿命的无奈，认为人的命运受到许多不可规避的因素影响，生死不可预知，人们无法把握也无法抗拒，在猝不及防的死亡面前，人的生命显得十分脆弱。如在《从来没有忘过》一文中，她认为，人生中很多事是无法掌控的，唯顺其自然而已矣。那过去的和未来的我们都无法拒绝。但在这种无奈与无助的背后，却透露出苏伟贞对生命的深深珍爱和关怀，让人动容。在《来不及长大》中，小女孩妙妙来到这个世界不到十载，却不幸患上白血病，她根本无力与命运抗争，亲人只能眼睁睁地看着疾病夺去这个鲜活的生命。年幼的孩子不知道生死，死亡却找上门来，命运的无奈与无助让人心痛不已，我们不难从中把握到作家对生命脆弱的感叹和珍爱生命关怀生命的独特呼唤，以及渴望生命永远美好的独特期许。所以她在《三月"彦华"》中写道："如三月的花朵一般灿艳。都说这是一个缺雨的春季，另一个雨季已悄悄来临"①。也许这个春季是缺雨的，但她相信会有另一个雨季"悄悄来临"的，到时草会滋长，花会盛开，一切都会变美好的。可见，她的生死书写也孕育着某种让人滋生希望的生机。而且，在《去的地方》一文中，她还写道："生不一定好，死不一定坏，生有生的意义，死有死的意义，一切不可强求"②。生死各有意义，在这里我们可以看到她在生死问题上的某种参悟，以及对生命规律的独特把握。也许她正是试图揭示出，死亡的意义就是让人深知生命的不易，生命的脆弱，从而更加珍爱生命，关怀生命。

除此之外，苏伟贞还在《世间女子》《时光队伍》等作品的生死书写中，深情地悼念死者，希望人们能够坚强地面对死亡，认为死亡不仅是一种无可奈何的逝去，还意味着一种新生。如《时光队伍》这部作品就是她沉潜四年书写已逝至亲张德模的一部悼亡书，小说扉页上就写着："张德模，以你的名字纪念你"，表达了作者深深的悼亡之情。作品中，作者以第二人称未亡人的叙述视角，去书写去世者张德模，沉静地回忆、追悼逝去亲人在自己心中的情感分量，彰显张德模"怕死也是死，不怕也是死"的乐观精神。作者还通过这种追忆叙写族群的发展历史，字里行间蕴涵着作者对族群历史的思考深度。可见，作者的生死书写并非都是忧伤和悲观的，它不仅体现出作者对生命把

---

① 苏伟贞：《都在书生倦眼中》，江苏文艺出版社2010年版，第17页。
② 苏伟贞：《都在书生倦眼中》，江苏文艺出版社2010年版，第24页。

握的一种深度和厚度，还呈现出作者对待生死的某种哲学智慧。

（三）时空处理中的人生把握

苏伟贞小说还常常运用时间空间化和空间时间化的方式来处理人物所处的时空关系，传达她对"眷村"人生的独特把握，由此透露其小说文本的深沉意义。苏伟贞小说的时间空间化处理，是指作者将时间事件集中体现在一个空间中来叙述，这个空间因此就凝聚了现在、过去乃至未来的人物生命历程。如长篇小说《有缘千里》，作者从高、赵、秦等七个家庭由大陆迁往台湾之初写起，逐渐展开彼此之间错综复杂的情感故事，这些故事不仅涉及每个家庭的矛盾纠葛，而且也涉及大陆与台湾的情感联系，但所有这些情感故事全都集中发生在致远新村这一"眷村"空间中，由此演绎出海峡两岸那个特殊背景下"眷村"人的独特生命历程。《离开同方》的时空处理也是如此。小说以"我"为叙述视角，通过"不断回忆和意识闪回"[①]，叙写出"我"、袁、李、方、段五家人种种情感交错的传奇故事。其中有疯子、骗子、怪人，还有风流浪荡者，情节怪诞魔幻，富有象征意味。而且，作为一个回忆性文本，它构建起的时间和空间都处于封闭状态。小说从"我"拿着母亲的骨灰回到同方新村作为叙述故事的起始点和终点，所有的故事都发生发展在同方新村这一眷村的特定空间中，这使小说在结构上形成一个封闭空间，与上述的致远新村一样，这个空间也包含了过去至现在的"眷村"人的生命错位和现代人类社会的某种生存困境。《日历日历挂在墙壁》这部小说则把时间封闭在一个老太太的日记

---

① 刘俊：《从〈有缘千里〉到〈离开同方〉——论苏伟贞的眷村小说》，《暨南学报》（哲学社会科学版），2007年第4期。

中，所有的事件都是想象的事件，发展中的时间也是日记中的时间，老太太在这个封闭的日记空间里营构了一个与现实不同的幻想世界，以此传达自己的生命追求和人生把握。这种时间空间化的处理形式还有《沉默之岛》等作品，都十分耐人咀嚼和反思。

苏伟贞小说时空处理的另一策略是空间时间化。在小说《以上情节……》中，宝圣的母亲未婚生子，只能把逢年过节看电影当做一种排遣寂寞的方式，后来却变成了习惯，电影院也成为宝圣的童年记忆。长大后，"她母亲去了国外，抛弃了她"①，宝圣继续看电影，把电影人生当做她的人生，因此电影一开始演她就知道结局。让她感伤的是，电影里的人生才叫人生，永远有开始和结束，多么完整。在虚拟的电影世界里，宝圣找到她最需要的幻想人生，对她匮乏亲情的残缺人生具有一种满足与补偿作用，看电影成了她追忆母亲想象父亲的一种期待，也成为她与现实抗争的一种方式。可以看出，苏伟贞在小说中有意建构了一个电影空间，这一空间虚实交互，看似真实，其实是假的，是一个"不确定的磁场，姑且称之为灰色地带"②，以此象征宝圣母女虚幻的生命情境以及宝圣生命时间的不确定性。除此之外，苏伟贞还常常通过空间的位移和变化，来表现时间的发展和变化，而且因为注入时间的意义，空间的移动不再是无意义的变化组合，而是显示了一段具有时间意义的历史进程，从而独特地表现出主人公的命运发展轨迹。如小说《沉默之岛》中的主人公晨勉甲在不同的地理空间中辗转，其地理空间的变换不仅推动了故事情节的发展，而且也体现了女性追求自我的时间历程，对主人公的命运发展具有独特的意义。

---

① 苏伟贞：《魔术时刻》，台北印刻出版社2002年版，第158页。
② 苏伟贞：《魔术时刻·自序》，台北印刻出版社2002年版，第6页。

总之，苏伟贞运用时间空间化和空间时间化的叙事策略，给读者构建了一个充满隐喻性的文本空间，让读者在文本中随着其时间的发展和空间的变化，去捕捉作者对"眷村"人生的独特把握及其生命追求，由此揭示其文本所诠释的"孤独与封闭"的深层文化内涵。

审美书写中的生命诉求

二十世纪七十年代初，女性要求自由与民主的声音在台湾岛上响起，新女性主义的声音掀开了台湾现代妇女运动的新篇章，引起了巨大的社会震动。台湾现代妇女运动的意义不仅仅只是争取女性的某种权利，还关注社会改革开放的思想观念，以此追求性别平等社会和谐的理想世界。在这一时代背景的影响下，苏伟贞用清冷的笔调、独特的叙事策略书写自己的女性意识、生命关怀和人生把握，塑造出一个个独立不羁、孤寂又率性的女性形象。形成这一美学特征的原因与其人生经历和生命诉求有着密不可分的关系。

首先是在个人经历激发下所形成的家国情怀与生命关怀意识。苏伟贞出生于台湾眷村，她自小就是一个书虫，退伍的父亲开租书店的背景让她近水楼台先得月，拥有了比别人更丰富的阅读经历。可以说，租书店为苏伟贞开启了阅读之门，提供了优越的阅读机会。在一次访谈中，苏伟贞回忆起这么一个细节："刚刚要进小学那一年，我爸爸从军中退下来，他就有一天宣布说要开租书店，后来他就顶了一家倒闭了的租书店，而后书就寄过来了……书来的时候七零八落的，我就坐在那个地方，根本完全不会看字，开始拿起来盯着一直看……我觉得我好像知道，只要抓到一两个字，我大概知道它在做什么，我那时候的一个感觉就是我对文字比较敏感一点"①。正是这种从小形成的阅读经验,不仅养成了她热爱阅读的习惯,培养了她对文字的敏感度,更激发出她用文字书写现实感悟传达生命诉求的才情,所以很多人都认为她的才情是被书香熏出来的。

苏伟贞作品中的家国情怀与女性意识更与她长达八年的军旅生活有关。她十九岁起进入军校(政治作战学校)接受教育,她曾经在《这身军服我不脱》中说:"我们多么愿意表明自己的态度,告诉别人——我是一名军人……而这身制服,我不脱"②。虽然最后她还是脱下了军服,但是她的军人气质一直延续在她的生命和写作当中。她作品中的那一个个隐忍、独立、执着、率性的女性形象多少有点她自己的影子。王德威曾论述道:"苏伟贞笔下的男男女女是情场上的行军者。他(她)厉行沉默的喧哗,锻炼激情的纪律,并以此成就了一种奇特的爱情观。"③可见,其笔下人物的某种军人特性,是苏伟贞军旅生活外化的结果,也因此铸就了她的家国情怀和生命关怀意识。2004年2月,苏伟贞丈夫张德模病逝,其生命之痛触发了她对生命脆弱的独特思考,也激发她在2006年完成了纪念挚爱张德模的小说《时光队伍》。但这部小说已不仅仅是悼念丈夫的哀叹之作,她的生死书写已经超越了作家的一己情感,张德模,在文本中成了一种象征,作家借此传达的是她对族群历史的深刻思考和对生命生死的独特感悟。

其次是在眷村环境审视中力图挣脱"封闭"感的抗争诉求。作为

---

① 明鑫等:《蔡康永对话苏伟贞》,http://www.douban.com/group/topic/2423220/,2008-01-02。
② 苏伟贞:《岁月的声音》,安徽文艺出版社2000年版,第156页。
③ 王德威:《以爱欲兴亡为己任,置个人生死于度外》,http://www.ilf.cn/Theo/79790.html,2011-12-23。

一位出生、成长于眷村的外省第二代作家，苏伟贞对自己所生活的眷村环境有深切的体验，他们的父母亲作为第一代外省人因为战乱离开家乡，随国民党军来台，在台湾毫无祖产，完全靠劳资来建立生活。而且大多还活在回归大陆家乡的想象中，与外界社会隔离。这种状况培养了外省第一代人的独立性格，却也造成第二代的人际关系疏离。苏伟贞对此曾描述道："他们的父母一口乡音，他们关起门来和父母以籍贯上的语言对话；出得家门，在巷弄学校里和邻居孩子们讲各地方言。出得村门，他们讲国语、客语或闽南语。很小，他们就像活在外国"[1]。这些外省第二代因为背负着家国认同与身份认同的种种问题，总感到自己的生活处境似乎与眷村外的环境有一种隔阂与对立，这让苏伟贞作品中的时空书写常常出现一种"封闭"感。这种"封闭"感不仅体现在《有缘千里》《离开同方》等作品中的致远新村、同方新村等特定的眷村环境中，还体现在其作品中多次出现的"岛屿"等意象中。苏伟贞把在麦田出版社出版的自选集命名为《封闭的岛屿》，把一部小说命名为《沉默之岛》，强调的就是其"岛屿"意象的"封闭"感与"沉默"性，"沉默"可能就是"封闭"的外在形态。因其"岛屿"的"封闭"感与"沉默"性，自然与世隔绝无人关注，只能是自己内心的喧哗与骚动，是一种自我的生命的注视。可以说，苏伟贞小说一方面通过这种充满"封闭"感与"沉默"性的书写，来表达她对眷村环境的一种反观与审视，揭示眷村人渴望走出这种"封闭"与"沉默"的期盼和努力，由此传达她对眷村人生的独特把握。另一方面，她也试图通过这种独特的"岛屿"意象，来象征传统女性身体的"封闭"感与"沉默"性，以及女性力图挣脱这种"封闭"与"沉默"

---

[1] 苏伟贞：《台湾眷村小说选·序》，台北二鱼文化出版社2004年版，第7页。

的一种抗争，由此传达她独立不羁的女性意识，实现与自我、读者、社会的对话。

其三是在张爱玲创作影响下对女性生命的独特观照。二十世纪七十年代后期，一股"张爱玲风"在台湾岛上兴起，当时许多作家崇尚张爱玲，并深受张爱玲创作的影响，苏伟贞可以说是其中很引人注目的一个。在一次接受记者的访谈中，苏伟贞说："正好有这么一个机会，然后这些年来……也一直研究的是张爱玲，就可能很难避免一件事：我常常会用她的眼光来看待一些事物……然后和她通信有回往，不多，也就十几封信"①。可以看出，苏伟贞确实从张爱玲那里汲取了很多养分，从她的小说中我们能看到张爱玲的影子，特别是张爱玲清峻冷然笔调的影响，正如美国华人学者王德威在《以爱欲兴亡为己任，置个人生死于度外》一文中所指出的："即使写最热烈的偷情、最缠绵的相思，苏的笔锋是那样的酷寂幽森，反令人寒意油生。"② 苏伟贞的小说《长亭》也与张爱玲的《金锁记》在题材上有相似之处，二者叙写的都是生活在旧式家庭中的老妇人遭遇的故事，可见张爱玲的女性人生观照对苏伟贞创作的影响。当然，苏伟贞还是不同于张爱玲的，张爱玲笔下的人物是沉沦的，或情愿或不情愿地一步步走进没有光的处所；苏伟贞却不同，她为笔下人物打开了一扇通向春天的门，把爱情熬成一条条伤疤的女性还会慢慢愈合自己的伤疤，可见，其作品的基调还是有些温暖的，其笔下人物对这个世界还是具有憧憬和希望的。

在更多作品中，苏伟贞小说对女性生命的观照却是与张爱玲殊异

---

① 李雨嘉：《专访台湾作家苏伟贞：张爱玲说我"言之有物"》，http://www.sczjw.cn/xs/201111/2673.html，2011-11-03。

② 王德威：《以爱欲兴亡为己任，置个人生死于度外》，http://www.ilf.cn/Theo/79790.html，2011-12-23。

的。王德威认为苏伟贞笔下的情爱世界是以"以爱欲兴亡为己任,置个人生死于度外"①,既有张爱玲的文学传承,也有自己的特点,其笔下的女性生命观照带有一种"鬼气",书写的是一种"鬼话":"所谓鬼话,当然不是说苏伟贞装神弄鬼,夸张灵异。她的那种鬼气,来自于她以冷眼观摩世路人情,用辩证的态度对待爱恨生死,而更重要的是她对女性献身(或陷身)及书写情感欲望的真切反省。死亡、病态、疯狂、失踪、游荡是她故事中角色,尤其是女性,一再串演的主题"②。可见,苏伟贞是试图通过这种充满"鬼气"的书写,来反省女性生命的灾难性、受虐型、不确定性和难以把握性,由此激发读者的深切关注,传达自己的女性关怀意识。同时也为我们提供了一个观照女性生命世界的独特视角和新异的审美经验。

总之,苏伟贞小说以在情爱探索中凸显女性意识、在生死书写中昭示生命关怀、在时空处理中传达人生把握的美学特征,带给读者独具魅力的审美经验。她那冷峻清冽的女性书写,不仅别具匠心地传达出她对现代社会困境的深切思考和对女性生命世界的独特把握,也在一定程度上昭示了作家深沉的人文关怀意识和温暖的生命诉求,具有独特的社会意义和美学价值。

---

① 苏伟贞:《描红——台湾张派作家世代论》,台北三民书局2006年版,第280页。

② 王德威:《以爱欲兴亡为己任,置个人生死于度外》,http://www.ilf.cn/Theo/79790.html,2011-12-23。

刘克襄生态写作：
从自然书写到生态重构

生态批评是二十世纪九十年代兴起于英美的批评浪潮，它力图通过生态写作的文学文本来考察文明与自然之间的关系。它不仅倡导要解救人类赖以生存的大自然，还力求还人类以自然天性，从而解决当今社会人的异化问题。它的终极关怀是要重建新型的人与自然合一的物质家园和精神家园，从而实现天人合一。[①] 台湾作家刘克襄的写作也是这样一种生态写作。他从二十世纪七八十年代开始，就坚持把自然书写与生态旅行紧密结合，怀着热爱自然大地的真挚情感，游走在台湾各地的乡村和山地，无论是叙写自然生灵，或是描绘现实环境，都饱含人文关怀，透过他的书写，我们可以捕捉到他对大自然的热爱与关切，把握到他对台湾生态环境的不断反思。其《11元的铁道旅行》《旅次札记》《河下游》《漂鸟的故乡》等许多作品以自然万物为书写对象，以贴近自然、尊重自然的书写态度，表现出对自然生命的独特

[①] 王诺：《生态批评的美学原则》，《南京师范大学文学院学报》2010年第2期。

观照和倾情热爱，传达出他向自然万物学习生命之道，重建人与自然亲密关系的倡导，也体现出鲜明的美学特征。特别是面对当下日益严峻的生态危机，刘克襄力图通过他的自然书写呼唤美好自然生态的回归和人与自然的生态平衡，促使社会环境与自然环境的和谐统一，对我们深入思考和正确把握现代工业社会的飞速发展与生态文明的关系问题，具有重要的启示意义。

尊重生命与呵护生态的诗性书写

刘克襄的自然生态写作最早触及的是台湾的社会问题，而非自然问题。当台湾社会发展到二十世纪七十年代时，伴随着现代化建设和经济的高速发展，出现了许多环境公害事件，导致一些生态环境趋向恶化，为了自身的生存权益，人们涌上街头抗议的事件不断发生。这也引起了一些作家的关注，面对越来越严峻的环境污染和自然破坏问题，他们挺身而出，投入环保浪潮中，不仅与民众一起呼吁政府保护自然，而且创作了一系列的报告文学，通过书写深刻反省生态环境与社会发展之间的关系，进而思考和探讨人与自然的关系，刘克襄的写作在台湾这些自然写作中颇具代表性。

刘克襄的自然生态写作涉及诗歌、小说、散文等各种文体，内容动人，情感真挚，体现出鲜明的美学特征。探讨刘克襄生态写作的美学特征，不仅有助于我们深入了解其生态书写的用心所在，而且也有利于我们进一步把握其生态写作的审美价值。

（一）对自然生命的怜爱与尊重

透过刘克襄的写作可以看出，对自然生命的呵护与尊重一直是他所要传达的重要情感特征。他认为，人类对自然应该保持适当的尊重与距离，当人们知道自己是处在整个自然环境里的哪一个位置，并且找出一种享受、阅读它的方式时，则人类对自然万物就能保持适当的尊重与距离①。因此，在他的书写中，大至一片森林，小至一只小鸟，他都能以一种呵护的心态去观察它，欣赏它，给予其生命以充分的尊重和爱惜。如他通过对不同鸟类的观察，来认识自己所处的千变万化的自然世界，传达出自己对鸟类的关怀和尊重之情。出版于1978年的诗集《河下游》是刘克襄的第一部作品，当时作者才就读大三，他在其中一篇诗作中写道：

> 有人沿河下游走去
> 最初只有芦苇在他背后摇动
> 他蹲视着河对岸
> 注意到河鸟的飞旋停驻森林
> 后来他出现沙洲
> 一只鹭鸶在黄昏时翔视
> 当他没入森林　鹭鸶沿着
> 河下游——落日旁边飞过②

这首诗画面清幽静美，有一种苍茫悠远的安静。从"芦苇"到"河鸟"到"鹭鸶"到"落日"，四个意象逐次展现，叠映出了一幅开阔深远的景象。我们不仅可以从中感受到作家对鸟儿自由飞翔自然栖

---

① 林耀德：《猫的蹄笙——刘克襄诗作刍议》，《文艺月刊》1986年第2期。
② 刘克襄：《河下游》，转引自竺溪：《寂寞的行径——读刘克襄诗集〈河下游〉》，台湾《商工日报》，1986年5月8日。

息的淳朴境界的欣赏和呵护，还可以把握到作家对人与自然和谐相容这一美好生态的向往和尊重。

《小鼹鼠的看法》是刘克襄的一部散文诗集，在这部散文诗集中，作家同样通过他细致的自然观察视角，以"散文"和"诗"相结合的优美语言传达出自己对自然中各种小动物的生命活动的欣赏、怜爱和痛惜：

> 秋天时，我们全心全意注意着，来自天空的飞影与声音，从窗口、阳台，从公路、河岸，从任何可以望远的地方。……关于鸟之种种，还有围绕鸟之事物的自然，都没有国界，天壤无限的，亚细亚之爱。①

> 这就是我的目光所及，纵使是低头，看着脚前，一只野兔跳过雪地的足迹，都是我一生的不安与宁静。②

> 是的，满月的冷光下，你又听到它深层的寂静漫澜开来，像鬼蟹沙沙爬满海岸。熄灯的书房渐渐饱涨潮水。一万只迁徙中的矶鹬，悄然飞落，在这自然界最惊悸的一霎，而你以一生，以你浑厚交叠的怜爱，迤逦成纵深千里的沙滩，烘托出它们的孤单。③

这些诗篇情感真挚饱满，娓娓动人。在他优美恬淡的书写中，我

---

① 刘克襄：《小鼯鼠的看法·星期日的亚洲》，迪茂国际出版社1994年版，第50页。
② 刘克襄：《小鼯鼠的看法·地顶之旅》，迪茂国际出版社1994年版，第51页。
③ 刘克襄：《小鼯鼠的看法·黑岛》，迪茂国际出版社1994年版，第52页。

们看到了鸟的飞影，看到了野兔的足迹，听到鬼蟹爬满海岸的沙沙声，还看到一万只迁徙中的矶鹬悄然飞落的身影，那么轻柔，那么宁静，那么美好！字里行间，不仅可以感知到作家投入其中感人至深的怜爱深情，也可以感知到作家对这些小生命的呵护和尊重，哪怕"一只野兔跳过雪地的足迹，都是我一生的不安与宁静"；更可以把握到作家对人和自然和谐相处的由衷渴望，让人对大自然的生灵万物相谐相融充满了向往，充满了深情的念想，由此唤起了人类对自然生态的尊重、爱护和珍惜。

（二）对淳朴生活与自然生态的渴望和希冀

台湾几十年来的高速发展和现代文明对土地的过度开发，导致了自然生态的日益消失和人与土地的日渐脱离，也导致了自然环境的恶化。美国自然写作作家蕾切尔·卡森认为社会的发展与科技的进步是势不可挡的，但人类必须警惕那些缺乏远见的科技，因为这些先进的科技在征服自然的同时，很可能也会毁掉人类生存所必需的自然资源，使人类面临毁灭性的灾难。和其他生态写作作家一样，刘克襄清醒地意识到了这一点，因此，对美好生态的希冀，对淳朴生活的渴望，也成为刘克襄生态书写的一个重要的情感特征。

刘克襄同样是通过自然观察来传达自己的感知和思考的，他常常在深入了解台湾本地自然生态的基础上，思考着人类与自然如何和谐相处。或者选择在同一个地方，定点观察当地生态环境的变化，书写出人与土地脱离失去淳朴生活的无奈和痛苦；或者游走于台湾偏远的乡村和山地，去寻找曾经的美好，美好的景物，美好的人居，来唤起台湾都市对曾经美好的自然生态的回忆，表现出作家对人与自然和谐生态的渴望和希冀。他的考察为自然写作提供了丰富的题材,其作品《漂鸟的故乡》《旅次札记》和《在测天岛》就是在这样考察的基础上写出来的。

《11元的铁道旅行》是刘克襄搭乘台湾高铁到处寻访市井乡野的见闻记录。在作品中,我们可以看到,作家以自然的心境,随意地游走,去体验当地的居民生活,感受当地的风土人情。他搭乘台湾最慢的火车,从一个小站到下一个小站,沿着铁路走过台湾许多美丽的小镇,去邂逅台湾各个地方的美丽景物,希望"从科技中发现自然",也希望"凡地铁周围的饾饤小物,都想悉心摩挲,抽剥出兴味"。比如,挑扁担的老人,他的扁担是什么植物做的?高雄车站的公共汽车站,还有窗口如老鼠洞的售票亭吗?正是这些微不足道的小景小物深深吸引了他的目光,让他的旅程满载而归。就这样,他在铁路旅行中努力追寻着淳朴的台湾本地文化,希望从当地的植物、风景中品味出一个富有自然生态美的台湾。在他的书写中,火车已不单是一种运输工具,而是旅行考察的重要载体。他说,搭乘高铁就像是在观看一部台湾的生态纪录片,九十分钟的车程,颓败与活力,荒野又文明的画面轮番上映;还可以尽情地"流动鸟目",由北南下,二三千米高山的雄峙,中低海拔浅山的嶙峋,在眼前逐一耸立而过;那种兴味,只有搭乘高铁,才能够得以尽情欣赏与感受。由此他不仅记录下追寻和考察自然生态的独特行程,也传达出力图"用最轻微的自己,在接触这片土地"的渴望和希冀。正像他在这部作品的自序中所说的:

> 高铁是另一类型的火车,速度较快的火车。它的出现,我不得不把自己的旅行地图画大一些。但仍是我的边界,仍是11元的

内涵。我学习,从快中找慢,从科技中发现自然。也借由高铁经过的新地理,接触到另一个台湾,另一个自己。

这本铁道旅行搜集了千禧年来,我在各地搭乘台铁和高铁的见闻。一个人的,结伴的;也有上百人旅行,像候鸟的集团迁徙。对我而言,铁道不只是旅行,它还是乡土教学,也是环保教育、自然教学不可或缺的课程。

搭火车是快乐而知足的旅行。凡铁道周遭的饾饤小物,都想悉心摩挲,抽剥出兴味。

搭火车是环保而简朴的旅行。花费很少,却耗费很多时间。但那是用最轻微的自己,在接触这片土地。①

透过刘克襄那些饶有趣味的文字与生动形象的图片,我们仿佛遇见另一个迷人的美丽台湾。这一独特的书写,不仅传达出了现今台湾许多自然生态守护者的共同心声,而且以自己的亲身经历和所见所闻呼吁人们停止破坏自然万物,停止糟蹋人类赖以生存的生态环境,呼唤人们努力地去了解和融入自然,呼唤曾经美好的自然生态的回归,由此生动地表现出了刘克襄对淳朴生活和自然生态的渴望和希冀。

(三) 以诗性语言叙写生命活动的和谐美好

刘克襄在 1996 年发表的一篇名为《台湾的自然写作初论》的论文中,明确指出自然写作的语言,应融入更多的知识性描述和自然科学元素。正是使用了许多大自然中的生命符号,自然写作才会呈现出更形象具体的自然原貌。但他也认为,尽管如此,文学性仍然是自然写

---

① 刘克襄:《11 元的铁道旅行》,上海人民出版社 2011 年,第 3—4 页。

作的基本底色,因为自然写作不是一种纯粹科学性的记录观察,不能像专家学者一样,大量使用记录数字或学术用语,否则就会写出一些硬性的调查报告①。因此,刘克襄在自然写作中努力在科学语言与文学语言之间寻找一种"折衷"的办法,试图以"深入浅出"的方式把日常生活中的观察记录用文学的形式呈现出来,这就是诗性的叙述语言。

虽然在一开始的尝试中,他还不能很好地处理和调节两者之间的矛盾,为了表述的准确真实,有时不得不"主动放弃文学",导致了他早期的一些作品读起来生涩干硬、枯燥乏味,很难与诗意流动的优美散文相媲美,正如评论家陈昌明所批评的:"如果从文学的角度来看,他们的作品大多数是义理丰富,但是枯涩难读,真正可以让人兴味盎然,想要玩味再三的作品实属少数"②。但是,刘克襄不断地在思考和寻找,他说:"我觉得自然写作不应该只有知性的东西,还有其他很大的空间,我一直在寻找自然写作的可能性"③。可以说,做到科学语言与文学语言的完美结合,一直是他努力追求的目标。特别是在读了美国生态文学作家梭罗的《种子的信仰》和《湖滨散记》两本著作,以及另两位美国作家阿道·李奥波的《沙郡年记》和瑞秋·卡森的《海之滨》后,他从这些作家笔下那些优美的描述中得到了很大启发,例如:"我想起我绞尽脑汁才能'写出'一首诗,而黄脚鹬只需提起他的脚,便能'走出'一首更优美的诗"④;"万籁俱寂,唯有笼罩、吹袭

---

① 刘克襄:《台湾的自然写作初论》,载台湾《联合报》副刊,1996年1月4日。
② 陈昌明:《人与土地——台湾自然写作与社会变迁》,文建会出版2000年版,第45页。
③ 刘克襄:《台湾的自然写作初论》,载台湾《联合报》副刊,1996年1月4日。
④ 〔美〕阿道·李奥波:《沙郡年记》,吴美真译,天下文化出版社1998年版,第237页。

在水面和沙岸上的风声,以及浪头打在海滩上的声音,眼前没有任何生命,只有接近海洋的一只小小螃蟹。我曾在其他环境下见过上百只鬼蟹,但现在却突然有一阵奇特的感受——这是我首次见到这个生物在属于它自己的世界里——也是我首次了解到它存在的本质。那一刻,时间倏然静止,我所属的世界已不再存在,我成了来自外太空的旁观者。单独在海边的小蟹成了生命本身的象征;象征着精巧、脆弱,却又生机无限,设法在无生物世界的残酷现实中,占有一席之地"① 等。这些动人的描述让他意识到,将自然科学书写转化为富于诗意和想象的文学表述是完全可能的,科学语言和文学语言也是可以完美地结合在一起的。因此,对诗性的叙述语言的追求,逐渐成为刘克襄生态写作的鲜明特色,如:

其他河鸟也许已去了大甲溪,他仍留下,很难解释的,如果想得浪漫合理,我可以帮腔说,他在美溪晒最后一季的阳光,马上要离去。留还魂草花谢,等雨水时分,随鱼虾溯回,他也沿岸边直奔水暖花开的美溪。②

芒籽们总是选择在这最冷的天气,向各地旅行。③

这些描述非常亲切,非常动人,在刘克襄的生态写作中比比皆是,

---

① 〔美〕瑞秋·卡森:《海之滨》,庄按祺译,天下文化出版社1998年版,第15页。
② 刘克襄:《旅次札记·美溪的最后一只河鸟》,晨星出版社1996年版,第28页。
③ 刘克襄:《小绿山之歌——台北盆地四季的自然观察》,时报文化出版社1995年版,第10—11页。

可以说，读他的作品，时时可见俏皮有趣的拟人化叙述，又充溢着浓浓的诗意。这些诗意的拟人的叙述语言是作家观察经验、生物知识与文学想象巧妙融合的结晶，它们增加了自然书写的亲切感，使叙述显得生动活泼，拉近了读者与自然万物的距离，也增加了读者对自然万物的喜爱之情，并且引导读者对自然生命由观察、了解、尊重、共处这样的顺序进入作家用心营造的诗意空间，由此生动地表现了自然生命活动的和谐美好，从而对其倍加爱惜和呵护。

（四）以都市视角传达生命和谐的生态诉求

刘克襄自然写作的另一个美学特征，就是以都市视角来表现生态平衡的自然道。在其作品中，他常常以都市中的一个地点或一个窗口为观察点去观察自然，力图以其真实的视野和情感互动，唤起读者对身边自然生态的珍惜与爱护，呼吁人类减少现代开发，维护人与自然的生态平衡。他认为，自然写作所需要的野外旅行与定点观察，并不适合每个人。因为当今这个科技迅猛发展的年代，并没有多少人可以不受日常生活的束缚，长时间流连在深山野林，也很少人可以放下城市生活中的一切，隐居于山乡林间，过着不问世事的朴素生活。因此，刘克襄通过都市的视角，书写了许多住家周围的自然道，试图作某种调和自然原野与都市文明的尝试。这种视角不仅为接近自然提供了新的途径，也为自然写作提供了在都市在身边依然可以表现自然生态理念的可能。刘克襄曾经选择他住家附近的一座小绿山进行了为期三年的自然观察，然后把他的观察书写出来。在《山黄麻家书》中，他在写给儿子们的信中说："爸爸最近选择了住家附近的小山，进行四季的自然观察。它位于通往万芳社区的山路边，旁边还有一座隐秘的池塘。

我叫它小绿山。小绿山海拔约五十米……平常只需五分钟即可走完。这样的林子在台北近郊,放眼望去可以说比比皆是,说不上有什么特殊的景观。然而,为何选择这样一个不起眼的地方作为四季调查的场地,而不是一个特殊的区域……说来话长,但简言之,我正在实践一种自然观察者随时随地都能观察的信念。这个信念强调,纵使从自己位于住家的窗口看出去,也能进行长期的记录。它将印证,一个再如何平淡无奇的自然环境,经过长期的观察都会产生有趣而丰富的变化"①。从这段话中,我们可以看出刘克襄所要传达的理念,只要你有一种珍惜和呵护自然生态的信念,不管在远方,或者在脚下,你随时随地都可以进行自然观察,随时随地都可以探寻生态平衡的自然道,随时随地都可以在自己的观察和书写中唤起人们维护生态平衡的积极意识。

刘克襄的许多作品还以住家窗口的视角来书写自然生态的恶化,呼吁自然生态的保护理念。他在《偷窥自然》一文中说:"自然是无处不在的,从家里的阳台和窗口,就会看到许多意想不到的美丽事物。窗口对我来说,就像一个大自然 CD 的转盘,随着四季的变迁,播放着不同时序的美妙音乐。透过阳台和窗口景色的不断变化和生物群相的来去,我也在适时地调整自己的心情……被窗口的律动,培养出一种很私我的,和自然间的约会……如果一个人有兴趣和大自然做亲密接触,就会永远有一扇窗口在等他,等待他何时去开启。窗口只是欣赏和观察自然的一种形式,换个角度,它也许是在公寓的顶楼,也许是在社区的庭院。无论如何,我们都可以设法在最有限的都市空间里,

---

① 刘克襄:《山黄麻家书》,晨星出版社1994年版,第156页。

和大自然做最大的亲密接触"①。"窗口"的发现，使刘克襄试图从都市中寻找自然写作视角的审美方法更加契合了现代人的生活处境和审美心理，也使他的书写更加真实亲切，更易于为现代读者所接受。一方面，作家可以引领人们进行随时随地的自然观察，在观察中思考自身生存的生态问题；另一方面，也在潜移默化的审视中让自然生态的保护理念更加深入人心。

《野狗之丘》便是这样一部根据作家在自家窗口观察到的一群野狗的生活写成的故事。书中描写了一群野狗在都市里的艰难生活，有的死于疾病，有的死于饥饿，有的死于车祸，有的死于捕杀。人类对于身边的流浪狗更多的是仇恨与畏惧，责备它们弄脏了都市的环境，害怕被这些流浪狗咬伤，因此总是远离甚至捕杀它们，甚至也出台政策进行捕杀。当然，在都市里，并不会有很多人去刻意关注身边流浪狗的生活状况。但是刘克襄不仅注意到了，而且进行了持续的观察和描述，他在《野狗之丘》的后记中说："本书野狗们生活的垃圾场就在小区旁。进入小山头，势必得路过那儿。时日久了，它们的一举一动自是熟稔。……最早和这些野狗们产生互动，并非在垃圾场，而是在上山途中。那时，小冬瓜正好怀孕。接连好几回，清晨时，我走上山径，远远地，便看到一只小黄狗迎面而来。可是，再往前几步，它就消失于草丛，避开了我。旋即，从后头窜出，继续往山下快跑。这个动作吸引了我的好奇，进而观察到它在垃圾场和其他野狗的互动，以及喂食小狗的有趣行径"②。在文中可以看到，刘克襄不仅叙写了流浪狗的艰难，还叙写了人类对动物的摧残，更叙写了小狗自然生动有趣的生

---

① 刘克襄：《偷窥自然》，迪茂国际出版社1996年版，第25—26页。
② 刘克襄：《野狗之丘》，浙江大学出版社2010年版，第252—253页。

命活动，深沉地表达了作家对这群野狗的痛惜怜爱之情，字里行间充满了对动物的人文关怀精神，由此也透露了作家希望爱护各种自然生命、维护人与各种自然生命和谐共处的生态环境的独特诉求和呼唤。

生态恶化与守护台湾意识

刘克襄的生态写作与台湾本地自然生态环境和人文生态环境的恶化密切相关。1949年以后，台湾当局的高压统治及其所推动的工业化建设，虽然带来了经济上的飞速发展和城市化进程的不断发展，但也因过度开发和工业污染导致了台湾自然环境的严重破坏，岛民生态环境日益恶化，民众忧心忡忡，焦虑浮躁的情绪弥漫其精神空间，因此也导致台湾人文生态环境的恶化。这一点，很多台湾自然生态学者和写作者都深有感触，王家祥在《我所知道的自然写作与台湾土地》一文中说："台湾城乡留存的美丽荒野越来越少，消失得很快，古老时代，那种林木苍郁，绿荫处处，蝉声蛙鸣的生活，消失得很快。城市与乡野的分际模糊难辨，混乱无序。可不是官方虚伪地宣称：城市乡村化、乡村都市化的口号，而是城市变得愈来愈适合人居住，连乡村也随着城市荒漠灰调化了，因为工业区与工厂用地的规划不良，纷纷进驻城市四周的乡野，扩大污染与破坏的范围，而绿地的挽救保存措施则荡然全无"[1]。因此台湾生态学者陈玉峰指出："台湾的第一个历史课题即文化与土地伦理的问题，也就是公害的环保问题、污染与尊重生命的生态保育问题"[2]。这也直接唤醒了台湾民众的保护意识，催

---

[1] 王家祥：《我所知道的自然写作与台湾土地》，载《自立晚报》，1992年8月28—30日，第19版。

[2] 陈玉峰：《土地的苦恋》，晨星出版社1994年版，第200页。

生了环保运动浪潮的持续高涨。这一现状也让许多具有社会责任感和使命感的作家忧心忡忡，由此也唤醒了他们的生态意识，激发了他们的创作激情，催生了台湾作家基于维护生态平衡意义的自然写作热潮，并推动了大量自然写作作品的出版。正像生态理论学者王诺教授指出的："出现生态文学及其研究繁荣的原因是愈演愈烈的生态危机，是人们为了防止和减轻生态灾难的迫切需求在文学领域里的必然表现，同时也是许多作家和学者对地球生命的深深忧虑在研究和创作领域里的必然反映。文学研究者和文学家强烈的社会使命感和自然责任感，促使了生态文学及其研究的繁荣发展"①。刘克襄正是这一批生态作家中表现最突出的一位。

刘克襄的自然写作一开始是以报导文学的形式出现在台湾文坛的。在当时所兴起的环保浪潮的推动下，以保护生态环境和反污染为主题的"报导文学"在台湾各地开始蓬勃发展起来，刘克襄曾在《台湾的自然写作初论》一文中说："这一时期，人类的道德关怀让报导者扮演的角色，近乎原始部落的先知、巫师。他们在不断地告诫我们，人类不再是大地的唯一主宰者，如果我们再不停止破坏自然万物，或者沉思自己的生活行为，大地终将不复劫，我们的下一代将失去美好的生活环境"②。在这种背景下，刘克襄的自然写作应运而生，并随着愈演愈烈的环保运动浪潮得到了发展。在其最初的夹叙夹议的报导文学书写里，他常常以一种宏观的角度去阐释环保知识和生态理念，强调人与自然之间的亲密关系，呼吁人们不仅要投身环保之中，保护好下一代人的生存环境，更要努力为下一代人创造更好的生存环境，促使生

---

① 王诺：《生态批评的美学原则》，《南京师范大学文学院学报》2010年第2期。
② 刘克襄：《台湾的自然写作初论》，载台湾《联合报》副刊，1996年1月4日。

态平衡的新时代到来。

从刘克襄的自然生态写作可以看出,这是一种深深根植于台湾土地之上的创作,其作品所表现出来的"寻找老台湾""守护台湾""热爱台湾的一切""重新认识台湾"等思想内涵与台湾民众维护生态平衡的价值取向是一致的,与陈玉峰所倡导的善待土地的"土地伦理"观也是一致的:"台湾草根的土地伦理是这片天、是云、是雨、是水、是雾、是山、是草、是树、是任何野生物,以及赤脚走在地面上、地土中的任何生灵的足迹、或遗留下来的头盖骨,它可以是风声、雨声、鸟叫虫鸣声、灾民干号的无助声,偶尔在诗歌、俚语、民谣、小说的咏叹中,流露促狭、辛酸、幽默的简洁宿命,只有在放下文化人的煽情、放下理性偏见的无知、放下浮夸不实的坚信、放下成见与执着,用心体会,你才能感悟这番平凡朴实的内在震撼,只有喜悦,没有伟大,如同飞沙走石下,浊水溪灰黑的铁板砂中,开展出两片翠绿子叶的希望"①。由此可见,在当代台湾生态恶化和人性异化越来越严重的背景下,许多"看不见"自然的台湾人更需要一种真实的自然写作及其出版物来帮助他们"看见"自然。刘克襄的自然写作以抒情的笔调来描写台湾的四季变化和灵动秀丽的林木山川,描写自然土地上动物生灵生动有趣的生命活动,以及土地的演变给生灵带来的涂炭,正是力图以诗意的方式来守护物产丰饶的台湾土地,希望以此唤回台湾曾经那么美好的生态的自然环境,让民众安居乐业。

---

① 陈玉峰:《土地伦理与921大震》,前卫出版社2000年版,第5—6页。

| 远鸿的回望 |

从自然书写到生态重构

如前所述,当今社会日益科技化、物质化的后果,是导致自然环境的恶化和人居生态的失衡。有远见有思想的作家提前预见了这一后果的严重性,因此,他们试图通过自己的书写使人们认识到生态危机关乎整个人类的生死存亡问题,如果人类继续无节制无限度地向大自然任意索取和挥霍,将会彻底打破自然生态平衡,自然规律的正常运行也将遭到毁灭性的破坏,并终将毁灭整个星球,也将毁灭人类自己。因此人类再也不能掉以轻心,珍爱自然,保护自然,重建自然生态,促使人与自然的关系回归和谐平衡,已是当务之急。刘克襄正是清醒地意识到了这一点,所以他一方面通过不断的探险和旅行,让自己重回大自然的怀抱,去寻找并唤醒人类那些逐渐消失的美好记忆,同时培养自己与大自然和谐相处的能力;另一方面则通过自己坚持不懈的自然写作,不断地探索自然生态的新内涵,呼唤美丽自然的回归,呼吁自然生态的平衡与重构,促使社会环境与自然环境的和谐统一。

刘克襄是一个非常喜爱旅行与野外探险的人,他在旅行中和大自然亲近,深入考察各种动植物的生命活动,反思人类与它们相处与互动的态度与做法,并从文化角度进行反省和批判。在他看来,大自然已经远离甚至异化于人类生活,许多人并不懂得欣赏与爱护大自然,而只懂得消费和索取,大自然已经成为其积累财富的资源。这使刘克襄感慨万分并且忧心忡忡,他说:"山,是一种思考,一种情境。望山,是一种态度,一种信念。走山半甲子,回来了。我才摸索到山的坚实存在,永远的静定。山恒常站成一种安稳的力量,提醒着我,死生的最根本价值"①。为此，作为自然生态作家，他努力的目标就是通过文学文本来唤醒人类的环保意识，使人类懂得去爱护和热爱大自然。在其自然生态书写的过程中，刘克襄针对自己在台湾乡镇、都市与山林的旅行与体验，力图在走进自然万物的同时拉近人与自然的距离，考察自然生态的联系，思考自然生态的本质，寻找新的生活价值与生活态度，希望以自己的独到见解，用一种形象的诗意的方式，引导人们积极投身自然保护队伍，重构人与自然和谐共处的生态环境。

由此可见，刘克襄的自然写作是本着一种生态保护意识，从认识、了解和尊重大自然开始，直接面对自然界中的各种生命形式，探讨人与自然丰富复杂、相互依存的生态关系，达到人与自然的和谐互动，进而传达出一种珍惜自然、保护自然、重新培育自然环境的理念，由此潜移默化地引导读者树立起环境保护与生态重构的新的生活理念与生活态度，从而以人文的力量影响和促进台湾重新构建良好的自然生态环境。这可以说是刘克襄生态写作的现实意义所在。

---

① 刘克襄：《台湾的自然写作初论》，载台湾《联合报》副刊，1996年1月4日。

余光中诗文：
坚守一缕中华文化之魂

余光中先生曾在散文《从母亲到外遇》中说道："'大陆是母亲，台湾是妻子，香港是情人，欧洲是外遇。'我对朋友这么说过。大陆是母亲，不用多说。烧我成灰，我的汉魂唐魄仍然萦绕着那一片后土。那无穷无尽的故国，四海漂泊的龙族叫她做大陆，壮士登高叫她做九州，英雄落难叫她做江湖。还有那上面正走着的、那下面早歇下的，所有龙族。还有几千年下来还没有演完的历史，和用了几千年似乎要不够用了的文化。……这许多年来，我所以在诗中狂呼着、低哼着中国，无非是一念耿耿为自己喊魂。不然我真会魂飞魄散，被西潮淘空。"[①] 在这里，余光中以他诗人的激情和诗的语言，淋漓尽致地袒露了一个海外文化人的耿耿赤子之心和殷殷家国之情，并且在他的诗文中用心良苦地坚守着胸中那一缕饱受"西潮"侵袭的中华传统文化之魂。

---

① 余光中：《从母亲到外遇》，载《余光中散文》，吉林文史出版社2008年版，第182页。

余光中祖籍福建永春，出生于六朝古都南京，童年时全家迁居重庆，擅长古文的二舅"成了光中的古文先生"。"在旧小说中，余光中尤其喜欢《三国演义》，他读得'最入神也最仔细'，'连草船借箭那一段的《大雾迷江赋》也读了好几遍'。《三国演义》中诸葛亮那'鞠躬尽瘁，死而后已'的精神，'知其不可而为之'的执着，还有杜甫诗歌对蜀相武侯的歌吟，深深地打动了这个脚着草鞋乌发平头的少年"[1]。"余光中后来回忆说：'巴蜀文风颇盛，民间历来重视旧学，可谓弦歌不辍。我的四川同学家里常见线装藏书，有的可能还是珍本，不免拿来校中炫耀，乃得奇书共赏。'"[2] 也许，正是这种童年时就形成的家学积淀，在余光中的心里打下了中华传统文化的深刻烙印。即使在他的青年时期，分别在金陵大学、厦门大学、台湾大学外文系接受过西方语言教育，翻译过《凡·高传》《老人与海》等多种英文书籍，并赴美国爱荷华州立大学进修过英美诗歌和现代艺术，后又应邀再度旅美，作为教授前往美国中西部及东部的几个大学，巡回讲授中国文学。可以说是接受过正规的西方语言文学熏陶，饱受"西潮"的浸润，他也依然不改中国传统文化人的本性，在他的诗文中一如既往地传达出他浓得化不开的中华传统文化情结。

余光中诗文中的中华传统文化情结主要表现在他的恋土情结、恋家情结、恋旧情结和恋故情结四个方面，可以说，这四个方面集中反映了余光中文学创作的艺术精神，而这种艺术精神，又恰恰是中华传统文化精神的突出体现。因为在中华传统文化中，怀旧、恋土、思乡、爱家、敬畏祖宗、崇尚团圆、铭记源本、眷念亲情、相信缘分等永远

---

[1] 徐学：《余光中传》，厦门大学出版社2016年版，第24—25页。
[2] 徐学：《余光中传》，厦门大学出版社2016年版，第24页。

是中华民族世代传承积淀如深甚至已成为一种集体无意识的价值观念。

一

恋土情结，可以说是余光中诗文最鲜明的情感特征。"恋土"就是眷念家园乡土，在余光中的诗文中，他所眷念的主要是指生他养他的大陆故土。2002年4月，应邀赴厦门大学参加第五届东南亚华文文学研讨会的余光中在他的报告中曾旗帜鲜明地指出："离开中国大陆，自然是'离心'，'心'即华人和中文的故土，这不仅是地理意义上的，而且更是历史的和文化上的。古时候离开中原，也是一种'离心'。由于'离心'的缘故，产生了中华民族源远流长的'乡愁文学'和'怀乡文学'，炎黄子孙不管到了哪里，无论距离'圆心'的行程有多遥远，他的心总是怀念故乡，难忘故土，乡思乡恋乡情乡愁绵延不绝"[①]。

正因为此，他在人们非常熟悉的散文《从母亲到外遇》中把"大陆"比作"母亲"："我对朋友这么说过。大陆是母亲，不用多说。烧我成灰，我的汉魂唐魄仍然萦绕着那一片后土"[②]。魂牵梦绕的那一片后土，是生他养他的摇篮血地，也是他青少年生活过的故土家园。虽然他这一辈子走过很多地方，也在台湾地区、香港地区、欧洲、美国等地都生活过，但他最依恋的依然是祖国大陆，正是这一份对故土家园的深深眷恋，使他把中国大陆放在了"母亲"的至尊位置上，而台湾地区、香港地区、欧洲只能屈居"妻子""情人""外遇"之位，甚至"烧我成灰"，他也始终坚守这一点，由此可以看出他的恋土情结是

[①] 余光中：《华文文学的"三个世界"》，《文汇报》2002年9月5日。
[②] 余光中：《从母亲到外遇》，载《余光中散文》，吉林文史出版社2008年版，第182页。

多么的根深蒂固！他还在其名作《民歌》中这样倾诉："传说北方有一首民歌/只有黄河的肺活量能歌唱/从青海到黄海/鱼也听见/龙也听见"不管到什么地方，他都能听见北方的民歌，都能听见黄河的歌唱，这种对故土大陆的一往情深，对北方中原的痴情守望，确实感人至深。

不仅如此，即使到澳洲讲学，身处坎贝拉冰风刺骨的冬天，正像孩儿思念母亲一样，他首先联想到的也是大陆的冬天：

> 中国大陆上一到冬天，太阳便垂垂倾向南方的地平，所以美宅良厦，讲究的是朝南。在南半球，冬日却贴着北天冷冷寂寂无声无息地旋转，夕阳没处，竟是西北。到坎贝拉的第一天，茫然站在澳洲国立大学校园的草地上，暮寒中，看夕阳坠向西北的乱山丛中。那方向，不正是中国的大陆，乱山外，不正是崦嵫的神话？西北望长安，可怜无数山。无数山。无数海。无数无数的岛。
>
> 到了夜里，乡愁就更深了。坎贝拉地势高亢，大气清明，正好饱览星空。吐气成雾的寒颤中，我仰起脸来读夜。竟然全读不懂！不，这张脸我不认得！那些眼睛啊怎么那样陌生而又诡异，闪着全然不解的光芒的好可怕！那些密码奥秘的密码是谁在拍打？北斗呢？金牛呢？天狼呢？怎么全躲起来了，我高贵而显赫的朋友啊？踏的，是陌生的土地，戴的，是更陌生的天空，莫非我误闯到一颗新的星球上来了？①

在"北天"的"冷冷寂寂"之中，他感受到的是大陆朝南房屋的

---

① 余光中：《南半球的冬天》，载《天涯情旅：余光中至情至爱散文集》，中国工人出版社2007年版，第139页。

| 远鸿的回望 |

暖和,眺望的是西北方向的大陆中原,寻寻觅觅的是象征家园的北斗星、金牛星、天狼星,于是更感到他国异域的陌生和凄凉,更增添的是深深的乡愁。在这段真实细腻的心灵独白中,我们分明可以触摸到作家融血化骨的家国之情。因此也难怪他那首脍炙人口的《乡愁》会把这一种刻骨铭心的情感演绎得如此独具一格动人心魄,具有一种穿越时空、超越生死的艺术魅力。

对恋土情结最彻底的演绎当数余光中的著名诗作《当我死时》:

> 当我死时,葬我,在长江与黄河
> 之间,枕我的头颅,白发盖着黑土。
> 在中国,最美最母亲的国度,
> 我便坦然睡去,睡整张大陆,
> 听两侧,安魂曲起自长江,黄河
> 两管永生的音乐,滔滔,朝东。
> 这是最纵容最宽阔的床,
> 让一颗心满足地睡去,满足地想,
> 从前,一个中国的青年曾经,
> 在冰冻的密西根向西了望,
> 想望透黑夜看中国的黎明,
> 用十七年未餍中国的眼睛
> 饕餮地图,从西湖到太湖,
> 到多鹧鸪的重庆,代替回乡。[①]

[①] 余光中:《当我死时》,载《余光中诗选》,刘登翰、陈圣生选编,中国青年出版社 2004 年版,第 104 页。

直到死去，诗人依然选择祖国大陆为自己"坦然睡去"的宽阔大床，希望自己葬在黄河和长江之间，这一淋漓尽致的抒发和表白，让我们从心底深处感受到了余光中对故土家园贯穿生命始终的脉脉深情。

二

恋家情结也是余光中诗文坚守中华文化之魂的重要表现。在余光中诗文中，我们可以看到，他非常重视天伦之乐，非常向往温馨恬淡的家庭生活。在散文《我的四个假想敌》中，他这样写道："好多年来，我已经习于和五个女人为伍，浴室里弥漫着香皂和香水气味，沙发上散置皮包和发卷，餐桌上没有人和我争酒，都是天经地义的事。戏称吾庐为'女生宿舍'，也已经很久了。做了'女生宿舍'的舍监，自然不欢迎陌生的男客，尤其是别有用心的一类"。"对父亲来说，世界上没有东西比稚龄的女儿更完美的了，唯一的缺点就是会长大，除非你用急冻术把她久藏，不过这恐怕是违法的，而且她的男友迟早会骑了骏马或摩托车来，把她吻醒"。在这里，当他用幽默调侃的笔调，嬉笑怒骂地诉说四个未来的女婿即将把四个可爱的女儿从他的身边夺走而他却无能为力时，我们分明读出了一种让人怦然心动的深深父爱和对翅膀已经长硬的子女即将离巢飞走的惆怅之情酸楚之感。

最引人注目的是他那篇妙趣横生的散文《假如我有九条命》。在这篇文章中，他更是大声宣称："假如我有九条命，就好了"。除了七条命分别用于应付日常生活、做朋友、读书、教书、写作、旅行、过日子之外，他特别在第二段就昭示，有两条命是用在对家庭的守护上：

| 远鸿的回望 |

一条命，有心留在台北的老宅，陪伴父亲和岳母。父亲年逾九十，右眼失明，左眼不清。他原是最外倾好动的人，喜欢与乡亲契阔谈宴，现在却坐困在半昧不明的寂寞世界里，出不得门，只能追忆冥隔了二十七年的亡妻，怀念分散在外地的子媳和孙女。岳母也已过了八十，五年前断腿至今，步履不再稳便，却能勉力以蹒跚之身，照顾旁边的朦胧之人。她原是我的姨母，家母亡故以来，她便迁来同住，主持失去了主妇之家的琐务，对我的殷殷照拂，情如半母，使我常常感念天无绝人之路，我失去了母亲，神却再补我一个。

一条命，用来做丈夫和爸爸。世界上大概很少全职的丈夫，男人忙于外务，做这件事不过是兼差。女人做妻子，往往却是专职。女人填表，可以自称"主妇"（housewife），却从未见过男人自称"主夫"（house husband）。一个人有好太太，必定是天意，这样的神恩应该细加体会，切勿视为当然。我觉得自己做丈夫比做爸爸要称职一点，原因正是有个好太太。做母亲的既然那么能干而又负责，做父亲的也就乐得"垂拱而治"了。所以我家实行的是总理制，我只是合照上那位俨然的元首。四个女儿天各一方，负责通信、打电话的是母亲，做父亲的总是在忙别的事情，只在心底默默怀念着她们。[1]

做人子、做人父、做人夫做到了这一份上，不能不让人想起了传统文化中"里仁""孝悌""治家"这些耳熟能详的字眼；而对家的全

---

[1] 余光中：《假如我有九条命》，载《余光中散文》，吉林文史出版社 2008 年版，第 1—2 页。

心呵护到了须用两条命去投入的程度,甚至舍不得让女儿离家出嫁,即使女儿已经"天各一方",还总在"心底默默怀念她们",则更让人对余光中这种传统如昔的恋家情结有了更深的体悟。

除此之外,余光中还非常向往温馨恬淡的家庭生活。他希望女儿能守在身边,"我能够想象,人生的两大寂寞,一是退休之日,一是最小的孩子终于也结婚之后。宋淇有一天对我说:'真羡慕你的女儿全在身边!'真的吗?至少目前我并不觉得,自己有什么可羡之处。也许真要等到最小的季珊也跟着假想敌度蜜月去了,才会和我存并坐在空空的长沙发上,翻阅她们小时相簿,追忆从前,六人一车长途壮游的盛况,或是晚餐桌上,热气蒸腾,大家共享的灿烂灯光。人生有许多事情,正如船后的波纹,总要过后才觉得美的"[①]。为了让外孙能叫他"外公",他甚至拒绝"臂毛如猿"的外国女婿,"现在当然不再是'严夷夏之防'的时代,但是一任单纯的家庭扩充成一个小型的联合国,也大可不必。问的人又笑了问我可曾听说混血儿的聪明超乎常人。我说:'听过,但是我不稀罕抱一个天才的'混血孙'。我不要一个天才儿童叫我 grandpa,我要他叫我外公。'"[②] 为了维护这种平静恬淡的家庭生活,他还希望用传统的书信与外界联系,"把电话铃关在门外",因为"电话,真是现代生活的催魂铃。电话线的天网恢恢,无远弗届,只要一线袅袅相牵,株连所及,我们不但遭人催魂,更往往催人之魂,彼此相催,殆无已时。古典诗人常爱夸张杜鹃的鸣声与猿啼之类,说得能催人老。于今猿鸟去人日远,倒是格凛凛不绝于耳的电话铃声,

---

[①] 余光中:《我的四个假想敌》,载《记忆像铁轨一样长》,台湾洪范书局1987年版,第44页。

[②] 余光中:《我的四个假想敌》,载《记忆像铁轨一样长》,台湾洪范书局1987年版,第45页。

把现代人给催老了";"绝望之余,不禁悠然怀古,想没有电话的时代,这世界多么单纯,家庭生活又多么安静,至少房门一关,外面的世界就闯不进来了,哪像现代人的家里,肘边永远伏着这么一枚不定时的炸弹。那时候,要通消息,写信便是。比起电话来,书信的好处太多了。首先,写信阅信都安安静静,不像电话那么吵人。其次,书信有耐性和长性,收到时不必即拆即读,以后也可以随时展阅,从容观赏,不像电话那样即呼即应,一问一答,咄咄逼人而来";"不要给我一声铃,给我一封信吧"①。写信与打电话,本来就象征传统与现代的较量,尽管在这种较量中,提倡写信的一方似乎总有一种"螳臂当车"的无奈,但余光中那种呼唤书信回归的执着,那种维护家庭生活宁静的煞费苦心,却巧妙地透露出了作者根深蒂固的传统文化情结。

三

余光中诗文还传达出一种深重的恋旧情结和怀旧情绪。对少年往事的念想,对传统的生活方式的流连,对旧友故交的追寻、对民俗风物的眷恋,常常成为余光中散文表现的主要内容。在《焚鹤人》中,他借一个爸爸和小女儿们放风筝的故事,用与其他散文的调侃风格不同的抒情笔调叙写了一段缠绵悱恻的少年往事:"可是他的兴奋,是记忆,而不是展望。记忆里,有许多云,许多风,许多风筝在风中升起。至渺至茫,逝去的风中逝去那些鸟的游伴,精灵的降落伞,天使的驹。对于他,童年的定义是风筝加上舅舅加上狗和蟋蟀。最难看的天空,

---

① 余光中:《催魂铃》,载《记忆像铁轨一样长》,台湾洪范书局1987年版,第13页。

是充满月光和轰炸机的天空。最漂亮的天空，是风筝季的天空。无意间发现远方的地平线上浮着一只风筝，那感觉，总是令人惊喜的。只要有一只小小的风筝，立刻显得云树皆有情，整幅风景立刻富有牧歌的韵味。如果你是孩子，那惊喜必然加倍。如果那风筝是你自己放上天空的，而且愈放愈高，风力愈强，那种胜利的喜悦，当然也就加倍亲切而且难忘。他永远忘不了在四川的那几年。丰硕而慈祥的四川，山如摇篮水如奶，取之不尽，用之不竭"①。往事已逝，人去楼空，但那一段难以忘怀的童年记忆，那一缕深入骨髓的恋旧之情，不能不让人咀嚼再三，韵味悠长。不仅仅如此，余光中还进一步写道："一瞬间，他幻觉自己就是舅舅，而站在风中稚髫飘飘的那个热切的孩子，就是20多年前的自己。握着线，就像握住一端的少年时代。在心中他默祷说：'这只鹞献给你，舅舅，希望你在那一端能看见。'"② 在这段幻觉中，他分明已把自己融入往事之中，幻化成对他的童年成长产生过很大影响、"成了光中的古文先生"的舅舅。由此可以看出那一段曾经给余光中打下传统文化根基的少年生活给他留下的记忆是多么的刻骨铭心，似乎已成为他的无意识心理的一个重要组成部分。

　　对传统的生活方式的流连，也鲜明地折射出余光中的这种恋旧情结。如前所说，他对传统的书信交流一直情有独钟，对现代化的通信工具电话却颇有微词，这并非余光中拒绝现代生活方式，作为一个系统接受过西式教育的现代人，当然不会如此偏执。只是他作为一个固守民族传统的文化人，对这种具有浓厚传统文化底蕴的古典交流方式

---

① 余光中：《焚鹤人》，载《余光中散文》，吉林文史出版社2008年版，第24页。
② 余光中：《焚鹤人》，载《余光中散文》，吉林文史出版社2008年版，第27页。

有一种特别的怀旧情感:"电话动口,书信动手,其实写信更见君子之风。我觉得还是老派的书信既古典又浪漫;古人'呼儿烹鲤鱼,中有尺素书'的优雅形象不用说了,就连现代通信所见的邮差、邮筒、邮票、邮戳之类,也都有情有韵,动人心目。在高人雅士的手里,书信成了绝佳的作品,进则可以辉照一代文坛,退则可以怡悦二三知己,所以中国人说它是'心声之献酬',西洋人说它是'最温柔的艺术'。"① 一个普普通通的通信方式,在余光中的笔下具有这么深厚的文化内涵,难怪他对此依依不舍引为"君子之风",这其中所蕴涵的传统文化的独特力量已经是不言而喻了。

在《记忆像铁轨一样长》一文中,余光中还细腻有味地叙写了对传统火车的深厚感情:"在香港,我的楼下是山,山下正是九广铁路的中途。从黎明到深夜,在阳台下滚滚碾过的客车、货车,至少有一百班。初来的时候,几乎每次听见车过,都不禁要想起铁轨另一头的那一片土地,简直像十指连心。十年下来,那样的节拍也已听惯,早成大寂静里的背景音乐,与山风海潮合成浑然一片的天籁了。那轮轨交磨的声音,远时哀沉,近时壮烈,清晨将我唤醒,深宵把我摇睡。已经潜入了我的脉搏,与我的呼吸相通。将来我回去台湾,最不惯的恐怕就是少了这金属的节奏,那就是真正的寂寞了。也许应该把它录下音来,用最敏感的机器,以备他日怀旧之需。附近有一条铁路,就似乎把住了人间的动脉,总是有情的。"②在讲求速度和节奏的现代生活中,缘何余光中对火车和铁路具有这么独特的感情?甚至"那轮轨交

---

① 余光中:《催魂铃》,载《记忆像铁轨一样长》,台湾洪范书局1987年版,第10页。

② 余光中:《记忆像铁轨一样长》,载《记忆像铁轨一样长》,台湾洪范书局1987年版,第119页。

磨的声音"已经"潜入了我的脉搏,与我的呼吸相通"?也许我们看过下面一段叙写就可以明白所以:

> 香港的火车电气化之后,大家坐在冷静如冰箱的车厢里,忽然又怀起古来,隐隐觉得从前的黑头老火车,曳着煤烟而且重重叹气的那种,古拙刚愎之中仍不失可亲的味道。在从前那种车上,总有小贩穿梭于过道,叫卖斋食与"凤爪",更少不了的是报贩。普通票的车厢里,不分三教九流。男女老幼,都杂杂沓沓地坐在一起,有的默默看报,有的怔怔望海,有的瞌睡,有的啃鸡爪,有的闲闲地聊天,有的激昂慷慨地痛论国是,但旁边的主妇并不理会,只顾得呵斥自己的孩子。如果你要香港社会的样品,这里便是。周末的加班车上,更多广州返来的回乡客,一根扁担,就挑尽了大包小笼。此借此景,总令我想起杜米叶(Honors Daumier)的名画《三等车上》。只可惜香港没有产生自己的杜米叶,而电气化后的明净车厢里,从前那些汗气、土气的乘客,似乎一下子都不见了,小贩子们也绝迹于月台。我深深怀念那个摩肩抵肘的时代。站在今日画了黄线的整洁月台上,总觉得少了一点什么,直到记起了从前那一声汽笛长啸。①

原来余光中所眷念的是通过"黑头老火车"演绎出来的那种淳朴的、古拙的、"摩肩抵肘"、充满"汗气、土气"、人情味的传统生活方式,正是这样一种眷念,使他在当今"总觉得少了一点什么"的后

---

① 余光中:《记忆像铁轨一样长》,载《记忆像铁轨一样长》,台湾洪范书局1987年版,第119—120页。

电气化时代里，有了一种别样的寄托和绵长的记忆，也让我们看到了一个老文化人对文化传统和世俗情感的执着守望。

四

恋故情结也是余光中诗文顽强透露出来的情感特征之一。这里的"恋故"指的是余光中对古典的文学传统的推崇，对代表传统文化精华的历史人物和文学大师的尊仰，包括对中国语言文字的坚守。在《华文文学的"三个世界"》的报告中，他非常坚定地指出："华文世界也就像无数个同心圆，以中文为半径，以中国文化为圆心，那么无论你在哪里，就都是圆周上的一个动点。华人只要一天不放弃美丽的中文，圆的半径就在他的手上，中华精神就保存于华文文学作品之中。这是从屈原、李白一直延续到今天的炎黄子孙的传统。今天，我们要使它的圆周不断得到扩展，半径不断延长！"[①] 他还说："只要不放弃自己的文学传统，就可以有自己的文学生命，出现小岛上的文学大师。"[②] 由此可以看出，余光中不仅呼唤要恪守中华民族优秀的文化传统，恪守"美丽的"中国语言文字，而且要不断地传承、扩展、延续"保存于华文文学作品之中"的"中华精神"。于是我们也明白了，为什么余光中那么执着地在他的诗文中传达出一种中华传统文化情结，原来他是在用创作在实践他的理论，用"华文文学作品"在延续炎黄子孙的优秀传统，来维护和促进华文世界的兴旺发达，来昭示一个中国文化人的尊严和骨气。

---

① 余光中：《华文文学的"三个世界"》，《文汇报》2002年9月5日。
② 余光中：《华文文学的"三个世界"》，《文汇报》2002年9月5日。

曾经陪同余光中访湘的评论家李元洛对这一点也有深刻的揭示，他说："对华山夏水，对中国古典文学包括古典诗歌传统，对中华民族及其悠久博大的历史与文化，余光中数十年来无日或忘，怀有强烈而深沉的尊仰之情。"① 正因为如此，余光中在访湘时，特意去朝拜千年学府岳麓书院、凭吊汨罗江、朝圣屈子祠、游览洞庭湖、登临岳阳楼，作了一次充满古典韵味的文化之旅，并在惜别时引唐代诗人郑谷的诗道："'君向潇湘我向秦'，我这次的湖南之行，不是什么'文化苦旅'，而是'文化甘旅'啊！"② 由此可见余光中对中国传统文化的诚心和敬意。

余光中还在诗文中多次以中国古典文学家为题材来抒写自己对古典文化的敬仰之情和尊崇之心。其中写得最多的是李白和屈原，如《与李白同游高速公路》《戏李白》《寻李白》《淡水河边吊屈原》《水仙操——吊屈原》《漂给屈原》《竞渡》《凭我一哭》等。写于1951年的《淡水河边吊屈原》一诗，字里行间充满着对这位悲剧诗人的爱国气节的倾心敬仰："悲苦时高歌一节离骚，千古的志士泪涌如潮。那浅浅的一湾汨罗江水，灌溉着天下诗人的骄傲"！正是这种"骄傲"成了包括余光中在内的中国古今诗人心中永远的牵挂和追求。李元洛说："余光中有挥之不去结之不解的'屈原情结'。"③ 其实，这种"屈原情结"恰恰表现了余光中对中华传统文化和中国古典文学艺术精神的执着守望和精心呵护，其良苦用心，以一种独特的姿势张扬了中国诗人永远的骄傲！

---

① 李元洛：《楚云湘雨说诗踪》，《湖南文学》1999年第12期。
② 李元洛：《楚云湘雨说诗踪》，《湖南文学》1999年第12期。
③ 李元洛：《楚云湘雨说诗踪》，《湖南文学》1999年第12期。

席慕蓉诗歌：
唯美意象、生命意绪与诗意境界

席慕蓉是一个独具魅力的台湾当代女诗人，她用专业的美术视角观察大自然，形成了独特的艺术境界和美学观念。她的诗作在唯美的意象构建中蕴藉深切的情感，在感觉与意绪的融合中传达独特的生命体验，在动人的意境营构中演绎人生真谛；加之她浓厚的乡愁情感、独特的绘画造诣和细腻的女性情怀，使得她在大自然、艺术、人世间萃取出了极为纯净、美好而宜人的一面，也造就了她成熟的艺术境界和美学价值。

祖籍内蒙古的席慕蓉出生于四川，在台湾师范大学美术系毕业后，赴欧深造。1966年以第一名的成绩毕业于比利时布鲁塞尔皇家艺术学院。其著作有诗集、散文集、画册等四十余种，读者遍及海内外[①]。著名的诗集有《七里香》《我折叠着我的爱》《无怨的青春》《时光九篇》《边缘光影》《如果》等。席慕蓉是一代人的青春记忆，她构建的诗意世界唯美、曼妙、深情，又蕴含着一缕淡淡的忧伤。"年轻的时候，我

[①] 席慕蓉：《意象的暗记》，上海文艺出版社1997年版，第1页。

们心中的阴影来自那对前路的茫然无知,一切都没有启示与征兆,但在这样美丽的夜晚里,生命是可以包含着月光,却不得不在同时也包含了一层透明的哀伤"①。二十世纪八九十年代,她的诗集在大陆风靡一时,影响了一代人的审美观和爱情观。看着这些极为聪慧而甜蜜的诗句,眼中的世界也会随之改变,仿佛丑恶都被洗尽,美好纷至沓来。席慕蓉独特的艺术演绎,来自于她丰富的人生阅历和生活体验,来自于她独特的审美感觉和艺术发现,也来自于她对生命的深切感悟和情感的独特把握。席慕蓉诗歌之美,滋润了多少人的心灵,在给人带来丰富的审美享受和生命启迪的同时,也净化了世界和人的心灵。

一

席慕蓉的诗歌含蓄、简洁而富有韵味。她常常通过一个个浸透了感情的意象,巧妙地营构出一个美丽纯真的意境,意味深长地把意绪娓娓动人地传达给读者,传达出了诗人鲜明的艺术个性和美学特征。

(一) 在唯美的意象构建中蕴藉深切的情感

席慕蓉诗歌的美学特征首先体现在其独特的意象构建中巧妙地蕴蓄深切的情感。她常常借助意象来体现内心的律动,以一种静态的生命形式来呈现动态的思想情感,在独特的意象捕捉和构建之中伸出她的情感触角,轻轻地叩动读者的心灵,让读者在身心被打动的同时去咀嚼诗意的隽永和韵味的悠长。传统诗歌中使用最多的花、叶、树、月、河等这些物象本身就具有一定的审美价值,经诗人的点化又具有

---

① 席慕蓉:《透明的哀伤》,南海出版公司2003年版,第146页。

了更鲜活和深厚的内涵。席慕蓉正是巧妙地将自己或激烈或细腻的内心情感隐藏在物象之中，从而营构出一系列独特的审美意象，给人以丰富蕴藉的审美感受。

意象是中国传统抒情文学一个重要的审美范畴，是指渗透了作者思想感情的审美物象。古人以为意是内在的抽象的心意，象是外在的具体的物象；意源于内心并借助于象来表达，象其实是意的寄托物。自古至今，意象作为一种独特的审美创造方式始终贯穿在中国的审美文化之中并已根深蒂固，因此深深地影响了中国学者和诗人在理论研究和文学创作中的思维取向。席慕蓉诗歌常常通过"花、叶、树"的意象把一种执着的追求、期盼和等待抒写得委婉动人，层层深入的情感传递和暗示，营构出一个让人流连与回味的情感空间。如其诗歌中"花"的意象，常常借助花的香味、花的色彩带给人无限的联想，让人把握到其中所隐含的象征意义。例如《一棵开花的树》："阳光下/慎重地开满了花/朵朵都是我前世的盼望"[1]；《我的信仰》："我相信/满树的花朵/只源于冰雪中的一粒种子"[2]；《禅意（一）》："我将我的哭泣/也夹在书页里/好像我们年少时的那几朵茉莉/也许/会在多年后的一个黄昏里/从偶尔翻开的扉页中落下/没有芳香/再无声息"[3]；《盼望》"如果能在开满了栀子花的山坡上/与你相遇/如果能/深深地爱过一次再别离"[4]；《暮色》："在一个年轻的夜里/听过一首歌/轻怜/缠绵/如山风拂过百合"[5]。可以看出，席慕蓉诗歌中的"花"多指美好的事

---

[1] 席慕蓉：《席慕蓉经典作品》，当代世界出版社2007年版，第178页。
[2] 席慕蓉：《席慕蓉经典作品》，当代世界出版社2007年版，第227页。
[3] 席慕蓉：《席慕蓉经典作品》，当代世界出版社2007年版，第245页。
[4] 席慕蓉：《席慕蓉经典作品》，当代世界出版社2007年版，第222页。
[5] 席慕蓉：《席慕蓉经典作品》，当代世界出版社2007年版，第210页。

物。她利用颜色搭配花卉的抒写,以增加诗语的色彩感以及美丽的视觉感受,将所要传达的抽象意念,透过这些明确且清晰的意象,委婉动人地表现出其中蕴藉的那一种执着的追求、期盼、等待以及失落的细腻情感。

对于"树"的意象描写,则呈现出高大、挺拔、坚韧的感觉。例如《一棵开花的树》:"为这/我已在佛前求了五百年/求佛让我们结一段尘缘/佛于是把我化做一棵树/长在你必经的路旁"[①]。诗人通过"树"这一极具审美特征的意象,以树的坚守土地、矗立五百年来象征爱情的坚贞与永世的守候。而《树的画像》:"我只是一棵孤独的树/在抗拒着秋的来临"[②],则体现出悲壮而不妥协的意绪。这都给人一种"硬"的感觉,正如树干一贯给人的视觉感受,高大、挺拔、坚韧,甚至还有些许的强硬。这些都是与"花"不同的特点。除"硬"之外,在诗人笔下,树的意象还给读者带来另一种完全不同的感受,例如《山路》:"我好像答应过你/要和你一起/走上那条美丽的山路/你说/那坡上种满了新茶/还有细密的相思树"[③]。这里的"种满了新茶"以及"细密的相思树"都给人一种情意绵绵的清新之感。所以,在席慕蓉的诗歌中,树的意象的内涵也是很丰富的,取决于不同树的不同形态,以及特定的心境下对树的独特印象和心情感受。诗人通过"树"这一极具审美特征的意象,把对爱的坚守和期许写得情意绵绵动人心扉。

树和花仿佛两种对立的意象,一个坚毅,一个柔软,一个平实,一个绚烂。叶则介于这两者之间,因为树有叶,花也有叶,它既细巧,又平实。诗人常用来表现朴实而又细腻的情感,突出诗歌内涵的层次

---

① 席慕蓉:《席慕蓉经典作品》,当代世界出版社2007年版,第178页。
② 席慕蓉:《席慕蓉经典作品》,当代世界出版社2007年版,第198页。
③ 席慕蓉:《席慕蓉经典作品》,当代世界出版社2007年版,第247页。

感。如《一棵开花的树》："当你走近/请你细听/那颤抖的叶/是我等待的热情"①；《野风》："扫过啊/那些纷纷飘落的/如秋叶般的记忆"②。这里"颤抖的叶"是"等待的热情"，表现出了那种朴实的含蓄中包裹的难以抑制的热情；"如秋叶般的记忆"，则凸显了时间流逝的沧桑感。在诗人笔下，叶子既不是花，也不是树，却兼有两者的部分特质，动人地表达了细腻、复杂又难以抑制的情感，丰富了诗歌内涵的层次感。

席慕蓉诗中还有"月光、河"的意象，它们是富有生命的，也是富有哲思的，是诗人情感的象征和生命的折射。在席慕蓉诗中，有多处对"月光"的各具特色的抒写。《誓言》中："让我成为一株静穆的树/就是在如水的月夜里/也能坚持着不发一言"③，如水月光中的静穆的树、山川河流，仿佛一切都凝固了，而静止实则永恒。画面以光的圣洁传达出对前世今生夙愿的永恒渴望与企盼。《悲剧的虚与实》中："因此你迟疑着回首时/也不是真的忘记/若真的忘记了 月光下/你眼里哪能有柔情如许"④，如水的月光与温柔的眼光，光与神之间形成相互映照的和谐意境，而那份微妙的情感在这映照中道出了刻骨铭心的痛与恋和一线无可奈何的凄凉。《长城谣》中："敕勒川 阴山下/今宵月色应如水"⑤，光的映衬使画面在静态中流动起来，轻轻地诉说着对情感的爱恋和对宁静和平生活的永恒祈愿。如水月光在三幅画面中的柔柔流溢，使色彩弥漫于光亮的波动之中，整个画面笼罩着一层圣洁的

---

① 席慕蓉：《席慕蓉经典作品》，当代世界出版社 2007 年版，第 178 页。
② 席慕蓉：《席慕蓉经典作品》，当代世界出版社 2007 年版，第 236 页。
③ 席慕蓉：《席慕蓉经典作品》，当代世界出版社 2007 年版，第 272 页。
④ 席慕蓉：《席慕蓉经典作品》，当代世界出版社 2007 年版，第 244 页。
⑤ 席慕蓉：《席慕蓉经典作品》，当代世界出版社 2007 年版，第 215 页。

光亮。其诗句委婉,情感细腻,分明都融进了对光照映射的美感体验和艺术把握,空灵中蕴含力量,平淡中不乏凝重。如果说"如水的月光"表达了诗人对爱情和人生的和谐与永恒的追求,弥漫着水样的温柔和淡淡的哀愁。那么《命运》中:"海月深深/我窒息于湛蓝的乡愁里"①,那黯淡的月,深蓝的海,灰黯的巷弄,雏菊,雾,这些纷繁重叠的意象,在月的笼罩下,则散发出一种感伤、悲凉的暗色调,让人感受到命运的不可捉摸和个体的孤寂与凄凉。

意象派诗人庞德说,意象是表达"一种在瞬间呈现的理智与情感的复杂经验"②。正是在这种具有复杂经验内涵的意象构建之中,席慕蓉的诗带给读者的感官享受(如视觉、嗅觉等)是十分丰富的,既突出表现了时间的流逝、情感的变迁(如秋叶飘落、茉莉失香等),又以"河"喻"生命",表现出人生就是在"左岸与右岸"穿梭的哲理意味。诗人说过,生命是一条奔流不息的河,我们都是那个过河的人。在生命之河的左岸是忘记,在生命之河的右岸是铭记。我们乘坐着各自独有的船在左岸与右岸穿梭,才知道——忘记该忘记的,铭记该铭记的。那是诗人生命形式的符号,它从更深程度上丰富了诗歌的精神内涵。意象架起了席慕蓉与读者内心世界的桥梁,由于丰富的意象,每个人都可以从同一首诗歌中得到不同的感受和理解。这也是诗歌意象的"无限可能性"带给人们的神秘与惊喜感,让人心动,久久回味。

(二)在感觉与意绪的融合中传达独特的生命体验

席慕蓉诗歌的美学特征还表现在她善于在感觉与意绪的融合中抒

---

① 席慕蓉:《席慕蓉经典作品》,当代世界出版社2007年版,第213页。
② 王家新、沈睿:《二十世纪外国重要诗人如是说》,河南人民出版社1992年版,第203页。

发独特的生命体验。席慕蓉的诗歌大多来自于她生命沿途的风景，从她琐碎的生活和平凡的人生经历中，提炼出独特的美感和诗意，通过自己内心的回访和浓烈的情感表达出来。她用最生动的诗句告诉我们，再平凡的生活也是富有诗意的。席慕蓉对所经历的生活具有独特的体验。体验不仅是一种经历，而且是一种生命的投入，是一种心灵的对接，是一种思想的碰撞，是一种诗意的回味。德国阐释学大师伽达默尔认为，"如果某个东西不仅被经历过，而且它的经历存在还获得一种使自身具有继续存在意义的特征，那么这东西属于体验，以这种方式成为体验的东西，在艺术表现里就完全获得一种新的存在状态（sein-stand）"①。由此可见，体验是一种感同身受的心理经历，它是一种生命的活动，是一种情感的律动。它的每一个过程都需要主体注入全心全意的情感，才能激发出一种新的生命感悟。席慕蓉一直相信，生命的本相，不在表层，而是在极深的内在。那是席慕蓉所谓的"初心"，它不常显露，是很难用语言文字去清楚形容的质素，只能偶尔透过直觉去感知它的存在，像是从灵魂深处隐约传来的呼唤。她感觉，在写诗时，总是在无法预知的时刻，恍如有种悲悯从高处对她俯视，又恍如重逢那消逝已久的美好世界，那生命最初始时对一切美好事物似曾相识的乡愁②。在《乡愁》中她写道："故乡的歌是一支清远的笛／总在有月亮的晚上响起／故乡的面貌却是一种模糊的怅惘／仿佛雾里的挥手别离／离别后／乡愁是一棵没有年轮的树／永不老去"③。诗人用"清远的笛声""没有年轮的树"等意象，隐喻游子深切的乡愁，写出乡情

---

① 〔德〕汉斯-格奥尔登·伽达默尔：《真理与方法》（上卷），洪汉鼎译，上海译文出版社1999年版，第78页。
② 席慕蓉：《意象的暗记》，上海文艺出版社1997年版，第2页。
③ 席慕蓉：《席慕蓉经典作品》，当代世界出版社2007年版，第212页。

的怅惘，故乡渐渐遥远，时间的推移摇落了故乡的轮廓，仅剩一种模糊不清的怅惘，如雾里别离，浓情似血却又隔着一层云雾迷蒙。最后升华到乡愁的永恒，从乡音缭绕和乡情缠绵过渡而来，层次的渐递使主题由模糊逐渐鲜明。最后用没有年轮的树永驻游子心中"永不老去"的形象比喻抒发了深似海洋的愁绪和怅惘的情感。深切情感与忧伤意象的融合，使整首诗的意境深邃悠远。诗人对故乡蒙古草原生活的憧憬和对牧羊女生活的向往，对长城风沙的歌唱，也蕴藉着深切而又惆怅的情意。在《命运》中，她写道："海月深深/我窒息于湛蓝的乡愁里/雏菊有一种梦中的白/而塞外/正芳草离离/我原该在山坡上牧羊/我爱的男儿骑着马来时/会看见我的红裙飘扬/飘扬 今夜扬起的是/欧洲的雾/我迷失在灰黯的巷弄里/而塞外/芳草正离离。"① 身份的迷失，地域的错位，在诗人悠长而独特的意绪传达中，那缕浓浓的乡愁，被抒写得感伤而动人。席慕蓉说："我多么希望，在不断地衡量、判断与取舍之后，能够找到一种最精确的方式来表达这种感动，以及我对于能拥有这种感动的生命的珍惜"②。这就是她创作诗歌的"初心"，她相信忧伤敏感的"初心"依旧在前路上执着地跃动着，诗歌就成为传达这种生命跃动的独特方式。

席慕蓉的诗作还传达出对生命的感慨，她在《青春之一》中写道："所有的结局都已写好，所有的泪水都已启程"③，那种对青春远逝的伤感、对生命短暂的幽思，仿佛立刻遮蔽了天空，紧紧攫住了读者的心；接着诗人开始对远去的青春岁月的追寻，而这种追寻不但没有让疲惫的心得到慰藉，反而把诗人引入到更深沉的慨叹之中："含着泪，

---

① 席慕蓉：《席慕蓉经典作品》，当代世界出版社2007年版，第213页。
② 席慕蓉：《意象的暗记》，上海文艺出版社1997年版，第2页。
③ 席慕蓉：《席慕蓉经典作品》，当代世界出版社2007年版，第189页。

我一读再读/却不得不承认/青春是一本太仓促的书"①。也许慨叹与消沉似乎存在着某种联系，然而在《青春》含泪的叹惋中我们却感受到了追求者执着坚毅的身影，这种慨叹是绚烂梦想与无情现实碰撞的耀眼火花，是火红青春与平淡生活对比的强烈反差，是短暂生命与永恒岁月抗争的独特咏叹。她搭建起青春的祭坛，祭拜的不是逝去的岁月，而是拥抱充满希望的未来；流淌着苦涩的泪水，不是为了淹没青春的花朵，而是为了滋润生命的大树。在《诗的价值》一诗中，诗人充满哲理又韵味悠长地抒写道："若你忽然问我/为什么要写诗/为什么 不去做些/别的有用的事/那么 我也不知道/该怎样回到/我如金匠　日夜锤击敲打/只为把痛苦延展成/薄如蝉翼的金饰"②。诗人将"痛苦"比喻为"金饰"，让生命更加精彩，这种积极的生命体会和人生态度十分动人。"不知道这样努力地/把忧伤的来源转化成/光泽细柔的词语/是不是 也是一种/美丽的价值"③。这也正是席慕蓉的诗歌创作精神，"美丽的价值"源自真情实感，诗人希望找到一个真挚的灵魂，来面对生命中任何的疑惑和痛苦。席慕蓉这种在感觉与意绪的融合中所传达出的生命体验深深地打动了许多人的心扉，"我们希望她能够对一个生命有着深沉与真确的认知，这种对自我深处的发掘，将必然使得整个生命与其他生命的某一个部分全然相同、全然吻合。于是，我们读她的诗，就仿佛在同时读着她的生命与我们的生命，仿佛是一种内里最真挚与最自然的契合"④，从而让读者得到生命真谛的启迪和共鸣。

---

① 席慕蓉：《席慕蓉经典作品》，当代世界出版社2007年版，第189页。
② 席慕蓉：《席慕蓉经典作品》，当代世界出版社2007年版，第221页。
③ 席慕蓉：《席慕蓉经典作品》，当代世界出版社2007年版，第221页。
④ 席慕蓉：《透明的哀伤》，南海出版公司2003年版，第127页。

(三) 在独特的意境营构中演绎人生真谛

席慕蓉有许多抒写爱情的诗歌,诗人通过一首首精致感人的美丽小诗,以真挚热切的爱恋之情,真诚美好的审美取向,来营构诗画般隽永的意境,如走过缤纷的花丛,怡人的小径,抑或经过一株独开的花树,一片残留的绿等等。席慕蓉的爱情诗在表现上一个非常鲜明的特色就是爱情与青春的融合。她的《青春之一》写道:"所有的结局都已写好/所有的泪水也都已启程/却忽然忘了是怎么样的一个开始/在那个古老的不再回来的夏日/无论我如何地去追索/年轻的你只如云影掠过/而你微笑的面容极浅极浅/逐渐隐没在日落后的群岚/遂翻开那发黄的扉页/命运将它装订得极为拙劣/含着泪 我一读再读/却不得不承认/青春是一本太仓促的书"[①]。其实青春与爱情本身在生命中就是经常重合的,但是席慕蓉巧妙地让青春的逝去和爱情的错失这两种伤感的人生体验融合在一起,在"云影""日落""群岚"的意境中表现出一种强烈的伤感,有一种动人心扉的情感力量。在《给你的歌》一诗中:"我爱你只因岁月如梭/永不停留 永不回头/才能编出华丽的面容啊/不露一丝褪色的悲愁"[②],华丽的面容该有着怎样五彩斑斓的颜色回忆,"亭亭出现的是你我的华年",虽然不着一色,却让我们看到葱翠的绿意四处蔓延,在芊芊的青春和五彩的笑容中,不难把握到诗人倾注其中的浓厚的叹惋之情。青春的面庞与青春的岁月,永如一首老情歌,总在不经意间奏起。可以说,该诗是从心底痛楚的回忆中唱出的一首委婉的恋曲,如一帧尘封的旧照,让人感慨万分。在《一棵开花的树》

---

① 席慕蓉:《席慕蓉经典作品》,当代世界出版社2007年版,第189页。
② 席慕蓉:《席慕蓉经典作品》,当代世界出版社2007年版,第178页。

中:"如何让你遇见我/在我最美丽的时刻 为这/我已在佛前 求了五百年/求他让我们结一段尘缘/佛于是把我化作一棵树/长在你必经的路旁/阳光下慎重地开满了花/朵朵都是我前世的盼望/当你走近 请你细听/那颤抖的叶是我等待的热情/而当你终于无视地走过/在你身后落了一地的/朋友啊 那不是花瓣/是我凋零的心"[①]。为了相遇以"结一段尘缘",诗人于是有了在佛前五百年的乞求,有了变成"一棵开花的树"的渴望,"慎重"的花,"颤抖"的叶,还有因意中人无视而落了一地的"花瓣",都那么历历在目,就像在读者面前打开了一幅忧伤而美丽的心灵图景,非常形象动人地传达出抒情主人公渴求爱情的热烈与爱情失落的凄凉之情。在《七里香》一诗中,诗人通过一组意象群,如溪水、海洋、浪潮、绿树、白花、篱、魂魄、园,为我们描摹出一幅多姿多彩的画面,给我们以丰富的想象空间与深远的意蕴感受。而诗中之"花"这一独具韵味之意象,让人捕捉到了其幽深的韵致,缠绵的情怀,"微风拂过时/便化作满园的郁香",言有尽而意无穷。诗人就这样通过独特的意境营构生动地演绎了她对爱情真谛的艺术把握。

　　对命运的把握也是席慕蓉诗作常常抒写的命题,在《命运》一诗中,她通过深蓝的海与葱绿的草原,飘飘的红裙和蒙蒙的迷雾,灰暗的巷弄与明媚的塞外等色彩对比极其鲜明的图景,形成浪漫的、奔放的、明艳的与现实的、束缚的、灰暗的意象组合,以此告诉我们,命运就是一组组对立鲜明的悖论,是杂乱而又有因果的,这不仅让我们看到对冷暖人生的感悟,也传达出了诗人对命运捉弄的反逆情绪和对自由生活的无限向往。诗人虽然也写出了命运的无奈,但无奈中却分明有一种倔强和坚韧,如《绣花女》:"我不能选择我的命运/是命运选

---

① 席慕蓉:《席慕蓉经典作品》,当代世界出版社2007年版,第184页。

择了我/于是日复以夜/用一根冰冷的针/绣出我曾经炽热的/青春"①。又如《诱惑》一诗:"终于知道了/在这叶将落尽的秋日/终于知道什么叫做/诱惑/永远以绝美的姿态/出现在我最没能提防的/时刻的/是那不能接受/也不能拒绝的命运 /而无论是哪一种选择/都会使我流泪/使我在叶终于落尽的那一日/深深地后悔"②。这是一种深沉的人生体验,谁的人生能没有遗憾呢?这种参透人生真谛的抒发,让席慕蓉的诗歌赢得了广泛读者的热爱。她的另一首诗《结局》:"当春天再来的时候/遗忘了的野百合花/仍然会在同一个山谷里生长/在羊齿的浓荫处/仍然会有昔日的馨香 /可是 没有人/没有人会记得我们/和我们曾有过的欢乐和悲伤/而时光越去越远 终于/只剩下几首佚名的诗 和 /一抹/淡淡的斜阳"③。则通过长着"野百合花"和"羊齿"、有着"一抹淡淡的斜阳"的春天山谷的动人意境,形象地演绎出了她对青春爱情和生命真谛的独特思考,并以一种隽永的艺术力量深深打动了读者。

二

席慕蓉的诗歌具有鲜明的艺术个性和独特的美学特征,给读者带来了强烈的艺术感染力。她以其独特的艺术智慧,精心营造了一个蕴藉隽永的象征世界,给我们留下了丰富的想象空间和真挚的情感熏陶。可以看到,不管在什么时候,她始终以充沛的激情和艺术的力量永不停歇地歌唱生命和生命中的一切——爱情、青春、乡愁、人生,并用

---

① 席慕蓉:《席慕蓉经典作品》,当代世界出版社 2007 年版,第 209 页。
② 席慕蓉:《席慕蓉经典作品》,当代世界出版社 2007 年版,第 249 页。
③ 席慕蓉:《席慕蓉经典作品》,当代世界出版社 2007 年版,第 251 页。

她充满生命魅力的诗歌和独特的艺术智慧在当代中国诗坛撑起了一片动人的风景。那么席慕蓉诗歌作品呈现出这些鲜明美学特征的原因何在？

(一) 乡愁情感的积淀

席慕蓉本是蒙古族人，但出生地在四川，成长在台湾，由于种种原因很长一段时间没办法回到自己家乡故土。1989年8月22日，席慕蓉首次回到内蒙古。此后，身居台湾的席慕蓉却以每年一至四次不等的频率回到故乡，足迹踏遍了内蒙古草原。1989年的故乡之行，可以说是席慕蓉创作生涯上的分水岭，那个带点忧郁、孤独的、写《七里香》的席慕蓉，再也回不去了。因为她找到了自己"生命中的原乡"。回到台湾，她闭门创作，专注写她前往内蒙古的感受。席慕蓉说，在踏上草原的最初十年里，她伤心，害怕。草原被破坏、沙化严重，移民太多，草原文化渐渐消失。然而，在最近的三五年里，她变得乐观起来。"万物有灵，众生平等"是席慕蓉一再重复的话。"每个民族都有自己的文化，我们没有理由不尊重他人的文化。每个人应该尽可能地保存自己族群的文化特点，不要忘记自己的根"[①]。近十年来更潜心探索蒙古族文化，以原乡为创作主题。由其作词的《父亲的草原母亲的河》，因其浓厚的思乡之情，让留在家乡和漂泊在外的蒙古族儿女们广为传唱。

可以说，在她的故乡行前后，乡愁是她创作的主调。《古诗十九首》是席慕蓉接触到的第一本诗歌读物，里面有许多寄托乡愁的诗句，如"思乡令人老，岁月忽已晚"；"胡马依北风，越鸟巢南枝。相去日

---

① 梵殊：《诗人席慕蓉释放内蒙情结》，《新民周刊》2009年第11期。

已远，衣带日已缓。浮云蔽白日，游子不顾反"等。浓浓的乡愁与思念故乡的情绪从此与席慕蓉结缘。席慕蓉便在日记上，通过写诗来平衡内心世界，乡愁成了她内心世界的一个深深的烙印与情结。作为一位画家、诗人，席慕蓉把自己的乡愁写在了诗里，画在了画上。

在这类"乡情，乡思，乡愁"的诗歌中，她的感情犹如悬崖瀑布，奔腾飞跃，很能与读者产生共鸣。如《长城谣》一诗："尽管城上城下征战了一部历史/尽管夺了焉支又还了焉支/多少个隘口有多少次悲欢啊/你永远是个无情的建筑/蹲踞在荒莽的山巅/冷眼看人间恩怨/为什么唱你时总不能成声/写你不能成篇/而一提起你便有烈火焚起/火中有你万里的躯体/有你千年的面容/有你的云 你的树 你的风 /敕勒川 阴山下/今宵月色应如水/而黄河今夜仍然要从你身旁流过/流进我不眠的梦中"①。诗人从长城的历史入笔，洋洋洒洒，纵横千里万里，直抵人心。故乡的云，是"我"漂泊的化身，故乡的树，是"我"落叶归根的象征，故乡的风，是"我"朝思暮想的归来，诗人就这样酣畅淋漓地抒写了她对故土家园的浓烈乡愁和深情向往，感人至深。

（二）绘画造诣的熏陶

画画和写诗，是席慕蓉热爱生活、表现生活的两种途径。她对它们始终保持着浓厚的兴趣，画展和诗集是席慕蓉献给世界的两份精美的礼物。"画画与写诗，都是我极爱的事。不过在做这两件事时，我的心情截然不同。进了我二十多年岁月的油画，就像一个不断地折磨着我的狂热的理想一样，我这一生注定是要交付给它了"②。在画面的光

---

① 席慕蓉：《席慕蓉经典作品》，当代世界出版社 2007 年版，第 215 页。
② 高云：《忧伤的画意——席慕蓉诗歌品评》，《阜阳师范学院学报》 2003 年第 1 期。

影之间和诗歌的段行之间，有着息息相关的感觉。对油画二十多年的研习，使席慕蓉对色彩不仅十分敏感，而且运用自如生动。可以发现，在席慕蓉的诗歌中，色彩的敏感渲染，成为一道别样的风景。如《成熟》一诗中，"人长大了，而童年的梦幻褪色了，成长的故事，倾诉在一页页深蓝浅蓝的泪痕里"①。诗人用可视的蓝的渐进颜色来表现成熟的经历，让人感觉出了辛酸与苦楚的心灵况味。色彩心理学指出，人对色彩的经验和他对情感的体验之间，实际上有类似的地方。蓝的色调，在色彩心理学中就代表着忧郁的情感。张舜民在《画漫集》中说过："诗是无形画，画是有形诗。"② 作为一位卓越的诗人画家，席慕蓉必然有着一双透视特色景貌的眼睛，因此我们可以看到，流露在诗人笔下的诗句充满了色彩感和画面感，如"透过那忽明忽暗的思绪"写着"一页又一页灰蒙的诗句"（《雨夜》）、"多年远离故土，在游子的心中，故乡的面貌却是一种模糊的怅望"（《乡愁》）、"我窒息于湛蓝的乡愁里"（《命运》）等。席慕蓉用灰蒙、湛蓝、模糊这些绘画的技巧和色彩，如颜料画笔一样，铺展出充满情感的意境，渲染出人生的悲凉情境和哲理情思，更形象蕴藉地传达出了诗人深切的情感。

（三）女性情怀的温婉

席慕蓉的诗歌，总是娓娓道来，语气轻柔，从容不迫，即使是一种非常强烈的情感，她也会尽量使其温柔化，表现出了女性特有的温婉情怀。比如："亲爱的朋友啊/难道鸟必要自焚才能成为凤凰/难道青

---

① 高云：《忧伤的画意——席慕蓉诗歌品评》，《阜阳师范学院学报》2003年第1期。

② 高云：《忧伤的画意——席慕蓉诗歌品评》，《阜阳师范学院学报》2003年第1期。

春必要愚昧/爱 必得忧伤"？一种极为强烈的情感，似乎要喷涌而出的悲伤和悲愤，在其一唱三叹的三个排比问句的转化下，成为一溪涓涓细流，力量的强度转化为时间的长度，形成了一种意味深长的艺术效果。诗人有时还让悲伤的心绪在即将到达顶端的时候戛然而止，比如《一个画荷的下午》："在那个七月的午后 如果/如果你没有 回头"，在这里，两个"如果"的重复将情感弱化，也使得强烈的情感温和了。而这种连接词的重复和上面说到的排比句的运用，正是席慕蓉诗歌温柔化的一个重要手段。而在选词造句上，席慕蓉也是常常运用较为温和的词语，有意识地让自己的诗歌创作体现出女性的温情，也许这正是她的诗歌多表现错失却少悲剧的一个重要原因，那种伤感短暂的绽放之后便被诗人有意味地冲淡了。我们读她的诗，很容易便能看到那个不时回首青春岁月纯真爱情的女子总是在神伤之后归于平静。比如她在《植物园》里写道："美丽的母亲啊/你总不能因为它不叫玄武你就不爱这湖"？可以说，字里行间都体现出席慕蓉温婉易感的女性情怀。生活中，她也是这样一个人，当她读到韦应物的《调笑令·胡马》"胡马，胡马，远放燕支山下。跑沙跑雪独嘶，东望西望路迷。迷路，迷路，边草无穷日暮"时，席慕蓉哭了，那是她带着孩子去书店，偶尔翻开一本儿童读物时跃入眼帘的诗，"当时我的眼泪就下来了，哭得不能遏止"[①]。这时，大家看到的，不是一个画家，也不是一个诗人，而是一个率真而情感细腻的女子。因此她的诗作才能以真诚的抒写和绵绵的情怀给人带来丰富的生命启迪，净化了人的心灵也净化了世界。

---

① 中国新闻网：《"诗坛琼瑶"席慕蓉：等待被唤醒的那一刻》，http://www.chinanews.com.cn/cul/2011/11-20/3472963.shtml，2011 年 11 月 20 日 15：01。

三

席慕蓉被誉为"台湾诗坛女旋风",她于蕴藉中见真情的诗作带给我们纯真又温暖的美感。蔡其矫说过,"胸中燃烧着混合血肉和灵魂的感情,才产生诗"[1]。真情是诗的最大支柱,她写诗,是为了纪念一段远去的岁月,纪念那个只曾在自己心中存在过的小小世界。她的诗中,充满着一种对人情、爱情、乡情的悟性和理解,她对生命的独特把握给予我们隽永的启迪。

席慕蓉剖析自己写诗的历程,年轻时因寂寞而写诗,或许是一种对美的渴望;年纪稍长,因无法平抚心中的骚动而写诗;初老时,因惆怅而写诗,人也因此变勇敢了。席慕蓉流连在诗的国度,"一首诗就是一个自给自足的世界,没有比自然更美、更坦白和更真诚的了"[2]。对于时间的流逝,对于生命的感动,还有许许多多生活中难于表述却又感怀于心的东西,席慕蓉觉得只能以诗来表达。"诗能说清楚的事情,平时却怎么也说不清"[3]。写《七里香》时,正是席慕蓉一生中最安静的时刻,那是读书,恋爱,结婚,生子及只有一点点乡愁的年岁,感觉灵敏而纯粹,是生命最清灵的时刻。《七里香》诗中的白描插图,也是她哄孩子睡觉时画的。一支钢笔、一本本子,搁在床边,随时随地地画。小孩子们也特别安静,看到他们的妈妈拿着笔,就很满足地睡着了。一直到现在,回头再看自己的旧作,席慕蓉仍然为自己感到庆幸。"幸好我在36岁的时候写出了《七里香》,我庆幸在我要写的时

---

[1] 戴冠青:《文本解读与艺术阐述》,北方文艺出版社2006年版,第176页。
[2] 席慕蓉:《槭树下的家》,南海出版公司2003年版,第136页。
[3] 席慕蓉:《透明的哀伤》,南海出版公司2003年版,第124页。

候写了出来。不少人都会悔其少作,但我没有,我觉得幸运的是,在我走过来的路上,留下了《七里香》"。当初写下这些诗,是因为生命的真实和感动。所以"真"是诗歌的灵魂,为生命写诗,必然充溢着生机活力。所以诗歌之美并不在于它是否宏大,也许纯朴真挚的感情常常比某种华丽缜密更具吸引力,更能打动读者脆弱而易感的心灵,给人带来生命的温暖和感动。

总之,席慕蓉的诗歌影响了一代人的审美观和爱情观,影响了新诗的发展,给人们带来审美的愉悦和生命的启迪,传达出作者鲜明的艺术个性和美学特征。宗白华说:"美不但是不以我们的意志为转移的客观存在,反过来,它影响着我们,它教育着我们,提高生活的境界和意趣。它的力量大极了,它也可以倾国倾城。"[1] 席慕蓉诗歌所散发出的生活美、人性美以及生命的力量潜移默化地影响着读者,让读者心中充满无限温暖与爱意。可以看出,席慕蓉以"生命的富足和性灵之美来诠释美"的美学理念与宗白华认为"一切美是来自心灵的源泉,没有心灵的映射是无所谓美的"[2] 的美学观是相呼应的,因此她的诗也以一种独特的情感抒写与生命思考,让人的心灵变得更加纯粹和美好。

---

[1] 宗白华:《美学的散步》,安徽教育出版社2000年版,第21页。
[2] 宗白华:《美学的散步》,安徽教育出版社2000年版,第70页。

后　记

当校完最后一个字时，这部凝聚我三十余年海外华文文学研究心血的著作也即将要付梓了。

本书主要研究沿着海上及陆上丝绸之路从中国大陆走出去，如今生活在海外有关国家和中国一些地区的华文作家的文学作品，发掘这些华文作家通过其文学书写表现出在异域他乡或港台地区艰苦奋斗的生命历程和心理经验，昭示其守望故土家园和中华文化的生命诉求，并通过这些华文作家作品的深入分析和研讨，彰显华文作家在异域文化与中华文化交流与融合过程中，以及在港台地区地域文化中坚守中华文化的独特作用，揭示海外暨港台地区华文写作在建设海上及陆上丝绸之路文化的独特价值，及其对共建"一带一路"倡议的独特意义。

本书研究的内容涉及东南亚、欧美以及中国港台地区等三十多位华文作家的百多部作品。但是，海外暨港台地区华文作家的群体十分庞大，著述也相当丰赡，因为时间和资料有限，本书未能全面涉及，难免有遗珠之憾，只能留待日后在研究中继续补充完善。其中的缺漏和不确之处，也希望相关研究者和广大读者批评指正。

感谢泉州市优秀传统文化传承发展项目给予本书出版的支持；感

谢许多华文作家慷慨赠书；感谢历届导师组学生在资料搜集、整理以及研究上的协助；感谢广西民族大学文学院教授陆卓宁和福建师范大学文学院教授袁勇麟对本书的热情推荐；感谢余光中文学馆馆长周梁泉和我的年轻同事郑政在本书出版过程中的辛勤付出；感谢我的家人一以贯之的支持。谢谢大家！

2021年12月18日于寸月斋